ZU DIESEM BUCH

»Ein großer Wurf«, schreibt Peter Kutter in seinem Vorwort,
»denkbar geeignet, neue Impulse zu setzen, die Therapieszene zu
erneuern und aufzulockern; eine Herausforderung, nicht nur im
eigenen System zu verharren, sondern Kontakte zu den mit anderen Methoden arbeitenden Kollegen zu wagen und neue Methoden auszuprobieren.«
In diesem Buch wird ein neuer integrativer Therapieansatz vorgestellt, der analytisch orientierte Einzeltherapie mit erlebensorien-
tierter Gruppentherapie verbindet. Damit wird erstmals das in der
stationären Psychotherapie derzeit gültige Therapiemodell auf die
ambulante Praxis übertragen. Erläutert wird das Konzept durch
ausführliche, sehr anschaulich und fesselnd geschriebene Falldarstellungen.

Sigrid R. Damm, Dipl.-Psych., ist als Psychoanalytikerin in eigener Praxis in Weil der Stadt (Baden-Württemberg) tätig. Nach
einer Ausbildung in rhythmischer Erziehung absolvierte sie das
Studium der Kinderpsychotherapie, anschließend der Erwachse-
nenpsychotherapie; in Los Angeles ließ sie sich bei Janov in
Primärtherapie ausbilden und entwickelte danach die Mehrphasentherapie. Sie ist Leiterin von Fort- und Weiterbildungsseminar-
ren in der Mehrphasentherapie.

Sigrid R. Damm

Mehrphasentherapie

Eine Methodenkombination
für die psychotherapeutische Praxis

Mit einem Vorwort von Peter Kutter

Verlag J. Pfeiffer · München

Die Deutsche Bibliothek – CIP-Einheitsaufnahme

Damm , Sigrid R. :
Mehrphasentherapie : eine Methodenkombination für die psychotherapeutische
Praxis / Sigrid R. Damm. – München : Pfeiffer, 1995
(Reihe Leben lernen ; Nr. 102)
ISBN 3-7904-0632-5

NE : GT

Reihe »Leben lernen«

Nr. 102
herausgegeben von Monika Amler und Siegfried Gröninger

Alle Rechte vorbehalten!
Printed in Germany
Satz: PC-Print, München
Druck: G.J. Manz AG, Dillingen
Umschlagentwurf: Michael Berwanger, München
unter Verwendung des Bildes
(743) »Tree Man Vase – Vase Tree Man – Man Vase Tree«
von F. Hundertwasser
© 1995 Joram Harel
© Verlag J. Pfeiffer, München 1995
ISBN 3-7904-0632-5

Inhalt

Vorwort von Peter Kutter   13

Vorbemerkung: Mehrphasentherapie – Eine multimodale
Methode für die Ambulanz   23

Kapitel 1
Einleitung
1.1 Kurzer inhaltlicher Aufriß   29
1.2 Zur fachlichen Entwicklung und meiner Motivation,
kombinierte Psychotherapie ambulant auszuüben   30
1.3 Sozialrechtliche oder Kostenerstattungsprobleme bei
kombinierter ambulanter Psychotherapie   33
1.4 Fälle aus dem ambulanten Behandlungsalltag
Beispiele für Folgen des Verrechnungsdilemmas   35
1.5 Indikation für kombinierte Psychotherapie   39
1.6 Probleme für die Übernahme kombinierter Methoden
in die Ambulanz   41
1.7 Mehrphasentherapie, eine kombinierte Methode
für die Ambulanz   43

Kapitel 2
Zur Theorie   47

2.1 Grundlegende Erörterungen zu Modellen: 48
    2.1.1 Die menschliche Wahrnehmung von Raum und
    Zeit, ein Beispiel für die Entstehung von Vorstellungs-
    modellen   51
2.2 Zwei Sinnbezüge, in denen der Begriff des Modells
verwandt wird   55
2.3 Verschiedene psychoanalytische Vorstellungsmodelle als
Werkzeuge, um die Informationsflut innerhalb eines
Psychotherapieprozesses ordnen zu können   57
    2.3.1 Autoren und Schulrichtungen   58

2.3.1.1 Prä-, post- und perinatale Bezüge in der
Therapie   58
2.3.1.2 Ergebnisse der modernen Säuglingsforschung   58
2.3.1.3 Melanie Klein und die Vorstellung von der
guten und der bösen Brust   61
2.3.1.4 Das wahre und das falsche Selbst Winnicotts   62
2.3.1.5 Die Objektbeziehungstheorie nach Kernberg   63
2.3.1.6 Aspekte der Selbstpsychologie bei der
Psychotherapie von Patienten mit strukturellen Ich-
Störungen   63
2.3.1.7 Phantasien von Eltern und ihre Wirkungen
auf die Entwicklung   64
2.3.1.8 Ichentwicklung und Autonomie im Rahmen
der Konzepte Margret Mahlers   65
2.3.1.9 Bowlbys Vorstellungen von »attachment« und
schweren Trennungserlebnissen in der anaklitischen
Phase   66
2.3.1.10 Die klassische ödipale Entwicklung   67
2.3.1.11 Erikson und die Längsschnittentwicklung
des Menschen mit ihren Wachstumskrisen   67
2.3.1.12 Zu traumabezogenen Veränderungen der
psychischen Steuerungsstruktur   68
2.3.1.13 Der Begriff des Introjektsyndroms
als Modell   69
2.3.1.14 Systemische Theorie und Methodik   69
2.3.1.15 Nichtpsychoanalytische Modellvorstellungen: 70
Die Lerntheorie der Verhaltenstherapie   70
2.4 Zuordnungsdilemma   72
2.5 Schlußbemerkungen   74

Kapitel 3
Mehrphasentherapie, eine Methodenkombination   76
für die Ambulanz

3.1 Allgemeine Erörterungen   76
3.2 Psychoanalytisch orientierte Einzelsitzungen   79
3.3 Die Methode der Modellimprovisation

3.3.1 Zur allgemeinen Einführung 84
3.3.1.1 Zur Arbeit mit frühen körpernahen
Ichfunktionen 85
3.3.1.2 Zu den kreativen Ichfunktionen 87
3.3.1.3 Zu den strukturierenden Ichfunktionen 89
3.3.1.4 Die Fähigkeit der Entscheidung 91
3.3.2 Zwei Sitzungsprotokolle 93
3.3.2.1 Sitzungsplan und Verlaufsprotokoll zum
Leitthema »Meine Phantasie und mein Leben« 93
3.3.2.2 Sitzungsplan und Verlaufsprotokoll zum
Leitthema »Macht und Ohnmacht« 99
3.3.2.3 Zu beiden Sitzungsplänen und Protokollen 104
3.3.3 Allgemeine Erörterungen zur M-Gruppenarbeit 107
3.3.3.1 Leitthemen 109
3.3.3.2 Überraschungseffekte, freie Improvisation,
freie Assoziation 109
3.3.3.3 Ansprechen und Verbinden von Ichfunktionen
aus verschiedenen Persönlichkeitsbereichen 112
3.3.3.4 Die Arbeit mit Modellimprovisation bei basalen
Defekten und ungenügend ausdifferenzierten
grundlegenden Ichfunktionen 113
3.4 Die Regressionstechnik 117
3.4.1 Einführung 118
3.4.2 Die Fachausdrücke »Ein Primal« und »primaln« 121
3.4.3 Zugänge zum Primaln 122
3.4.4 Das Setting der Regressionstechnik 123
3.4.4.1 Die Regressionsphase 123
3.4.4.2 Die Durcharbeitungsphase 124
3.4.4.3 Sitzungsprotokoll 125
3.4.5 Allgemeine Erörterungen zur Regressionstechnik 133
3.5 Vergleich zwischen M- und R-Gruppe 133
3.5.1 Zur multiplen Übertragung in der Mehrphasen- 136
therapie
3.6 Zusätzliche Techniken und Methoden zur
Mehrphasentherapie 137
3.6.1 Einige weitere Zusatztechniken bei Fehlen
basaler unbewußter Steuerungsphantasien oder
mangelhafter Ausdifferenzierung von Ichfunktionen 138

3.6.2 Die Technik der Fokuszentrierenden Assoziativen
    Autosuggestion (FAA)   142
    3.6.2.1 Zu den Voraussetzungen der Indikation und
    Kontraindikation   143
    3.6.2.2 Das technische Vorgehen bei der Fokus-
    zentrierenden Assoziativen Autosuggestion (FAA)   143
3.6.3 Wirkungen der Fokuszentrierenden Assoziativen
    Autosuggestion (FAA)   144
3.7 Mehrphasentherapie und multimodale Psychotherapie   146

Kapitel 4
Vier technische Vorgehensweisen mit Mehrphasentherapie für verschiedene Patientengruppen   147

4.1 Mehrphasentherapie I, Fokale Kurztherapie
    (Dauer wenige Wochen)   147
    4.1.1 Allgemeine Überlegungen zur Mehrphasen-
    therapie I   147
        4.1.1.1 Fallskizze 1: Die Wiedergewinnung des
        entgangenen Erbes   149
        4.1.1.2 Fallskizze 2: Mehrphasentherapie I als Krisen-
        intervention bei einem Patienten mit panikartigen
        Angstzuständen   154
    4.1.2 Abschließende Bemerkungen zur Mehrphasen-
    therapie I   160
4.2 Mehrphasentherapie II, Konzentrierte Mehrphasen-
    therapie (bis zu ca. zwei Jahren)   163
    4.2.1 Allgemeine Überlegungen zur Mehrphasen-
    therapie II   163
        4.2.1.1 Fallbericht 1: Intensivtherapie zur Kriseninter-
        vention als einleitende Maßnahme für eine Mehr-
        phasentherapie II   164
    4.2.2 Zwei unterschiedliche Fälle als Ausgangs-
    situationen für Mehrphasentherapie II   166
        4.2.2.1 Fallbericht 2: Massive Schwankung der
        unbewußten Steuerung bei benignem Vater- und malig-
        nem Mutter-Introjekt   166

4.2.2.2 Fallbericht 3: Ein Baby funkte SOS   168
4.2.3 Weitere Fallskizzen dieser Patientengruppe   173
    4.2.3.1 Fallbericht 4: Ein kindlicher Totschläger
    verpaßte den Einstieg ins Leben, eine schwer
    traumatische Störung   173
    4.2.3.2 Fallbericht 5: Behandlung des Patienten Klaus
    mit Anteilen von struktureller Über-Ich-Defizienz   180
    4.2.3.3 Fallbericht 6: Claudia, apokalyptische Ängste
    im Zusammenhang mit Real-Inzest   183
4.2.4 Abschließende Bemerkungen zur Mehrphasentherapie II   186
4.3 Mehrphasentherapie III, Mittelfristige Mehrphasentherapie (3–5 Jahre)   188
    4.3.1 Allgemeine Überlegungen zur Mehrphasen-
    therapie III   188
    4.3.1.1 Wally, ein verzaubertes Baby   190
    4.3.2 Abschließende Bemerkungen   215
4.4 Mehrphasentherapie IV, Erweiterte Mehrphasentherapie
(mehr als fünf Jahre)   217
    4.4.1 Allgemeine Überlegungen   218
    4.4.2 Zwei Behandlungsverläufe   222
    4.4.2.1 Fall Annelie: Über die Wiederkehr prä-, post-
    und perinataler Traumatisierung in Lebensgeschichte
    und Therapie einer 44jährigen Patientin mit psycho-
    somatischer Erkrankung   222
    4.4.2.2 Fall Gerold B. oder der mißbrauchte Mann,
    ein Fall von dreifachem Mißbrauch   236
    4.4.3 Abschließende Bemerkungen zur Mehrphasen-
    therapie IV   261
    4.4.4 Voraussetzungen bei Therapeuten für Anwendung
    der Mehrphasentherapie I, II, III und IV   266

Kapitel 5
Über Anteile der psychischen Steuerung, die mit der
Lebensgeschichte zusammenhängen   268

5.1 Allgemeine Überlegungen   268
5.2 Zum Begriff Introjektsyndrom   270

5.3 Spezielle Introjektsyndrome 271
5.3.1 Das Krankheitsbild des Anaklitischen Fokus 271
5.3.1.1 Zur Terminologie und Entstehung der Störung 272
5.3.1.2 Zur Symptomatik 277
5.3.1.3 Zur Therapie der Störung 278
5.3.1.4 Abschließende Bemerkungen 290
5.3.2 Innere und äußere Probleme im Gefolge von
Unehelichkeit 296
5.3.2.1 Eigenheiten der Eltern-Kind Beziehung bei
Unehelichkeit 297
5.3.2.2 Rollendelegation als kennzeichnendes Mittel
von Bearbeitung und Abwehr 300
5.3.2.3 Zu Symptomatik und Erscheinungsbild 301
5.3.2.4 Vignetten und Fallskizzen 304
5.3.2.5 Zur Therapie der Störung 311
5.3.2.6 Abschließende Bemerkungen 320
5.3.3 Kurze Darstellung weiterer Introjektsyndrome 324
5.3.3.1 Traumatische Persönlichkeitsstörungen im
engen Sinn 325
5.3.3.2 Introjektsyndrome im Zusammenhang
mit Beziehungsstörungen 326
5.3.3.3 Störungen im Gefolge von Rollendelegation
(11 Fälle) 329
5.3.3.4 Frühstörungen im Umfeld der »Grundstörung« 331
5.3.3.5 »Brustbeißer« (6 Fälle) 332
5.3.3.6 Patienten mit schizophrenen Müttern (10 Fälle) 333
5.3.3.7 Das Zerrissenheitsmilieu-Syndrom (18 Fälle) 334
5.3.3.8 Störungen im Zusammenhang mit Geschwisterproblematik 336
5.3.3.9 Randgruppen-Syndrom im Zusammenhang
mit gesellschaftlicher Ächtung 338
5.4 Schlußbetrachtungen 342

Kapitel 6
Über kurative Faktoren bei der Mehrphasentherapie   344
6.1   Allgemeine Erörterungen   344
6.2   Zur verbalen, psychoanalytisch orientierten Einzelpsycho-
       therapie mit ihren kurativen Elementen   346
6.3   Kurzdarstellung der Methode der Modellimprovisation   349
       6.3.1 Kurative Faktoren in der Modellimprovisation   350
              6.3.1.1 Überraschungsmomente lösen ich-dystones
                      Material aus   350
              6.3.1.2 Das Wechselspiel der Gruppenreaktionen
                      in der Modellimprovisation   351
              6.3.1.3 Körpertherapeutische Elemente   352
              6.3.1.4 Kreative Ichfunktionen   353
              6.3.1.5 Strukturierende Ichfunktionen   354
              6.3.1.6 Ichfunktionen, die der Entscheidung dienen   355
              6.3.1.7 Team-, Paar- und Einzelarbeit   355
              6.3.1.8 Lernvorgänge bei Ich-Defekten in der
                      M-Gruppe   356
6.4   Kurzdarstellung der Methode der Regressionstechnik   356
       6.4.1 Kurative Faktoren bei der Regressionstechnik   357
       6.4.2 Erkennen von Strukturen der unbewußten
             Steuerung durch Tiefenregression   358
       6.4.3 Die Funktion der gesunden Ich-Spaltung   358
       6.4.4 Körpertherapie in der R-Gruppe   359
       6.4.5 Der Umgang mit der Macht eigener Affekte   360
       6.4.6 Die narrative Hülle   361
       6.4.7 Strukturvergleich   362
       6.4.8 Erstaunliche Vorgänge im »Spiel-Raum der
             Tiefenregression«   362
       6.4.9 Grenzen der Regressionstechnik   364
6.5   Zur Verbindung präverbaler mit diakritischen Persönlich-
       keitsanteilen   365
6.6   Kurative Elemente der Kombination von Einzel- und
       Gruppentherapie, vor allem unter dem Aspekt der
       multiplen Übertragung   367
6.7   Spezielle kurative Elemente bei beiden Gruppenmethoden
       der Mehrphasentherapie   369

6.8   Mehrphasentherapie und Nachreifungsvorgänge bei
      Ich-Defekten   370
6.9   Zum Therapieziel, Veränderungen im realen Lebens-
      alltag zu bewirken   373

Literturverzeichnis   376

Vorwort

Jeder kennt Minister Seehofers Bemühungen um eine Neustrukturierung des Gesundheitswesens im Gesundheits-Struktur-Gesetz. Die medizinische Landschaft ist in Bewegung gekommen. Die Krankenhäuser können nicht mehr so weitermachen wie bisher: lange Liegezeiten, kein Kontakt zu den niedergelassenen Ärzten. Die ambulant tätigen Ärzte müssen sich ihrerseits umstellen. Die Verschreibungspraxis wird ihnen beschnitten, sie sind gezwungen, sich zu überlegen, nicht nur, was sinnvoll und zweckmäßig ist, sondern auch, was wirtschaftlich ist.

Seit die Enquete-Kommission 1975 ihren Bericht über die Situation der Psychiatrie dem siebten Deutschen Bundestag vorgelegt hat, wurden schwere Mängel in der psychotherapeutischen und psychosomatischen Versorgung der Bevölkerung bekannt. Viel ist seitdem geschehen: In der Psychiatrie hat die Sozial-Psychiatrie eine gemeindenahe Versorgung ermöglicht. Es gibt jetzt auch in der Provinz psychiatrische Abteilungen an Allgemeinkrankenhäusern.

Derzeit werden Liaison- und Konsiliardienste aufgebaut, um durch frühes Hinzuziehen von psychotherapeutischen Experten Chronifizierungen organischer Krankheiten vorzubeugen, und zwar dadurch, daß ihre psychischen Anteile erkannt und in die Therapie einbezogen werden. Psychosoziale Nachsorge ist zu einem festen Begriff geworden, z. B. in der Betreuung von Krebskranken.

Es wurde deutlich, daß es in hohem Grade unwirtschaftlich ist, wenn jeder in der Gesundheitsversorgung allein vor sich hin arbeitet, daß Zusammenarbeit notwendig ist;
a) dadurch, daß man mit Experten aus den Nachbardisziplinen zusammenarbeitet (Integration durch Kooperation) oder
b) dadurch, daß man sich weiterbildet (Integration durch Qualifikation).
So merken nicht nur Ärzte der Psychiatrie, sondern auch der Augenheilkunde, Hals-Nasen-Ohrenkunde, Gynäkologie, Inneren

Medizin, Chirurgie, auch der Zahnheilkunde, wie hilfreich es sein kann, daran zu denken, daß eine nicht besser werdende Erkrankung oder ein gestörter Heilungsprozeß durch psychische Faktoren bedingt sein kann und daß es nützlich sein kann, einen kompetenten Fachmann für die Psyche zuzuziehen.

Die psychosomatische Grundversorgung wird aufgebaut. Sie füllt die Lücke aus, die zwischen allgemeinärztlicher Praxis und den speziellen psychotherapeutischen Angeboten besteht, die in den Psychotherapie-Richtlinien zusammengefaßt und geregelt sind. Der Arzt lernt, daß Krankheiten durch innere und äußere Konflikte bedingt sind, er lernt, sie wahrzunehmen und konstruktiv damit umzugehen, indem er sie anspricht. Übende und suggestive Techniken ergänzen das aufdeckende ärztliche Gespräch. Es gibt seit langem Weiterbildungsprogramme, organisiert von den Ärztekammern, die den Ärzten die nötigen Kenntnisse und Erfahrungen in einer psychosomatisch orientierten Krankheitslehre vermitteln. Balint-Gruppen bereiten sie auf eine zunehmend patientenzentrierte Denk- und Handlungsweise vor: Das neu geschaffene Fachgebiet der »psychotherapeutischen Medizin« trägt den gestiegenen Anforderungen im ärztlichen Bereich nach psychodynamischer Orientierung Rechnung.

Trotz dieser unübersehbaren Fortschritte liegt noch vieles im argen. Im Gegensatz zu der in der Bundesrepublik guten Versorgung psychischer und psychosomatischer Störungen in speziell dafür eingerichteten psychotherapeutischen und psychosomatischen Kliniken ist die Versorgung der Bevölkerung mit Psychotherapie im ambulanten Bereich noch lange nicht optimal organisiert.

Die in einschlägigen Institutionen weitergebildeten Experten in Psychoanalyse und Psychotherapie bieten zwar ein klares methodisch einwandfreies Angebot an psychodynamisch orientierten Verfahren an. Nicht alle Patienten sind aber dafür geeignet. Viele fallen durch das Netz der psychotherapeutischen Versorgung, bleiben auf der medizinischen Ebene hängen, bevölkern die Krankenhäuser, werden zur Kur geschickt oder bekommen teure Heilverfahren verordnet; nicht immer mit gutem Ergebnis.

Andere, bei denen soziale Probleme im Vordergrund stehen, landen im Sozialamt und werden von Sozialarbeitern und Pädagogen betreut. Einige werden delinquent, entwickeln eine Verbrecher-Karriere und beschäftigen Justiz und Strafvollzug. Wieder andere geraten über Drogenmißbrauch in die Abhängigkeit von Drogen oder, wesentlich häufiger, in den Alkoholismus und benötigen spezielle Beratung.

Nur zögernd beginnt man im Lager der offiziellen Psychoanalyse und Psychotherapie wahrzunehmen, daß die vielen nicht typisch neurotisch gestörten Patienten Modifikationen und Variationen des klassisch psychoanalytischen Verfahrens brauchen. Ansätze zu Weiterentwicklungen der Psychoanalyse sind nicht zu übersehen, und zwar sowohl in der Theorie als auch in der Praxis. Man merkt, daß die häufigen Defizite in der Entwicklung vieler Patienten eine neue psychotherapeutische Haltung erfordern, aber auch neue Methoden, nämlich solche, die sich den Erfordernissen der Patienten anpassen, wie es auch sonst in der Medizin üblich ist, nicht umgekehrt. Theoretisch muß die Konflikt-Psychologie durch eine Defizit-Theorie ergänzt werden.

In der Praxis ergänzt die Gruppentherapie die dominierende Einzel-Therapie. Paar- und Familientherapie bereichern zusätzlich die psychotherapeutische Palette. In metakommunikativer Perspektive lernt man in system-theoretischer Orientierung, in welchem System man sich bewegt, und fragt sich, ob nicht etwa ein Perspektiven- oder Systemwechsel angezeigt ist.

An nur wenigen Kliniken wird versucht, differentialdiagnostisch zu erwägen, ob vielleicht Verhaltenstherapie, Gesprächstherapie oder Familientherapie dem zur Diskussion stehenden Fall eher angemessen ist als die übliche Psychoanalyse. So wie diagnostisch zwischen mehreren Möglichkeiten differenziert wird (Differential-Diagnose), wird dann auch in therapeutischer Hinsicht zwischen mehreren Möglichkeiten differenziert und damit ausprobiert, welches therapeutische Verfahren den besonderen Umständen des Patienten am ehesten entspricht (Differential-Therapie). Körperorientierte Verfahren spielen eine immer größere Rolle und beginnen zögernd, die klassische Psychoanalyse zu bereichern; wenn, dann eher außerhalb der offiziellen Vereinigungen statt innerhalb.

Alle diese Bemühungen haben aber mit großen Widerständen zu kämpfen. Sie stehen im Gegensatz zur offiziellen Lehrmeinung. Es heißt, daß sie die klassische Methode verwässern, gefährden, korrumpieren.

Da ist es erfrischend, ein Buch in die Hand zu bekommen, in dem vieles von den hier ausgebreiteten Mängeln vermieden ist und einiges von dem, was wünschenswert ist, schon verwirklicht ist: In Weil der Stadt, einer kleinen Stadt im Schwäbischen, nahe Stuttgart, hat eine Frau, geschulte Psychoanalytikerin, aus leidvollen Erfahrungen gelernt, neue Methoden kennenzulernen und auszuprobieren. Zuerst ganz auf sich selbst gestellt, dann mit langsam zunehmender Unterstützung durch anerkannte Fachleute entwickelte sie ein völlig neues Therapie-Konzept; gänzlich aus den täglichen praktischen Erfahrungen mit den Patienten. Wieder waren es, wie schon bei Freud, Anna O., Luzy von R., Katharina u. a., die Patienten, die neue Wege wiesen. Man brauchte sie nur ernst zu nehmen, ihnen zuzuhören und – zuzusehen, was sie machen und unterlassen, um langsam zu merken, daß ihnen etwas anderes fehlt als das, was die offizielle Lehrmeinung in ihren Theorien angenommen hatte: Sie leiden weniger an den klassischen sogenannten »ödipalen« Konflikten des Kindes zwischen Mutter und Vater, sondern eher an früh im zarten Kindesalter erworbenen Traumatisierungen; an den Folgen schwerer Demütigungen, Kränkungen, Zurücksetzungen einschließlich sexuellem Mißbrauch.

Langsam entwickelten sich neue Methoden, die besser zu den neuen Patienten passen als die traditionell vermittelten. Es zeigte sich, daß es sinnvoll ist, den traditionellen Rahmen der Behandlung zu zweit zu ändern, den Partner zuzuziehen oder die ganze Familie.

Bei Sigrid Damm erwies sich eine ausgiebige Erfahrung bei Arthur Janov persönlich als besonders nützlich, dessen Urschrei-Therapie nach dem Erscheinen seines ersten Buches, 1970 auf englisch, 1975 auf deutsch, Schlagzeilen machte. Sigrid Damm war aber klug genug, die Urschrei-Methode nicht zu kopieren, sondern sie, auf der Grundlage einer klaren psychoanalytischen Identität, in ihre bisherigen psychotherapeutischen Erfahrungen einzubauen und etwas Neues daraus zu machen. So entstand die »Regressionstherapie«: in der Gruppe, mehrere Stunden dauernd, im abgedunkelten Raum, wobei jeder Gelegenheit hat, das hochkommen zu lassen, was sonst unterdrückt ist: Phantasien, Affekte, Gefühle, Körperempfindungen, Handlungsmuster. Die Regression wird dabei durch das Wahrnehmen und Partizipieren an den Regressionen der anderen bei einem selbst effektiv gefördert. So lassen sich Regressionen erzielen, zu denen es in dem geordneten Rhythmus von 50minütigen Analyse-Stunden, schon aus Gründen der relativ kurzen Zeit, gar nicht kommen kann. Bei manchen Patienten dauert es zwei Stunden, bis plötzlich, oder nach und nach, ein traumatisches Erleben der Kleinkinderzeit hochkommt und das ganze affektive Erleben und Verhalten einbezieht.

In der Durcharbeitungsphase hatte dann jeder Gelegenheit, das regressiv Erlebte aus dem zeitlichen Abstand bei Licht zu betrachten, im Gespräch mit den anderen besser zu verstehen und schließlich in die Psyche zu integrieren.

Ihre beruflichen Erfahrungen in der Rhythmik und in der Kinderbehandlung ermöglichten es Sigrid Damm, eine weitere neue Methode zu entwickeln: die *»Modell-Improvisation«*: Hier werden modellhaft, orientiert an normalen sozialen Interaktionen, Mängel in sozialen Bezügen evident und können spielerisch, zusammen mit anderen in der Gruppe, improvisiert werden. Da wird dann oft überraschend klar, an welcher Stelle eine Grenze, eine Hemmung das spontane Spiel stoppt, und es kann ausprobiert werden, wie es weitergehen kann, wenn man es wagt, sich im Vertrauen auf Therapeut und Mitpatienten ganz auf die sich modellhaft entwickelnde Szene einzulassen.

Die Widerstände und Ängste bei beiden neuen Erfahrungen werden in begleitender analytisch orientierter Psychotherapie durchgesprochen, nachträglich verstanden und in die Biographie eingeordnet.

Mit einem Mal standen *zwei neue psychotherapeutische Verfahren* zur Verfügung, mit denen es möglich war, bislang nicht therapierbar scheinende Patienten doch noch zu erreichen. Sigrid Damm dachte über jede einzelne neue Erfahrung mit den von ihr entwickelten Methoden nach, machte sich Notizen, stellte sie kompetenten Kollegen zur Diskussion, verglich ihre eigenen Erfahrungen mit denen anderer und ordnete sie in bestehende Theorien ein.

Dabei erwies es sich als ein großer Glücksfall, daß die langsam in die psychoanalytische Literatur einsickernden Ergebnisse der modernen Säuglingsforschung genau dem entsprachen, was Sigrid Damm schon Jahre vorher entdeckt hatte, daß es z. B. besonders schwierig ist, etwas im ersten Lebensjahr traumatisch Erlebtes in Worten auszudrücken, daß aber der Körper, wenn man ihn läßt, eben dies traumatisch Erfahrene wieder inszeniert; man braucht nur darauf zu achten und, wie eine Mutter bei ihrem Säugling, auf ein Wimmern, ein Aufschrecken, ein Zusammensacken, ein Zucken intuitiv zu reagieren. Die Einfühlung, ja die Einstimmung auf die gerade vorherrschende Wellenlänge, wurde besonders wichtig. Auch hier kamen Frau Damm ihre früheren Erfahrungen in Musik, Rhythmik und Kinder-Psychotherapie sehr zustatten.

Es bedurfte dann nur noch einer systemischen Ordnung, um die einzelnen Therapieverfahren zu strukturieren, zu systematisieren, um sie dann gezielt, je nach Indikation, einzusetzen. Dabei zeigte es sich, daß es günstig ist, die einzelnen Therapie-Verfahren nicht nebeneinander oder gar durcheinander, sondern nacheinander stattfinden zu lassen; allerdings jeweils kombiniert mit Einzeltherapie. Je nach dem Ausmaß der Traumatisierung, nach der Zahl der Traumatisierungen, nach dem Umfang der gestörten psychischen Strukturen, je nach der Kompliziertheit der Abwehrmechanismen, erfordert die Therapie mehrere Phasen, in denen die einzelnen Methoden nacheinander angewandt werden; über Monate bis Jahre hin; daher »Mehr-Phasen-Therapie«. Damit war in der genialen Kombination von Regressionstherapie und Improvisiationstherapie ein bislang unbekanntes Therapie-Konzept entwickelt, in dem die einzelnen Zugänge verschiedene Störungsbereiche der Patienten erfassen, die aber in einer gemeinsamen Perspektive auf einen gemeinsamen Nenner gebracht werden können und ein viel umfassenderes und vertieftes Verständnis ermöglichen, als es bei nur einem Verfahren möglich wäre.

Neu ist außerdem, daß in der Praxis der genannten Therapie-Verfahren mehrere Therapeuten nach dem Muster der Kotherapie zusammenarbeiten, sich abwechseln und, wie in einem Team in der psychosomatischen Klinik, ihre Erfahrungen in gemeinsamen Konferenzen, im Interesse des einen Patienten, mit dem mehrere zu tun haben und der mit mehreren zu tun hat, auszutauschen und in ein übergeordnetes Konzept zu integrieren.

Damit ist eine stille Revolution der ambulanten Versorgung angebahnt und im kleinen örtlichen Rahmen bereits praktisch erprobt, ein Modell, das sich gerade bei schwer gestörten Patienten der heutigen Klientel anbietet; nicht zuletzt deshalb, weil es die damit unweigerlich verbundenen großen Lasten und schwerwiegenden Verantwortungen auf mehrere Therapeuten aufteilt. In der Kinder-Erziehung ist es in der Regel auch nicht nur eine erziehende Person, auch wenn heute alleinerziehende Mütter immer häufiger werden. In der klassischen bürgerlichen Familie sind es im allgemeinen immer zwei Personen, die Eltern, die für die Erziehung verantwortlich sind. Dazu kommen in wechselndem Ausmaße Großeltern, Tanten, Onkel und andere Verwandte sowie, außerhalb der Großfamilie, Kindergärtnerin, Lehrer, Sozialpädagogen, im Sportverein Trainer usw. Alle begleiten die gesamte Sozialisation eines Jugendlichen und hinterlassen ihre Wirkungen.

Das vorliegende Buch gibt nicht nur sachdienliche Informationen über völlig neue Therapieverfahren und deren originelle Kombination, wie sie hier erstmals einem breiten Publikum vorgestellt werden und in denen Weiterbildung möglich ist. Es gibt auch Anregungen für all jene, die im Rahmen ihrer vertrauten Therapiemethode bleiben wollen, diese aber da und dort ergänzen und vervollkommnen möchten. Es macht Mut, sich, zeitlich gesehen, länger mit den Patienten auseinanderzusetzen, um zu erleben, daß allein das Mehr an Zeit ungeahnt tiefe Regressionen ermöglicht. Manchmal reichen dazu schon zwei aufeinanderfolgende Stunden aus.

Sigrid Damms Vorgehen regt an, sich auch intensiver auf die eigenen Gefühle und Affekte einzulassen, sie bei sich selbst wahrzunehmen und auch die körperliche Dimension stärker als in der traditionellen Psychoanalyse, in der Psychotherapie zu beachten und in die eigene Arbeit einzubeziehen. Allein eine offene und flexible Haltung gegenüber eigenen Gefühlen, Affekten und gegenüber dem eigenen Körper signalisiert dem Patienten oder der Patientin, daß auch er oder sie wagen kann, Gefühle wahrzunehmen und zu zeigen, Affekten wie Angst, Wut oder Trauer nicht mehr auszuweichen, sondern sie zuzulassen und Körperempfindungen zunehmend wahrzunehmen und auf ihre kommunikative Bedeutung zu achten.

Die im vorliegenden Buch vorgestellten neuen Therapieverfahren und deren Kombination wurden, nicht von ungefähr, in einer *Gruppe* von Patienten entwickelt. Die Potentiale einer Gruppe von Menschen werden zu wenig genutzt. Wir sind zu sehr individuum-orientiert und denken zu wenig sozial, d. h. an die Wirkungen, die andere auf uns haben und die wir auf andere ausüben. Sigrid Damm regt an, wieder mehr an die Gruppe zu denken, als einen »Weg, sich selbst und andere zu befreien«, wie Horst-Eberhard Richter einmal formulierte. Ich selber hatte schon vor längerer Zeit empfohlen, im Anschluß an Gruppentherapie eine Einzeltherapie durchzuführen, um das, was sich im Laufe des Gruppenprozesses rasch ereignete, im Einzelsetting nach und nach in Ruhe aufzuarbeiten. So können

1. die Übertragungsmuster, die sich in der Gruppe entfaltet haben,
2. die sich in der Einzelsituation entwickelten,
3. die sich außerhalb der Therapie ereigneten, mit
4. den in der Kindheit verinnerlichten Interaktionsmustern verglichen, gemeinsam betrachtet und besser verstanden werden, als wenn sich Übertragung und Gegenübertragung nur in der traditionellen Einzeltherapie abbilden.

Die praktisch erprobten und an vielen Fallbeispielen illustrierten Behandlungsverläufe des Buches bleiben nicht isoliert stehen, sondern werden in eine neue Theorie gefaßt, die mit den Ergebnissen der modernen Säuglingsforschung ebenso kompatibel ist wie mit aktuellen psychoanalytischen Konzepten eines Balint, Kohut oder Winnicott, aber auch mit körperorientierten Ansätzen in Bioenergetik, Gestalttherapie oder solchen aus der Tanztherapie. Die Gegenwart des Lebensalltags wird sehr ernst genommen. Die überkommenen infantilen Beziehungsmuster werden in einer neuartigen Weise als »Introjektsyndrome« verstanden und eröffnen neue Horizonte für das Verstehen sonst schwer verständlicher »Komplexe«; z. B. nach sexuellem Mißbrauch in Kindheit und Jugend, bei unehelicher Geburt, bei Nazi-Vergangenheit der Eltern, bei Aufwachsen in sogenannten »Patchwork-Familien«.

Abschließend werden die Wirkfaktoren erörtert, wobei deutlich wird, daß es die neuen korrigierenden Erfahrungen sind, die, besonders bei Defizit-Patienten, die entscheidende positive Veränderung herbeiführen.

Alles in allem: ein großer Wurf; denkbar geeignet, neue Impulse zu setzen, die Therapieszene zu erneuern und aufzulockern; eine Herausforderung, nicht nur im eigenen System zu verharren, sondern Kontakte zu den mit anderen Methoden arbeitenden Kollegen zu wagen und neue Methoden auszuprobieren; Feindbilder, wie z. B. die zwischen Psychoanalyse und Verhaltenstherapie, abzubauen, ruhig an Tabus zu stoßen und Grenzen zu überschreiten, kurz: interdisziplinär zu denken und zu handeln.

Die Patienten werden es ihren Therapeuten danken.

Peter Kutter, Stuttgart, im März 1995

Vorbemerkung

Mehrphasentherapie – Eine multimodale Methode für die Ambulanz

Das vorliegende Buch greift einen schwerwiegenden Mangel unserer ambulanten Psychotherapie auf: Kombinierte Formen von Psychotherapie können Patienten in der Ambulanz nicht zugute kommen. Da für die ambulante Praxis außerdem gut anwendbare Kombinationsmöglichkeiten fehlen, wird die Mehrphasentherapie als Methode vorgestellt, innerhalb derer unterschiedliche Techniken und Konzepte miteinander kombiniert werden können. Für verschiedene Patienten oder verschiedene Stationen im psychotherapeutischen Prozeß sind auch verschiedene therapeutische Zugänge oder methodische Annäherungsmöglichkeiten oft unerläßlich. Es zeigt sich auch immer wieder, daß unterschiedliche Patienten durch jeweils verschieden akzentuierte Theorien passender beschrieben werden können.

Eine große Vielfalt technischer und theoretischer Zugänge in der Psychotherapie wurde mir bereits bei meiner Ausbildung zur Psychotherapeutin für Kinder und Jugendliche und später zur Psychoanalytikerin für Erwachsene vermittelt. Das »Institut für Psychotherapie und Tiefenpsychologie e.V. Stuttgart« vertrat in der ersten Hälfte der sechziger Jahre die Auffassung, daß eine »synoptische« Grundeinstellung der Psychotherapeuten für Patienten besonders gute Therapiemöglichkeiten biete. Eine Zusammenschau verschiedener Theorien und technischer Vorgehensweisen sei der Anwendung einer einzelnen Methode meist überlegen. Später jedoch wurden solche integrativen Therapieanliegen unmodern. Die inzwischen erfolgten Spezialisierungen einzelner Methoden haben eminente Zugewinne für theoretisches Verständnis und gezielte Anwendung der Behandlungstechnik hervorgebracht. Dennoch führt der gegenwärtig vorherrschende Methodenpurismus immer wieder zu unverantwortbaren Verarmungen und Einseitigkeiten in den Therapien. Deshalb sehe ich es heute als angezeigt, für eine Rückwendung der Spirale zu Gesichtspunkten der Zusammenschau und Methodenkombination einzutreten.

Die Psychotherapie der vergangenen Jahrzehnte krankte aber nicht nur an Einschränkungen als Folge des Methodenpurismus, sondern auch als Folge modischer Überschätzungen von nachfolgend genannten Einzelaspekten: Zunächst sollten Langzeittherapien mit lebensgeschichtlichen Bezügen vom Therapeuten angestrebt werden. Etwas später kamen Kurztherapien in Mode. Die psychoanalytische Arbeit mit Übertragung und Widerstand galt dann lange Zeit als Angelpunkt jedes psychotherapeutischen Geschehens überhaupt. Dagegen wurde aber auch angeführt, daß bei den vielen selbstpsychologisch geschädigten Patienten Widerstandsdeutungen als prozeßstörend und ausgesprochen gefährlich angesehen werden müßten. Von Verhaltenstherapeuten wurden alle diese Richtungen bekämpft. Das Verhalten selbst sei »das Problem« und nicht etwa eine Erscheinungsform gleichsam dahinterliegender psychischer Probleme. Auswirkungen sogenannter »positiver und negativer Verstärker« wurden zur Behandlungsgrundlage erklärt. Zum besseren Verständnis von Patienten und Therapien, aber auch wegen des Objektivierungsbedarfs der Krankenkassen wurde schließlich der Akzent darauf verlegt, Krankheitsbilder und ihre Psychodynamik möglichst detailliert zu beschreiben. Dann schlug das Pendel wieder in die Gegenrichtung: Sogenannte »Defektbezüge« sollten nun unbedingt vermieden werden. Kranke Anteile und Mängel in der seelischen Struktur sollten nicht als Angelpunkt der Therapie betrachtet werden. Es diene angeblich der Gesundung eines Menschen am besten, wenn seine positiven Anteile und Möglichkeiten betont würden.

Letzterer Bewertungsmaßstab für Theorie und Praxis ist gegenwärtig im beruflichen Feld der ambulanten Psychotherapie hoch im Kurs. Alle oben angesprochenen Gesichtspunkte sind zweifellos für Psychotherapien wichtig. Es erscheint jedoch wenig sinnvoll, sie auseinanderzureißen und jeweils isoliert zu betrachten und überzubewerten. Angesichts des zur Zeit vielfach diskutierten

»Defektbezuges« läßt sich das Problem an einem einfachen, aber inhaltlich analogen, Beispiel verdeutlichen: Wenn ein Patient mit einem gebrochenen Bein zum Arzt kommt, hat er natürlich noch zwei gesunde Arme, ein gesundes Bein usw. Es kann jedoch kaum sinnvoll sein, den Defekt, also hier den Beinbruch, n i c h t zu diagnostizieren und zu behandeln. Andererseits kann für den Gesamtzustand des Patienten daneben eine krankengymnastische Anregung der gesunden Körperteile oder noch ganz andere Behandlungsformen während des Heilungsprozesses von Wichtigkeit sein. Ich hoffe, an diesem einfachen Beispiel wird deutlich, wie sinnvoll gerade eine Integration sich ergänzender, unterschiedlicher Betrachtungs- und Vorgehensweisen ist.

An dieser Stelle möchte ich auch die Gelegenheit nutzen, Kollegen und Freunden Dank zu sagen, die mich seit Jahren bei der Entwicklung des Konzepts der Mehrphasentherapie und beim Verständnis psychischer Prozesse durch Diskutieren und Mitdenken unterstützt haben.

Zunächst möchte ich Herrn Prof. Dr. Peter Kutter nennen, der mit großem, kontinuierlich fortdauerndem Interesse seit ihren Anfängen die Entwicklung der Regressionstechnik verfolgte und eine theoretische Diskussion der Methode der Mehrphasentherapie engagiert und sachkundig unterstützte. Fragen, welche die Probleme der multiplen Übertragung betreffen, haben wir immer wieder diskutiert, Fachausdrücke für die Methode erörtert. In den frühen Entwicklungsphasen, als ich selbst noch manchmal in Gefahr war, im erlebnisbetonten Anteil der Methode zu versinken, war er ein Kollege, welcher die Verbindung zum fachlichen Denken der Psychoanalyse kompetent unterstützte. Für meine frühen Publikationen und die schrittweise Entwicklung meines fachlich-theoretischen Denkens war er von großer Bedeutung. Auch für den vorliegenden Text verdanke ich ihm wesentliche Gesichtspunkte und Stellungnahmen.

Ganz besonders möchte ich auch Herrn Prof. Dr. Friedrich Beese danken. Als Leiter der Psychotherapeutischen Klinik am Sonnenberg in Stuttgart vertrat er bereits kombinierte Psychotherapie an Kliniken zu einer Zeit, als solche Konzepte noch sehr neu und unpopulär waren, ja stellenweise noch als vielleicht kunstfehlerhaft diskutiert wurden. Die Anwendung kombinierter Methoden in der ambulanten Praxis und auch die Einführung von Techniken, die einer Intensivierung der »Regression im Dienste des Ich« (Balint, 1970, S. 187) dienen, fanden stets Aufmerksamkeit und Interesse bei ihm. Auch für die unterschiedliche Situation bei Psychotherapie an Kliniken und in der Ambulanz mit den hinzugehörigen berufspolitischen Fragestellungen war er ein kompetenter Gesprächspartner. Aus der Entwicklung der Methode und auch der Bezeichnung mancher ihrer Elemente könnte ich ihn mir nicht wegdenken.

Von besonderem Gewinn war für mich auch die herzliche und freundschaftliche Beziehung zu Herrn Prof. Dr. Jan Bastiaans. Er besitzt eine ungewöhnlich große Spannweite von soliden Kenntnissen der psychoanalytischen Theorie und Technik bis zu spezialisierten traumatologischen Kenntnissen und der Fähigkeit, gezielt zu fokussieren. Er hat mich mehr als ein Jahrzehnt lang in vielen Gesprächen bereichert und angeregt. Unter dem Einfluß seiner großen Erfahrung bei Behandlungen von Schock-, Folter- und KZ-Opfern hat er mir für Patienten, die an ähnlichen traumatisch bedingten Störungen litten, oft wertvolle Informationen vermittelt. Auch für unsere Patienten mit psychosomatisch bedingten körperlichen Erkrankungen konnte ich ihn immer wieder bei unklaren Prozeßverläufen mit verblüffendem Ergebnis zu Rate ziehen. Ganz besonders danke ich ihm für die ihm eigene Unbedingtheit und persönliche Treue.

Auch Herrn Dr. Ludwig Janus gilt mein Dank. Seine theoretischen und praktischen Kenntnisse und sein Überblick über das historisch gewachsene Feld der heutigen Psychotherapie gaben mir immer wieder Gelegenheit, meine im Umfeld der üblichen ambulanten Psychotherapie wie »aus einem Abseits« kommenden Methoden und Vorstellungen mit dem konkret Vorhandenen in Beziehung zu setzen. In unseren Gesprächen wirkte seine unkonventionelle, prägnante Vielfalt des fachlichen Denkens anregend und klärend. Er bot mir wichtige Möglichkeiten, prä-, post- und perinatale Anteile der unbewußten Steuerung zu diskutieren und zu vergleichen und dadurch viele unserer Patienten vollständiger zu verstehen. Ich verdanke ihm auch vielfältige Anregungen zu die-

ser Veröffentlichung unter allgemeinen und speziellen Gesichtspunkten.

Frau Brigitte Schlindwein und Herr Bernd Krauß, meine beiden
langjährigen Kotherapeuten, haben fortlaufend mit Sachkenntnis
und leidenschaftlichem Interesse die Therapieprozesse der Patienten mit mir diskutiert. Heiße Debatten gab es auch über deren
theoretische Implikationen und die jeweilige Zweckmäßigkeit
technischer Maßnahmen in Einzelsituationen des Therapieprozesses. Auch Herrn Dieter Kunzke, dem Verfasser einer gehaltvollen,
wohl zukunftsweisenden Diplomarbeit mit dem Thema: »Die
Auswirkungen der modernen Säuglingsforschung auf die Psychoanalyse«, verdanke ich wertvolle Anregungen. Nicht versäumen
möchte ich außerdem, meinen Supervisanden dafür zu danken,
daß sie mir wertvolles Material und die Gelegenheit zu inhaltsrei-
chen Diskussionen geboten haben.

Viele andere Kollegen und Freunde bleiben hier ungenannt, die
mir theoretisch diskutierend und praktisch beratend jahrelang zur
Seite standen, während die Isolierung innerhalb des Fachgebiets
der ambulanten Psychotherapie unangenehm für mich spürbar
war. Sie boten mir einen geschützten und ermöglichenden Raum
für das praktische Durchtragen und theoretische Klären der Methode. Ganz besonders gilt dies für meinen Mann, der wohl insgesamt die wesentlichsten Gegengewichte für meine berufliche Belastung bereithielt. Andererseits stellte und stellt er, schon dank seiner Interessen und Denkgewohnheiten als Physiker, einen ständigen Prüf- und Wetzstein für meine intellektuellen Bemühungen
dar, meine Patienten und meine Arbeit objektiv zu begreifen. Vor
allem in Kapitel 2 entstammen die grundlegenden Erörterungen zu
Modellen, auch denen von Raum und Zeit, sowie den zwei Sinn-
bezügen, in denen der Begriff des Modells verwandt wird, jahrelangen Diskussionen zwischen uns.

Die Fertigstellung des Manuskripts war dann noch von vielen un-
entbehrlichen guten Geistern getragen. Frau Heidelinde Engel und
Frau Erika Brändle haben voll Interesse und unermüdlich dabei
mitgewirkt. Frau Brigitte Krug-Mann und Frau Dr. Annemarie
Just haben Korrektur gelesen. Vor allem aber haben viele meiner
Patienten die Konfrontation mit Auszügen aus ihrer Krankenge-

schichte auf sich genommen, unterschiedliche Sichtweisen mit mir diskutiert und in die Publikation ihrer Fallgeschichten und Vignetten eingewilligt. Sie haben sich auch für meine katamnestischen Untersuchungen anläßlich dieser Veröffentlichung zur Verfügung gestellt und mir dabei in ihre heutige Situation und gegenwärtige Sichtweise ihrer damaligen Therapie Einblick gegeben. Sie haben auch Auseinandersetzungen mit mir nicht gescheut, falls der Verdacht in ihnen aufkeimte, daß mein Interesse an der Veröffentlichung das Interesse an der therapeutischen Beziehung überwuchern könne. Ihnen allen gilt an dieser Stelle mein besonderer Dank.

KAPITEL 1

Einleitung

1.1 Kurzer inhaltlicher Aufriß

Thema der vorliegenden Arbeit ist die Darstellung der Mehrphasentherapie. Der Name weist darauf hin, daß unterschiedliche Therapieangebote in verschiedenen Phasen der Behandlungsprozesse angewandt werden können. Einzeltherapie, Gruppentherapie, Familien- oder Paartherapie können durchgeführt werden, wenn die Indikation es erfordert. Das Arbeitsverhalten kann beobachtet und behandelt werden. Das Therapieangebot und die Kompetenz der Therapeuten gestatten also eine fall- und prozeßbezogene Anwendung sehr unterschiedlicher methodischer Ansätze.

In der Mehrphasentherapie können aber auch verschiedene Methoden miteinander kombiniert werden: Psychoanalytisch orientierte Einzeltherapie wird zum Beispiel häufig verbunden mit erlebnisbezogenen Behandlungsmethoden in der Gruppe. Dabei können szenische Arbeit, Mal- oder Körpertherapie eingesetzt werden sowie Techniken, die eine Tiefenregression im Dienste des Ichs fördern. Auch Vorgehensweisen mit verbalem und nonverbalem Ansatz können also parallel zueinander eingesetzt werden. So wird die Palette der Wahrnehmungsmöglichkeiten von Therapeut und Patient erweitert, und die therapeutische Einflußnahme kann gezielter und vielfältiger erfolgen.

Eine Kombination unterschiedlicher Methoden im Sinne multimodaler Psychotherapie hat sich für viele Patienten als notwendig erwiesen. Bei solchen mit strukturellen Ich-Störungen oder psychosomatischen Krankheiten zum Beispiel verspricht die Anwendung herkömmlicher Psychotherapie nur unbefriedigende Behandlungsergebnisse. Werden jedoch verschiedenartige Methoden miteinander verbunden, so zeigen sich überraschende Heilerfolge. Der Ausübung kombinierter Psychotherapie steht ein schwer zu überwindendes sozialrechtliches Hindernis im Weg: die derzeitige Regelung der Kostenerstattung in der Ambulanz.

1.2 Zur fachlichen Entwicklung und meiner Motivation, kombinierte Psychotherapie ambulant auszuüben

Um die Wahl dieser speziellen Form von Psychotherapie einleuchtender darzustellen, soll zunächst meine fachliche Entwicklung zur Sprache kommen und mit der des Fachbereichs Psychotherapie verglichen werden. Meine persönliche Motivation ergab sich vorrangig aus der Art meiner Ausbildung und deren fachlichen Konsequenzen. Zunächst steuerte ich das Berufsziel einer Kinder- und Jugendlichen-Psychotherapeutin an. Als Grundberuf dazu wählte ich das Studium der »Rhythmischen Erziehung«. Diese Ausbildung verfolgt basale pädagogische Zielsetzungen: Handeln, Erleben und Verarbeiten werden entwickelt durch körperlichen und sinnesbezogenen Umgang mit »Modellsituationen« aus der praktischen Lebensrealität. Ichfunktionen beim Umgang mit sich selbst, anderen und der dinglichen Welt werden spontan improvisierend angesprochen. Kreative Fähigkeiten wie Sich-Bewegen, Malen, Tanzen, Szenenspiel werden einbezogen, aber auch der Umgang mit strukturierenden Anteilen der Person.

Wie alle Studierenden der Kinder- und Jugendlichen-Psychotherapie war ich verpflichtet, bis zur Vorprüfung meinen Grundberuf auszuüben, damit meine Eignung zur Psychotherapie erst noch unter Beweis gestellt werden könnte. Wegen dieser Ausbildungsbestimmung begann ich, Gruppen von Patienten zusammenzustellen, bei denen Rhythmische Erziehung angewandt werden konnte. Da sich dies bei Kindern wegen der Anfahrtswege und der Zugehörigkeit zu verschiedenen Altersgruppen als schwierig erwies, arbeitete ich mit Erwachsenen. Tatkräftig unterstützten mich dabei meine Ausbilder, weil im damaligen »Institut für Psychotherapie und Tiefenpsychologie e.v. Stuttgart« lebhaftes Interesse an der Rhythmischen Erziehung bestand. Sie gehörte sogar zu den Pflichtfächern für Ausbildungkandidaten der Psychotherapie von Kindern und Jugendlichen, aber auch von Erwachsenen. Meine Lehrer schickten mir also Patienten, die bei ihnen in Einzelpsychotherapie waren und die sie mit dieser allein für nicht ausreichend behandelbar hielten. Es waren vorwiegend Patienten mit narzißtischen Störungen, psychosomatischen Krankheiten, strukturellen Ich-Störungen oder schwer traumatischen Erfahrungen wie beispielsweise sexuellem Mißbrauch. Einige meiner Ausbilder supervidierten meine Tätigkeit auch, so daß es bereits damals zu fachübergreifender Zusammenarbeit zwischen unterschiedlichen Disziplinen kam.

Meine Rhythmik-Gruppen überforderten mich anfangs so stark, daß ich entschlossen war, sie unverzüglich nach meiner Zulassung zur Psychotherapie von Kindern und Jugendlichen aufzugeben. Das Stellen einer Indikation gab mir ebenso viele Rätsel auf wie die Durcharbeitung der heftigen Therapiewiderstände und die vielfältigen Reaktionen der Patienten in der Gruppe. Zur Zeit der Vorprüfung war die Arbeit mit den Gruppen für mich jedoch so faszinierend geworden, daß ich sie beibehielt und später eine Ausbildung zur Psychotherapie von Erwachsenen begann. Diese bildete ja inzwischen mein hauptsächliches Tätigkeitsfeld. Bei meiner Kombination von verbaler Einzelpsychotherapie mit Rhythmik-Gruppen faszinierte und überzeugte mich besonders die Verwandtschaft zur Kinderpsychotherapie. Während der Zeit meiner zweiten Psychotherapie-Ausbildung engte sich allmählich der theoretische und praktische Spielraum an den Ausbildungsinstituten ein. Einzelne »Schulrichtungen« bildeten sich heraus, die psychoanalytische Freuds, die analytische Psychotherapie Jungs oder die neoanalytische Schultz-Henkes. Sie boten schließlich voneinander getrennte Lehranalysen, Supervision und theoretische Grundlagen an. Ihre Ausbildungen verbesserten und vervollständigten sie mehr und mehr, gaben sich eigene Prüfungsordnungen und grenzten sich zuletzt strikt voneinander ab. Im Zuge dieser

Spezialisierung kam es zu verfeinerteren und spezielleren, aber auch zu eingeengteren Kenntnissen und Fertigkeiten. Kombinierte Psychotherapie verschwand aus den ambulanten Behandlungen im Zuge dieser Festschreibung von Schulrichtungs-Ausbildungen und deren Niederschlag in der Verrechnungspraxis der Krankenkassen. Sie wurde von der Kostenerstattung g r u n d s ä t z l i c h ausgeschlossen. Sie geriet in den Untergrund, an den Rand oder in die »Psychoszene«.

Ich selbst war jedoch zu diesem Zeitpunkt von meinen Erfahrungen mit Kombinationen aus Einzel- und Gruppentherapie, verbalen und nonverbalen Methoden bereits so beeindruckt, daß ich diese Art der Behandlung neben der kassenüblichen weiter fortsetzte. Da ich mit den Erfolgen meiner Tätigkeit bei manchen Patienten noch unzufrieden war, beschloß ich, mich zusätzlich in einer Methode fortzubilden, in der gezielt mit Tiefenregression gearbeitet wurde. Ich ging deshalb für eineinhalb Jahre nach Los Angeles, um Selbsterfahrung mit Primärtherapie zu sammeln, ihre Anwendung bei Patienten zu erlernen und ihre Wirkungen zu erproben. Mir erschien zwar manches an dieser Methode kritisierenswert, aber grundsätzlich waren meine Erfahrungen mit ihr durchaus überzeugend (Damm, 1978). Sie wurde schließlich ein Bestandteil meiner Arbeit und unter psychoanalytischen Gesichtspunkten zur »Regressionstechnik« weiterentwickelt. Sie und die Rhythmische Erziehung, heute »Modellimprovisation«, sind zu wesentlichen Bestandteilen der Mehrphasentherapie geworden.

Nach meiner Rückkehr in die Bundesrepublik wurden ambulant nur noch ganz wenige im Behandlungsspielraum stark eingeschränkte Gruppen- oder Einzeltherapie-Methoden ausgeübt. Wenn man jetzt kombiniert behandelte, wie ich es tat, mußte man in eine Außenseiter-Position geraten. Ich nahm dies in Kauf, vor allem taten das aber auch meine Patienten, die in rasch zunehmendem Maße Kassenzuschüsse zu ihren Behandlungen einbüßten. Paradoxerweise kam es jedoch im gleichen Zeitraum, in dem ambulante kombinierte Behandlungen fast unmöglich wurden, zu Neugründungen von mehr und mehr psychotherapeutischen und psychosomatischen Kliniken, in denen man dann bei psychisch schwer kranken Patienten g r u n d s ä t z l i c h mit Methodenkombinationen arbeitete. Analytische Psychotherapie wurde hier mit Malen und Gestalten, Szenenspiel, Körpertherapie oder Musiktherapie verbunden. Diese kostenintensive Form der Psychotherapie und ihre Finanzierung durch öffentliche Kostenträger steht heute jedem Bundesbürger bei Bedarf offen. Beide Therapieformen, die nicht kombinationsfähige ambulante und die kombinierte klinische, bestehen unverbunden nebeneinander.

1.3 Sozialrechtliche oder Kostenerstattungsprobleme bei kombinierter ambulanter Psychotherapie

Der oben aufgezeigte Unterschied zwischen der Psychotherapie an Kliniken und in der Ambulanz ist verblüffend und folgenschwer. Schon eine Kombination von analytischer Einzel- mit analytischer Gruppentherapie wirft für die ambulante Praxis in Deutschland unüberwindliche sozialrechtliche Probleme auf. Kombinationen zur analytischen oder tiefenpsychologisch fundierten Psychotherapie sind bei uns nicht vorgesehen und werden nicht von Versicherungsträgern finanziert. Das heißt im Klartext für die Durchführung ambulanter Psychotherapie: Bei der Wahl und Anwendung von Therapiemethoden stehen Finanzierungshindernisse den Erwägungen über Zweckmäßigkeit und zu erwartenden Behandlungserfolg im Weg. Es kann also nicht objektiv entschieden werden, ob in einem speziellen Fall die Anwendung einer einzelnen Therapiemethode oder einer Kombination von verschiedenen Methoden mehr Hilfe bringen dürfte.
Die deutsche Situation ist völlig absurd, was die unterschiedlichen psychotherapeutischen Behandlungen an Kliniken und in der Ambulanz betrifft: Kombinierte Psychotherapie ist in Kliniken üblich und wird dort auch von den Kostenträgern finanziert. Dies wird ausdrücklich als sinnvoll und notwendig bezeichnet, da ganze Patientengruppen anders als nicht erfolgversprechend behandelbar

gelten. Für ambulante Psychotherapie hingegen ist eine Kombination von verbaler Einzelpsychotherapie mit anderen Methoden, mit denen sie in Kliniken kombiniert wird, sozialrechtlich nicht vorgesehen. Sie wird in den »Richtlinien zur Verrechnung von Psychotherapie« sogar ausdrücklich von der Verrechnung durch Pflichtkassen ausgeschlossen. Dies führte dazu, daß neben analytischer oder tiefenpsychologisch fundierter Psychotherapie eine Anwendung von Psychodrama, Körpertherapie, Gestaltungstherapie oder Familientherapie entfällt. Nicht einmal analytische Einzel- und analytische Gruppenpsychotherapie können für einen Patienten parallel mit den Kostenträgern verrechnet werden.

Argumente dafür, auch für die Zukunft bei diesen Ausschlüssen zu bleiben, liefern vor allem die nachfolgend aufgeführten Befürchtungen:

1. Eine unüberschaubare finanzielle Situation würde eintreten, wenn plötzlich Therapeuten, wie Mal-, Musik- oder Körpertherapeuten, die Kassen mit unüberprüfbaren Psychotherapie-Abrechnungen überfluteten. Dabei müßte die derzeit so gefürchtete Kostenlawine immer mehr anschwellen.

2. Patienten könnten durch unkontrollierbare Anwendung von zusätzlichen Therapiemaßnahmen durch gewinnsüchtige oder wenig qualifizierte Therapeuten gesundheitlich belastet werden oder sogar in Gefahr geraten.

Beide Befürchtungen sind berechtigt. Es lassen sich aber Vorgehensrichtlinien festlegen, durch welche einem Mißbrauch vorgebeugt werden kann. Voraussetzungen dafür wären Überweisungen durch Fachleute und gutachterliche Antrags- und Prüfungsverfahren. Dabei könnte garantiert werden, daß Indikationen für kombinierte Psychotherapie fachmännisch gestellt und daß solche Therapien fachmännisch durchgeführt werden. Es könnte auch sichergestellt werden, daß kombinierte Maßnahmen ausreichend miteinander vernetzt sind. Das Verständnis spezieller Therapieprozesse und die jeweils angestrebten Therapieformen könnten auch bei parallel arbeitenden Vertretern verschiedener Methoden gemeinsam abgestimmt werden. Genau dies geschieht in Kliniken. Geeignete Teams sind in unserer ambulanten Psychotherapie bisher nicht vorhanden. Sie zu bilden ist aber vielleicht nicht ganz unmöglich.

Die bestehenden Unterschiede bei der psychotherapeutischen Versorgung an Kliniken und in der Ambulanz sind inhaltlich nicht vertretbar. Es erscheint deshalb als dringend notwendig, den Patienten in beiden Situationen einander ähnliche Behandlungs- und Verrechnungsmöglichkeiten zur Verfügung zu stellen. Praktische Verwaltungsschritte in dieser Richtung werden zeitraubend sein. Die Abwehr dagegen, ein so schwierig zu organisierendes Unterfangen in Angriff zu nehmen, verführt oft zu Ausweichbewegungen. Dann werden Fragen der Vertretbarkeit, Schwierigkeiten der Durchführung oder Befürchtungen einer Kostenexplosion zitiert, um die Verwaltungsprobleme zu verdecken. Um diese zu lösen, werden Zeit, Scharfsinn und Diskussionsbereitschaft mit verschiedenen Interessen-Gruppen notwendig sein. Die Behandlungskosten jedoch müßten im Endeffekt niedriger werden, wenn Patienten weiterhin erwerbstätig sind, Versicherungsbeiträge zahlen und währenddessen eine gut organisierte kombinierte Psychotherapie ambulant erhalten.

1.4 Fälle aus dem ambulanten Behandlungsalltag Beispiele für Folgen des Verrechnungsdilemmas

An Fallbeispielen aus Praxen von Mehrphasentherapeuten soll aufgezeigt werden, daß Patienten häufig ohne die notwendige Behandlung bleiben, weil angemessene Therapieformen für sie ambulant bisher nicht vorgesehen sind. Vignetten aus der alltäglichen ambulanten Psychotherapie in diesem Absatz sollen nicht etwa die Arbeit von Psychoanalytikern, Psychologen oder Psychiatern kritisieren oder gar schlechtmachen. In all diesen Berufen wird verantwortungsvolle Facharbeit von Spezialisten geleistet. Jedoch sind für große und immer noch im Wachsen befindliche Gruppen von Patienten bisher ambulant keine angemessenen Behandlungsmöglichkeiten vorgesehen. Dies führt dazu, daß Menschen, die mit grundsätzlich anderen Therapiemitteln behandelt werden müßten, mit den bisher vorhandenen Mitteln therapiert werden. Die Absurdität eines solchen Vorgehens wird deutlich, wenn wir uns zum Vergleich vorstellen, daß ein Arzt uns bei Blinddarmentzündung die Mandeln entfernen würde, weil er nur dies darf und kann.

Der Alltag praktischer Psychotherapie in der Ambulanz ist bunt gemischt. Fachleute der verschiedenen Berufsgruppen nehmen Patienten an, die sie zufriedenstellend behandeln können. Daneben aber stellt sich die große Zahl therapiesuchender Patienten ein, die so strukturiert sind, daß für sie n o c h k e i n e passende ambulante Form der Psychotherapie vorgesehen ist. Vor allem viele fachlich noch junge Kollegen wenden in solchen Fällen eine der mit den Pflichtkassen verrechenbaren Ziffern an, damit überhaupt etwas geschieht oder auch einfach guten Glaubens. Dabei bleiben Paar- und Familientherapie, gestaltungstherapeutische Methoden, Körperarbeit, Durcharbeitung der lebensgeschichtlichen Voraussetzungen einer Störung und die Verbindung von Gruppen- und Einzeltherapie als Werkzeuge auf der Strecke. Für psychotherapeutische Arbeit, bei der Methodenvielfalt multimodal und patientenbezogen eingesetzt wird, ist neben dem Beherrschen der zugehörigen praktischen Vorgehensweisen ausreichend theoretischer Überblick notwendig. Unterschiedliche wissenschaftliche Modelle müssen für die Entscheidung, mit welchem technischen Vorgehen jeweils gearbeitet werden soll, zur Klarifikation herangezogen werden. Auf Fragen der Theorie wird in Kapitel 2 eingegangen. Die gegenwärtig übliche Praxis der Psychotherapie ist anders akzentuiert: *Eine* theoretische Sichtweise mit dem zugehörigen Instrumentarium technischen Verhaltens steht in der Regel dem Behandler ausschließlich zur Verfügung.

Die jetzt folgenden Fallbeispiele stehen stellvertretend für sehr viele andere. Sie sollen schwerwiegende Pannen deutlich machen, die in der derzeitigen Situation der ambulanten Psychotherapie vorprogrammiert sind:

1. Eine junge Mutter mit Säugling befand sich in psychiatrischer Behandlung. Diese erfolgte in zwanzigminütigen Gesprächen alle drei Wochen. Panische und aggressive Verstimmungen als Erleb-

nis- und Verhaltensstörungen standen im Vordergrund ihrer Problematik. Bei systemischer Arbeit, hier Paartherapie, zeigte sich ein unlösbares Familienproblem: Der durch das Baby und die Berufsarbeit überforderte Ehemann wünschte, von seiner Frau weiter so verwöhnt zu werden wie vor der Geburt eines Kindes. Alles in ihm widersetzte sich gegen seine Verpflichtung, Vater zu sein. Deshalb zog er sich halbe oder ganze Tage lang ins Schlafzimmer zurück. Die Stimmungslage der jungen Mutter wurde deshalb immer panischer und aggressiver. Als sie ihren Ehemann schließlich fortgesetzt beschimpfte und Schlafstörungen auftraten, suchte sie den Psychiater auf, der ihr Psychopharmaka verordnete. Gegen diese lehnte sich die Mutter wiederum auf, weil sie ja meinte, daß das Paarproblem sie daran hindere, ihren Mutterpflichten hinreichend nachzukommen. Die Berücksichtigung und Bearbeitung der Paarproblematik reduzierte sofort den seelischen Druck der Mutter. Dies Beispiel zeigt, daß eine Arbeit mit Methodenkombination keineswegs bedeuten muß, daß auch immer mehrere Methoden zur Anwendung kommen. Es kann – wie im vorstehenden Fall – eine einzelne Methode allein angewandt werden, wenn sie der Indikation wirklich angemessen ist.

2. Der Partner einer Patientin hatte ein Alkoholproblem. Wegen seiner Passivitätshaltungen war er auch im Begriff, seine Partnerin zu verlieren. Er wurde von einem Erstattungs-Psychologen alle drei Wochen fünfzig Minuten lang mit psychodramatischen Maßnahmen behandelt. Insgesamt waren 10 Sitzungen vorgesehen. Im Verlauf dieser Therapie wurde der Patient zunehmend unzufriedener, weil sein Suchtproblem sich durch die Form der Behandlung nicht besserte. Er fühlte sich in einer Sackgasse. Daraufhin begann er eine Mehrphasentherapie, in die lebensgeschichtliche Akzente, Gruppen- und Paartherapie einbezogen wurden. Dabei zeigte sich das Suchtproblem im Zusammenhang mit strukturellen Ich-Störungen und einer Paarproblematik. Die Bearbeitung dieser Probleme ist unter Einbeziehung der Partnerin so weit fortgeschritten, daß die Paarbeziehung neuen Boden gewonnen hat. Der Patient steht im Begriff, sich zu verheiraten, und wünscht, bald Vater zu werden.

3. Eine dreiunddreißigjährige Frau begann vor sieben Jahren eine Psychoanalyse mit drei Wochenstunden, weil sie an Asthma, an-

deren allergischen Reaktionsbereitschaften und Anfälligkeit für Infekte litt. Parallel unterzog sich der Ehemann einer ebensolchen Einzeltherapie. Die verbale Ausdrucksfähigkeit und Verständigung zwischen den Partnern besserte sich. Nach vierjähriger Therapie wurde jedoch die Behandlung abgeschlossen, ohne daß bezüglich der Asthma-Anfälle eine Veränderung eingetreten wäre. Weitere Behandlungsformen wurden ausprobiert, wobei sich zeigte, daß die Anfälle bei Anwendung katathymen Bilderlebens etwas seltener auftraten. Schließlich wurde noch Verhaltenstherapie, einzeln und als Paarbehandlung, eingesetzt. Hierbei lernten beide, sich anläßlich von Konflikten deutlicher zu verhalten. Hatte zum Beispiel die Ehefrau etwas dagegen, mit ihrem Mann essen zu gehen oder Erotik zu haben, zog sie Kleidung mit Signalwirkung an. Hose hieß: »Ich möchte keine Erotik und keinen Sex!« – Schließlich wurde das Asthma so lebensgefährlich, daß die Patientin die Klinik und den Cortison-Tropf nur noch auf eigene Gefahr verlassen konnte. Zur Krisenintervention mit Mehrphasentherapie wurde eine Intensivtherapie des Paares begonnen, die täglich mehrere Stunden dauerte und folgende Elemente enthielt: Regressionstechnik, Körperarbeit, Gestaltungstherapie, szenische Arbeit und ausgiebige durcharbeitende Paargespräche. Die Intensivtherapie fand zwei Wochen lang täglich statt. Die Asthma-Anfälle traten bereits von Anfang an nur noch problembezogen auf. Sie hatten drei Quellen: Frühkindliche Entbehrung mütterlicher Zuwendung, schweren realinzestuösen Mißbrauch und Eheprobleme. Letztere waren nur durch lebensgeschichtlich akzentuierte Paararbeit unter Kontrolle zu bekommen, da beide Partner ein negatives Introjekt, einen unerträglichen und verhaßten Elternteil, aufeinander projizierten. Nach der Intensivtherapie zur Krisenintervention wurde die Behandlung in *Mehrphasentherapie II* überführt.

4. Ein fünfunddreißigjähriger Industriekaufmann kämpfte mit Problemen in Beruf und Partnerschaft, nachdem ihn mehrfach hintereinander schwere Schicksalsschläge getroffen hatten. Der Vater war überraschend an einem Herzinfarkt gestorben. Danach hatte die Mutter auf dramatische Weise Selbstmord verübt. Wegen akuter Suizidalität des Patienten geriet dann auch noch seine Partnerbeziehung unter zunehmende Spannung. Er wurde nach all sei-

nen akuten Belastungen für einige Monate einmal wöchentlich fünfzig Minuten lang psychiatrisch behandelt, danach dreiwöchentlich zwanzig Minuten lang. Auch wurde er aufgefordert, an einer einwöchigen Gruppentherapie teilzunehmen, bei der Reinkarnation und fernöstliche Entspannungs- und Konzentrationsübungen im Vordergrund stehen sollten. Bei dieser Art der Therapie stellte sich keine befriedigende Erleichterung in Befinden und Symptomatik ein. Die Suizidalität des Krisenpatienten ging zurück, als in der Mehrphasentherapie lebensgeschichtliche Aspekte in die Behandlung einbezogen wurden. Die Auseinandersetzung mit dem destabilisierenden Mutter- und dem stabilisierenden Vater-Introjekt bewirkte eine Stabilisierung.

Um es noch einmal zusammenzufassen: In der analytischen Psychotherapie, der Psychiatrie, Verhaltenstherapie und der psychosomatisch Kranker finden viele erfolgreiche Behandlungen statt. Daneben aber gibt es eine Fülle von Therapien, welche ähnlich unbefriedigend verlaufen wie die eben skizzierten. Dies liegt daran, daß Indikationen für kombinierte Psychotherapie, lebensgeschichtliche Arbeit, Paar- und Familientherapie nicht gestellt und geeignete Behandlungen damit auch nicht eingeleitet werden können.

1.5   Indikation für kombinierte Psychotherapie

Vier Patienten kamen also zur Psychotherapie, weil sie massive Schwierigkeiten nicht mehr kompensieren konnten. Alle vier brachen ihre Therapien ab, als ihnen klarwurde, daß die Art der Behandlung sie und ihr Problem verfehlte. In der Mehrphasentherapie jedoch, in der multimodal gearbeitet und dabei der jeweils passende Ansatz gesucht werden kann, stabilisierten sich die Patienten mit befriedigendem Therapie-Erfolg. Welche Art von Patienten sind es nun, die für eine Behandlung mit dieser Methode geeignet sind? Vignette 1 betraf das Schwellenangstproblem eines neugebackenen Vaters angesichts der Verantwortlichkeiten seiner

Rolle. Vignette 2 bezieht sich auf eine im gesamten Wesen und Charakter ausgeprägte strukturelle Störung mit Sucht- und Passivitätsanteilen. In Vignette 3 stellte eine lebensgefährliche psychosomatische Erkrankung das Problem dar. In Vignette 4 waren rasch aufeinanderfolgende überwältigende Schicksalsschläge eingetreten. Bei jeder Vignette steht also ein anderer Fokus im Vordergrund. Es gibt aber auch gemeinsame Anteile: Alle Patienten litten an frühen Entwicklungsstörungen vor der Sprachentwicklung, oft trat kompensatorisch Verwöhnung hinzu mit verringerten Anforderungen, den Frustrationen des täglichen Lebens standzuhalten. Die Indikation wird durch derartige Probleme verstärkt.

Die Indikation für kombinierte Psychotherapie soll nun noch an zwei einander gegenübergestellten Persönlichkeitsschwerpunkten verdeutlicht werden: Ein Patient aus dem Mittelmeerraum beherrschte die deutsche Sprache noch unvollständig. Seine Stärken lagen mehr im bildhaft-emotionalen, konkreten Bereich als im verbalen, logisch-abstrakten. Wird einem solchen Patienten eine erlebnisbezogene Therapieform angeboten, bei der Malen, szenisches Spiel und Affektäußerung im Gruppenkontakt möglich sind, bieten sich vielfältigere Ausdrucksmöglichkeiten und deshalb ein lebendigerer Fluß zwischen ihm, dem Therapeuten und den Mitpatienten. Dies garantiert jedoch keineswegs, daß sich der Patient von sich selbst zu distanzieren lernt, von sich zu abstrahieren, sich wahrzunehmen und Vorgänge bei sich zu reflektieren. Erfahrungsgemäß unterstützt uns aber diese Ich-Funktion darin, dauerhafte Veränderungen im eigenen Erleben und Verhalten zu erzielen. Strukturelle Veränderungen werden oft durch eine Kombination anschauungsmäßiger verbaler Formen von Psychotherapie gefördert. Bei Defiziten der umgekehrten Form, also bei Patienten, die verbal stark, aber schwach im anschaulichen und emotionalen Bereich sind, kann ebenso eine Anwendung von Methodenkombination angezeigt sein. Hier erweist sich Einbeziehung erlebnisbezogener Therapieformen in die differenzierten verbalen Funktionen als sinnvoll. Im folgenden sollen Gruppen psychischer Störungen benannt werden, bei denen eher kombinierte Psychotherapie indiziert ist als verbale Einzelbehandlung (vgl. hierzu Fürstenau, 1992, S. 36 ff.).

Patienten mit struktureller Ich-Störung, narzißtischer Persönlichkeitsstörung, Borderline-Störungen, psychosomatischen Krankheiten, depressiven Verstimmungen, Suchterscheinungen können meist mit Methodenkombination erfolgreich behandelt werden. Auch Klienten mit schwer traumatischen Erlebnissen wie sexuellem Mißbrauch, Real-Inzest, körperlicher Mißhandlung, Unfall-Traumata, Folterung oder Schock sind geeignet für Behandlung mit kombinierter Psychotherapie. Patienten in aktuellen Lebenskrisen bedürfen häufig ebenfalls konzertierter, gezielter Unterstützungsmaßnahmen, also kombinierter Psychotherapie zur Verarbeitung und Restabilisierung. Für die hier genannten Patienten-Gruppen hat sich Behandlung mit Mehrphasentherapie, die eine Kombination verschiedener verbaler und non-verbaler Formen ambulanter Psychotherapie darstellt, als sinnvoll erwiesen.

1.6 Probleme für die Übernahme kombinierter Methoden in die Ambulanz

Den Bedürfnissen der eben genannten Patienten wird in der Versorgung an psychotherapeutischen und psychosomatischen Kliniken bereits Rechnung getragen: Therapien sind dort fast immer kombiniert. Den Behandlerteams gehören Vertreter verschiedener psychotherapeutischer Disziplinen an. In Kliniken können Therapien patientenorientiert geplant und der zeitlichen Befristung der Behandlung angepaßt werden. Psychotherapien an Kliniken dauern ja nur kurz. Die Verweildauer ist hier meist nicht länger als zwei bis sechs Monate. Das heißt: Vornehmlich in akuten Krisen sind Patienten durch diese Einrichtungen versorgt. Wenn jedoch strukturelle Veränderungen bewirkt werden sollen, muß der Tatsache Rechnung getragen werden, daß langfristige Therapieziele in unseren Kliniken nicht ins Auge gefaßt werden können. Die Gründe hierfür sind schwerwiegend und betreffen einerseits Fragen der Finanzierbarkeit von Therapien, andererseits aber auch Bedürfnisse von Patienten, ihren familiären Beziehungen und der Arbeitswelt nicht zu lange Zeit entzogen zu sein.

Die Umstellung einer Behandlung von klinischer auf ambulante Psychotherapie ist also oft unvermeidlich. Dabei tritt aber folgende Schwierigkeit auf: Patienten, für die sich in der Klinik eine kombinierte Form von Psychotherapie als geeignet erwiesen hatte, können ambulant nicht weiter mit Methodenkombination behandelt werden. Sie können nur analytische bzw. tiefenpsychologisch fundierte Psychotherapie erhalten oder Verhaltenstherapie. Vielen von ihnen fehlt deshalb bei der Nachbehandlung eine Kontinuität der Methoden. Dieser Zustand ist für manche Patienten belastend. Falls man den Spezialfall ausschließt, daß jemand eine langfristige Einzelpsychotherapie nach einem Klinikaufenthalt braucht, ist festzuhalten, daß die derzeitige Diskrepanz zwischen klinischer und ambulanter Psychotherapie im Interesse der Patienten nicht vertretbar ist.

Neben dem Bedarf an angemessenen Nachbehandlungsmöglichkeiten für Klinikpatienten besteht aber noch ein weiterer: Es gibt zahlreiche Patienten, die des Schutzraums einer Klinik für ihre Psychotherapie nicht bedürfen, wohl aber einer Kombination mit multimodalen Behandlungsmethoden. Solche Patienten geraten heute entweder zufällig, wie vorn gezeigt, in Praxen mit für sie ungeeignete Methoden oder aber in psychotherapeutische oder psychosomatische Kliniken. Hier wird also die Notwendigkeit, mit multimodalem Ansatz behandelt zu werden, verwechselt mit dem Bedarfsfall, in einer Klinik Psychotherapie zu erhalten. Eine solche Fehlentscheidung kommt die öffentlichen Kostenträger unverhältnismäßig teuer zu stehen: Hier zeigt sich also ein zusätzlicher Grund zum Nachdenken!

Will man sich aber entscheiden, kombinierte Therapieformen in die ambulante Praxis zu übernehmen, sind schwerwiegende organisatorische Probleme zu bedenken: An Kliniken gibt es eingespielte Behandlerteams. In der Ambulanz dagegen arbeiten nur selten zwei Therapeuten zusammen, die verschiedene Methoden anwenden. Eher sieht man, daß »Einzelkämpfer« der verschiedensten Richtungen still und zäh vor sich hin arbeiten, ohne mit anderen Therapeuten Fühlung zu wünschen oder gar in gemeinsamen Behandlungen Kontakt zu halten. Auch Vertreter verschiedener Körpertherapie-Richtungen haben untereinander wie auch mit

Psychoanalytikern selten Kontakt. Die Isolation der Gruppen fördert natürlich keineswegs, daß Gemeinsamkeiten der Behandlung, des Prozeßverständnisses und der Therapieziele herausgearbeitet werden. So können nur in wenigen Fällen Therapeuten verschiedener Richtung ein und demselben Patienten gleichzeitig nützen. Hier verzahnen sich Finanzierungs-Engpässe wegen der gegenwärtigen Kostenregelung mit individualistischen, wenig kontaktoffenen Persönlichkeitsmerkmalen von Therapeuten.

1.7 Mehrphasentherapie, eine kombinierte Methode für die Ambulanz

Da eine praktische Vernetzung in der ambulanten Psychotherapie nur langsam erfolgen dürfte, bleibt zu fragen: Was kann ad hoc geschehen, damit Patienten, die derzeit kombinierter Therapiemethoden bedürfen, auch eine solche Behandlung erhalten können? Gibt es überhaupt Möglichkeiten, multimodale psychotherapeutische Ansätze in unserer Ambulanz zu verwirklichen?
Einen gangbaren Weg stellt hier die Mehrphasentherapie dar. Sie ist noch wenig bekannt, bietet aber für eine Kombination verschiedener Psychotherapiemethoden praktikable Möglichkeiten. Ein größeres Behandlerteam ist dabei nicht unbedingt erforderlich. Therapeut und Kotherapeut reichen aus. Die regelmäßigen, meist wöchentlich stattfindenden Maßnahmen sind: ein psychoanalytisch orientiertes Einzelgespräch à 50 Minuten und eine Gruppensitzung à 5 Stunden. Beide sind in einer Hand, so daß in der gegenwärtig so komplizierten Situation schon viel gewonnen ist. Die Gruppenmaßnahmen enthalten in turnusmäßigem Wechsel Modellimprovisation und Regressionstechnik. Dabei kommen emotionsnahe und körpertherapeutische Methoden zur Anwendung. Die verschiedenen Maßnahmen flexibel und sachkundig zu verbinden, lernt ein Mehrphasentherapeut. Eine solche Beweglichkeit muß auch keineswegs zu Oberflächlichkeit der therapeutischen Arbeit führen!

Eine Kurzbeschreibung der Gruppenmethoden Modellimprovisation und Regressionstechnik soll hier vorweggenommen werden, die parallel zur Einzelsitzung stattfinden:

In der *Modellimprovisation* (M-Gruppe) steht das spontane Improvisieren mit basalen oder grundlegenden Ichfunktionen im Vordergrund. Es wird gearbeitet mit sinnes- und atembezogenen oder körpertherapeutischen Ansätzen, mit Szenenspiel, mit Malen, Gestaltung, Tanz, dem Umgang mit anderen in der Gruppe.

In der *Regressionstechnik* (R-Gruppe) werden traumatisch wirkende oder pathogen strukturierende Ereignisse und Umstände der Lebensgeschichte reaktiviert. Dabei können Erlebnisse remobilisiert werden, die für das weitere Leben Muster oder Modelle bereitstellten. Wesentlich ist hier auch eine möglichst vollständige verbale Durcharbeitung.

Ein Mehrphasentherapeut ist darin geschult, mit der körperhaften und der anschauungsnahen Persönlichkeitsebene ebenso sicher umzugehen wie mit der verbalen. Dies ermöglicht ein immer vollständigeres Durcharbeiten sehr unterschiedlicher Problematiken.

Zu Einzelsitzungen und Gruppenmethoden kann Paar- oder Familientherapie treten. Auch andere Maßnahmen, die Patienten bei der Bewältigung der Aufgaben ihres täglichen Lebens unterstützen, werden bei Bedarf einbezogen. Wo konkrete Aufgaben überfordernd wirken, weil Ich-Defekte schwerwiegend sind, oder wo altersspezifische Entwicklungsschritte nicht geleistet werden können, wird der Therapeut als Ich-Verstärker benötigt. Das kann heißen, daß Patienten Hilfe bei der Organisation ihrer Prüfungsarbeit brauchen oder ein Mitdurchlesen von Nachlaß- oder Prozeßakten erforderlich ist. Solche Maßnahmen stellen allerdings eher eine Ausnahme dar.

Es soll hier noch auf die notwendige Vernetzung voneinander abgespaltener Persönlichkeitsanteile hingewiesen werden, ein Therapieziel, das oft schwer zu erreichen ist. Verbale und nonverbale Anteile sind bei psychisch gesunden Menschen miteinander verbunden. Bei Patienten mit Spaltungsproblematik hingegen ist es notwendig, eine Vernetzung nachträglich noch herzustellen, damit nicht zueinanderpassende Erlebens- und Verhaltensformen verknüpft werden können.

Es gibt trotz aller Widerstände und Schwierigkeiten eine erstaunlich große Anzahl von Patienten, die alle finanziellen und praktischen Unbilden in Kauf nehmen, um kombinierte Therapie in Form von Mehrphasentherapie zu erhalten. Sie reisen zum Teil wöchentlich mehrere hundert Kilometer weit an und halten, wenn nötig, auch jahrelang durch, weil sie erleben, daß ihnen ihre Therapie nützt. Soweit sie eher wohlhabend sind, erhöhen die finanziellen Eigenbelastungen noch die Motivation. Wenn jedoch Studenten auf Baustellen arbeiten, Taxi fahren oder putzen müssen, um ihre Therapie zu finanzieren, erscheint die Belastung manchmal als kaum zumutbar. Auch für psychosomatisch Kranke, Alleinerziehende oder andere Patienten in finanzieller Notlage entstehen oft ausweglose Situationen. Übernahme der Therapiekosten seitens der Pflichtkassen wäre hier dringend gewünscht. Im weiteren möchte ich jedoch Fragen der Kostenregelung auf sich beruhen lassen.

Die Methode ist lehr- und lernbar. Es gibt ausgebildete und in Weiterbildung befindliche Therapeuten. Eine Weiterbildung zum Mehrphasentherapeuten dauert mindestens fünf Jahre. Noch ist die Zahl der Kandidaten klein. Viele Anwärter schrecken nämlich davor zurück, eine sehr arbeits- und kostenintensive Weiterbildung in Kauf zu nehmen, um eine Methode zu erlernen, deren Anwendung dadurch erschwert wird, daß die Kosten nicht erstattet werden und Patienten ihre Therapie selbst voll finanzieren müssen.

In Kapitel 2 dieser Arbeit geht es um Bezüge zur Theorie. Sowohl in Kapitel 3, dem Methoden-Kapitel, wie in den zahlreichen Falldarstellungen wird gezeigt, wie der Mehrphasentherapeut Patienten praktisch mit Erfolg behandeln kann. Kapitel 4 zeigt die *Mehrphasentherapie I, II, III und IV* als für spezielle Patientengruppen geeignete Behandlungsweisen auf. Um einen klinisch relevanten theoretischen Ansatz geht es in Kapitel 5, um die Dikussion kurativer Faktoren bei der Mehrphasentherapie in Kapitel 6 und schließlich in Kapitel 7 um die Mehrphasentherapie als multimodale Methode für die Ambulanz.

Selbst in der gegenwärtigen, von Vereinzelung geprägten Situation können Therapeuten auf diese Weise in der ambulanten Praxis

Therapiemethoden sinnvoll kombinieren, so daß auch bei schweren Krankheitsbildern oft ein dauerhafter Behandlungserfolg erzielt werden kann.

KAPITEL 2

Zur Theorie

Angesichts der Kompliziertheit des Psychischen ist es ausgeschlossen, strukturelle Besonderheiten eines Menschen oder Abläufe innerhalb eines Therapieprozesses vollständig zu überblicken. Ohne sichere theoretische Einordnungsmöglichkeiten ist
aber eine bewußte und zielgerichtete Arbeit des Psychotherapeuten erschwert. Hier stellen sich dem Behandler und dem Forscher
zahlreiche grundsätzliche Fragen: Es gibt heute eine Vielfalt von
Angeboten, psychische Gegebenheiten bei Menschen wissenschaftlich zu verstehen. Die Hirnforschung, die Neurologie, die
Psychoanalyse, die Psychologie, die Verhaltensforschung, die Soziologie, die Ethnologie, die Informatik und die Kybernetik – um
nur einige Forschungsbereiche zu nennen – leisten wesentliche
Beiträge. Dabei gibt es zur Zeit wenig Verständigung zwischen
den Vertretern verschiedener Wissensgebiete. Oft sind sie über jeweils andere Wissenschaftsrichtungen gar nicht oder doch nur
lückenhaft informiert. Deshalb kann ein Konsens nicht einmal angestrebt werden.
Selbst innerhalb einzelner Wissenschaftsgebiete, wie innerhalb der
Psychoanalyse, gibt es so unterschiedliche Sichtweisen und Bedeu-
tungszuschreibungen, daß, laut Thomä und Kächele, die gegenwärtige Situation zwischen unterschiedlichen Forschergruppen
und Wissenschaftsvertretern paradoxerweise dadurch gekennzeichnet ist, daß Dissens besteht. Hierzu folgendes Zitat: »Es gibt
kaum einen theoretischen oder technischen Begriff, der nicht vom
einen oder anderen Autor attackiert wird. Dies zeigt sich nach
A. Freud besonders durch Hinweise auf die Kritik an der freien
Assoziation, an der Trauminterpretation, die ihre hervorragende
Rolle an Übertragungsdeutungen habe abgeben müssen, sowie an
der Übertragung, die nicht mehr als eine spontane Erscheinung im
Verhalten und Denken eines Patienten verstanden werde, sondern
als ein Phänomen, das durch die Interpretationen des Analytikers

herbeigeführt werde (A. Freud, 1972a, S. 152). Inzwischen hat die interne Auseinandersetzung eher noch zugenommen. Nicht einmal die Grundpfeiler der psychoanalytischen Praxis – Übertragung und Widerstand – stehen noch auf demselben Platz wie früher« (Thomä und Kächele, 1985 Bd. 1, S. 13).

2.1 Grundlegende Erörterungen zu Modellen:

Wissenschaftliche Vorstellungsmodelle sind in der Naturwissenschaft Abbilder eines Teils der Wirklichkeit. Menschliches Denken befaßt sich grundsätzlich mit Modellen, da uns die Wirklichkeit selbst,»das Ding an sich«, nicht zugänglich ist. Statt der Wirklichkeit selbst untersuchen wir also stets ein Abbild eines Ausschnitts von ihr in unserer Vorstellung. Von diesen Bildern fordert der Physiker Heinrich Hertz (1894),»daß ihre denknotwendigen Folgen mit den naturnotwendigen Folgen der abgebildeten Gegenstände übereinstimmen«. Diese Aussage klingt kompliziert. Sie relativiert auch menschliche Sicht von Realität zur Sicht eines bloßen Teils der vollen Wirklichkeit.

Gerade weil eine direkte Kontaktnahme zur vollen, konkreten Wirklichkeit dem menschlichen Erleben, Erfahren und Denken grundsätzlich nicht möglich ist, möchte ich aber um so nachdrücklicher betonen, daß dennoch – auch unter diesen einschränkenden Umständen – für menschliche Einsicht ein enger und konkreter Bezug zur Realität nachweisbar ist. Dieser ist für gültige Modelle kennzeichnend.

In der Naturwissenschaft wird ein untersuchtes Modell immer neu mit der Realität verglichen. Dabei wird seine Geltung entweder bestätigt, oder es werden Grenzen des Geltungsbereiches immer genauer abgesteckt. Außerdem wird geprüft, ob und welche Wechselwirkungen zwischen dem durch das Modell abgebildeten Teil und anderen Teilen der Wirklichkeit bestehen, die durch andere Modelle abgebildet sind. Bei dieser Tätigkeit hat der Naturwissenschaftler gegenüber dem Geisteswissenschaftler zwei wesentliche Vorteile: Größen, die gemessen werden sollen, können einfach und sinnvoll definiert werden entsprechend dem einfacheren Geltungsbereich der anorganischen Natur. Deshalb können auch aussagekräftige Experimente durchgeführt werden. Solche Experimente sind reproduzierbar. Sie liefern quantitative Ergebnisse, welche mit den Voraussagen einer Theorie verglichen werden können.

Der Psychologe oder Psychoanalytiker befindet sich in einer weniger günstigen Situation, wenn er mit Hilfe von Modellen im Rahmen einer »Wirklichkeitswissenschaft« Psychisches übersichtlich machen will (Weber, 1988). Er muß Methoden finden, um seine Erfahrungen mit Psychischem in Modellen abzubilden. Hierbei beschreitet er zwei unterschiedliche Wege: Der eine ist angelehnt an naturwissenschaftliche Methoden. Dabei werden Modelle gebildet, mit deren Hilfe quantitative Informationen gewonnen werden. Quantifizierbare Ergebnisse sind aber nur begrenzt valide, wo es um Wissenschaft im psychischen Bereich geht. Vielfach muß deshalb hier der Wissenschaftler zusätzlich zu anderen Methoden greifen, mit deren Hilfe Qualitatives validiert werden kann. Max Weber, ein Soziologe und Denker von hohem Rang, hat in seinen »Aufsätzen zur Wissenschaftslehre« einen Weg beschrieben, wie dies im Bereich der Soziologie möglich ist (Weber, 1988, S. 190 f.). Er führt den Begriff des »Idealtypus« ein als Ausdruck für auf Wesentliches vereinfachte theoretische Vorstellungen. Wir werden gleich sehen, wie überraschend nahe das Denken Webers wesentlichen Begriffen der modernen Säuglingsforschung steht. In seiner etwas altertümlichen und gründlichen Diktion beschreibt er einen Idealtypus wie folgt:

»..., daß ... wir uns die Eigenart dieses Zusammenhangs an einem I d e a l t y p u s pragmatisch v e r a n s c h a u l i c h e n. ... Tut man dies, so bildet man den Begriff (mittelalterliche) »Stadtwirtschaft« n i c h t etwa als einen D u r c h s c h n i t t der in sämtlichen beobachteten Städten tatsächlich bestehenden Wirtschaftsprinzipien. ... Er wird gewonnen durch einseitige Steigerung e i n e s oder e i n i g e r Gesichtspunkte und durch Zusammenschluß einer Fülle von E i n z e l erscheinungen, die sich jenen einseitig herausgehobenen Gesichtspunkten fügen, zu einem in sich einheitlichen G e d a n k e n bilde. In seiner begrifflichen Reinheit ist dieses Gedankenbild nirgends in der Wirklichkeit empirisch vorfindbar, es ist eine U t o p i e. ... Für den Zweck der Erforschung und Veranschaulichung aber leistet jener Begriff, vorsichtig angewendet, seine spezifischen Dienste.« (Weber, 1988, S. 190)

Dem von Weber angeschnittenen Thema nachzudenken, ist zunächst ungewohnt. Lassen wir uns aber darauf ein, so entdecken wir, daß dem Idealtypus ähnliche psychische Vereinfachungen der spezifisch menschlichen Erfahrungsfähigkeit auffallend zu entsprechen scheinen. Webers Zitat über Vereinfachung bei wissenschaftlichen Modellen und ein auf der folgenden Seite angeführtes Zitat Sterns über früheste Vereinfachungen bei sogenannten »RIGs« ähneln einander verblüffend, was die Grundzüge der geistig-seelischen Vereinfachungstätigkeit und den Bezug zur gelebten Realität betrifft. Stern wählte die Abkürzung, RIG, für Vereinfachungen als Niederschläge von Interaktionen. Die Abkürzung steht für den englischen Ausdruck »Representations of Interactions that have been Generalized«, frei ins Deutsche übertragen: »Repräsentierte auf das Wesentliche verallgemeinerte Interaktionen« (Stern, 1992, S. 143). Modellhafte Vereinfachungen von Interaktionsabläufen sind nachweisbar, sobald Menschen anfangen, Lebenserfahrung zu verwerten, also von Geburt an. Stern beschreibt ausführlich, wie von Säuglingen Interaktionserfahrungen in solche RIGs umgesetzt werden (Stern, 1992, S. 160 ff.). Vereinfachungen früh erlebter Mutter-Kind-Interaktionen auf das Typische gehören offenbar von Anfang an zu psychisch strukturierenden Prozessen. Eine von Nelson und Greundel (1981) für Forschungsergebnisse bei älteren Kindern gewählte Abkürzung, »GER«, bezieht sich auf ähnliche Generalisierungsniederschlage. Eine GER ist die Abkürzung für »Generalized Event Structures«, deutsch »generalisierte Ereignis-Strukturen«. Eine GER stellt eine Struktur des Ereignisverlaufes dar, die auf durchschnittlichen Erfahrungen beruht. Die Autoren betrachten die GERs als Grundbausteine der kognitiven Entwicklung und der autobiographischen Erinnerung

Babys, ältere Kinder und Wissenschaftler vereinfachen und generalisieren also auf ganz ähnliche Weise. Auch in Anamnesen und

Behandlungen unserer Patienten zeigt sich deutlich das Grundprinzip, Erfahrungen auf Wesentliches zu verallgemeinern und sie dann als Orientierungsmuster im weiteren Leben zu nutzen. Dem gleichen Ordnungsprinzip, wie es der Begriff des Idealtypus spiegelt, entsprechen also auch wissenschaftliche Modelle der Geisteswissenschaften, wie der Psychologie und Psychotherapie. Ein deutliches Beispiel für eine grundsätzliche Ähnlichkeit von persönlichen und wissenschaftlichen Modellen liefert uns unser subjektiv-personales Erleben von Raum und Zeit gegenüber den objektiv-wissenschaftlichen Modellen von Raum und Zeit, die uns zugänglich sind.

2.1.1 Die menschliche Wahrnehmung von Raum und Zeit, ein Beispiel für die Entstehung von Vorstellungsmodellen

Bereits in der Frühphase unseres Lebens, im Babykorb und bald danach, im Laufstall, entsteht unsere alltägliche, für jeden nachvollziehbare Vorstellung von einem dreidimensionalen Raum, in dem es gerade Linien gibt. Auch die Vorstellung von einer für alle Menschen gleich verstreichenden Zeit entsteht sehr früh. Objektiv gesehen sind diese Vorstellungen letztlich »unrichtig«. Sie stellen für Menschen anschauliche Vereinfachungen der in Wahrheit komplizierteren Wirklichkeit von Raum und Zeit dar. Die Abweichungen von den komplizierteren Modellen, die die Realität umfassender beschreiben, fallen bei den räumlichen und zeitlichen Gegebenheiten, die wir im Alltag überblicken müssen, jedoch nicht ins Gewicht. Wir können also für unser tägliches Umfeld ruhig bei unseren früh erworbenen, vereinfachten Vorstellungsmodellen bleiben.

Wie sind wir nun zu diesen vereinfachten personalen Modellen von Raum und Zeit gekommen? Dies geschah mit Hilfe immer neu wiederholter Erfahrungen, die wir mit unseren Sinnen in unserer Alltagsumwelt gesammelt, zusammengefaßt und vereinfacht haben. Diese Art von Modellbildung scheint also gleichsinnig zu verlaufen mit dem, was Stern bei der Bildung von RIGs und Nelson und Greundel bei der Organisation von GERs beschreiben. In beiden Fällen werden Abläufe im Alltag, die immer verschiedenartig sind, abgetastet auf einander ähnliche Vorgänge und Prozeduren. Die Ähnlichkeiten werden dann zu einer Art Prototyp zusammengezogen und erhalten die Funktion von personalen Modellen. »Gelebte Episoden werden unverzüglich zu spezifischen Gedächtnisepisoden und durch Wiederholungen zu generalisierten Episoden. Sie bilden generalisierte Episoden innerhalb interaktiver Erfahrungen, die psychisch repräsentiert werden – also RIGs. ... Dabei darf man nicht vergessen, daß RIGs flexible Strukturen sind, die den Durchschnitt mehrerer realer Episoden darstellen und einen Prototyp bilden, der sie alle repräsentiert. Eine RIG ist etwas, das noch nie in genau dieser Weise geschehen ist, und doch enthält sie nichts, das nicht schon einmal wirklich geschehen wäre« (Stern, 1992, S. 160).

Um es noch einmal anschaulicher zu beschreiben: Das Kleinkind macht in der Zeit, in der sich seine erste körperliche Selbständigkeit entwickelt, mit Menschen und Dingen vielfältige Erfahrungen. Es schaut, lauscht, tastet und greift. Es erfährt die Wirklichkeit mit dem Mund. Es beriecht und beschnuppert sie. Es beantwortet sie vielfältig. Es bildet Laute, Zeichen, Signale für sich und Menschen seiner Umgebung im Wechselspiel. Es arbeitet sich an das heran, was es verlockt. Es holt Dinge her und wirft sie von sich weg. Dabei schafft es sich schrittweise ein System von Erfahrungen und Vorstellungen mit Hilfe aller seiner Sinne, seines Körpers, seiner Vorstellungskraft und Kombinationsgabe. Es wird dadurch befähigt, sich innerhalb seiner räumlichen und zeitlichen Lebensumgebung zu orientieren und zu bewegen. Allmählich lernt es, mehr und mehr Handlungen zu vollziehen, die zum Leben notwendig sind. Dabei entwickeln sich allmählich seine persönlichen Vorstellungen von Raum und Zeit weiter, die ihrerseits wieder die einzelnen Aktivitäten regelnd beeinflussen.

Die so erworbenen Vorstellungen von Raum und Zeit sind für uns Menschen derartig überzeugend, daß wir sie subjektiv keineswegs als Modell der Natur, sondern vielmehr als konkrete Bestandteile von ihr empfinden. Unser inneres Bild vom Raum umfaßt gerade Linien als objektive Gegebenheiten. Inzwischen wissen wir, daß diese geraden Linien nur in unserer Vorstellung bestehen und daß ihre scheinbare Realität durch unseren geringen Wahrnehmungs- und Verhaltensradius bedingt ist. Gefühlsmäßig erleben wir aber gerade Linien als objektive Gegebenheiten. Auf dieser Erlebnis- grundlage scheint uns auch später im Geometrieunterricht der Be- weis, daß die Summe der Winkel in einem Dreieck 180 Grad ist, wie selbstverständlich objektive Realität zu beschreiben. Wir sind der festen, aber gefühlshaften Überzeugung, daß »es gar nicht an- ders sein kann«. Die moderne Physik zeigt jedoch, daß die Annah- me dennoch zu einfach war (gekrümmter Raum). Wir übersehen leicht, daß in unserem »rein gedanklichen Beweis« vereinfachte Annahmen stecken, die von unserer anschaulich-räumlichen Sin- neserfahrung herrühren. Bereits von Geburt an haben wir also mit dem begrenzten Instrumentarium unserer Sinne Erfahrungen ge- macht, die wir allmählich zu Vorstellungsmodellen von Raum und Zeit organisiert haben. Unsere Vorstellungen von Dingen unserer Umwelt, auch von geometrischen Figuren, sind in diesen Raum eingebettet, der ein Vereinfachungsprodukt unserer spezifisch menschlichen Erfahrungsweise ist.

Ich möchte jedoch nochmals ausdrücklich darauf hinweisen, d a ß man mittels der Sinne dennoch konkret greifbare Erfahrungen ma- chen kann und daß auch unsere persönlichen Modelle von Raum und Zeit für unseren Alltag konkret verstehbare Abbildungen un- serer Wirklichkeit enthalten. Personale Modelle von Raum und Zeit enthalten neben subjektiven Anteilen und Erlebnisformen auch objektive, wenngleich vereinfachte. Zum Beispiel können mittels persönlich erworbener Modelle von Zeit zeitliche Abläufe verstanden oder auf eine Uhrzeit bezogen werden. Ohne deutliche Akzentuierung solch objektiv-verläßlicher Anteile dieser persona- len Modelle entsteht nämlich heute leicht ein allzu relativiertes Bild von der Tatsache, daß wir wirklich in der Lage sind, mittels unserer fünf Sinne valide Erfahrungen über unsere Umwelt zu machen und diese zu komplexeren Vorstellungsbildern zu organi- sieren. Als extremes Gegenbeispiel soll die folgende Äußerung eines von der Relativitätstheorie faszinierten, wenig objektiven Pa- tienten angeführt werden: »Wenn wir keinen Sauerstoff zum Oxy- dieren mehr haben, dann assimilieren wir eben einfach in Zukunft

CO_2.« Wie falsch dieser Trugschluß ist, kann auch jeder Nicht-Fachmann leicht nachvollziehen. Ähnlich realitätsverzerrende Vereinfachungen, wie die des genannten Patienten, findet man heute leider oft auch bei Geisteswissenschaftlern im Gefolge der Paradigmalehre Kuhns (1967). So wird zum Beispiel immer wieder behauptet, daß die von Newton gefundenen und angewandten Gesetze durch Einsteins Relativitätstheorie außer Kraft gesetzt würden oder durch diese überholt seien. Die Hebelgesetze, die Gesetze der Schwerkraft usw. sollen dann angeblich nicht mehr gelten, nur weil kompliziertere Gesetzmäßigkeiten gefunden, in Modellvorstellungen gebracht und an der Realität geprüft worden sind. Natürlich gelten diese Modelle noch, nur ist ihr Geltungsbereich inzwischen exakter abgesteckt worden, und Grenzen wurden definiert, jenseits deren andere Modelle gültig sind.

Auch in der Psychoanalyse gibt es neben gültigen, erprobten wissenschaftlichen Modellen alte überholte. Eines der letzteren stellt das den Flüssigkeitsgesetzen abgelauschte triebtheoretische Modell Freuds dar. Die Gesetze einer quantitativ erfaßbaren Triebenergie, ihrer Abfuhr, deren Ermöglichung, Steuerung, Behinderung oder Hemmung, entsprechen nicht mehr unseren heutigen wissenschaftlichen Vorstellungen. Sobald man jedoch selbst dies untaugliche Modell als bloße Analogie begreift, kann man es durchaus noch gelegentlich nutzen, um psychische Vorgänge im Umfeld von Sexualität anschaulicher zu machen.

Die Begriffe von Raum und Zeit beinhalten für uns verblüffend deutlich verschiedene Arten von Modellen: Jeder von uns hat personale Modelle seit Anfang seines Lebens erworben, die sein Leben in Raum und Zeit gefühlsmäßig leiten. Unter dem Einfluß ciner Koppelung von Affekten an Erfahrung scheint Zeit plötzlich zu kriechen oder zu schleichen, Stunden können verfliegen oder Sekunden sich bedrohlich dehnen. S u b j e k t i v e Erlebnisweisen von Raum und Zeit gehen in die personalen Modelle mit ein. Letztere enthalten aber auch o b j e k t i v den Alltag ordnende Anteile. Darüber hinaus sind uns allen objektiv-wissenschaftliche Modelle von Raum und Zeit zugänglich, die weit über unseren menschlichen Erfahrungsbereich hinaus Aussagen ermöglichen.

Nun wird aber die menschliche Eigenschaft, modellhafte Systeme von Vorstellungen und Erwartungen zu bilden, ja nicht nur beim Modell für Raum und Zeit verwendet, wie auch die Forschungsergebnisse zeigen, die Ausbildung von RIGs und GERs betreffen. Auch andere manchmal höchst subjektive Modelle (Systeme von Vorstellungen, Gefühlen und Erwartungen, die wir im Verlauf unseres persönlichen Lebens entwickelt haben) besitzen oft eine ähnlich zwingende Überzeugungskraft für uns wie unser Erleben von Raum und Zeit. Neben den von uns erworbenen personalen Modellen können wir jedoch noch zu wissenschaftlichen Modellen von hoher Komplexität kommen, die unsere sinnliche Erfahrungsfähigkeit überschreiten. Dazu sind wir in der Lage, indem wir auf eine erstaunliche Weise die Fähigkeiten unserer Sinne transzendieren, um mit Hilfe des Denkens und der Logik in Bereiche vorzustoßen, die unserer sinnlichen Erfahrung nicht zugänglich, oft sogar ganz fremd sind.

2.2 Zwei Sinnbezüge, in denen der Begriff des Modells verwandt wird

In dieser Arbeit ist der Begriff »Modell« in einem doppelten Sinne gebraucht. Er steht objektiv-wissenschaftlich, aber auch subjektiv-personal, für ein gültiges Abbild eines Teiles der Wirklichkeit, und zwar:
a) im Sinne eines Werkzeuges der Wissenschaft als »wissenschaftliches Modell«
b) im Sinne einer grundsätzlichen, oft aber auch sehr subjektiven, persönlichen Erfahrung als »personales Modell«.
Zur deutlicheren Unterscheidung beider Modellbegriffe habe ich erwogen, für den subjektiv erworbenen Bereich das griechische Wort »Schema« zu verwenden und mich so dem Wortgebrauch von Horowitz anzuschließen. In ihrem Buch »Personal Schemas and Maladaptive Interpersonal Patterns« stellen die Autoren den neuesten Stand der Bemühungen dar, eine Verbindung zwischen

kognitiven und psychoanalytischen Sichtweisen herzustellen mit dem Ziel, psychisch steuernde Strukturen zu objektivieren (Horowitz et al., 1991). Sie vertreten überzeugende konzeptuelle Ansätze über die Entstehung und Wirkungsweise unbewußter Steuerungsmechanismen, die meinen eigenen Vorstellungen und Erfahrungen nahestehen. Die Übernahme des Begriffes »Schema«, statt »Modell«, würde jedoch meines Erachtens derzeitige Verständigungsschwierigkeiten in unserem Fach eher vergrößern. Außerdem erscheint es mir sinnvoll, einander nahestehende Erscheinungen und Funktionen nicht durch die Verwendung von unterschiedlichen Begriffen zu trennen. Manche Autoren verwenden heute den Begriff des Modells für steuernde, psychische Strukturen. Bowlby gebraucht den Begriff in diesem Sinne (Bowlby, 1991, S. 76 ff.). Auch Lichtenbergs Fachausdruck »Modellszene« hat eine geradezu kennzeichnende Ausdruckskraft für die Wirksamkeit individuell relevanter unbewußter Steuerungsstrukturen und deren Entstehungsgeschichte (Lichtenberg, 1989b, S. 253–293).

Die Bezeichnung »Modellimprovisation« wurde für einen wichtigen Bestandteil der Mehrphasentherapie nicht zuletzt deshalb gewählt, weil der Modellcharakter des Erlebens und Verhaltens bei dieser Art der Improvisation so deutlich hervortrat. In der Modellimprovisation arbeiten wir also praktisch mit der Gegebenheit, daß sich unbewußte Modelle bei Patienten feststellen oder verändern lassen. Ich werde zur Unterscheidung dem Modellbegriff bei Bedarf Adjektive hinzufügen, und zwar »wissenschaftlich« und »personal«. Beide Formen scheinen im Zusammenhang mit einer basalen menschlichen Ichfunktion zu entstehen, die man analog zu Argelanders »szenischer« Ichfunktion als »modellbildende Ichfunktion« bezeichnen kann.

2.3 Verschiedene psychoanalytische Vorstellungs- modelle als Werkzeuge, um die Informations- flut innerhalb eines Psychotherapieprozesses ordnen zu können

Unterschiedliche theoretische Vorstellungen, die bei Schulrichtungen oder Autoren zu finden sind, entstanden meist aufgrund praktischer Erfahrungen. Sie gehören zu mehr oder weniger klaren, vollständigen und geschlossenen Modellen für spezielle Bereiche des Psychischen. Ob jemals eine zusammenhängende übergeordnete Theorie als Metatheorie angeboten werden kann, wie dies häufig gewünscht wird, scheint bei der Komplexität der Materie eher zweifelhaft. Für die praktische Psychotherapie von Patienten betrachte ich es als unumgänglich, sich der Vorstellungsmodelle verschiedener Autoren oder wissenschaftlicher Schulrichtungen zu bedienen, die sich im Einzelfall als ordnend erweisen können. Es ist also angebracht, bei unterschiedlichen Patientenstrukturen oder in verschiedenen Phasen des Therapieprozesses auch unterschiedliche Modelle zum besseren Verständnis zu Rate zu ziehen. Die gleiche Auffassung vertritt Fürstenau, wenn er in »Entwicklungsförderung durch Therapie« schreibt: »Wenn z. B. ein analytischer Psychotherapeut oder Psychiater eine Persönlichkeitsstörung als strukturierte neurotische Störung verkennt und entsprechend unangemessen mit ihr umgeht, muß dies nicht an seiner persönlichen ›Restneurose‹ liegen, es kann schlicht auf ein fachliches Informationsdefizit über psychiatrisch relevante Persönlichkeitsstörungen und den Mechanismus der projektiven Identifizierung zurückgehen. Das heißt, Gefühle und Phantasien können nicht im leeren Raum analysiert werden. Der Psychoanalytiker muß neben seiner Fähigkeit zum Erleben und Verarbeiten von Gefühlen und Phantasien das Gesamt des verfügbaren Wissens und Könnens in dem eben skizzierten Sinn in die psychoanalytische Beziehung einbringen« (Fürstenau, 1992, S. 32).
Es wird oft behauptet, daß bei Verfügbarkeit verschiedenartiger wissenschaftlicher Modelle und unterschiedlicher Handlungsvor-

schläge chaotisch-diffuse Therapien und Theorien beim Behandler die Folge sein müßten. Ob dies jedoch der Fall ist, hängt von der intellektuellen Redlichkeit, der Gründlichkeit, Verantwortlichkeit und intellektuellen Übersicht des einzelnen Psychotherapeuten ab. Diese Frage entscheidet sich also nicht grundsätzlich, sondern im speziellen Fall an der Kompetenz des jeweiligen Behandlers.

Im folgenden soll auf einige psychoanalytischen wissenschaftlichen Modelle hingewiesen werden. Dabei werden Grundkenntnisse psychoanalytischer Theorien vorausgesetzt. Die Modelle sollen möglichst weitgehend in der Reihenfolge genannt werden, in der sie der zeitlichen Entwicklung des Menschen zugeordnet werden können.

2.3.1 Autoren und Schulrichtungen

2.3.1.1 Prä-, post- und perinatale Bezüge in der Therapie

Prä-, post- und perinatale Bezüge zeigen sich häufig in unseren Therapien. Dabei wurden solche Verbindungen jeweils von den Patienten selbst hergestellt, nicht etwa von uns. Bei lebengeschichtlichen Erfahrungen im Umfeld von Geburtsproblematik arbeiten wir vorrangig mit Vorstellungen von Ludwig Janus (1990, 1991). Seine Gedankengänge und Erfahrungen erleichtern unsere Arbeit in diesem Zusammenhang oft beträchtlich. Als Beispiel für diese Thematik wird auf Seite 224 – 238 eine Langzeittherapie beschrieben, in der prä-, peri- und postnatale Erlebnisse einer Patientin eine wichtige Rolle spielen.

2.3.1.2 Ergebnisse der modernen Säuglingsforschung

Die modernen Säuglingsforscher psychoanalytischer und nicht-psychoanalytischer Provenienz, unter ihnen Joseph Lichtenberg und der vorn ausführlich zitierte David Stern, haben das bisher gültige psychoanalytische Bild von der menschlichen Frühentwicklung ins Wanken gebracht. Die Psychoanalyse nahm bis vor kurzem an, daß die erste Lebenszeit eines Säuglings innerhalb einer sogenannten »narzißtischen Phase« verlaufe, also selbstversunken und ohne zwischenmenschliche Außenbezüge. Schon Bowlby (1976, 1991) und inzwischen auch andere Autoren kritisierten die bis vor kurzem als gültig angesehene Behauptung, daß die Funktion früher Beziehungspersonen auf rein versorgende Aspekte zu reduzieren sei. Die Stichhaltigkeit dieser Kritik ist inzwischen erwiesen. Es gibt einen früher vielfach verwandten Ausdruck für die von der Psychoanalyse angenommene Art der Wahrnehmung beim Säugling: Sie wurde seit Wallon und Spitz mit dem Begriff »coenästhetisch« bezeichnet. Ich möchte auf die Verwendung dieses Begriffs verzichten, obgleich mir kein passenderer zur Verfügung steht, weil schon die Etymologie ihn als überholt ausweist. Die Wortwurzeln dieses Kunstwortes gehen auf griechische und lateinische Begriffe zurück, das Wort »coenum, coena«, deutsch: »die Mahlzeit«, und das Wort »haisthanomai«, deutsch: »ich nehme wahr«. Die Stämme des Wortes »coenästhetisch« weisen hin auf: »ich nehme die Mahlzeit wahr«. Der Ausdruck ist also eindeutig als oral zu verstehen. Mit seiner Verwendung geraten wir damit wieder in die Nähe der Vorstellung von einer »objektlosen oralen Phase« der in diesem Punkt überholten psychoanalytischen Fach-Terminologie. Es ist jedoch schwer, einen inhaltlich treffenderen Ausdruck für die frühe Wahrnehmungs- und Bewußtseinsform eines Säuglings zu finden. Der Begriff »präsymbolisch« wird zur Zeit für säuglingshafte Wahrnehmungs- und Erlebnisformen benutzt. Er scheint mir jedoch auch noch nicht ganz glücklich gewählt, weil er den Symbolbegriff auf rein sprachliche Symbole einschränkt. Deshalb habe ich mich entschlossen, die frühkindliche Erlebensform jeweils näher zu kennzeichnen, während ich für die spätere, an das verbale Bewußtsein angeschlossene Bewußtseinsform den Begriff »diakritisch« beibehalten möchte. (Spitz, 1987, S. 63).

Neue Erkenntnisse der Säuglingsforschung zeigen, daß die sinnliche Wahrnehmung bereits von Geburt an funktionsfähig und komplex organisiert ist. Im Unterschied zum psychoanalytischen Triebdualismus von Libido und Aggression nimmt der Säuglingsforscher Lichtenberg fünf motivationale Systeme an, die von Geburt an funktionstüchtig und zu komplexen Erlebnisformen organisiert sind:

1. Psychische Regulation biologischer Elementarbedürfnisse wie Nahrung, Ausscheidung, Schlaf,

2. Bindung, Beziehung und schließlich Anschluß an Gruppen (vgl. Bowlby 1975, 1976),

3. Erforschung, Eroberung und Selbstbehauptung,

4. aversiver Rückzug und Abgrenzung.

5. körperlich-sinnenhaftes Vergnügen und Sexualität (Lichtenberg, 1989a).

Diesen grundlegenden Bedürfnissen kann von der versorgenden Person empathisch Rechnung getragen werden. Sie können aber auch übersehen, uminterpretiert und im schlimmsten Falle absichtlich frustriert werden. Hier findet sich also eine entscheidende Nahtstelle für die gegenseitige Beeinflussung von mitgegebener Anlage und beeinflussenden Objektbeziehungen.

Die frühe Wahrnehmung und das Früherleben sind gemäß den Ergebnissen der modernen Säuglingsforschung bestimmt durch globale, ganzheitlich-atmosphärische Faktoren. Es werden eher typische Abläufe im Beziehungsverhalten oder Tagesrhythmus wahrgenommen als einzelne Fakten oder Bilder registriert. Kennzeichnend für die präverbale Erlebnisweise sind Kodierungen »prozeduraler« Abläufe im Gehirn. Dabei werden, im Sinne der RIGs von Stern, Abfolgen von Vorgängen gespeichert, wie zum Beispiel: Arten des Anschauens, Anfassens oder Loslassens, des Zu oder Abwendens, des ruhigen oder hektischen Verhaltens, der Interesselosigkeit oder Überstimulation. (Lichtenberg, 1989a, 1992a; Stern, 1992; Dornes, 1993). Eine Flut verlaufsartiger Erlebnisse erfüllt also den Säugling von Geburt an. In dieser Phase formen sich grundlegende Erlebens-, Beziehungs- und Verhaltensmuster gegenüber der eigenen Person, den Mitmenschen und der Welt.

Die von der modernen Säuglingsforschung gelieferten wissenschaftlichen Modellvorstellungen korrespondieren verblüffend mit unseren langjährigen Erfahrungen bei der Anwendung von Mehrphasentherapie: Patienten mit strukturellen Entwicklungsstörungen, psychosomatischen Krankheiten und Borderline-Strukturen zeigten uns, daß sie wohl von ihrem Lebensbeginn an vielfältige Bedürfnisse hatten. Sie konfrontierten uns mit Reinszenierungen von Wahrnehmungs- und Ablaufgewohnheiten, die, wie sie sagten, aus einer sehr frühen Zeit ihres Lebens zu stammen schienen. In diesen Ablauf-Erfahrungen war ihren Bedürfnissen entweder Rechnung getragen worden, oder sie wurden frustriert. Im Zusammenhang mit solchen »Erlebnisprozeduren« hatten sie personale Modelle in sich geformt, die ihnen für ihr späteres Leben gleichsam als Muster dienten und an denen sie einen großen Teil ihrer Erlebnisweisen, ihrer Wahrnehmungen und ihres Verhaltens ausrichteten. Hier drängt sich nun wieder die vieldiskutierte Frage auf nach einer authentischen Rekonstruierbarkeit früher und frühester Lebenserfahrungen und -ereignisse. Eine gründliche Diskussion des Problems würde den Rahmen dieser theoretischen Überlegungen sprengen. Unsere Erfahrungen mit Patienten weisen jedoch darauf hin, daß eine erstaunlich weitgehende Rekonstruierbarkeit in keiner Weise ausgeschlossen werden kann, auch wenn der Modus und die Schärfe oder Unschärfe ihrer Grenzen weiter erforscht werden müssen. Hierzu vergleiche man auch: M. Dornes, »Der kompetente Säugling« (1993, S. 28 ff. und 231 ff.). »Rekonstruierbar« heißt in Psychotherapien Frühgestörter vorwiegend »reproduzierbar«. Was als frühes Muster des Erlebens und Verhaltens in Behandlungen auftaucht, muß zuvor als Erfahrung dagewesen sein. Vieles spricht dafür, daß solche grundlegenden Muster am ehesten reproduzierbar und rekonstruierbar werden können, wenn eine Methode angeboten wird, die der globalen und prozeduralen Form des frühen Erlebens entspricht, also körper- und sinnesbezogen arbeitet. Lichtenberg spricht in diesem Zusammenhang von »relived experience«, wiedergelebter Erfahrung.

2.3.1.3 Melanie Klein und die Vorstellung von der guten und der bösen Brust

Melanie Klein stellt ein anderes wissenschaftliches Modell der Säuglingsentwicklung vor. Sie geht von einer objektlosen Frühphase beim Baby aus. Sie vertritt die Vorstellung angeborener, natürlicher aggressiver Destruktivität und deren Abwehr. Gemäß ihrer Annahmen setzt sie dieses Bild vom Säugling an den Anfang jeder menschlichen Entwicklung. Sie nimmt, verhältnismäßig apersonal, mächtige Affekte an, die zu frühen Abhängigkeitswünschen gehören. Archaische Destruktivität oder tiefste daraus resultierende Schuldgefühle werden von ihr eindrucksvoll dargestellt. Als Ergebnisse solcher archaischen Schuldgefühle werden Depressionen und schließlich Wiedergutmachungs-Tendenzen beschrieben. Allerdings hat Melanie Klein eine spezielle Art von Babys gleichsam absolut gesetzt: Sie zeigt uns in der Frühentwicklung geschädigte Babys und Kleinkinder. Letztlich als Folge des Todestriebes legt sie jeder menschlichen Entwicklung eine Säuglingsphase mit großen Quantitäten destruktiver Aggressivität zugrunde. Solche Grundmuster von Beziehung sind tatsächlich häufig bei Frühgeschädigten zu finden. Damit werden M. Kleins (1962) Vorstellungen oft sehr praxisrelevant. Meiner Einschränkung des Geltungsbereichs der kleinianischen Sicht eines Babys scheinen Thomä und Kächele nahezustehen, wenn sie Melanie Kleins Bild eines Babys als ein tragisches bezeichnen (Thomä und Kächele, 1985, S. 51).

2.3.1.4 Das wahre und das falsche Selbst Winnicotts

Winnicott (1990) setzt zwei gegensätzliche Modellvorstellungen vom Baby in logische Beziehung zueinander: Gemäß seiner Erfahrung gibt es Menschen mit »wahrem« und mit »falschem Selbst«. Damit meint er Menschen, die als Babys von ihren Müttern liebevoll empfangen und zugewandt gepflegt worden sind, gegenüber anderen, die von ihren Müttern nicht gewünscht, abgelehnt oder nicht beachtet worden sind. Er tritt engagiert dafür ein, daß es zwei ganz unterschiedliche Arten von Babys gebe, deren jeweilige Erlebnis- und Verhaltensweisen für das Erwachsenenleben bildeten. Die Vorstellungen Winnicotts werden durch unsere Patienten bestätigt. Frühe Erlebnisse von Akzeptiert- oder Abgelehntsein, Verstanden- oder Unverstandensein bilden mächtige Triebfedern für spätere Färbungen der Selbst- und Weltwahrnehmung, des Erlebens und Verhaltens. In schlimmen Fällen können sich große Anteile falscher Persönlichkeit entwickeln wie im Falle Gerold B. (S. 236–259). Allerdings sind auch Winnicotts wissenschaftliche

Modellvorstellungen noch zu vereinfachend: Es scheint sehr vielfältige gesunde und pathologische Entwicklungsweisen für einen Säugling zu geben, die sehr verschiedenartige Grundstrukturen für erwachsene Persönlichkeiten bereitstellen.

2.3.1.5 Die Objektbeziehungstheorie nach Kernberg

Die moderne Objektbeziehungstheorie, wie sie besonders von Kernberg vertreten wird, stellt einen großen Fortschritt in der Entwicklung der Theorie der Psychoanalyse dar (Kernberg, 1981, 1991). Sie verhilft zu einem umfassenderen und grundsätzlicheren Verständnis lebensgeschichtlich geprägter Verhaltens- und Beziehungsmuster. Vor allem das Konzept der internalisierten Objektbeziehungen bietet Möglichkeiten, den strukturierenden Einfluß früher Beziehungserfahrungen zu verstehen, zu systematisieren und therapeutisch zu bearbeiten. Zentral in der Objektbeziehungstheorie sind konflikthaft erlebte Beziehungserfahrungen und die zu diesen gehörenden aggressiven und depressiven Affekte. In der objektbeziehungs-theoretisch fokussierten Behandlung werden Beziehungsmuster in der Übertragung gezielt reaktiviert, wobei unterschwellige alte Konflikte remobilisiert werden. Der Patient wird dabei also mit alten Erlebens- und Verhaltensbereitschaften konfrontiert, so daß sie ihm deutlich werden und vor seinem lebensgeschichtlichen Kontext bearbeitet werden können. Diese Art der Fokussierung löst in unseren Therapien oft Impulse für das Prozeßgeschehen aus.

2.3.1.6 Aspekte der Selbstpsychologie bei der Psychotherapie von Patienten mit strukturellen Ich-Störungen

Ein anderer moderner Zweig der Psychoanalyse, die auf Kohut aufbauende Selbstpsychologie, grenzt sich entschieden von den letztgenannten Theorie- und Behandlungsmodellen ab. Die Selbstpsychologen sind der Ansicht, daß Patienten mit frühen Störungen nicht in konfliktbearbeitenden Übertragungsanalysen behandelt werden können und dürfen, weil die Selbstkohärenz noch nicht so stark ist, daß Konflikte konstruktiv gelöst werden können. Selbstpsychologen verstehen grundlegende seelische Störungen aus dem Blickwinkel defizitärer, also mangelnder früher Eltern-Kind-Beziehung (Kohut, 1976, 1979). Gesunde Eltern-Kind-Beziehung beinhaltet nach Kohut für die Eltern eine Übernahme von »Selbstobjektfunktionen« für das Kind. Das heißt: Empathische, liebevolle, akzeptierende, spiegelnde oder zwillingshaft-verdoppelnde Haltungen und Gefühlsantworten müssen einem Kind ausreichend zuteil werden. Daneben stellen verinnerlichte Bilder idealisierungsfähiger, guter Eltern eine zweite grundlegende Voraussetzung dafür dar, daß sich ein kohärentes, stabiles und funktionierendes Selbst bilden kann. Bei Kohut werden also frühe Beziehungspersonen als »Selbstobjekte« des Kindes gesehen. Bei Patienten mit solchen basalen Defekten übernehmen selbstpsychologisch orientierte Therapeuten »Selbstobjekt-Funktion«, um einmal entstandene Fragmentierungen des Selbst rückgängig zu machen oder die Entstehung eines kohärenten Selbst zu ermöglichen. Sie verhalten sich deshalb vornehmlich wie die oben skizzierten »hinreichend guten Eltern«. Als »alter ego« unterstützen sie auch den Patienten darin, sich seiner Erfahrungen bewußt zu werden. In ihrer therapeutischen Elternfunktion sind sie auch bereit, sich Idealisierungen gefallen zu lassen und bieten damit gleichsam Kristallisationskerne für den Aufbau von Werten und Idealen. Narzißtische Wut verstehen die Selbstpsychologen als Folge eines existenzbedrohlichen Angriffs auf die Kohärenz des eigenen Selbst. Neben konfliktorientierten Behandlungsstrategien halten die Selbstpsychologen auch Abwehrdeutungen bei Patienten mit mangelnder Selbstkohärenz für kontraindiziert. Wie in unserer Arbeit phasenweise selbstpsychologisch fokussiert wird, ist aus zahlreichen Fallberichten dieser Veröffentlichung zu ersehen.

2.3.1.7 Phantasien von Eltern und ihre Wirkungen auf die Entwicklung

In neuerer Zeit wird zunehmend mehr die Wirkung erforscht, die unbewußte Phantasien von Eltern auf die seelische Entwicklung eines Kindes ausüben. Man ist leicht geneigt, solche Wirkungen zu unterschätzen. Phantasien und Erwartungshaltungen jedoch wirken dahingehend, daß das Phantasierte auch durch viele Aktivitäten genötigt wird, sich einzustellen, und damit also dem Augenschein nach wirklich wahr wird. Wenn zum Beispiel von der Mutter immer wieder Lobens- oder Tadelnswertes unterstrichen wird, formen sich beim Kind entsprechende Selbstwahrnehmungs- und Verhaltensmuster. Wissenschaftliche Modellvorstellungen für dieses Forschungsgebiet beginnen sich immer deutlicher zu formen. Als Autoren zu diesem Thema möchte ich nennen: Serge Lebovici (1990), Meistermann-Seeger (1989), v. Klitzing (1991), Cramer (1991). Bei Cramer und Lebovici ist besonders eindrucksvoll dargestellt, wie aggressive, depressive oder angstvolle Phantasien von Müttern zu Fehldeutungen und damit auch entsprechenden Änderungen des Babyverhaltens führen. Verblüffend ist es, wie rasch Verhaltensauffälligkeiten bei Babys vergehen, wenn pathogene lebensgeschichtliche Hintergründe bei den Müttern gezielt durchgearbeitet worden sind und die Mütter ihre Babys nicht mehr im Sinne der Wiederholung eigener gestörter Beziehungserfahrungen fehlinterpretieren. So zeigt Cramer deutlich die Wiege gesunder wie gestörter Beziehung. Er bietet für die hochsensible Phase, in der die Mutter ein neugeborenes Baby betreut, eine anscheinend sehr wirksame Form von kurzer intensiver Therapie unter Einbeziehung einer Videokamera an. Besonders deutlich zeigten sich Folgeerscheinungen elterlicher Phantasien in unseren Falldarstellungen von »Fall Annelie« (Seite 222–236), »Fall Gerold B.« (Seite 236-259), »Wally, ein verzaubertes Baby« (Seite 190–215).

2.3.1.8 Ichentwicklung und Autonomie im Rahmen der Konzepte Margret Mahlers

Schrittweise Entwicklungen des Wechselspiels von symbiotischer Verbundenheit zwischen Mutter und Kind und schließlich erreichter Autonomie hat Margret Mahler beschrieben (Mahler et al., 1978). Im Alter zwischen acht Monaten und drei Jahren behandelt sie wechselnde Phasen der weltverliebten Exploration beim Kleinkind, die mit Phasen von Angst, Depression und Rückzug zur Mutter wechseln. Glückt die psychische Entwicklung während dieser Zeitspanne, so ist beim Kind schließlich die Gewißheit einer verläßlichen Beziehung zur Mutter und deren innere Repräsentanz so weit erstarkt, daß kleine Trennungen ohne übermäßige Angst überstanden werden können. Daneben ist im günstigen Falle, unterstützt durch die freie Motilität und Sprachentwicklung, die Fähigkeit zu grundsätzlicher Autonomie nun deutlich und dauerhaft vorhanden. Die Selbstkohärenz und die Beziehungskohärenz ist nach Abschluß dieser Phase stabilisiert. In fast jeder Behandlung mit Mehrphasentherapie kommen Aspekte aus dem Modell Margret Mahlers zur Anwendung (Mahler et al., 1978).

2.3.1.9 Bowlbys Vorstellungen von »attachment« und schweren Trennungserlebnissen in der anaklitischen Phase

Spitz und Bowlby erforschten die von Mahler beschriebene Zeitspanne unter einem anderen Aspekt. Spitz nannte diese Phase die anaklitische. Er vertrat die Ansicht, daß ein Mutterverlust in diesem Zeitabschnitt der Entwicklung die sogenannte anaklitische Depression auslöse, also eine schwere dauerhafte Wesensveränderung beinhalte (1985). Tatsächlich fanden wir unter unseren Patienten auffallend häufig solche mit schwerwiegenden Mutterverlust-Erlebnissen in dieser Phase. Eine weitere Erforschung solch früher Trennungstraumata und ihrer Wirkung auf die unbewußte psychische Steuerung scheint mir wichtig. Wir arbeiten intensiv mit Forschungsergebnissen und Modellvorstellungen Bowlbys (1991). Er fand, daß frühe Trennungstraumata, wohl zurück bis zu einem Alter von sechs Monaten oder noch früher, ähnlich wie bei Erwachsenen erlebt werden. Dabei entstehen nach seiner Meinung Depressionen, Antriebsarmut, Desorientiertheit, Angst, Schuldgefühle, aber auch mächtige Wut auf die verlassenden Personen und die Unzuverlässigkeit des Weltgefüges. Auf Seite 271 ff. wird das »Krankheitsbild des Anaklitischen Fokus« beschrieben. Dort kommen unsere Erfahrungen mit Patienten bei Trennungserlebnissen im Kleinkindalter zwischen acht Monaten und drei Jahren zur Darstellung (Damm, 1992). Dabei werden Bowlbys Aussagen für diese Altersgruppe teils bestätigt, teils spezifiziert.

2.3.1.10 Die klassische ödipale Entwicklung

Im Rahmen der entwicklungsgemäßen Zuordnung wäre jetzt von ödipalen Entwicklungsstörungen die Rede. Für die in fast allen Therapien notwendige Arbeit mit solchen Störungen bietet uns die klassische Psychoanalyse wichtige und erprobte wissenschaftliche Modellvorstellungen. Da diese fast allgemein bekannt sind und seit Freud bis zur Gegenwart in der psychoanalytischen Fachliteratur ausführlich und sehr speziell diskutiert werden, soll hier auf sie nicht näher eingegangen werden. Die Darstellung müßte in jedem Falle zu grob und zu lückenhaft bleiben. Deshalb wird zur Orientierung über Theorie und Praxis im Zusammenhang mit ödipaler Thematik auf die psychoanalytische Fachliteratur verwiesen. In Phasen der Behandlung, in denen ödipale Problematik durchgearbeitet wird, kann sich sogar eine Zuhilfenahme triebtheoretisch orientierter Modellvorstellungen manchmal als nützlich und weiterführend erweisen. Auch bei realem und phantasiertem Inzest hat uns die psychoanalytische Fachliteratur Grundbegriffe angeboten, die uns helfen, psychische Strukturierung im Zusammenhang mit geschlechtsspezifischen Rollen von Eltern und Kind besser zu verstehen.

2.3.1.11 Erikson und die Längsschnittentwicklung des Menschen mit ihren Wachstumskrisen

Grundlegende Veröffentlichungen über eine vollständige menschliche Entwicklung bis hin zum Erwachsensein wurden von Erikson (1987) vorgelegt. Er beschreibt wichtige Stationen und Voraussetzungen bei Individuum und Gesellschaft, die es ermöglichen oder erschweren, die Autonomie eines erwachsenen Menschen zu erlangen. Von Lichtenberg (1989a) wird Erikson als der Selbstpsychologie und ihm selbst grundsätzlich nahestehend beschrieben. Besonders bei Patienten, die an den Folgen einer gestörten Pubertät oder Adoleszenz leiden, erscheinen uns die Modelle Eriksons wegweisend. Auch zur Klärung der Frage, in welchem Lebensabschnitt eine gesunde weitere Entwicklung verfehlt wurde, sind die Modellvorstellungen Eriksons klärend. Dem Behandler bietet er auch Ansatzmöglichkeiten dafür, Teilziele der Therapie zu formulieren, welche entwicklungsgemäß im praktischen Leben oder für die weitere psychische Strukturierung anstehen.

2.3.1.12 Zu traumabezogenen Veränderungen der psychischen Steuerungsstruktur

Auch die Traumatologie bietet uns wissenschaftliche Modellvorstellungen für Veränderungen im seelischen Steuerungsgefüge. Ferenczi hat hierzu bahnbrechende Arbeiten veröffentlicht. (1929, 1931, 1933). Die Arbeiten von Bastiaans (1978) und Bettelheim (1980) über die Psychotherapie von KZ- und Folteropfern zeigen eindrucksvoll, daß Veränderungen der psychischen Steuerungsstruktur unter dem Druck von Erlebnissen eintreten, die die Verarbeitungsfähigkeit der jeweiligen Ich-Struktur weit überfordern. So wurde deutlich, daß psychische und psychosomatische Steuerung verändert werden kann durch überwältigende reale Traumata. Dabei ist es nicht von grundsätzlicher Bedeutung, ob Einzeltraumata oder Trauma-Ketten die Überforderung darstellen. Schwere Einbrüche können nicht nur während der Frühentwicklung, sondern in jedem Lebensalter erfolgen. Übergroße seelische Belastungen im Zusammenhang mit Krieg, Folterung, schweren Unfällen, sexuellem und aggressivem Mißbrauch oder im Umfeld von Verbrechen sind mit psychischen Mitteln, die den Durchschnittsmenschen zur Verfügung stehen, meist nicht verarbeitbar. Seelische Ausfälle, verzerrte unbewußte Phantasien, ungewöhnliche Formen von Abwehr und schwerwiegende strukturelle Veränderungen – auch in Form psychosomatischer Erkrankungen – sind dann oft bleibende Folgeerscheinungen. Die Traumatalogie hat heutzutage viele Gegner im wissenschaftlich zerstrittenen, beruflichen Umfeld ambulanter Psychotherapie. Wie schon öfter betont, kann angesichts der sehr komplizierten Bedingungen, die auf die psychische Steuerung einwirken, keineswegs mehr eine monokausale Sichtweise vertreten werden. Bei den vielfältigen Einflüssen, die die psychische Steuerung irritieren können, möchte ich darauf hinweisen, daß ich auch sehr eindrucksvolle Heilungsprozesse unter dem Einsatz traumaverarbeitender Psychotherapiemethoden gesehen habe. Selbst monokausal gezielte Maßnahmen eines Therapeuten konnten im Einzelfall erfolgreich sein. Man vergleiche hierzu als ein Beispiel von vielen: »Ein kindlicher Totschläger verpaßte den Einstieg ins Leben« (S. 173–179). Hier zeigt sich auch deutlich, daß solche Traumata keineswegs immer in Zusammenhang mit den versorgenden Personen der näheren Umgebung stehen müssen.

2.3.1.13 Der Begriff des Introjektsyndroms als Modell

In der Mehrphasentherapie verwenden wir den Begriff »Introjektsyndrom« als Sammelbegriff für Störungen der psychischen Steuerung, die einen geringeren Allgemeinheitsgrad haben als die oben besprochenen Modelle der Psychoanalyse. Sie entstehen im Zusammenhang mit speziellen lebensgeschichtlichen Gemeinsamkeiten von Patienten, die dann in einem wichtigen Bereich auch Gemeinsamkeiten der psychischen Steuerung zeigen. Der Begriff »Introjektsyndrom« wird in Kapitel 5 ausführlich diskutiert. Er stellt für uns eine Möglichkeit dar, Eigenheiten der psychischen Steuerung fall- oder problemspezifischer beschreiben und zuordnen zu können. Er ist kompatibel mit Vorstellungsmodellen der meisten Autoren und Modellvorstellungen der Psychoanalyse.

2.3.1.14 Systemische Theorie und Methodik

Die systemische Theorie und Methodik überschreitet die Entwicklung der persönlichen Lebensgeschichte. Sie befaßt sich mit Beziehungsstrukturen in Familien, in Systemen, wobei mehrere Generationen als im gleichen System wirksam verstanden werden. Auch in anderen sozialen Gefügen können systemische Vorgänge wirksam sein: in Arbeitsteams, politischen oder kirchlichen Gruppen, gesellschaftlichen Institutionen, Staaten. In der kleinsten Gruppe, der Familie, geht es um Beziehungsstrukturen zwischen Eltern und Kind, Großeltern, Eltern und Kind, Eltern untereinander und Geschwistern. Besonders zu beachten sind unter diesem Apekt gegenseitige Rollenzuschreibungen. Falls einzelne Personen oder ganze Beziehungsgefüge in psychisch kranken Familien unter hohem präpsychotischem Druck stehen, wird oft über den Mechanismus der projektiven Identifikation abgewehrt. Dann würde in einer Einzeltherapie ein »designierter Patient« vor uns erscheinen, der therapieresistent bleibt, solange nicht die Familie mitbehandelt wird oder er sich distanzieren kann. – Mit fortschreitender Persönlichkeitsentwicklung beeinflussen aber auch in zunehmendem Maße weitere Faktoren die psychische Strukturierung. Vom Kindergarten- und Schuleintritt an wirken neben der Familie neue personen-, leistungs- und gesellschaftsbezogene Elemente. Auch unter deren Einflüssen können schwerwiegende Schädigungen der psychischen Steuerung entstehen. Es ist das große Verdienst der Familientherapie und der systemischen Psychotherapie, das Kräftespiel innerhalb von Gruppen in Behandlungen einzubeziehen (Wirsching & Stierlin, 1982).

2.3.1.15 Nichtpsychoanalytische Modell-vorstellungen:

Die Lerntheorie der Verhaltenstherapie

Im Unterschied zu den psychoanalytischen Modellen fokussiert das der Verhaltenstherapie (VT) auf Probleme der psychischen Steuerung im Zusammenhang mit konkretem Verhalten. In der Psychoanalyse wird ein Symptom als Ausdrucksform eines tiefer liegenden, unbewußten Problems angesehen, während in der VT das Symptom als Erscheinung des Problems selbst gilt. Verhaltensprobleme werden lerntheoretisch verstanden. Die psychische Steuerung wird dabei als konditioniert durch »positive und negative Verstärker« betrachtet. Wiederholung von Belohnungen oder gefürchteten Folgen bestimmt nach dem Modell der VT darüber, ob ein Verhalten als wünschenswert praktiziert oder als gefährlich vermieden wird. Gemäß dieser Lerntheorie stellt Erfolgs- oder Mißerfolgserwartung den Antrieb für Probleme des konkreten Verhaltens dar. Die Nähe zur praktischen Lebensrealität beinhaltet einen durchaus bestechenden Aspekt der VT (vgl. z. B. Reinecker, 1987).
Der Verhaltensbegriff der VT ist weit gefaßt. Er schließt Emotionen, Kognitionen und Bewußtsein ein. Aspekte des Verhaltens

werden daraufhin überprüft, welche positiven Erwartungen es unterstützen, welche negativen vermieden werden sollen. Innere Modelle des Klienten werden in drei Ebenen exploriert: Der der »Regeln«, der der »Pläne« und der der »Oberpläne«. Regeln und Pläne werden auf die Frage überprüft: Wie haben sie sich bewährt? (DGVT, 1986).

Bei Erforschung des Problemverhaltens wird einbezogen, wann es erstmalig aufgetreten ist und wie es sich etabliert hat. Einen Teil des Modells stellt das »Modellernen« dar. Dabei übernehmen Kinder von Eltern Verhaltensmodelle aus dem Antrieb, dafür die gleichen Gratifikationen zu bekommen, die diese ja auch bekommen (vgl. z. B. Bandura, 1977).

Ängste, Phobien, Selbstunsicherheit oder depressive Stimmungen sollen dadurch überwunden werden, daß Maßnahmen zur Anwendung kommen, die unerwünschtes Verhalten dekonditionieren, erwünschtes einüben oder konditionieren. Methoden der systematischen Desensibilisierung, ansteigenden Reizkonfrontation, Streßimmunisierung, sukzessiven Annäherung an gefürchtete psychische Gefahrenquellen werden angewandt. Auch Lernen in vivo wird praktisch geübt. Gewünschtes Verhalten soll dadurch erreicht werden, daß den Klienten positive Verstärker zugänglich werden.

Es entzieht sich meiner Kenntnis, in welchem Umfang Verhaltenstherapie allein tiefgreifende Änderungen im Erleben und Verhalten bewirken kann. Jedoch habe ich nach aufdeckenden und verarbeitenden Behandlungen mit Mehrphasentherapie beeindruckende Dekonditionierungen durch verhaltenstherapeutische Maßnahmen gesehen und auch eine Differenzierung von im Alltag notwendigen Ichfunktionen wahrgenommen. Eine Überweisung zur VT im Verlauf oder nach Abschluß einer Mehrphasentherapie kann also sinnvoll sein.

2.4 Zuordnungsdilemma

Der Forderung in Fürstenaus Zitat nach möglichst umfassender Informiertheit eines Therapeuten über das theoretische und methodische Wissen seiner Zeit ist bisher wenig Rechnung getragen. Die ambulante Psychotherapie bietet ein oft fast chaotisch anmutendes Bild: Einander befehdende Schulrichtungen ziehen sich auf jeweils wenige Modellvorstellungen zurück. Bei den einen stehen die »frühe Störung« und Fragen der »Neubeelterung« im Mittelpunkt. Bei anderen bilden Gesichtspunkte der »Autonomie« das wesentlichste Therapieziel. Bei wieder anderen stehen Fragen der »psychosexuellen Reifung« oder der »praktischen Lebensanpassung« im Mittelpunkt des therapeutischen Interesses.

Psychotherapeuten stehen also offenbar nicht selten vor einem Zuordnungsdilemma. Praktisch alle vorstehend genannten wissenschaftlichen Modelle können auf eine zu große Klientel und damit zu einseitig angewandt werden. Sie sind dann oft nicht mehr angemessen für die spezielle Therapie des einzelnen Patienten. Es ist also wesentlich, daß Psychotherapeuten nicht verkennen, welches Modell mit der Struktur des jeweiligen Patienten und der jeweiligen Situation im Prozeßgeschehen vergleichbar ist. Verwechslungen können schwerwiegende Folgen haben.

Fürstenau weist auf gefährliche Verwechslungen von strukturierten Neurosen mit strukturellen Ich-Störungen hin. Auch Moser betont, daß Therapien scheitern können, weil die falschen Parameter angewandt werden und Patienten für ihre frühkindlichen Erfahrungen und Bedürfnisse ohne Antwort ihres Behandlers bleiben (Moser, 1989, 1992). An Patienten mit schwer gestörter Bindungsfähigkeit sah ich gefährliche Beziehungsentgleisungen, als Modelle ihren Therapien zugrunde gelegt wurden, die Gesichtspunkte der Autonomie und Abhängigkeit akzentuierten. Dies kam zustande, weil Autonomie-Bestrebungen von Therapeuten einseitig positiv bewertet wurden, während bindungsfördernde Verhaltensweisen in Kennzeichen für Abhängigkeitstendenzen umgedeutet wurden. Die ohnehin wackligen persönlichen Beziehungen der Patienten wurden unter dem Einfluß solcher Deutungen immer labiler und drohten auseinanderzufallen. Schließlich entstand Panik oder drohte sogar Suizid.

Eine fundamentale Lücke wird gerade durch die Ergebnisse der Säuglingsforschung geschlossen. Neuerdings werden durch sie grundlegende frühe, globale Beziehungs- und Erlebens-»Prozeduren« einbeziehbar in Psychotherapie. Sterns RIGs und Lichtenbergs Modellszenen sind jedoch im allgemeinen nicht erinnerbar, sondern nur reproduzierbar. Sie stellen somit eine Herausforderung für Psychotherapeuten und Patienten dar. Logischerweise ist der globalen Weise des frühkindlichen Erlebens auch ein globaleres Angebot der therapeutischen Methodik angemessener. Jedoch liefert, trotz aller umwälzenden Neuentdeckungen, auch die moderne Säuglingsforschung keine Modelle, denen alle psychischen Steuerungseigentümlichkeiten zugeordnet werden könnten. Ihre Modelle sind auf die Lebensfrühphase bezogen. Sie sind zugleich bestechend allgemein und auf die spezielle Eltern-Kind Beziehung ausgerichtet. Darin liegt auch ihre Grenze.

Auch wenn ein Therapeut über vielfältige Theorien und methodische Vorgehensweisen informiert ist, bleiben dennoch wesentliche Lücken zwischen tatsächlichen Vorgängen in der Therapie und den bekannten theoretischen Modellen bestehen. Die meisten bekannten Modelle haben einen so hohen Grad von allgemeiner Gültigkeit, daß sie vielen Anteilen der Einzelpersönlichkeiten nicht gerecht werden. Sie sind für die Fülle der Erscheinungen, mit denen wir es bei Patienten zu tun haben, nicht vollständig genug. Vermutlich werden immer wieder Lücken in unseren Modellen sichtbar, ob sie nun idealtypisch-qualitativ vereinfachen oder quantitativ.

Aus dem Zuordnungsdilemma bei sehr allgemeinen wissenschaftlichen Modellen dürfte es vielleicht auch zu erklären sein, daß Alice Miller die Auffassung vertritt, wissenschaftliche Theorien seien grundsätzlich unzureichend und realitätsfern. Nur die Lebensgeschichte von einzelnen Patienten habe Bedeutung für die Entstehung von deren seelischer Krankheit und ihre Psychotherapie. Damit jedoch sind wir beim anderen Extrem: Führte vorhin der Allgemeinheitsgrad zu Einordnungsschwierigkeiten, so verstellt hier bald das Dickicht der Einzelfälle den Blick. Der Überblick über komplizierte Therapieprozesse, angemessene Fokussierung und das Formulieren von sinnvollen Zielen einer Therapie wird dem Behandler erschwert, wenn ihm ein theoretischer Überblick fehlt. Viele der vorn skizzierten wissenschaftlichen Modellvorstellungen bieten Handhaben, mit deren Hilfe unsere Patienten in Teilen ihres Prozesses wirksamer und zeitsparender verstanden und behandelt werden können.

Der Ansatz des Introjektsyndroms stellt eine zusätzliche Überbrückungsmöglichkeit innerhalb des Zuordnungsdilemmas dar. Unter seiner Anwendung können spezielle Strukturanteile und Behandlungsbedürfnisse kleiner Patientengruppen oder einzelner Patienten unterscheidbar den allgemeineren theoretischen Vorstellungen zugeordnet werden. Ein dem speziellen Einzelfall angemesseneres technisches Vorgehen wird dadurch begünstigt. Ich fühle mich besser in der Lage, Therapieprozesse zu verstehen, seit mir dieses Instrument zur Verfügung steht.

2.5 Schlußbemerkungen

Es gibt innerhalb des Wechselspiels zwischen dem Individuum und seiner Lebensgeschichte eine Reihe von Faktoren, die Störungen der unbewußt-psychischen Steuerung bewirken oder begünstigen: Nicht lösbare innere und äußere Konflikte; unverarbeitbare traumatische Erlebnisse; Defizite und Störungen der körperlichen und psychischen Frühbeziehung; krankhafte familiäre Strukturen und Beziehungsmißbrauch; krankmachende gesellschaftliche Strukturen.

Psychotherapie muß die Arbeit an personalen, oft sehr subjektiven Modellen von Patienten einschließen. Solche entwickeln sich bereits von Geburt an, wie die RIGs Sterns zeigen. Auch die GERs nach Nelson und Greundel bilden sich in der frühen Kindheit. Ähnliche Modellbildungprozesse scheinen lebenslänglich anzudauern. Die Wahrnehmung personaler Modelle, vor allem aber deren Veränderung, stellen wichtige Therapieziele dar. Es ist be-

kannt, daß solche Veränderungen oft schwer erzielbar sind. Für
den Therapeuten erscheint es deshalb unerläßlich, wissenschaftliche Modelle und technische Vorgehensweisen verschiedener
Schulrichtungen und Autoren möglichst weitgehend zu kennen,
damit er Störungen bei seinen Patienten jeweils richtiger zuordnen
und methodisch wirksamer angehen kann.

Es ist zu hoffen, daß gegenwärtig noch geistig einengende Fehden
unterschiedlicher Richtungen bald der Vergangenheit angehören.
Diese entzünden sich zum Beispiel an folgenden Fragen: Sind lebensgeschichtliche Faktoren, solche der Anlage oder der Entwicklung allein als krankmachend zu betrachten? Begünstigen äußere
oder innere Konflikte psychische Störungen? Wirken traumatische
Schicksalsschläge oder gestörte Objektbeziehungen schädigend?
Lösen frühe Versorgungsdefizite, familiäre oder gesellschaftliche
Strukturen seelische Störungen aus? Führt realer oder phantasier-
ter Inzest zu seelischen Schädigungen? Wirken familiäre oder ge-
sellschaftlich bedingte Strukturen krankmachend? Sollen Therapeuten Regression der Patienten in lebensgeschichtliche Zusammenhänge anstreben, oder müssen sie zur Maxime erheben, »allein
im Hier und Jetzt der Übertragungsbeziehung wiederbelebte Erfahrung« zu interpretieren? – Alle diese Fragen können mit den
heute so verbreiteten einseitigen Wertungen nicht befriedigend beantwortet werden. Vergleiche hierzu auch Martin Dornes »Der
kompetente Säugling«(1993, Seite 70–74).

Solange solche grundsätzlichen Fragen voreilig und klischeehaft
von Therapeuten vieler Schulrichtungen einseitig beantwortet
werden, wird Psychotherapie auch zu einseitig gehandhabt. Solche
vereinfachenden Fragestellungen werden hoffentlich bald den
komplexeren und differenzierteren weichen, w a n n welche Art
unbewußter Steuerungsstörung w i e bearbeitet werden muß. Die
große Vielfalt der Störungen wird noch kompliziert durch wech-
selweise Beeinflussungen verschiedener innerpsychischer Steuerungszentren. Eine sehr große Flexibilität des Denkens und Ver-
stehens, des Vergleichens mit Vorstellungsmodellen und schließlich des therapeutischen Handelns ist deshalb notwendig.

Kapitel 3

Mehrphasentherapie, eine Methoden-
kombination für die Ambulanz

3.1 Allgemeine Erörterungen

Vorab soll eine Klarstellung erfolgen: In den patienten- und praxisbezogenen Teilen dieses Buches ist von Patientinnen und Patienten die Rede. Dies wird in den Fallberichten auch allenthalben
deutlich. Um den freien Fluß der Rede und der Gedanken nicht
durch gestelzt-grammatikalische Konstruktionen zu belasten,
halte ich mich im allgemeinen an die Form des grammatikalischen
Maskulinums »Der Patient«. Wer sich in die Texte vertieft, wird
sicherlich bemerken, daß dabei weibliche Formen des Erlebens,
Verhaltens und In-Erscheinung-Tretens auf einer psychischen
Ebene nicht auf der Strecke bleiben. Wenn also im folgenden Text
von Patienten die Rede ist, sind inhaltlich beide Geschlechter gemeint.

In Kapitel 1 wurde berichtet, daß es heute eine große Anzahl von
Patienten mit strukturellen Ich-Störungen und psychosomatischen
Krankheiten gibt. Bei diesen ist es sinnvoll und notwendig, verbale
analytische Psychotherapie mit erlebnis- und körperbezogenen
Methoden zu kombinieren. Dies geschieht auch bereits in psychotherapeutischen und psychosomatischen Kliniken. Es wurde beschrieben, daß in unserer ambulanten Psychotherapie Methodenkombinationen aus sozialrechtlichen wie aus praktischen Gründen
bisher nicht durchgeführt werden. Auch Kombinationen von Einzel- und Gruppentherapie existieren nicht.

Ambulant kommt bis heute kaum eine Zusammenarbeit zustande
zwischen Behandlern, die mit verbalen Methoden arbeiten, und
solchen, die Szenenspiel, Mal-, Körper-, Musik- oder Atemtherapie anwenden. Schon aus räumlichen Gründen gibt es auch keine

Teams, die denen an Kliniken vergleichbar wären. Dort sind die Therapeuten einander nah. Sie treffen sich in wöchentlichen Konferenzen, daneben aber auch zwanglos, zum Beispiel bei Tisch. Die Behandler, welche Patienten gemeinsam behandeln, bleiben so miteinander in Fühlung.

Ganz anders ist dies in der Ambulanz. Die Vertreter verschiedener Richtungen leben räumlich meist weit auseinander. Nur in seltenen Fällen haben sie Kontakt zu einem anderen Therapeuten, der ihren Patienten vielleicht ebenfalls behandelt, aber mit einem anderen Verfahren. Patienten suchen zuweilen neben ihrer analytischen Einzelpsychotherapie Gruppen auf, in denen therapeutisch gemalt, mit Primärtherapie oder Atemtherapie gearbeitet wird. Dabei wird kein Kontakt unter den jeweiligen Therapeuten aufgenommen. Es liegt auf der Hand, daß bei einem solch unkoordinierten Einsatz von Maßnahmen kein gemeinsames Therapie- oder Prozeßverständnis der verschiedenen Behandler vorauszusetzen ist. Manchmal ergänzen sich trotz allem solche Kombinationen überraschend gut. Es kommt aber leider auch immer wieder zu Kollisionen und nicht selten zu Dekompensationen oder Kollapsen bei Patienten. Dennoch ist die eben genannte Möglichkeit bei uns die einzige, gemäß der ambulant angewandte Psychotherapiekombinationen überhaupt teilweise von öffentlichen Kostenträgern mitfinanziert werden.

Obwohl sie also manchmal nützlich ist, halte ich eine solch zufällige Art der Anwendung kombinierter Psychotherapie keineswegs für optimal. In der gegenwärtigen Gesamtsituation haben wir uns deshalb entschieden, die Ablehnung einer Finanzierung unserer kombinierten Therapien durch öffentliche Kostenträger in Kauf zu nehmen. Nur damit ist es möglich, Methodenkombinationen so anzuwenden, daß die verschiedenen therapeutischen Mittel in der Hand e i n e s für die Therapie Verantwortlichen bleiben. Wenn dieser sich entschließt, einen Therapeuten anderer fachlicher Ausrichtung zuzuziehen, sind es immer noch nur wenige Behandler, die mit dem Patienten umgehen. Diese bleiben in der Regel miteinander in Kontakt.

In der Mehrphasentherapie werden sehr unterschiedliche Therapiemaßnahmen in verschiedenen Phasen der Behandlungsprozesse angewandt: Einzeltherapie, Gruppentherapie, Familientherapie oder Behandlungsmethoden mit kreativen oder körpertherapeutischen Ansätzen können einzeln oder kombiniert durchgeführt werden, wenn die Indikation es erfordert. Das Therapieangebot und die Kompetenz der Therapeuten gestatten also eine fall- und prozeßbezogene Anwendung unterschiedlicher methodischer Ansätze.

Am häufigsten wird die Standardmethode der Mehrphasentherapie angewandt. Dabei werden psychoanalytisch orientierte Einzelsitzungen mit zwei verschiedenen Gruppentherapiemethoden kombiniert. Die Einzelsitzungen halten wir für unerläßlich, da nur mit ihrer Hilfe Therapieprozesse von Patienten hinreichend eingeschätzt und verantwortlich geleitet werden können. Zur Vereinfachung soll im folgenden zuerst die Standardmethode beschrieben werden. Spezielle Varianten der Mehrphasentherapie sind mehrfach in dieser Arbeit dargestellt. Oft können sie aus Einzelelementen der Standardmethode hergeleitet werden.

Bei Anwendung der Standardmethode haben die Patienten Einzelsitzungen in psychoanalytisch orientierter Psychotherapie. Daneben bilden die Gruppenverfahren Modellimprovisation und Regressionstechnik wichtige Grundpfeiler der Methode. Oft wird systemische Psychotherapie, also Paar- und Familientherapie, in Behandlungen einbezogen. Intensivtherapie-Maßnahmen werden eingefügt, falls ein Patient angesichts des Drucks, unter den die Verarbeitung unbewußten Materials ihn bringen kann, zusätzliche Unterstützung benötigt. Zur Krisenintervention werden manchmal Fokaltherapien als eine Art »Stoßtherapie« mit regressionstechnischen Einzelsitzungen durchgeführt. Im folgenden sollen nun die Einzelsitzungen, die Modellimprovisation und die Regressionstechnik als charakteristische Anteile der Standardmethode genauer dargestellt werden. Sie unterscheiden sich sehr, auch zeitlich: Einzelsitzungen dauern 50 Minuten, Gruppensitzungen hingegen 5 Stunden. Einzel- und Gruppensitzungen finden in unterschiedlichen Räumen statt.

Darüber hinaus sollen Besonderheiten der kombinierten Psychotherapie dargestellt werden. Die bei der Kombination von Einzel- und Gruppentherapie auftretende multiple Übertragung und deren therapiefördernde Wirkung werden diskutiert. Vorschläge, wie bei Patienten mit Spaltungsproblematik zwischen präverbalsäuglingshaften und diakritischen Persönlichkeitsanteilen Verbindungen hergestellt werden können, bilden ein weiteres Thema.

3.2 Psychoanalytisch orientierte Einzelsitzungen

Die parallel zur Gruppe stattfindenden psychoanalytisch orientierten Einzelsitzungen stellen gewissermaßen »das Rückgrat« der Standardmethode dar. Themen sind: 1. Übertragungs- und Widerstandsarbeit, auch unter Aspekten der multiplen Übertragung. 2. Die Bearbeitung von Material aus Gruppensitzungen. 3. Aspekte der Herkunfts- und der Gegenwartsfamilie. 4. Träume von Patienten. 5. Schwierigkeiten des Lebensalltags. 6. Probleme bei der Lebensplanung.

Die Technik der psychoanalytisch orientierten Einzelsitzungen der Mehrphasentherapie ist grundsätzlich nicht verschieden von der bei analytischer Psychotherapie. Wesentliche Inhalte bietet die Arbeit mit Übertragung und Widerstand, wie sie üblicherweise durchgeführt wird. Dabei wird vor allem mit den Inhalten von Übertragungsbeziehungen zwischen zwei Personen gearbeitet. Der Therapeut kann dabei die Rolle eines schützenden und tragenden Selbstobjektes, aber auch die Rolle eines Konfliktpartners zugewiesen bekommen. Ein solcher dramatischer Wechsel der Dynamik im Verlauf der Übertragungsarbeit wird beschrieben in Kapitel 5: »Der Anaklitische Fokus« (S. 271–296) und: »Innere und äußere Probleme im Gefolge von Unehelichkeit« (S. 296–324). In beiden Fällen muß der Therapeut zeitweise zum Träger massiv negativer Übertragungphantasien werden, wenn die Behandlung erfolgreich verlaufen soll. Die Übertragungsarbeit der Einzelsitzungen kann in solchen Fällen für lange Zeit der belastendere Teil der Behandlungsarbeit überhaupt und schwer erträglich für Patient und Therapeut werden.

Über eine spezielle Variante der Übertragungsarbeit wird auf Seite 323 f. berichtet. Dort ist dargestellt, wie Patienten mit Unehelichkeitsproblematik erst in einer späten Phase der Therapie fähig werden, jemanden zu idealisieren, sich selbst, den Therapeuten, die Partnerin. Diese »milden Idealisierungen« (Kernberg 1981) werden vom Behandler nicht analysiert, sondern positiv unterstrichen. Der Therapeut weist dann darauf hin, daß der Patient nun wohl beginnen könne, »gute Bilder« in sich selbst wahrzunehmen, aufzubauen und aufrechtzuerhalten. Zuvor pflegt bei dieser Patientengruppe eine Phase deutender Verarbeitung paranoid entwertender Übertragungsanteile vorauszugehen, die vorwiegend dem Therapeuten als Träger der negativen Beziehungsprojektionen gilt. Auch die Widerstandsarbeit der Mehrphasentherapie entspricht grundsätzlich der in der analytischen Psychotherapie üblichen. Sie soll deshalb als bekannt vorausgesetzt werden. Schlechthin jedes Verhalten eines Patienten kann seiner Abwehr dienen. Stets ist darum vom Behandler zu prüfen, wann spezielle Inhalte den Fortgang des Prozesses förden und wann sie zu Abwehrzwecken in die Therapie eingebracht werden.

Übertragungen und Widerstände sind bei Anwendung der Standardmethode der Mehrphasentherapie jedoch nicht nur mit der Person des Therapeuten verknüpft. Zum therapeutischen Geschehen gehören ja auch die Vorgänge in der Gruppe mit ihren vielfältigen Übertragungskonstellationen. Im Hintergrund der Einzelsitzung erscheinen also auch weitere Angehörige des Settings, so daß sehr mannigfaltige verdeckte Übertragungen schrittweise Gestalt und Anschaulichkeit gewinnen. Dabei wird es mit Fortschreiten der Übertragungsarbeit zunehmend wichtiger, die realen Beziehungen zu den Settingangehörigen von Übertragungen auf diese schrittweise unterscheiden zu lernen. Rollen in multiplen Übertragungsgefügen können vielfältig sein und auch verschiedenen Phasen der Lebensgeschichte eines Patienten entsprechen. Arbeitet er zum Beispiel an Problemen im Gefolge von sexuellem oder aggressiv-destruktivem Mißbrauch, so wird sein Therapeut oft zum Gegenstand massiver negativer Übertragungsphantasien. Der Kotherapeut hingegen kann dann zum Ausgleich Träger positiver Übertragungsbedürfnisse werden und vice versa. Bei solchen Aufspaltungen der Übertragung ist es möglich, mit vielen einzelnen ihrer Anteile zu arbeiten. Manchmal kann eine Übertragungsbeziehung auch durch sich wiederholende Kontaktverluste und immer erneutes Abreißen der emotionalen Beziehung gekennzeichnet sein. Der Therapeut und die übrigen Setting-Angehörigen können vielfältige Rollen zugewiesen bekommen. Sie können »der Umworbene« sein, »der Überfordernde«, »der Festhaltende«, »der Treulose«, »der Bedürftige«, »der Wertlose« oder »der Wertvolle«, »der Unerreichbare« usw. Oft treten dabei gleichzeitig alle wesentlichen Beziehungen des gesamten Systems einer Herkunfts- oder Gegenwartsfamilie in Erscheinung. Die multiple Übertragung stellt eine charakteristische Form der Übertragung bei kombinierter Einzel- und Gruppentherapie dar.

Material aus Gruppensitzungen taucht häufig in Einzelstunden auf und muß bearbeitet werden. Den Patienten werden dabei oft Gründe für ihr spezielles Erleben in der Gruppe verständlicher. Sie werden fähig, einzuordnen und mehr Abstand zu gewinnen. Zuweilen haben Patienten Schutzbedürfnisse, die sie bewegen, für sie risikoreiche Themen zunächst in der Einzelsitzung anzusprechen. Einer von ihnen verspürte zum Beispiel angesichts einer inzestuös mißbrauchten Mitpatientin in der Gruppe Angst- und Trauergefühle. Er fragte sich, ob nicht die Art, wie er sein Töchterchen anzufassen pflegte, vielleicht schon einen verdeckten sexuellen Mißbrauch darstelle. Einziger Richtwert war es für ihn bis dahin gewesen, Berührungen an Körper und Genitalien zu vermeiden, solange das kleine Mädchen diese nicht ausdrücklich selbst wünschte. Er begann sich jetzt zu fragen, ob wohl zärtliche Streichel- und Kuschelaktivitäten unter der Bettdecke, bei denen er nicht umhinkonnte, eigene sexuelle Erregtheit wahrzunehmen, vielleicht schon eine inzestuöse Verführung darstellten, oder ob sie noch zur väterlichen Einführung in das Reich von Körperlichkeit, Erotik und Sexualität gehörten. Dadurch, daß er das Thema dieser Grenzüberschreitungsfragen zunächst in der Gruppe vermied, schützte er sich vor seiner Angst, niedermachende Kritik oder unerträgliche Selbstentwertung zu erfahren. Es kann Patienten aber auch ungefährlicher erscheinen, sich belastenden Problemen zuerst unter dem in der Gruppe erlebten Schutz der Solidarität mit den Mitpatienten zu stellen. Die Gruppe kann, gleichsam als eine Art Enzym, eine wirksame psychische Verdauungshilfe darstellen. Sie kann auch Rückenstütze bieten, zum Beispiel, sich der gefürchteten Autorität des Behandlers entgegenzustellen.

Übertragungen aus Einzel- und Gruppensitzungen der Mehrphasentherapie entsprechen oft deutlich familialen Systemen der Herkunfts- oder Gegenwartsfamilie. Dabei können sich in der Einzelsitzung Zweipersonenbeziehungen widerspiegeln, die familialen Subsystemen entsprechen. Beziehungsformen zwischen Vater und Kind, Mutter und Kind, Bruder und Schwester können dort reinszeniert werden. In der Gruppe hingegen reaktualisieren sich eher komplexere Beziehungsformen, die denen der Patienten im Verband ihrer Herkunfts- oder Gegenwartsfamilie entsprechen. Es können in der Einzel- und Gruppensitzung aber auch ganz neue, korrigierende Erfahrungen mit anderen Formen von Intimität und Vorgängen in einer familienähnlichen Modellgruppe gemacht werden.

Einen weiteren Bestandteil der Einzel- und Gruppensitzungen stellt die Arbeit mit Träumen dar. In fortgeschrittenen Therapien sind diese oft wenig durch Abwehrvorgänge maskiert. Ein Beispiel soll dies verdeutlichen: Ein Patient, der schon längere Zeit in Behandlung war, befand sich in einer Phase, in der er sich zwanghaft an einen Nervenklinikaufenthalt vor mehreren Jahrzehnten erinnerte. Er fühlte sich so einsam wie vor seiner Einweisung. Sein Fasziniertsein vom Thema Nervenklinik und sein schlaffes, resignatives Erscheinungsbild signalisierten mir, daß er sich in einem gefährdeten Zustand befand. Ich konnte aber die Ursache nicht verstehen. Um ein Bild seiner unbewußt steuernden Phantasien zu gewinnen, fragte ich ihn, ob er sich wohl an einen neueren Traum erinnern könne. Widerwillig entsann er sich, daß er von einer Frau geträumt habe. Sie beide hätten »verbotene Spiele« gespielt, also Erotik und Sex miteinander gehabt. Dabei seien er und die Frau abwechselnd »groß und klein geworden«. Es zeigte sich, daß die sexuellen Beziehungen dieses Patienten immer wieder abglitten in unreife, puberale Formen oder solche, wie sie zwischen Kindern üblich sind. Der Patient, der einerseits erwachsene und verantwortliche Beziehungen suchte, hatte andererseits Angst davor, mit seinen undifferenzierten Ichfunktionen in einer engen Beziehung zu scheitern. Er versuchte deshalb, in kindlich unverbindliche Formen von Sexualität, also Intimität ohne Nähe, zurückzugleiten. Immer wieder wich er vor seiner männlichen Verantwortung in einer Beziehung zwischen erwachsenen Partnern zurück. Die Arbeit mit diesem Traum zeigte Ich-Defekte als Urachen für sein regressionsbezogenes Erscheinungsbild. Sie wies auf den Abwehrcharakter seiner Nervenklinik-Phantasien hin. Auf die Aussage des Traumes hin bearbeiteten wir die Defekte bei Ichfunktionen des Nahkontaktes. Die Nervenklinik-Phantasien verloren sich.

Probleme des Lebensalltags unserer Patienten können zeitweise ebenfalls im Zentrum der Einzelsitzungen stehen. Die Partnerschaft, Situationen in der Familie oder mit einzelnen Angehörigen müssen manchmal intensiv durchgearbeitet werden. Auch berufliche Probleme, Wünsche oder Befürchtungen können wichtige Therapieinhalte darstellen. Ebenso können Freundschaften oder die Einbettung ins soziale Netz Themen sein.

Ferner nehmen Probleme der Lebensplanung mit Zielsetzungen, die Nah- und Fernziele betreffen, Raum in Einzelsitzungen ein. Als Beispiel sei auf eine Patientin verwiesen, die eine begabte Künstlerin war. Sie konnte sich erst nach mehreren Therapiejahren der Frage stellen, warum sie es nicht schaffte, ihre Kunst so teuer zu verkaufen, daß sie vom Erlös leben konnte. Es zeigte sich allmählich, daß Identifizierungen mit den Ich-Idealen ihres Vaters, der Geld geringschätzte, die Ursache waren: Nach der Entdeckung dieser vom Vater übernommenen Wertungen erschien es ihr nun nicht mehr verwunderlich, daß sie bisher nie versucht hatte, die vorhandenen Möglichkeiten, ihre Kunst zu verkaufen, wirklich auszuschöpfen. Ein zweiter Ursachenbereich lag tiefer: Die Patientin war in ihrer Herkunftsfamilie ein überzähliges, immer wieder weggegebenes Kind gewesen. Es paßte nicht zu ihren Vorstellungen von sich selbst, daß sie mit ihrer Kunst Anspruch auf einen festen Platz in der Welt hatte. Sie bearbeitete ihre Probleme und konnte dann auch konkrete Lösungen finden, Broterwerb und Kunst miteinander zu vereinbaren.

Da in der Mehrphasentherapie eine große Anzahl von Patienten mit strukturellen Ich-Störungen behandelt wird, scheint es mir sinnvoll, auf einen grundsätzlichen Unterschied zu Patienten mit funktionellen Ich-Störungen hinzuweisen: Bei Patienten mit funktionellen Ich-Störungen wirken konfrontative Deutungen oft konstruktiv, wie dies in Darstellungen konfliktorientierter Formen von Psychoanalyse häufig beschrieben ist. Hingegen werden von Patienten mit strukturellen Ich-Störungen konfrontative Deutungen lange Phasen der Behandlung hindurch eher als bedrohend empfunden. Hier muß das verbalisierende Begleiten der alltäglichen Wahrnehmungen, Erlebnisweisen und Gefühlsreaktionen oft sorgfältig und geduldig vom Therapeuten unterstützt werden. Dann kann der »narrative Prozeß« (Lichtenberg, 1992b, S. 208 ff.) schließlich vollständig in Gang kommen, der die Vernetzung verschiedener Persönlichkeitsebenen unterstützt und die Möglichkeit zu reifen Formen der kognitiven Wahrnehmung und der Interaktionen bietet.

3.3 Die Methode der Modellimprovisation

1. Modellimprovisation findet im allgemeinen als Gruppenpsychotherapie statt. 2. In »Modellsituationen« werden den Gruppenmitgliedern Aufgaben gestellt, zu deren angemessener Bewältigung sie unterschiedliche basale oder grundlegende Ichfunktionen einsetzen müssen 3. Auf solche Modellaufgaben antworten sie frei improvisierend. 4. Die Patienten werden durch Modellsituationen meist überrascht und reagieren dann spontan und vielfältig. 5. Dabei werden oft Erlebnisse reaktiviert, die auf soche der Säuglingszeit, Kindheit oder Jugend zurückverweisen. 6. Neben ihrer Aufdeckungsfunktion bietet die Modellimprovisation wesentliche Ansätze zum Modell-Lernen und identifikatorischen Lernen. 7. Das in der Modellsituation Erlebte wird anschließend verbalisiert und vielfältig durchgearbeitet. 8. Bei der Standardmethode der Mehrphasentherapie alterniert die Anwendung der Gruppenverfahren Modellimprovisation und Regressiontechnik in sechswöchigem Turnus.

3.3.1 Zur allgemeinen Einführung

Die Modellimprovisation als Methode der Gruppenpsychotherapie ist eine Weiterentwicklung der »Rhythmischen Erziehung«

nach Jaques-Dalcroze (1921). Kennzeichnend für die Methode ist es, daß die Patienten frei improvisierend auf Modellaufgaben und Modellsituationen reagieren. Dabei treten sehr verschiedenartige basale und grundlegende Ichfunktionen in Tätigkeit. Basale Ichfunktionen gehören zum frühesten Beziehungsgeschehen zwischen der Mutter und ihrem Baby, also zur Frühbeziehung und deren Nähe zur Körperlichkeit. Körperselbst und Körperbild sind hier zentrale Begriffe. Körpertherapeutische Zugänge sind bei Störungen in diesem Bereich angemessen. Grundlegende Ichfunktionen gehören zu späteren Entwicklungsprozessen, die mit der diakritischen Phase, also nach dem 18. Lebensmonat, beginnen. Sie können verschiedenen Formenkreisen zugeordnet werden. Zunächst sind hier die kreativen Ichfunktionen zu erwähnen. Einen weiteren Formenkreis bilden die strukturierenden und ordnenden Ichfunktionen. Auch selbstbehauptende, abgrenzende oder kritische Ichfunktionen stellen einen Formenkreis dar, ebenso Hingabe oder Initiative. Auch Autorität-Sein, Führen, Sichführen-Lassen und vor allem das wechselhafte, zielbezogene Zusammenspiel in einem Team stellen wichtige Formenkreise von Ichfunktionen dar. Bei den letztgenannten Ichfunktionen wird immer erneut die Schwierigkeit der Balance zwischen Empathie und Selbstdurchsetzung deutlich. Die genannten Themenkreise sollen nun näher beleuchtet werden.

3.3.1.1 Zur Arbeit mit frühen körpernahen Ichfunktionen

Bereits Wilhelm Reich und bald darauf Nic Waals haben vor Jahrzehnten auf das Vorhandensein eines »Körpergedächtnisses« hingewiesen. Gemeint ist mit diesem Ausdruck, daß der Tonus der Muskeln und das Kreislaufsystem mit nichtbewußten Erinnerungsspuren in engem Zusammenspiel zu stehen scheinen. Nic Waals berichtete auf einem Jubiläumskongreß zum sechzigsten Geburtstag von Gerda Alexander, daß eine Änderung des Tonus an einer bestimmten Stelle des Körpers durch Bewegung, Entspannen oder Massage das Auftreten spontaner Erinnerungen und Affektstürme zur Folge hatte. Sie hielt damals einen Vortrag zum Thema »Das Muskel-Test-Verfahren nach Wilhelm Reich« (Waals, 1959). Dabei wurde der Versuch unternommen, systematisch Zugehörigkeiten zwischen Erschlaffung und Verspannung von willkürlichen oder unwillkürlichen Muskelpartien zu spezifischem psychischen Material aufzuzeigen. Ähnliche Vorstellungen wurden unter anderem in Behandlungen mit Bioenergetik umgesetzt. Inzwischen hat es sich als zu vereinfachend erwiesen, eine Grammatik der Zuordnungen lebenshistorischer Erfahrungen zu zugehörigen Affekten und Tonus-Zuständlichkeiten einer Muskel- oder Gefäßpartie herstellen zu wollen. Dennoch bleibt die Tatsache bestehen, daß frühe Lebenserfahrungen sich nicht im Bewußtsein, sondern in Körpergefühlen und Verhaltens- oder Erlebensprozeduren niederschlagen. Sie ist von der modernen Säuglingsforschung bestätigt worden. Auch Körperpsychotherapeuten beobachteten oft, daß Erfahrungen remobilisiert werden konnten, wenn man sich mit dem Körper des Patienten befaßte.

Auch Zusammenhänge zwischen psychosomatischen Krankheiten und Lebensgeschichte gehören häufig in diesen Bereich. Sie sind kompliziert und bis heute nur ansatzweise geklärt. Jedoch fand die moderne Säuglingsforschung auch zu diesem aufregenden »Puzzlespiel« interessante Bausteine. Einen davon stellt das »prozedurale Gedächtnis« dar, welches von Lichtenberg (1989a) als Anteil der frühen Wahrnehmungsphase eines Säuglings beschrieben wird. Ungeklärt ist, bei welchen Erfahrungen frühe Erlebnisprozeduren in Interaktionseigenheiten umgesetzt werden, bei welchen in psychosomatische Reaktionen. Es ist anzunehmen, daß die psychosomatische Komponente verstärkt auftritt, wenn Handlungsbereitschaft gebremst und Ohnmacht herbeigeführt wird. Es scheint aber auch eine Reihe anderer Ursachen für psychosomatische Krankheiten zu geben. So sahen wir zum Beispiel manchmal deutlich erkennbare Dressate auf Krankheit durch Angehörige, die nur im Krankheitsfalle zu liebevoll pflegenden Verhaltensweisen zu motivieren waren.

Früh erworbene Erlebens- und Verhaltensbereitschaften, wie Säuglingsforscher sie beobachtet haben, zeigen sich bei der körpertherapeutischen Arbeit mit Mehrphasentherapie. Oft enthüllt sich dabei das Körperbild in verschiedenen Phasen seiner Entstehung. Auch zeigt sich das Selbstbild der Patienten in seiner Kohärenz oder auch in etwaigen Brüchen, zum Beispiel, wenn sie ihr Körpergefühl oder die innere Wahrnehmung ihres Körpers malen. In Modellsituationen zeigen sich also individuelle Eigenheiten des Körperbildes, des Selbstbildes und der Selbstkohärenz bei Bewegung oder Entspannung, bei Gesehen-Werden oder Sich-Zeigen, bei Anfassen oder Angefaßt-Werden. Wichtig ist auch die Arbeit mit dem habituellen Körperverhalten des Einzelnen in Bewegungsdynamik, Mimik, Gestik und Blick. Oft können Gewohnheiten wie etwa ein Hängekopf verstanden werden. Ein Hohlkreuz, eine habituelle Belastung der Fußaußenseite, Eigentümlichkeiten der Atmung, ein eingesunkener oder ein geblähter Brustkorb können in ihrer Aussage wahrgenommen und bearbeitet werden. Dabei helfen oft Spiegelungen des Ausdrucksgehalts durch Mitpatienten oder Videogerät, aber auch Hineinspüren in spezielle Ausdrucksweisen.

Ich hoffe, es ist gelungen, wenigstens einen Teil der körpertherapeutischen Arbeit hier vorzustellen. Sie kann viele Facetten enthalten, zum Beispiel auch tanztherapeutische. Ohne Selbsterfahrung sind der Vorstellungskraft leider oft enge Grenzen gesetzt. Auf weitere Einzelheiten soll verzichtet werden. Ich hoffe, daß die Fallberichte plastische Eindrücke vermitteln.

3.3.1.2 Zu den kreativen Ichfunktionen

Bei der Arbeit mit diesen Ichfunktionen besteht Verwandtschaft zu Therapiemethoden, die in der Klinik-Psychotherapie etabliert sind und dort mit Gesprächstherapie, analytischer oder tiefenpsychologisch fundierter Einzelpsychotherapie kombiniert werden. Gedacht ist zum Beispiel an Gestaltungstherapie oder therapeutisches Malen, Psychodrama, Pesso-Therapie, Gestalttherapie oder Transaktionsanalyse. Auch tanz- und musiktherapeutische Maßnahmen gehören hierher. Unterschiedliche Zugänge können manchmal ganz unterschiedliche Aussagen hervorrufen: So zeigt sich vielfach etwas anderes, wenn ein Patient das Verhalten seiner Eltern bei einem Streit szenisch darstellt, wenn er ein Bild zu diesem Thema malt, sich tanzend dazu bewegt oder in Worten darüber berichtet.

In einer Modellsituation dieses Kapitels ging es zum Beispiel um szenisches Spiel zum Thema: »Wie haben Personen meiner Herkunftsfamilie in meiner Lebensgeschichte Macht ausgeübt?« Dabei wurden Szenen von körperlicher Gewaltanwendung gespielt. Auch wurde eine Szene dargestellt, in der eine Mutter ihr Nesselfieber »zelebrierte«. Sie hatte Ehemann und Sohn dazu gebracht, auf Zehenspitzen zu gehen und keinen anderen Gedanken mehr zuzulassen als den an ihre Erkrankung. Der suggestive »Auftritt mit dem Leiden« dieser Mutter weckte ein Gemisch aus panischen Krankheitsängsten, Leeregefühlen, Depression und Wut. Bei solchen Darstellungen erhalten Patienten und Therapeuten oft völlig unerwartet wichtige Informationen.

Dem Leser wird nachvollziehbar sein, daß der improvisierende Umgang mit kreativen Ichfunktionen auch Gefühle der Unfähigkeit mobilisieren kann. Bilder zu malen, Szenen zu konzipieren oder darzustellen, frei zu singen oder zu tanzen verursacht vielen Menschen unseres Kulturkreises Angst. Der Umgang mit solchen Ängsten läßt vielfach eine Bearbeitung psychischer Abwehr notwendig erscheinen. Dabei enthüllen sich oft wichtige Anteile der Lebensgeschichte. Erinnerungen an Ereignisse zeigen sich, wie: »Meine Mutter hat mich immer ausgelacht, wenn ich zu singen anfing. Obgleich sie ihre Lachimpulse unterdrücken wollte, konnte sie Kichern und Glucksen gar nicht zurückhalten.« Eine weitere Mutter war stets unwillig geworden, wenn sie ihren Sohn beim Tanzen sah, tölpelhaft, wie sie ihn empfand. Am schlimmsten sei es gewesen, als sie es einmal selbst mit ihm auf einem Fest versuchte. Sie hatte damals einfach abgebrochen wegen seiner Ungeschicklichkeit. Auch eine Äußerung, die in unserer Gruppe plötzlich wieder erinnert wurde, hat uns sehr betroffen gemacht: »Du? Du kannst doch nicht malen! Das kann doch nur Dein Bruder!« Es ist verständlich, daß Patienten nach solchen Erlebnissen Gehemmtheiten verspüren, wenn sie malen, tanzen oder singen sollen.

Auch Zuschreibungen und Rollendelegationen von Eltern an ihre Kinder zeigen sich im Gruppenverhalten der Modellimprovisation deutlich. Oft waren sie erfolgt, um eigene unverarbeitete Verletzungen zu reinszenieren, diesmal aber nicht in der beschämten, sondern in der beschämenden Rolle. Hierzu machte Lichtenberg (1991b) in seinem Seminar in Dreieich eine einleuchtende Diskussionsbemerkung: Verhaltensgewohnheiten seien im Gehirn doppelt kodiert. Er nannte es: »The doing« und »The done« und meinte damit, daß einerseits das Angetane, Erlittene kodiert wird, daß aber außerdem der Prozeß von Handeln und Erleiden, wie er für eine Beziehung typisch ist, gespeichert wird. So wird einleuchtend, daß das gleiche Beziehungsverhalten in beiden Rollen reinszeniert werden kann. Als besonders schwer akzeptabel erwies es sich für unsere Patienten anzuerkennen, daß auch sie selbst wieder »the doing« und »the done« kodiert haben und deshalb auch ihren eigenen Kindern oder anderen Abhängigen negative Anteile eigener Rollen zuweisen.

3.3.1.3 Zu den strukturierenden Ichfunktionen

Ich werde immer wieder gefragt, wie sich denn strukturierende Ichfunktionen, etwa solche wie die Organisation von Zeit, Geld und anderen Lebensbereichen, in Modellsituationen einfangen lassen. Diese Funktionen sind ja wichtig, um den Alltag oder das Arbeitsverhalten zu ordnen. Zur Verdeutlichung soll eine einfache Modellsituation geschildert werden, in der es um die Strukturierung von Zeit geht.

Jeder Patient hat dabei seinen festen Platz im Raum. Als Zeitvorgabe, die leicht zu behalten ist, dient eine kleine Musik von acht Takten. Sie ist so einfach, daß sie den Gruppenmitgliedern schnell unbewußt gegenwärtig ist. Danach beginnt die eigentliche Modellsituation. Die Aktionszeit der Patienten dauert vom ersten Ton der Musik bis zu deren letztem, also genau so viele Takte wie die Melodie lang ist. Während dieser Zeit können sie sich außerhalb ihres eigenen Platzes bewegen. Wenn die Musik zu Ende ist, sollen sie wieder »zu Hause« sein. Mit dieser Situation kann vielfältig umgegangen werden: Die gegebene Zeitspanne kann freigegeben werden, so daß nichts als das rechtzeitige Ende vorgegeben ist. Es kann aber auch sinnvoll sein, für die offene Zeitspanne im stillen Pläne zu machen, so daß möglichst viel, möglichst wenig oder etwas möglichst Kompliziertes darin untergebracht werden kann.

Damit liegt der Akzent nun nicht mehr auf dem rechtzeitigen Beendenkönnen der Freiphase, sondern vielmehr auf dem Planenkönnen von deren Inhalt. Das pünktliche Ende ist jetzt also nur noch der zweitwichtigste Bestandteil der Modellsituation. Sie läßt sich noch vielfältig erweitern. Zum Beispiel können zwei oder mehrere Patienten in der Zeitspanne zwischen Anfang und Ende etwas miteinander tun und so fort.

Einige Beispiele sollen individuelle Probleme bei der Zeitstrukturierung deutlich machen: Ille bekam in solchen Modellsituationen Wutanfälle, weil sie es haßte, »unter Zwang zu stehen und sich an vorgegebene Zeitpunkte zu halten«. Horst dagegen probierte temperamentvoll, die verschiedenartigsten Einfälle in die Tat umzusetzen, war aber am Ende der vorgegebenen Zeit nie pünktlich. Er konnte es einfach nicht. Jedesmal, wenn die Musik zu Ende war, schien der ganze Raum erfüllt zu sein von seiner Betroffenheit, das Ziel verfehlt zu haben. Iris umkreiste ängstlich bemüht während der gesamten freien Zeit ihren Platz, um nur ja rechtzeitig wieder zur Stelle zu sein. Wenn zwei Partner miteinander die freie Zeit ausfüllten, wurde es noch schwieriger: »Ich konnte doch nicht einfach wegrennen und Susi stehenlassen, bloß weil es Zeit war! Sie wäre sich so verloren vorgekommen.« Oder: »Es war so schön mit Heinke! Gerade hatte ich sie an der Hand gefaßt und ihr in die Augen geschaut, da war es schon zu Ende! Ich habe die Zeit einfach vergessen.« Oder: »Wenn Gernot etwas mit mir tut, bin ich wie unter Zwang. Fast wie hypnotisiert! Ich kann dann gar nichts anderes mehr wahrnehmen!« Oder: »Wir haben etwas so Schönes miteinander ausgedacht, der Rest war dann einfach egal!« Oder aber: »Wir konnten uns gar nicht einigen. Wir fingen gerade an, uns zu zanken! Und dann war auf einmal Schluß!«

Von solchen Situationen aus ist es nicht mehr schwer, Fragen zu stellen wie: »Wo ist es denn sonst noch so in Deinem Leben?« Oder: »Wo war es denn früher schon so?« Oder: »Merkst Du denn gar nicht, daß Du dasselbe oder etwas Ähnliches hier schon oft getan hast?« Patienten stellen sich selbst solche Fragen, oder die Gruppenmitglieder stellen sie sich gegenseitig.

In diesem Zusammenhang können auch Probleme zur Sprache kommen, die die Organisation eines Nachmittags, einer Arbeit oder der Freizeit betreffen. In der Gruppe können dann Arbeitspläne verglichen werden, die für einige Stunden, den ganzen Tag oder eine Woche gelten. Es können auch Prüfungsvorbereitungen in ihrer zeitlichen Strukturierung bedacht oder Probleme der Selbstabgrenzung in Modellsituationen durchgearbeitet werden.

3.3.1.4 Die Fähigkeit der Entscheidung

Eine wichtige Ichfunktion wird auch benötigt, um zu sich selbst oder anderen »Ja« oder »Nein«, »Jetzt« oder »Später« zu sagen. Diese Fähigkeit liegt zu einem Teil nahe bei den strukturierenden Ichfunktionen. Sie hat aber ihre Wurzeln schon in Erfahrungen bei der frühesten Wahrnehmung des eigenen Selbst und der Beziehungsobjekte. Ich möchte zur Verdeutlichung zwei Modellsituationen schildern, die beide sehr einfach sind.

In der ersten arbeiten die Gruppenmitglieder paarweise. Der eine liegt am Boden, während der andere mit einer Hand auf seiner Rippenpartie neben ihm sitzt. Die Hand wird bei der Einatmung des Liegenden vom Partner selbst getragen, so daß sie sich für den Liegenden leicht anfühlt. Bei der Ausatmung dagegen läßt der Sitzende das Gewicht seiner Hand, die sich nun schwer anfühlt, auf die Rippenpartie einwirken und unterstützt so den natürlichen Rhythmus der Ausatmung. Die Patienten, die am Boden liegen, haben die Möglichkeit, sich der Hand auf ihren Rippen, je nach ihren Impulsen, länger oder kürzer zu überlassen. Sie können sich also auch wegwenden, um zu zeigen: »Ich will Deine Hand jetzt nicht mehr! Ich möchte mit mir alleine sein!« Sie können sich aber auch wieder zuwenden und zu verstehen geben: »Jetzt möchte ich Deine Hand wieder spüren.« So können die Patienten sich auf urtümliche Weise ihrem Partner körperlich zu- oder abwenden, wie es schon ein Baby tut.

Die zweite Modellsituation ist ebenso einfach: Es geht bei ihr um Mitmachen und wieder Aufhörenkönnen. Die Patienten arbeiten als Gruppe oder paarweise zusammen. Einer führt die Bewegung, der andere oder die anderen machen mit. Beide, die Geführten und die Führenden, achten auf ihre inneren Reaktionen. Die Geführten spüren auch in sich hinein, um wahrzunehmen: »Möchte ich eigentlich noch mitmachen?« Oder: »Möchte ich ausbrechen oder aufhören und für mich allein etwas tun?« Wenn sie den Impuls dazu verspüren, dürfen sie auch tatsächlich ausbrechen. Sie können jedoch auch, wenn sie die Bereitschaft dazu wahrnehmen, wieder einsteigen und mitmachen.

In dieser Modellsituation zeigen sich sehr unterschiedliche Reaktionsbereitschaften: Eine Patientin verspürte das Bedürfnis, innerhalb der sich gemeinsam bewegenden Gruppe wie wild mit ihren Füßen auf den Boden zu stampfen und »gegen die Hammelherde anzutrampeln«. Eine andere machte zwar mit, verspürte aber eine diebische Freude, gleichsam in kleinen Bocksprüngen aus der Reihe zu tanzen. Sie empfand deutlich Vergnügen daran, den Führenden an der Nase herumzuführen und sich gleichzeitig durch Witzeln unangreifbar zu machen. Andere Gruppenmitglieder hingegen »sind brav« und fügen sich aus diesem Grund fast automatisch in die Situation des Führenden oder des Geführten ein.

Es ist für mich immer wieder erstaunlich zu erleben, wie viele Patienten eine zu undeutliche, diffuse Selbstwahrnehmung haben, um wissen zu können: »Jetzt möchte ich mitmachen«, oder: »Jetzt möchte ich mich abwenden und für mich sein!« Patienten, die zu symbiotischer Verschmolzenheit neigen, finden solche Impulse zu authentischem Handeln im Kontakt nicht deutlich genug in sich vor. So brach eine Patientin plötzlich weinend zusammen und rief: »Ich kann es ja alles total richtig machen. Ich kann führen, mich führen lassen, im Team zusammenspielen, Bilder malen, tanzen, diskutieren und überhaupt das allermeiste. Das habe ich gelernt. Aber ich habe nicht gelernt, Ich zu sein. Es gibt mich überhaupt nicht! Ich bin es nicht, die das Bild malt oder so gut führt oder so scharfzüngig diskutiert. Ich kann mich nicht fühlen! Vielleicht gibt es mich wirklich gar nicht! Ich meine damit etwas, zu dem man ›Ich‹ sagt oder so was Ähnliches.«

Verwöhnte oder antiautoritär erzogene Patienten, denen wenig Grenzen gesetzt wurden, haben oft die Fähigkeit nicht ausreichend verinnerlicht, zu sich selbst »nein« zu sagen. Es scheint für diese Ichfunktion neben dem authentischen Anteil auch einen imitatorischen zu geben. Patienten mit solchen Defiziten haben oft im Alltag diffuse Ängste. Sie spüren ihre Innenvorgänge, Wahrnehmungen, Affekte, Bedürfnisse wie ein stetiges, unkontrollierbares Wogen und sich selbst wie zerfließend. Manche von ihnen nennen es »breiartig«. Daß solche Menschen ihre Zeit und ihre Kontakte schwer strukturieren können, ist zu erwarten.

3.3.2 Zwei Sitzungsprotokolle

Um das Geschehen in der M-Gruppe deutlicher zu machen, sollen nun Pläne und Protokolle von zwei Sitzungen mit unterschiedlichem Schwerpunkt dargestellt werden. Dabei sind die Protokolle möglichst detailliert gehalten, damit das methodische Vorgehen und die spontanen Verhaltensweisen der Patienten verständlich werden.

Vor einer M-Gruppensitzung haben sich die Therapeuten in ihrer Teambesprechung über Patienten und Prozeßverläufe ausgetauscht. Sie haben einen Verlaufsplan für die Sitzung ins Auge gefaßt, der Bezug zu den jeweiligen Behandlungssituationen hat. Er kann etwa so aussehen:

3.3.2.1 Sitzungsplan und Verlaufsprotokoll zum Leitthema »Meine Phantasie und mein Leben«

Sitzungsplan

Die Patienten »spielen« jeder für sich spontan mit farbigen leichten Tüchern. Erfahrungsgemäß dürfte dabei zu Beginn Widerstandanalyse angebracht sein, denn in unserer stark von wertenden Über-Ich-Funktionen beherrschten Population erscheint ein zweckfreies, nicht zielbezogenes Handeln dieser Art zunächst vielfach befremdlich. Als Abschluß vor der Pause ist eine Kopfentspannung nach Gerda Alexander vorgesehen. Ob nach der Pause die Arbeit mit farbigen Tüchern fortgesetzt werden soll, entscheidet sich im Verlauf. – Falls am Ende der Sitzung noch Zeit bleibt, kann aktuelles Material der Patienten bearbeitet werden.

Verlaufsprotokoll

Die Arbeit mit dieser Modellsituation nahm fünf volle Stunden in Anspruch. Zunächst probierten die Patienten, die Tücher in Bewegung zu bringen, oder verkleideten sich damit. Dabei waren deutlich Verlegenheits- und Ängstlichkeitszeichen wahrzunehmen, die oft durch Spaßhaftigkeit oder Gelächter verdeckt wurden. Ich fragte, wie es ihnen denn in dieser Modellsituation erginge. Angelika sagte daraufhin wie aus der Pistole geschossen: »Was soll der Quatsch? Wir haben hier doch keinen Fasching!« Alexis wandte ein: »Na ja, Du brauchst ja nicht gleich so aggressiv zu sein. Aber ehrlich gestanden: Ich finde das Ganze auch ein bißchen blöd.« Ille, die begonnen hatte, sich zu verkleiden, sagte: »Ich find das schade, daß Ihr nicht einfach verspielt sein mögt. Wieso sollen wir nicht mal bloß spielen und sehen, was dabei herauskommt?« Tom hatte sich ein rotes Tuch um die Schultern geschlungen und sagte: »Ich weiß nicht, irgendwas kommt mir komisch vor. Es erinnert mich so an meinen Traum mit: Mal Frau – mal Mann, Ihr wißt schon.« Hier schaltete ich mich ein und sagte, daß jetzt ein deutliches Widerspiel von Kräften und Emotionen für mich spürbar sei. Ich hätte Lust wahrgenommen zu spielen, aber auch viel Scham, sich so blöd zu benehmen. Auch Angst sei mir aufgefallen, durch das Tuch um die Schultern an die »Mann-Frau-Person« im Traum erinnert zu werden.

Die Patienten wurden nachdenklich. Mehrere sprachen von Scham, einige auch von Angst, »so in einem ganz freien Raum ohne äußere Struktur herumzuprobieren«. Die eigensinnige Angelika meldete sich noch einmal heftig zu Wort: »Ach! Wie folgsam Ihr alle mal wieder seid! Kaum will die Frau Damm, daß wir mit Tüchern spielen sollen, da entdeckt Ihr, daß Ihr ja daran überhaupt nur durch Scham- oder Angstgefühle verhindert seid. Ich find das aber einfach blöd und sonst gar nix! Ich will was tun, was Sinn und Verstand hat! Was mich wirklich interessiert wie Klavierspielen, ins Konzert oder ins Theater gehen oder meinetwegen auch arbeiten!« Tom antwortete: »Kannst Du denn eigentlich überhaupt spielen?« Und ich fragte: »Wurde in Ihrer Familie eigentlich jemals gespielt?« Sie wurde daraufhin sehr still und antwortete schließlich: »Gespielt wurde nie. Ja, mein Großvater, der zog sich manchmal zurück mit vergnüglichen Arbeiten, die zwar zu seinem Beruf gehörten, für die er aber oft nicht genug Geld verlangte. Doch dann keiften die zwei Weiber los. So einfach lustig sein und verspielt, das habe ich in meiner Familie höchstens mal mit dem Großvater erlebt.«

Nach dieser Bearbeitung innerer Widerstände und Abwehrvorgänge konnten wir uns jetzt der freien Arbeit mit den Tüchern ungehemmter zuwenden. Plötzlich nahm ein Patient zwei rote Tücher, knotete sie in der Mitte zusammen, faßte die äußeren Enden an und rief: »Ich habe einen Schmetterling!« Es sah auch wirklich wie ein Schmetterling aus, was er in den Händen hielt. Die Mitpatienten schauten fasziniert zu, und einige von ihnen versuchten, ob ihnen das gleiche auch gelänge. Verwunderlicherweise spielte schließlich die gesamte Gruppe mit solchen Schmetterlingen. Ich war mehr und mehr fasziniert davon zu sehen, wie vertieft die einzelnen Mitglieder dabei waren.

Nach einiger Zeit dieses lustvoll spielerischen Verhaltens schlug ich eine Änderung der Modellsituation vor: »Könnten Sie einmal Ihre Augen schließen, um sich zu fragen: Was möchte ich denn mit so einem Schmetterling wohl anfangen, wenn ich die Situation mit ihm bestimmen könnte?« Viele fanden den Vorschlag interessant. Wir spielten im Anschluß Szenen, die manchen von ihnen eingefallen waren: Horst, der keine näheren Beziehungen zu Frauen eingehen konnte, hielt seinen Finger hin. Er wünschte, daß der Schmetterling sich »bloß einfach so daraufsetzt«. Es würde dann sicherlich schön sein. Ein anderer Patient begann plötzlich mit zwei Schmetterlingen zu tanzen. (Daheim spielte er oft seine beiden kleinen Töchter gegeneinander aus, »er tanzte bald mit der einen, bald mit der anderen«.) Richard hingegen wünschte sich, daß »Schmetterlinge mal einfach so umeinander spielen sollten«. Plötzlich nahm er dann eine Hirtenteppichmatte, schleuderte sie auf die Schmetterlinge und schrie: »So was gehört nicht in eine Wohnung!« Er war selbst verblüfft über seinen heftigen Wutaffekt, der mit dieser Szene verbunden war.

Im anschließenden Gruppengespräch kamen die eben angedeuteten Szenen zur Sprache. Nur auf die letzte soll näher eingegangen werden: Ein Gruppenmitglied fragte Richard: »Wie kannst Du denn so was Barbarisches machen, eine Matte auf einen so zarten Schmetterling zu schmeißen!?« Er antwortete: »Wieso denn? Wir sollen doch hier tun, was uns einfällt oder wichtig ist, und es i s t mir eben eingefallen! Warum muß man Schmetterlinge eigentlich lieben? Die gaukeln da doch alle nur so rum! Eine höchst kurzlebige Angelegenheit! Ihr seid alle so entsetzlich romantisch! Deshalb findet Ihr Schmetterlinge von vornherein sympathisch!« Ein Patient brummte: »Jetzt versteh ich gar nichts mehr!« Auch ich selbst fühlte mich außerstande, die barbarische Wut auf den Schmetterling einzuordnen. Ich fragte deshalb: »Kann denn jemand von Ihnen Richard verstehen? Man kann sicherlich auch auf Schmetterlinge wütend sein.« Dann schaute ich in die Runde und sah Richards Frau sehr bleich am Boden sitzen. Nach einiger Zeit begann sie zu schluchzen. Als sie gefragt wurde, warum sie weine, sagte sie immer wieder: »I weiß net, aber ich mein immer wieder, es ist wegen mir!« Bei der weiteren Durcharbeitung dieses auffälligen Vorfalls in Einzel- und Gruppensitzungen wurde allmählich deutlicher, daß die Patientin nymphomane Züge hatte und oft »mit Schmetterlingen herumgaukelte«, ohne daß es ihrem Mann bisher bewußt aufgefallen war.

Zur Distanzierung und Beruhigung bot ich anschließend eine Kopfentspannung nach Gerda Alexander an. Die Patienten lagen am Boden und entspannten während meiner verbalen Führung ihre Kieferpartie, ihre Lippen, den Mund-Innenraum, die Nase, die Nebenhöhlen, die Augen und den Bereich dahinter, die Stirn und den gesamten Kopf, einschließlich des Ohrenbereichs. Die meisten fühlten sich dadurch angenehm beruhigt und ausreichend distanziert von den aufregenden Szenen zuvor. Nur Ronald war in Spannung geraten, weil er immer wieder sein Gehirn hinter seiner Stirne quälend deutlich vor sich sehen mußte. Eine Pause von fünfzehn Minuten wurde anschließend vereinbart.

Nach der Pause wollten viele Patienten weiter mit ihren Tüchern spielen. Ich fragte mich, ob es wohl sinnvoll sei, noch mehr tiefes Material zu mobilisieren, erklärte mich aber zu einem Versuch bereit. Ein Patient nahm nun in jede Hand mehrere rote, graue, gelbe und schwarze Tücher. Er begann, damit »Feuer zu spielen und Flammen zu machen«. Auch dies faszinierte andere Mitpatienten, so daß sie begannen, es ihm nachzutun. Dieses Spiel brachte die Gruppenmitglieder in heftige Bewegung. Alle wirbelten durch den Raum.

Nach einiger Zeit schlug ich vor, die Modellsituation zu unterbrechen. Ich fragte, was denn nun in den einzelnen vorginge. Alexis sagte: »Es ist ganz toll! Ich kann überhaupt nicht genug kriegen davon!« Andere bestätigten ihn. Peter sagte: »Aber macht es Euch denn überhaupt keine Angst? Mir macht es so ein Gemisch aus Angst und Lust.« Eine Patientin murmelte: »Ich hab mir grade überlegt, ob ich nicht lieber damit aufhöre und mich in eine Ecke verdrücke. Je weiter ich vom Feuer-Darstellen fort bin, desto mieser und ängstlicher, aber auch irgendwie wütender werde ich. Ich verstehe mich selbst dabei überhaupt nicht: Wieso soll es mir keinen Spaß machen, mit Tüchern Feuer zu spielen?« Diese Patientin schlug dann vor, im weiteren so zu verfahren wie vorhin mit dem Schmetterling, also so, daß jeder einzelne nun mit dem Feuer täte, wonach ihm zumute sei. Sie wollte auch selber den Anfang machen und die erste Szene führen.

Diese Patientin, Brigitte, wünschte sich nun, daß alle Tücher in die Hand nähmen, aber diese am Boden liegen ließen und danebensäßen. Zwei von ihnen sollten keine Tücher haben, sie selbst und ein älterer Mann. Ein weiteres männliches Gruppenmitglied sonderte sich nach kurzem Überlegen aus der Gruppe aus. (Es war der einzige Mann, der sonst noch »Feuer gehabt hätte«.) Nun wollte sie, daß der ältere Mann ein einzelnes rotes Tuch nahm und damit »wie wild in der Gegend herumtobte«. Er solle dann bei den am Boden Sitzenden zu zündeln anfangen, so daß diese nicht mehr widerstehen könnten und alle nacheinander und schließlich alle durcheinander zu brennen anfingen und

schließlich mit ihm tanzten und tobten. Sie selbst wollte sich dabei in der Mitte auf den Boden setzen und warten, »was es mit ihr mache«.
Der von der Patientin ausgesuchte ältere Mitpatient war für seine Rolle sehr geeignet. Mit seiner »einzelnen kleinen Flamme« wirbelte er so unwiderstehlich um die am Boden sitzenden Frauen herum, daß er alle dazu brachte zu reagieren. Sie fingen augenscheinlich wirklich »Feuer« und wirbelten schließlich wie wild durch den Raum. Brigitte, die sich die Szene gewünscht hatte, starrte zunächst mit ängstlichen Augen auf den Beginn des Geschehens. Dann wurde sie blaß und kroch immer mehr in sich zusammen. Am Ende zog sie sich ganz leise, allmählich und unbemerkt aus dem gesamten Wirbel an den Rand zurück, wo sie zitternd sitzen blieb und ihren Kopf zwischen den Knien weinend verbarg. Hier beendete ich die Modellsituation. Die Gruppenmitglieder, die sich bewegt hatten, konnten sich nicht gleich von dem suggestiven Geschehen distanzieren. Nur der zuvor ausgesonderte Mann hatte bemerkt, daß Brigitte weinte. Er ging zu ihr, um sie nach der Ursache zu fragen. Sie schrie ihn daraufhin an: »Mach bloß, daß Du wegkommst! Ich kann keinen Mann mehr sehen! Nie wieder, nie wieder lasse ich einen an mich heran!«
Sie war die Tochter eines donjuanesken Vaters, der Frauen liebte, aber auch existentiell haßte. Auch sie selbst war immer wieder von ihm teils umworben, teils gekränkt und massiv abgewertet worden. Sie war lesbisch. Nun konnte zum erstenmal in ihrer Therapie zur Sprache kommen, wieviel Angst und Wut es ihr ersparte, daß sie mit einer Frau zusammenlebte und »so einen widerlichen Mann nicht brauchte«. Es liegt auf der Hand, daß sich bei dieser von Brigitte initiierten Szene eine Modellszene konstelliert hatte, deren Durcharbeitung in Einzel- und Gruppensitzungen lange Zeit in Anspruch nahm.
Noch eine andere Feuerszene aus dieser Gruppensitzung soll näher geschildert werden. Peggy, die sie anführen wollte, sagte: »Ihr sollt nicht vorher wissen, was ich vorhab'. Alle sollen mitmachen, falls Ihr dazu bereit seid. Dann zeige ich Euch einfach mit meinen Bewegungen, was Ihr tun müßt. Ich bin selbst neugierig, wie es gehen wird!«
Die Gruppenmitglieder waren bereit, und es ging los:
Peggy fing damit an, sich so zu verhalten, wie wenn man ein Feuer entfacht, während die anderen um sie herum mit ihren Tüchern am Boden sitzen sollten. Sie schien ein Streichholz zu entzünden und zeigte dann einigen Gruppenmitgliedern, daß sie wünschte, Rauch solle sich zu kräuseln beginnen. Nach einer auffallend langen Rauchphase machte sie deutlich, daß sie wenig rote und gelbe Flammenbewegung haben wollte. Auch dieser Vorgang dauerte übermäßig lange.

Dann aber änderte sich die Szene völlig: Immer mehr und mehr brachte sie ihr Feuer zum Brennen, bis es wie wild loderte. Danach schaute sie noch eine Weile zufrieden darauf hin und legte sich dann ganz urplötzlich, mit wenig Abstand zu ihrem Feuer, zum Schlafen nieder. Die übrigen Gruppenmitglieder, die nun keinen Hüter des Feuers mehr hatten, begannen aus eigenem Antrieb wilder und wilder herumzuwirbeln. Das Feuer schien mehr und mehr Raum zu brauchen. Schließlich stürmten alle Flammen darstellenden Gruppenmitglieder zu der schlafenden Patientin hin und verbrannten sie symbolisch. Sie weiteten dann das Feuer immer mehr aus, bis es schließlich den gesamten Raum erfüllte. – Hier beendete ich die Modellsituation.

Peggy, die die Szene initiiert hatte, war wütend auf die Gruppe und schrie: »Wie konntet Ihr Euch nur so unmöglich benehmen! Ich hab es Euch doch gar nicht gezeigt, daß Ihr mich verbrennen und alles anzünden sollt!« Richard rief wie aus der Pistole geschossen: »Aber es mußte doch so kommen! Wir konnten gar nichts anderes tun!« Ille sagte: »Man kann sich doch nicht einfach bei einem lodernd brennenden Feuer schlafen legen! Aber so bist Du! Ich glaube, deshalb bist Du hier!«

Wir konnten im Anschluß herausarbeiten, daß Peggy als Kleinkind von ihrer Mutter wenig versorgt und gewärmt worden war und deshalb besonders begierig »nach Leben und wild züngelndem Feuer«. Außerdem hatte Peggy als Lieblingstochter ihres Vaters vorwiegend bei ihm Wärme gefunden, nachdem bei ihrer Mutter »so wenig zu holen war«. Speziell kam aber noch zur Sprache, daß sie als Tochter eines reichen Vaters in Südamerika so übermäßig verhätschelt und auch vom Hauspersonal ihres Vaters so verwöhnt worden war, daß sie nie gelernt hatte, zu verzichten oder Verantwortung für etwas zu übernehmen. Nun begann sie erstmals zu bemerken, wie es zu den vielen unbeherrschbaren Situationen in ihrem Leben kommen konnte, die sie schließlich in Therapie gebracht hatten.

Die verbale Durcharbeitung der Modellsituationen mit den Schmetterlingen und dem Feuer dauerte lange. Die meisten Patienten wirkten aufgewühlt und beunruhigt. Deshalb schlug ich zur Beruhigung als Abschluß noch die weiter vorn beschriebene Modellsituation zu Paaren vor, bei der dem Atemrhythmus mit der aufgelegten Hand nachgespürt wird. Danach schloß ich die Sitzung.

3.3.2.2 Sitzungsplan und Verlaufsprotokoll zum Leitthema »Macht und Ohnmacht«

Sitzungsplan

Zu Beginn ist eine verbale Eingangsrunde geplant: Die Patienten können sagen, wie es ihnen ergangen ist oder jetzt geht, die Gruppenmitglieder können sich dazu äußern. Danach finden sich die Patienten zu Paaren. Einer von beiden läßt sich vom anderen mit geschlossenen Augen durch den Raum führen. Dies kann mit oder ohne Musik erfolgen. Ohne Musik ist zu erwarten, daß die Angst, aber auch die Bewegungsdynamik, die Entscheidungsfreiheit und die Erlebnisbreite größer werden. Anschließend werden die Rollen getauscht. Am Schluß dieser Sequenz ist ein Gespräch über das in der Modellsituation Erlebte vorgesehen. Anschließend soll der vorigen Modellsituation eine andere gegenübergestellt werden, in der ein Gruppenmitglied nicht e i n anderes führt, sondern a l l e anderen, also die ganze Gruppe. – Im Anschluß ist Bewegung zur Musik geplant mit einem Wechsel von Tempo und Dynamik, so daß eine Erhöhung der Puls- und Atemfrequenz zu erwarten ist. Darauf ist zur Entspannung Autogenes Training vorgesehen. 10 Minuten Pause sollen folgen. Danach können sich die Patienten Notizen zu der Frage machen: »Wie übe ich selbst in meinem Alltag wohl Macht aus und wie stelle ich mir das bei den anderen Gruppenmitgliedern vor?« Die Notizen sollen anschließend besprochen werden, auch Phantasien, die Gruppenmitglieder darüber haben, wie andere unter ihnen hier oder im Alltag Macht ausüben.

Verlaufsprotokoll

Auch dieser Plan enthielt viele Überraschungselemente. Im Gegensatz zum ersten Protokoll wurde er in der Durchführung jedoch stark abgewandelt. Schon die Anfangsrunde, die als kurz geplant war, wurde ungewöhnlich lang: Zwei Patienten hatten Todesfälle im nahen Freundeskreis erlebt: Der eine war aufgrund einer Krankheit erfolgt, der andere überraschend infolge eines Sportunfalls. Wir bearbeiteten intensiv die Konfrontation mit solch tiefgehenden Ereignissen. Noch viele andere Patienten brachten massive Probleme in diese Anfangsrunde.

In einem Falle stand ein Jubiläumsfest vor der Tür. Der Jubilar fürchtete, vor Rührung in Tränen auszubrechen, nicht die richtigen Dankesworte zu finden, ehemaligen Gegnern falsch gegenüberzutreten, Namen vergessen zu haben. Die Durcharbeitung in der Gruppe half ihm, Abstand zu gewinnen.

In der anschließenden Modellsituation ging es um Führen und Geführtwerden, zunächst zur Musik. Die Patienten hatten sich bis dahin noch nie in freier Bewegung mit geschlossenen Augen der Führung eines Mitpatienten überlassen. Sie hatten auch nicht andere in einer solchen Situation geführt. Die meisten hätten am liebsten damit gar nicht wieder aufgehört. Das anschließende freie Führen ohne Stütze durch Musik machte dann manchen Patienten mehr Angst, wie wir Therapeuten es ja erwartet hatten. Aber die dabei möglichen Freiheitsgrade ließen das Experiment jetzt auch erst wirklich spannend erscheinen, sowohl für den Führenden als auch für den Geführten.

Hier wurde deutlich, wer so unsicher beim Führen war, daß er nur winzige Schritte zu machen wagte. Auch zeigte sich, wer sich gern mit geschlossenen Augen führen ließ oder wer Angst dabei zu empfinden schien. Des weiteren fiel Imponiergehabe beim Führen auf, manchmal verbunden mit einer gewissen Beziehungsleere und Einfühlungsschwäche dem geführten Partner gegenüber.

Im folgenden Gruppengespräch über das beim Führen und Geführtwerden Erlebte sagte Angelika dann: »Tja! Führen kann ich. Aber deshalb finde ich es ja auch so langweilig! Was ich k a n n , ist mir immer langweilig!!!! Was geht mich das alles denn eigentlich an, was wir hier machen? Das sind doch alles nur ›Spielchen‹!« Angelika erlebte zu ihrem Erstaunen jedoch, daß alle anderen in der Gruppe spontan und wie selbstverständlich wichtige eigene Bezüge zu der Modellsituation herstellen konnten. Wir bearbeiteten dann noch die von Herbert gestellte eindringliche Frage: »Wieso ist es Dir denn eigentlich so furchtbar langweilig, Angelika, wenn Du etwas kannst?«

Die Gruppenmitglieder reagierten verschiedenartig auf die Modellsituation des Führens und Geführtwerdens. Theo sagte, er hätte sich mit geschlossenen Augen so unwohl gefühlt. Das sei anders, wenn er für sich allein mit geschlossenen Augen durch den Raum ginge. Seinem Gefühl nach sei einer, der ihn so führen solle, ständig überfordert. Es könne eigentlich nicht gutgehen. Ich fragte ihn, ob ihn die Situation vielleicht an seine ständig überforderte und unruhige Mutter daheim erinnere. »Komisch«, fiel Erika ein. »Bei mir war das ganz anders. Ich habe mich ganz wohlig und geborgen gefühlt, als ich so geführt wurde. Es hätte nie aufhören sollen, so schön war es.« Viele der übrigen Gruppenmitglieder hatten ähnliche Gefühle in dieser Situation wahrgenommen. Nur Angelika sagte noch einmal: »Was hat das denn alles jetzt überhaupt mit mir zu tun? So ein Quatsch! Ich möchte mit jemandem nah zusammenleben, finde niemanden, – und jetzt soll ich plötzlich mit irgendeinem Händchen bei Händchen gehen, der mir ganz egal ist!« Ich fragte sie, ob es denn nicht vielleicht sehr viel mit ihr zu tun hätte, daß sie alles hier nichts anzugehen schiene. So, wie die andern ihre eigenen Erlebnisweisen in dieser Modellsituation wiedergefunden hätten, so fände auch sie vielleicht etwas sehr zu ihr Passendes darin, was etwa so in Worten auszudrücken wäre: »Mit mir hat das alles ja gar nichts zu tun!« Als Theo noch sagte: »Ich finde das für Dich ausgesprochen typisch! Kommt das denn in Deinem Alltag nicht oft ähnlich vor?« stutzte sie und erwiderte dann rasch und lachend: »Ach ja, vielleicht, aber Ulla sieht mir grade so aus, als wolle sie etwas sagen.« – »Halt!« rief Peter, »so machst Du es immer wieder! Du sagtest ja eben, es sei die Spezialität Deiner Mutter, unbemerkt davon abzulenken, wenn ihr etwas nicht passe, und dabei die Realität dauernd zu verfälschen. Genauso hast Du es jetzt gemacht! Fast hätten wir Dich bei etwas erwischt, was Dein Problem ist. Aber so bist Du: Du lachst ein bißchen und, ohne daß es uns allen klar wird, sind wir plötzlich bei Ulla! So wirst Du nie einen Partner finden, weil Du Dich ja nicht wirklich auf uns und andere einläßt!«

Die Anfangsrunde und die folgende Modellsituation hatten so viel Zeit in Anspruch genommen, daß wir uns entschlossen, die als nächste geplante Modellsituation mit stärkeren Führungsanteilen ausfallen zu lassen, ebenso das Bewegen zur Musik und die Entspannung. Statt dessen legten wir eine Pause von fünfzehn Minuten ein. Danach machten die Patienten sich Gedanken und auch Notizen zu der Frage: Wie übe ich selbst und wie üben die anderen Gruppenmitglieder im Lebensalltag Macht aus?

Eine Patientin, Eva, soll hier exemplarisch zur Sprache kommen. Sie wurde immer unruhiger. Schließlich geriet sie in einen Zustand starker Erregung. Unter dem Einfluß des Themas war ihr klargeworden, daß sie der Gruppe zum erstenmal etwas von ihrer Ohnmacht sagen wollte. Sie sei nämlich von ihrem alkoholabhängigen Ex-Mann so mißhandelt worden, daß er sie einmal gefährlich gewürgt und ihr ein anderes Mal eine Rippe durch Faustschläge gebrochen hatte. Nach diesem letzten gewalttätigen Übergriff sei sie in ein Krankenhaus geflüchtet, wo auch die Röntgenaufnahme von der gebrochenen Rippe gemacht worden sei. Sie sagte weinend immer wieder: »Aber die Ärzte haben gelacht, versteht Ihr! Sie haben immer wieder über mich gelacht!« Die Gruppenmitglieder konnten sich das auch nicht erklären. Sie schlugen deshalb vor, daß Eva in einem Szenenspiel sich selbst und ihren Mann in der damaligen Situation für uns alle deutlich werden lasse. Eva sagte jedoch: »Das kann ich nicht aushalten! Ich will es auch gar nicht aushalten! Ich will damit nicht noch mal so nah zu tun kriegen.«

In ihrer gesamten Schilderungsweise zeigte sich nun, daß sie die Gewalttätigkeiten ihres Ex-Mannes uns Therapeuten und den anderen Gruppenmitgliedern im Grunde nicht deutlich mitteilen konnte oder wollte. Sie sprach leise. Ihre Ausdrucksweise war gepflegt. Das Wort »Würgen« war sehr leicht zu überhören. Da ich einige der Tatbestände bereits kannte, fragte ich manchmal nach, zum Beispiel ob ich mich denn recht erinnere, daß der Rippenbruch tatsächlich röntgenologisch verifiziert worden sei. Immer deutlicher zeigten sich uns nun neben ihrem Mitteilungswunsch Tendenzen starker Scham und automatischen Verheimlichungsverhaltens. Die Gruppenmitglieder wiesen Eva schließlich darauf hin, daß wir alle wohl eigentlich das uns von ihr Anvertraute gar nicht wirklich erfahren s o l l t e n .

Darauf fiel Eva ein, daß ihr ja als Kind einmal Nicht-Schreien das Leben gerettet hatte. Damals hatte sich folgendes ereignet: Sie sei fünf Jahre alt und mit einem Kindermädchen auf einer Wiese gewesen. Dort hätten zwei Marokkaner sie und das Kindermädchen ergriffen. Der eine vergewaltigte neben ihr die Kinderfrau, der andere hielt dem kleinen Mädchen sein Messer an die Kehle. Diese Szene war in der Gruppe schon mehrfach durchgearbeitet worden. Es gab aber noch eine frühere Szene, in der Eva sich von einem älteren perversen Jungen zu exhibitionistischen Handlungen, sogar vor möglichen Zuschauern, hatte zwingen lassen.

Angesichts dieser nun auftauchenden Szene stellte ein Gruppenmitglied die Frage: »Hast Du denn eigentlich so was wie unbewußte Phantasien von Tätern und Opfern in Dir? Auch von Gezwungenwerden und Zwingen? Du hast sie doch in Dir! Was steuert sie denn? Wo kommen sie her? Du mußt sie unbedingt loswerden!« Eva begann immer heftiger, aber ganz leise, zu weinen und zu wimmern. Sie flüchtete schließlich in meinen Schoß und begann leise »Mama, Mama« zu flüstern.

Über das anläßlich der Marokkaner-Szene Erlebte hatte ihre Mutter mit ihr kein Wort sprechen wollen, obwohl sie davon durch das Kindermädchen erfahren hatte. Sie hatte Eva zwar auf den Schoß genommen und ihr die Nägel geschnitten, aber mit keiner Silbe nach den so erschreckenden Geschehnissen gefragt. Es sei schon immer so gewesen: Stets hätte man bei ihren Eltern den schönen Schein einer heilen Welt wahren müssen. Auch von dem perversen Jungen hätte sie deshalb nichts sagen können. »Dann hast Du uns Deine Horrorszenen also genauso verdeckend gezeigt, wie Du es von Deiner Mutter gelernt hast«, sagte Herbert. »Obwohl Du uns die wirklichen Vorgänge bewußt zeigen wolltest, hast Du uns, und vielleicht auch damals den Ärzten, rübergebracht: Ihr sollt nur das Harmonische sehen, sonst nichts.« Als sie anschließend etwas lauter, aber immer noch sehr leise nach ihrer Mama zu rufen begann, erschien ihr dies schon als unerlaubt laut und wie überhaupt nicht in ihre Lebenswelt gehörig. Nun zeigte sich überdeutlich das ausgedehnte Schönungs- und Tarnungsverhalten, zu dem die gesamte Familie sich genötigt glaubte. Der Vater dieser Patientin leitete ein Heim, in dem die Familie auch wohnte und mit den Zöglingen gemeinsam aß.

Anschließend wurde von der gesamten Gruppe intensiv und lange über die Notizen zu der Frage diskutiert: »Wie übe ich im Alltag Macht – oder auch Ohnmacht – aus?« Besonders spannend wurde es, als die Fragestellung zugespitzt wurde auf: »Wie üben denn einzelne hier in der Gruppe unter uns Macht aus? Und wie tun sie das wohl in ihrem Lebensalltag?«

Franz sagte dazu, daß er als Lehrer gegenüber Schülern oft nur schwer das notwendige Maß an Macht ausüben könne. Zum Beispiel gäbe es zur Zeit Gewalttätigkeiten unter seinen Schülern. Es sei ihm sehr unbehaglich, wenn er konsequent gegen solche Ausschreitungen vorgehen wolle. Auch Machtausübung durch Krankheit kam zur Sprache. Dann wurde eine Form von Macht angesprochen, die dadurch ausgeübt wird, daß anderen Schuldgefühle vermittelt werden. Auch die Gewohnheit, sich vorwurfsvoll zu entziehen, enthüllte sich als Möglichkeit zu empfindlicher Machtausübung. Diese letzte Form der Bestrafung war vielen Gruppenmitgliedern durch ihre Eltern vertraut. Um so erstaunter reagierten einige, als sie hören mußten, daß sie trotz aller Abneigung gegen ein solches Verhalten sich selbst doch auch immer wieder genauso verhielten wie einst ihre Eltern. Franz war sehr verwundert, als er erfuhr, daß seine langen Tiraden und seine Art, sich intellektuell interessant und unangreifbar geschickt zu äußern, als Machtausübung bezeichnet wurden. Es fiel ihm auf, daß er sich tatsächlich seinen Stiefvater so hatte vom Hals halten können. »Mit Euch möchte ich es aber so gar nicht machen!« beteuerte er. »Mit Euch will ich nun wirklich direkt reden!« – »Wenn Du das nur öfter könntest«, sagte Rose. Erst jetzt bemerkte Franz, wie wenig geübt er darin war, sich direkt zu äußern und auch, in kurzen, klaren Sätzen zu sprechen. Die anderen wünschten, er möchte ihnen mehr Pausen für ihre Reaktionen lassen, damit ein richtiges Gespräch mit ihm möglich würde. Auch Angelika hörte, daß ihre häufigen Explosionen ein erhebliches Quantum an Machtausübung beinhalteten. Sie entdeckte, daß sie hinter ihrer Heftigkeit und scheinbaren Stärke Ohnmacht und Hilflosigkeit gut verdecken konnte.

Während dieses Gruppengesprächs brach noch ein innerer Sturm aus der Patientin Anja hervor, die sich seit Stunden in eine Ecke zurückgezogen hatte. Sie sah finster aus und wirkte vereinsamt. Nun stieß sie hervor, sie habe während der letzten zwei Wochen fast nicht aus ihrem Bett aufstehen können. Schließlich habe sie dann ihre Mutter angerufen, um diese über ihre frühe Lebensgeschichte zu befragen, weil sie ihre eigenen psychosomatischen Reaktionen und ihre Angstanfälle nicht verstand. Dabei habe sie erfahren, daß ihre Familie ins Ausland umgezogen sei, als sie anderthalb Jahre alt war, und daß dort nach drei Wochen ihr Bruder geboren worden sei. Die Eltern hätten damals noch fast keine Möbel gehabt. Es schiene ihr, als ob ihre Leeregefühle, Depressionen und Weinanfälle mit diesen Informationen, oder besser mit ihren damaligen Erlebnissen, irgendwie zusammenhingen.

Anjas Eltern seien schließlich gemeinsam zur Geburt des Bruders in ein Krankenhaus gefahren und hätten sie ganz allein in ihrem Bett zu Hause gelassen. Als der Vater endlich heimgekommen wäre, sei ihr Bett »total verkotzt« gewesen. Sie hätte dann auch nach einiger Zeit ihr eigenes Bett und an den Bruder abtreten müssen. Die Mutter sei für die nächsten eineinhalb Jahre, also bis sie drei Jahre alt war, so überfordert gewesen, daß sie Anja für lange Zeit »total vergessen hätte«. Jetzt glaube sie zu wissen, wieso ihre grenzenlosen Einsamkeitsgefühle und ihre Zitteranfälle sich oft so unvermittelt und unverständlich wiederholten. Vielleicht verstehe sie jetzt zum erstenmal in ihrem Leben, warum sie keine männlichen Partner ertragen könne und diese manchmal so fürchterlich quäle: »Meine Mutter hat gesagt, mein Bruder wäre wie mein kleiner Sklave gewesen! Ich weiß es selbst auch noch! Ich habe ihn geschlagen, harte Gegenstände auf ihn geworfen, und er mußte mir immer, immer parieren. Ich habe mich mein Leben lang an ihm gerächt! Und all das ist mir hochgekommen wegen des Themas Macht und Ohnmacht!«

Nur selten verlängern wir Gruppensitzungen. In diesem Falle jedoch war so viel und so drängendes Material ans Licht gekommen, welches der Bearbeitung bedurfte, daß wir eine Verlängerung um dreißig Minuten mit den Patienten und den Therapeuten vereinbarten. Danach schloß ich die Sitzung.

3.3.2.3   Zu beiden Sitzungsplänen und Protokollen

Die beiden angeführten Pläne und Protokolle wurden ausgesucht, weil sie sich so deutlich unterscheiden. Die erste M-Gruppensitzung verlief gemäß unserer Planung, die zweite wich stark davon ab. Sie wird deshalb in der Folge auch intensiver diskutiert.

In der ersten Sitzung war das Leitthema: »Meine Phantasie und mein Leben«. Nur eine einzige Modellsituation war geplant: Das Spiel mit bunten Tüchern. Wie von uns erwartet, mußten zunächst Abwehrmotivationen bearbeitet werden, ehe die Bereitschaft zum spontanen Umgang mit dieser Modellsituation frei werden konnte. Im Wechselspiel zwischen Therapeuten und Patienten, aber auch der Patienten untereinander, ergab sich eine bunte Folge kaleidoskopartig wechselnder szenischer Abläufe. Diese verdichteten sich mehrfach zu eindrucksvollen Modellszenen. Zwischen den oft aufwühlenden Szenen mit dem Schmetterling und dem Feuer wurde zur Distanzierung mit einer Kopfentspannung nach G. Alexander gearbeitet. Am Ende begleitete ein Partner den Atemrhythmus des anderen mit seiner Hand. Dabei konnten sich fast alle Gruppenmitglieder beruhigen und entspannen.

Patienten und Therapeuten, Patienten und Patienten waren wie ein Kontinuum, in dem es wechselnde Zündfunken gab, die wechselnde Modellsituationen auslösten. Die Patienten wurden wenig von uns Therapeuten beeinflußt. Sowohl die Szenen als auch der Gesamtverlauf wurden also intensiv von den Patienten gestaltet. Alle fühlten sich als Initiatoren und Mitwirkende. Man könnte den Verlauf mit einem Ballspiel vergleichen, bei dem alle wechselnd ins Werfen und Fangen, ins Impulsgeben und Impulsaufnehmen einbezogen waren. Wir Therapeuten beeinflußten den Verlauf so wenig wie möglich. Als Gruppenleiterin war ich sparsam mit meinen Interventionen, beendete jedoch mehrmals Modellsituationen, wenn ich einen weiteren Fortgang für unergiebig oder zu belastend hielt.

In der zweiten M-Gruppensitzung war das Leitthema »Macht und Ohnmacht«. Eine Abfolge von praktischen Erfahrungen zum Thema Macht-Ausüben und Sich-Anvertrauen war geplant mit dem Ziel, daß die Gruppenmitglieder Notizen zu der Frage machen konnten: »Wie lebe ich in meinem Alltagsverhalten Macht und Ohnmacht aus?« Auch sollten Einfälle zum Thema gesammelt werden: »Wie üben die hier Anwesenden Macht aus, in der Gruppe, aber auch im Alltag?« Bei der Planung war angesichts dieser wort- und intellektnahen Modellsituation folgendes zu berücksichtigen:

Wir Therapeuten wollten die Patienten nicht mit dem schwierigen Thema »überfahren«. Deshalb sollten sie eigene aktuelle Anliegen in einer kurzen »Anfangsrunde« zur Sprache bringen. Auch werden Fragen der Ausübung von Macht und Ohnmacht oft als speziell »heikel« empfunden und deshalb als fernabliegend oder »intellektuelles Gequatsche« abgewehrt. Um dies zu vermeiden, planten wir einen praktischen Zugang über die Thematik des Führens und Sichanvertrauens. Da wir uns die Situation mit geschlossenen Augen als geprägt von Fürsorgeaspekten vorstellten, wollten wir ihr eine andere gegenüberstellen, in der Machtausübung als Führung der Gruppe durch einzelne eindeutiger spürbar war. Das Bewegen zur Musik und die anschließende Entspannung hatten wir geplant, weil es wünschenswert ist, Gruppenmitgliedern Erlebnisse intensiver Bewegung und Entspannung zu vermitteln. Depressive Patienten oder solche mit Angstsymptomatik erleben dabei oft anschauliche Veränderungen ihrer Stimmungslage. Außerdem hielten wir es für sinnvoll, die Patienten in einer entspannten Situation zu dem komplizierten Macht-Ohnmacht-Thema hinzuführen.

In der zweiten M-Gruppensitzung (S. 91–98) war also ein strukturierterer Verlauf vorgesehen. Bei der kurzen Anfangsrunde sollten Patienten aktuelles Material zur Sprache bringen, dessen Rückstau sie nicht hindern sollte, sich dem Fluß im Gruppengeschehen zu überlassen. Es zeigte sich jedoch, daß eine nur kurze Anfangsrunde in dieser Gruppensituation unangebracht war: Viele Patienten schienen geradezu überflutet von aktuellen inneren oder äußeren Erlebnissen. So kam es, daß die Zeit, die wir uns für die Anfangsrunde nahmen, die Spanne überschritt, die wir sonst für einen solchen Einstieg vorsehen.

Bei der anschließenden Modellsituation des Führens und Geführtwerdens hielt der jeweils Geführte die Augen geschlossen. Hier kam bei einigen Patienten eine große Unsicherheit zum Ausdruck, bei anderen eine auch sie selbst verblüffende ursprüngliche Sicherheit. Bei letzteren handelte es sich fast stets um Patienten mit Anaklitischem Fokus (S. 271–296) also einer guten, bergenden Frühphase vor einem schockartigen Elternverlust. Besonders wichtig war für manche Patienten, daß über basale Unsicherheiten beim Berühren und Berührtwerden gesprochen werden konnte.

Nach der Pause begannen die Patienten, sich Notizen zu der Frage zu machen: Wie übe ich und wie üben die andern wohl Macht im Alltag aus? Wegen der gehäuften und besonders dramatischen Reaktionen der Gruppenmitglieder wurde eine ausnahmsweise Verlängerung der Sitzung um eine halbe Stunde vereinbart.

In der zweiten M-Gruppensitzung ging es auch um eine Verbindung von emotional aufgeladenem psychischen Material mit Anteilen des diakritischen Bewußtseins. Trotz aller heftigen Affekte und dramatischen inneren Bilder ist es wichtig, diese auch intellektuell zu verstehen. Ursachen und Folgeerscheinungen wurden formuliert, Fakten gesammelt und festgestellt. Es ging hier also um eine ursächlich logische Verknüpfung von Psychischem mit der äußeren ehemaligen, aber auch gegenwärtigen Realität.

Die Verschiedenartigkeit der beiden Sitzungspläne und Protokolle zeigt, wie unterschiedlich in der M-Gruppe gearbeitet werden kann. Über die Art des Vorgehens entscheiden Überlegungen der Therapeuten zur Situation der einzelnen Patienten im Prozeßverlauf ihrer Psychotherapie. Wesentliche Ansatzpunkte jedoch liefert auch das situationsgebundene Wechselspiel im Umgang der Gruppenmitglieder miteinander, mit den Therapeuten und den situativen Auslösern.

3.3.3 Allgemeine Erörterungen zur M-Gruppenarbeit

Schon Jaques-Dalcroze (1921) ging in den Anfängen der Rhythmischen Erziehung davon aus, daß Lehrproben für Rhythmikstunden zwar vorher schriftlich fixiert werden müssen, um das Vorstellungsvermögen zu schärfen, daß es aber häufig dem Stundenfortgang abträglich sei, das Geplante dann auch wirklich durchzuführen. Vielmehr sei Rhythmische Erziehung nicht sinnvoll ohne die sogenannte »fördernde Wechselwirkung« zwischen Lehrern und Schülern, Schülern und Schülern, Schülern und Stoff. Schon damals ging es unter dem Gesichtspunkt rein ganzheitspädagogischer Belange also nicht nur um die Frage, was bringe ich als Lehrer den Schülern bei? Vielmehr wurde es als der Nerv des Gesamtgeschehens gesehen, Interesse und emotionale Beteiligung an dem, was in der Stunde vorging, bei Lehrern und Schülern dadurch wachzuhalten, daß die Frage wichtig genommen wurde: »Was macht es jetzt und hier mit dem Schüler, was ich ihm als Lehrer anbiete? Was macht das Erleben des Schülers mit dem der anderen Schüler? Und was macht dies alles wieder mit mir als Lehrer?« Diese Fragen wurden nicht nur reflektiert. Vielmehr stand bei der Rhythmischen Erziehung im Zentrum des Interesses, das so Reflektierte auch in Handlung umzusetzen. Das bedeutete, daß der Stundenfortgang ständig im Sinne der »fördernden Wechselwirkung« zwischen den Beteiligten und den modellhaften Situationen neu konzipiert werden mußte. Dabei entstehen permanente Überraschungseffekte für alle Anwesenden. Diese Grundgegebenheit läßt die Rhythmische Erziehung als besonders geeignet erscheinen, sie psychotherapeutisch modifiziert anzuwenden.

Es liegt auf der Hand, daß Vorgänge des täglichen Lebens Ähnlichkeiten mit Vorgängen in Sitzungen der Modellimprovisation aufweisen: Reize aus der Innen- und Außenwelt dringen auf uns ein in Form von Informationen, Aufgaben oder Kontakten, und wir beantworten diese Reize. Die Art unserer Reizantworten verändert wieder die Innen- und die Umwelt und so fort. Je vielfältiger die Bezüge zum Leben sind, die ein Mensch hat, um so vielfältiger und unerwarteter erreichen ihn Reize und desto mannigfaltiger und differenzierter müssen seine Reizantworten erfolgen. Je schmalspuriger hingegen das Leben verläuft, desto verwandter sind die bei uns eintreffenden Reize miteinander und mit desto gleichförmigeren Antworten kommen wir aus.

Sosehr Sitzungen der Modellimprovisation artifizielle Anteile enthalten, so nahe sind sie doch andererseits den Abläufen des täglichen Lebens. Es gibt aber einen wesentlichen Unterschied: Im täglichen Leben haben wir meist wenig Zeit und Gelegenheit, unsere speziellen Reaktionsweisen auf innere und äußere Reize wahrzunehmen, zu bedenken oder gar kritisch zu prüfen. Die Reaktionen müssen meist sofort oder doch sehr schnell erfolgen. Nur in Ausnahmesituationen, also bei unerwartetem »Glück« oder dauerndem »Mißerfolg«, setzt die Selbstprüfung ein. Mit dieser sind wir in der Regel dann recht allein. Wenn die Tatsachen, denen wir uns dabei gegenübersehen, gar zu schwer verarbeitbar sind, müssen viele dann zur Verdrängung greifen, weil sie zu wenig Verarbeitungsmöglichkeiten haben.

Mit dem Ansatz der freien Improvisation in der M-Gruppe ist eine große Nähe zur freien Assoziation (Schlindwein, 1992), aber auch zur Kinderpsychotherapie gegeben. Für die Arbeit mit Modellimprovisation sollte ein vielfältig nutzbarer Raum und verschiedenes Material bereitstehen, wie zum Beispiel Malzeug, Musikinstrumente, Tücher und Gegenstände zum Verkleiden, Bälle, Steine und Material, welches den Tastsinn anspricht usw. Haltgebend wirkt für die Patienten, daß Therapeuten da sind, die Verantwortung tragen und sich auch für die Übernahme verschiedener Rollen und Funktionen bereit halten. Daneben sind Gruppenmitglieder vorhanden, die das vielfältige, sich immer neu verändernde Wechselspiel mitgestalten.

3.3.3.1 Leitthemen

Es gibt ein Leitthema für die jeweilige Modellimprovisationsphase, also in der Regel für etwa sechs Wochen. Das erste Sitzungsprotokoll stammt aus einer Phase mit dem Thema: »Meine Phantasie und mein Leben«. Zum zweiten Protokoll gehörte das Leitthema: »Macht und Ohnmacht«. Leitthemen werden von Therapeuten oder von Patienten vorgeschlagen, sie sind nicht obligatorisch. Man kann sie bei Bedarf überschreiten und auch wieder zu ihnen zurückkehren. Sie wirken eher haltgebend und sind im allgemeinen den Patienten angenehm.

3.3.3.2 Überraschungseffekte, freie Improvisation, freie Assoziation

Auf einen weiteren unverzichtbaren Aspekt der Modellimprovisation soll noch hingewiesen werden: Aus den Protokollen wurde deutlich, daß in der Modellimprovisation frei improvisiert wird. Das Improvisationsthema wird den Patienten erst bekannt, wenn die Improvisation tatsächlich anfängt. Die Reaktionen der anderen Mitglieder sind ebenfalls nicht vorauszusehen. So entsteht eine Häufung von Überraschungseffekten, also gänzlich unvorhersehbaren Reizen. Diese sind unverzichtbar wichtige Bestandteile der

Modellimprovisation. Sie erweisen sich immer wieder als Brücke zwischen innen und außen, zwischen dem Unbewußten, dem freiem Einfall und seinem Aufprall auf die »harte Realität«. Überraschungseffekte werden von den Therapeuten bei der Planung der M-Gruppensitzung gezielt mitberücksichtigt. Gleichförmigkeit in den Abläufen wird vermieden. Das heißt: Es gibt keine regelmäßige Anfangsrunde, kein regelmäßiges Schlußgespräch. Die Patienten wissen grundsätzlich nicht, wie es weitergehen wird. Es wurde in beiden Sitzungsprotokollen gezeigt, daß der Fortgang selbst den Therapeuten vorab nur teilweise klar sein kann. Sie müssen die Vorgänge verstehen, verarbeiten und Entscheidungen über den weiteren Verlauf treffen können, um die Gruppe verläßlich zu leiten.

Schon Becker hat in seinen Veröffentlichungen über die Kombination von analytischer Psychotherapie und Konzentrativer Bewegungstherapie aufgezeigt, daß durch verbale Psychotherapie und durch KBT unterschiedliche Bereiche der Persönlichkeit angesprochen werden. Mehr ich-syntone Erlebens- und Verhaltensbereitschaften werden nach Becker durch verbale Psychotherapie angeregt, während gehäuft ich-dystone Einfälle und Verhaltensweisen bei Anwendung der KBT als Körperstherapie auftreten (Becker, 1981, Stolze, 1989). Ähnliche Erfahrungen machen wir auch in der Modellimprovisation: Wie erwähnt, entspricht die freie Improvisation beim spielerischen Verhalten in der M-Gruppe teilweise der verbalen freien Assoziation in der Psychoanalyse (Schlindwein, 1992). Jedoch stellt die erste eher ich-dystone, die zweite eher ich-syntone Bezüge her. Dieser Unterschied fällt jedoch nur dann ins Gewicht, wenn Abwehrschranken und Spaltungsprozesse verschiedene Persönlichkeitsanteile voneinander trennen, so daß Informationen von einem psychischen Anteil nicht ohne weiteres zum andern gelangen können.

In beiden Protokollen zeigte sich, daß ich-dystones Material in den überraschenden Situationen der Modellimprovisation gehäuft in Erscheinung tritt. Dies fiel besonders auf bei spontanem, impulsivem Handeln. Da es eines der Ziele von Psychotherapie ist, abgespaltene Persönlichkeitsanteile hervorzulocken, um sie schließlich mit den bewußten zu verbinden, sind die beschriebenen Über-

raschungsmomente Werkzeuge unserer Therapie. Überraschungseffekte treten gehäuft auf, wenn mehrere Gruppenmitglieder
gleichzeitig improvisieren, so daß sie sich gegenseitig mit ihren
Reaktionen überraschen. Wie dies geschieht, wurde in den Protokollen gezeigt. Überraschungsmomente können als signifikante
Auslöser für Verhaltensweisen auf zwei Ebenen gelten: Agieren
von Patienten kann zu verstehen sein im Sinne eines »acting-in«,
also Agieren in der Gruppe, und eines »acting-out«, also Agieren
im Lebensalltag (Becker, 1981). Acting-in beinhaltet spontane Inszenierungen der Patienten in der Gruppe. Sie sind von den Therapeuten beabsichtigt, um Material zu gewinnen, welches für die
Durcharbeitung in der jeweiligen Therapie sinnvoll und notwendig ist. »Acting-in« wurde besonders deutlich in beiden Stundenprotokollen. Das Spiel zwischen der nymphomanen Ehefrau und
ihrem eifersüchtigen Gatten beim Thema »Schmetterling« wie die
lesbische Vermeidung des erotisch verzehrenden Mannes beim
Feuerspiel zeigten in der Gruppe inszenierte Erlebens- und Verhaltensbereitschaften der Patienten. In beiden Sitzungsverläufen
wurden aber auch Bezüge zum »acting-out« ganz deutlich: Schon
die Eifersuchtsszene enthielt Elemente des ehelichen Alltags. Auch
die Vater- und Männerfeindlichkeit der lesbischen Patientin entsprach der Gestaltung ihres Alltagslebens. Noch unvermischter
zeigten sich aber Bezüge zu Lebensalltag und acting-out im zweiten Protokoll. Hier wurde greifbar, daß und warum einige Patienten sich unsicher verhielten, als sie einen Partner anfassen wollten,
der die Augen geschlossen hielt. Unter dem Stichwort »Bei uns zu
Hause hat man sich nie angefaßt«, zeigten sich unüberwindliche
Schwierigkeiten im Lebensalltag bei erotisch-sexueller Nähe.
Auch ein überraschungsreiches Wechselspiel beim verbalen Ausdruck und persönlichen Austausch zeigte sich in beiden Sitzungsprotokollen. Erinnert sei an sprachliche Interaktionen der Gruppe
mit Angelika (1. Protokoll) und mit Eva (2. Protokoll). Das verbale Wechselspiel zwischen den Patienten in der Gruppe war deutlich anders akzentuiert als das zwischen Therapeut und Patient.
Bei den Gruppenmitgliedern herrschten direkte und konfrontie-
rende Interaktionen auf einer gemeinsamen Ebene vor. Häufig
entstand deshalb der Eindruck, daß eher geschwisterähnliche Beziehungsmuster aktiviert zu sein schienen.

3.3.3.3 Ansprechen und Verbinden von Ichfunktionen aus verschiedenen Persönlichkeitsbereichen

Wie unterschiedliche Ichfunktionen in der Modellimprovisation angesprochen werden können, kommt in dieser Arbeit vielfältig zur Darstellung:

Es ist jedoch keineswegs selbstverständlich, daß das, was beim praktischen Umgang mit einer Modellsituation zutage getreten ist, auch der bewußten Persönlichkeit einverleibt wird. Die Verarbeitung bisher abgetrennter Persönlichkeitsanteile braucht Zeit. Auch eine Umsetzung in Worte oder gar ein Erarbeiten neuer Alltagsverhaltensweisen muß in einem solchen Fall ganz allmählich erfolgen. Je ausgedehnter Spaltungserscheinungen sind oder je unstrukturierter die betreffenden Anteile einer Person, desto eher verschwindet das ich-dystone Material so spontan wieder, wie es aufgetaucht ist. Dies kann sogar manchmal für das innere Gleichgewicht eines Patienten notwendig sein. Hält der Therapeut es für angebracht, wird an der für die Persönlichkeit spezifischen Abwehr gearbeitet. Manchmal ist aber auch ein immer wiederholtes geduldiges Bewußtmachen und Umsetzen in Worte angezeigt. Oft ist dies sogar ein Teil notwendiger und unerläßlicher Übungs- und Lernvorgänge. Die kausalen Zusammenhänge, die ja oft den Patienten nicht einsichtig oder aus unbewußten Gründen tabuiert sind, müssen häufig immer wieder durchgearbeitet werden. Es wäre jedoch zu einfach, davon auszugehen, daß Brückenschläge zwischen bewußten und unbewußten Persönlichkeitsanteilen nur von der verbalen Seite aus Erfolg versprechen. Oft können Patienten ich-dystones Material nur verarbeiten und ihrer Gesamtpersönlichkeit einfügen, wenn es häufig genug durch konkretes, praktisches Handeln in der Gruppe remobilisiert, wiedererlebt, -erinnert und -verarbeitet worden ist. Erst dadurch erlangt der Patient Gewißheit, daß der früher abgespaltene Anteil wirklich zu seiner psychischen Ganzheit gehört.

Dauerhafte Brückenschläge zwischen präsymbolisch nonverbalen und diakritischen Persönlichkeitsanteilen können schließlich nur dann zustande kommen, wenn die Verbindung zwischen handelnd praktischer und diakritisch verbaler Arbeit für die Patienten zur

Gewohnheit geworden ist. Vorgehensweisen, die dies begünstigen, wurden in beiden Stundenprotokollen dargestellt. Ein Beispiel für die Anfangsphase einer solch verbindenden Arbeit zwischen Körpergefühlen, Verarbeitung und Bewußtsein sahen wir bei Anja am Ende des zweiten Sitzungsprotokolls.

Unseren Patienten fällt eine Verknüpfung von frühkindlich archaischen und diakritischen Persönlichkeitsanteilen mit der Unterstützung einer vertrauten Gruppe sichtlich leichter. Dabei entstehen allmählich neue Vernetzungen zwischen bisher getrennten Anteilen der Person. Patienten berichten immer wieder, wieviel leichter ihnen Zusammenhänge klarwerden »im Beisein von all den vielen Spiegeln, die in der Gruppe vorhanden sind« oder »von den vielen Zeugen, die dort anwesend sind«. Es handelt sich jedoch nicht nur um Spiegel oder Zeugen, die Mitpatienten haben auch viele weitere Funktionen: Sie sind Vorbilder, geben Warnungen, regen an. Dabei entstehen deutend diakritische Verknüpfungen von: »Ehemals und jetzt«, »Ursachen und Wirkungen«, »drinnen in der Gruppe und draußen im Alltag«. Um so erstaunlicher ist es jedoch, daß manche Patienten dennoch Spaltungen, deren sie im Rahmen ihrer Abwehr noch dringend bedürfen, über lange Zeit immer wieder herstellen. Als ein Beispiel unter mehreren sei hier genannt: »Gerold B., oder der mißbrauchte Mann. Ein Fall von dreifachem Mißbrauch (S. 236–259). Insgesamt ist eine Störung erst dann als genügend verarbeitet und bewußtseinsnah zu betrachten, wenn das entsprechende ich-dystone Material und die zugehörigen Anteile von Übertragung, Erleben und Verhalten so bewußt geworden sind, daß sie schließlich auch vollständig und wiederholbar in Worten mitgeteilt werden können.

3.3.3.4 Die Arbeit mit Modellimprovisation bei basalen Defekten und ungenügend ausdifferenzierten grundlegenden Ichfunktionen

Verängstigt, oft sogar schockiert, reagieren unsere Patienten, wenn sie entdecken, daß weder eine unverarbeitete traumatische Situation, noch pathogene lebensgeschichtliche Erfahrungen ihre täglichen Schwierigkeiten verursacht, sondern daß Undifferenziertheiten basaler oder grundlegender Ichfunktionen ihre Ausfälle im Alltagsleben bewirken. Solche Defekte verschwinden natürlich nicht spontan, wenn die Entstehungsursachen durchgearbeitet sind: Wo die Fähigkeit, anzufassen, sich abzugrenzen, Zeit zu strukturieren, richtig zu rechnen oder zu schreiben, nicht erworben worden ist, geht es nur in den seltensten Fällen ohne die nachträgliche Erwerbung oder Verfeinerung von Ichfunktionen.

In manchen Fällen sind bereits vorhandene Funktionen erst nachträglich blockiert worden und werden dann durch psychische Bearbeitung der Ursachen wieder frei. Ein besonders eindrückliches Beispiel ist dargestellt in: »Ein kindlicher Totschläger verpaßte den Einstieg ins Leben« (S. 173–179). Selbst für den Therapeuten ist es zeitweise schwer auszumachen, ob Ichfunktionen tatsächlich undifferenziert geblieben sind, also Defekte aufweisen, oder ob sie nachträglich blockiert wurden und nur deshalb im Alltag nicht verfügbar sind. Dies zeigt sich häufig erst im Verlauf einer Therapie. Kann es jedoch als gesichert gelten, daß Ausfälle bei den im Alltag benötigten grundlegenden Ichfunktionen vorhanden sind, so stellt sich die Frage: Und was nun? Gibt es überhaupt praktische Möglichkeiten, eine Nachdifferenzierung bei inzwischen erwachsenen Menschen zu erreichen?

Wenn unsere Patienten entdecken, daß bei ihnen strukturelle Ausfallerscheinungen tatsächlich diagnostiziert werden können, reagieren sie meist mit einem regelrechten Schock. Scham wird dann deutlich, »anders als andere Menschen zu sein«. Ängste zeigen sich, diesen Mangel niemals ausgleichen zu können. Deshalb haben die Patienten ja auch versucht, der Erkenntnis ihres deformierten Ich-Zustands, der einer psychischen Behinderung gleichkommen kann, möglichst lange aus dem Wege zu gehen. Gelingt dies jedoch nicht länger, wird es zunächst zur Hauptaufgabe des Therapeuten, seinem Patienten als Ich-Verstärkung zu dienen, ihm »erst einmal den Rücken zu stützen«. In solchen Phasen haben Patienten heftige Insuffizienzgefühle. Sie klagen auch über Empfindungen von Leere, nachdem die bisherigen Schein-Kompensationen der eigentlichen Unfähigkeit fortgefallen sind. Es wirkt für diese Patienten im Endeffekt geradezu erlösend, wenn sie schließlich bemerken, daß die empfundenen Sensationen von »Leere«

gleichzeitig auf einen psychischen Freiraum hindeuten, in dem Neues, Fehlendes hinzuerworben werden kann. Wenn es also endlich einmal wahr sein darf, daß ein Patient an defizienten Ichfunktionen leidet, wird es schon leichter, auf deren Differenzierung zuzugehen. Wie aber können solche Differenzierungen schließlich praktisch erfolgen?

Explorieren und Experimentieren

Eines der fünf von Lichtenberg postulierten angeborenen motivationalen Systeme umfaßt Neugier und Lust zu erforschen. Wenn ein Patient seine massivsten Schamgefühle überwunden hat, hilft ihm dieses motivationale System zu probieren, »wie das denn geht, was er noch nicht kann«. Bei Patientin Annelie, deren Langzeit-Therapie auf Seite 222 ff. beschrieben wird, zeigte sich nach einer Schockreaktion mit schwerem Schüttelsyndrom eine prospektiv sehr günstige Änderung im Alltagsverhalten: Sie hatte zuvor nicht die Möglichkeit, aktiv auf jemanden zuzugehen, jedenfalls nicht mit dem Bedürfnis nach Liebe oder Sympathie. Als der dem Schüttelsyndrom zugrundeliegende Konflikt durchgearbeitet worden war, begann sie, etwas ganz Neues zu versuchen: Sie schaute ihrem Partner erstmals offen in die Augen und konnte ihn auch mit ihren Händen zum ersten Mal innerhalb der gesamten Ehe aktiv anfassen oder streicheln. Vorher hatte sie immer nur auf seine Aktivitäten reagieren können. Erst jetzt war sie auch in der Lage, um etwas zu bitten.

Noch auf einen anderen später beschrieben Fall soll hingewiesen werden: Bei Conny (S. 286–287) waren Ich-Defekte als Folge eines unbewußten Fehlerticks entstanden. Sie konnte deshalb Rechtschreibung und damit auch Maschineschreiben nicht erlernen. Gegen Ende der Therapie, nachdem der Anaklitische Fokus durchgearbeitet worden war, konnte ich dann mit ihr Übungspläne machen. Erstmals war ihre innere Widerstandskraft gegen Enttäuschung am eigenen Leistungsversagen so gewachsen, daß sie neu beginnen konnte, wie ein kleines Kind in der Schule Rechtschreibübungen zu machen. Der Erfolg war umwerfend: Nach kurzer Zeit konnte sie nicht nur richtig schreiben, sondern sogar das Büro ihres Mannes leiten. Solche Erfolge sind meiner Erfahrung nach nur dauerhaft zu erzielen, wenn zuvor die ursprüngliche psychische Schadstelle aufgedeckt und bearbeitet worden ist. Erst danach können neue Differenzierungsvorgänge ausprobiert und eingeübt werden. Eigenes Explorieren und Experimentieren, wozu ja in der M-Gruppe viel Raum und Anreiz zur Verfügung stehen, helfen dann oft in erstaunlichem Umfang, ich-strukturelle Defizite auszufüllen.

Auflösung von Blockaden bei Gehemmtheit
Lernprozesse bei ich-strukturellen Defekten

Wo basale oder grundlegende Ichfunktionen nicht ausreichend zur Verfügung stehen, muß Abhilfe geschaffen werden, weil sonst das Leben im Alltag Ausfälle zeigt. Lernen durch Identifizierung stellt hier eine der wesentlichsten Ressourcen dar. Schon eine Entenmutter zeigt ihren Jungen, wie man schwimmt oder taucht. Diese lernen es durch Abschauen und Nachahmen. Tiere und Menschen lernen auf diese Weise, Menschen vor allem von Eltern und Geschwistern. Es bleiben jedoch Bereitschaften lebenslang bestehen, durch Nachahmen und Identifizierung zu lernen. Daneben gibt es aber auch Lernvorgänge, die nicht durch Nachahmung, sondern durch Eigenaktivität erfolgen. Dabei tritt das zu Anfang dieses Absatzes genannte motivationale System des Explorierens und Experimentierens verstärkt in Funktion. Ausprobieren, Üben und schließliches Einschleifen von Erlebens- und Handlungsmustern stellen also eine zweite wesentliche Lernmöglichkeit dar.
Für einen Psychotherapeuten ist oft schwer zu entscheiden, ob bei einem Patienten Undifferenziertheiten von Ichfunktionen, also echte ich-strukturelle Defekte, vorhanden oder ob differenzierte Ichfunktionen nur blockiert sind. Um Verwechslungen vorzubeugen, soll letzteres an einem Beispiel verdeutlicht werden.
Unser Patient Markus konnte sich nicht wehren, weil er fürchtete, so aggressiv wie sein jähzorniger und gewalttätiger Vater zu sein. Tatsächlich verhielt er sich sogar vorübergehend ähnlich, als er zu versuchen begann, sich durchzusetzen. Schließlich hatte er ja auch von seinem Vater gelernt. »The doing and the done« waren beide

in ihm kodiert (Lichtenberg, 1991b). Sowie er jedoch die Funktion seiner Aggressivität überhaupt zulassen konnte, konnte er auch beginnen, sie zu differenzieren. Er erwarb schließlich Formen der Aggression, die sozial verträglich waren, und konnte sich später so gut durchsetzen, daß er Professor und Ordinarius wurde.

Fälle, die dem eben gezeigten Muster entsprechen, könnte man als solche mit unechten ich-strukturellen Defekten bezeichnen. Hier ist die Therapiefähigkeit gut, weil nur Hemmungen und Blockaden gelöst zu werden brauchen. Es gibt jedoch auch viele Patienten mit echten Diffenrenzierungsausfällen an basalen und grundlegenden Ichfunktionen. Hier ist eine für Patient und Therapeut schwere Arbeit der Nachdifferenzierung zu leisten.

In der Mehrphasentherapie gibt es hierfür viele Möglichkeiten. Vor allem in der Modellimprovisation wird die Körperlichkeit angesprochen, die Kreativität, das Explorieren, Probieren, Üben, Experimentieren. Auch Nachahmen und Imitieren werden in Modellsituationen oft angeregt. In Fällen mit unechten ich-strukturellen Defekten kann Rollenspiel oft verblüffend wirken, weil sich dann zeigt, daß Patienten beim Spiel Fähigkeiten zeigen, die sie im Alltag sonst nicht zur Verfügung haben. So geschah es auch im zuvor erwähnten Fall. Allein schon die Vielfalt der gruppendynamischen Vorgänge bietet eine große Fülle von sozialen Lern- und Differenzierungsmöglichkeiten. Bei den wechselnden Modellsituationen ist auch viel Gelegenheit geboten, innerpsychische Vorgänge und die äußere Realität miteinander in Beziehung zu bringen. Das Wechselspiel zwischen der eigenen Person, den anderen und weiteren Gegebenheiten der Umwelt kann so Schritt für Schritt geübt werden.

3.4 Die Regressionstechnik

1. In der Regressionstechnik geht es um die Herstellung von Zuständen der Tiefenregression und deren Verarbeitung. 2. Die Methode wird überwiegend in der Gruppe angewandt. 3. Es handelt

sich um eine Psychotherapie des einzelnen in der Gruppe. Deshalb haben Vorgänge der Gruppendynamik in der R-Gruppe einen geringeren Stellenwert. 4. Die Sitzung besteht aus zwei Phasen, a) der Regressionsphase und b) der Phase der verbalen Durcharbeitung.

3.4.1 Einführung

In seinem Buch »Entwicklungsförderung durch Psychotherapie« stellt Fürstenau drei Aufgabenbereiche des Therapeuten heraus: 1. Aufbau eines neuen Musters von Beziehung, 2. Klärung und Entfaltung der aus der Lebensrealität des Patienten sich ergebenden Aufgaben und Verpflichtungen, 3. »Mobilisierung der zu pathologischen Strukturmomenten ... geronnenen kindlichen Weisen der Verarbeitung traumatischer Erfahrungen« (1992, S. 107). Einer solchen Mobilisierung pathologischer Strukturelemente dienen insbesondere Regressionstechnik und primärtherapeutische oder körpertherapeutische Behandlungsansätze.

Unter Fachleuten sind derzeit Vorbehalte gegen ein direktes Anstreben von Regression weit verbreitet. Vor allem wird es kritisch beurteilt, mittels der Therapie auf eine Art der Regression hinzuzielen, die sich nicht ausschließlich innerhalb der Übertragungsbeziehung zum Therapeuten abspielt. »Der Respekt vor dem regressiven Sog« wird hier oft zitiert, der Patienten und Therapeuten in seinen Bann ziehe, so daß Therapien durch ihn verlängert würden oder gar Beziehungen zwischen Patient und Therapeut auf die Dauer darin versinken könnten. Bei fachkundigem Umgang müssen aber Therapieprozesse unter Einbeziehung intensivierter Regression keineswegs verlängert werden, außer Kontrolle geraten oder gar entgleisen.

Auch mir selbst und meinen Mitarbeitern jagt manchmal der Aufenthalt in regressiv-geschwängerter Atmosphäre Beklommenheit ein. Dies geschieht wohl vor allem deshalb, weil uns beim Umgang mit strukturell gestörten Patienten im »regressiv-getönten Untergeschoß des Psychischen« manchmal Grauen begegnet, welches zur Lebensgeschichte oder zu speziellen Beziehungsfunktionen eines Patienten gehört. Es ist jedoch ein Vorurteil, daß man diesem Sog erliegen und anheimfallen müsse und deshalb daran gehindert bleibe, die nüchterne Alltagswelt wieder als echte Lebensbühne zu akzeptieren, auf der die wirklichen Schlachten geschlagen und Siege errungen werden.

Die zitierten Argumente scheinen mir allzu pauschal zu sein. Natürlich kann ein Therapeut die Abwehr seines Patienten inadäquat schwächen, wenn er chaotische Überflutungsprozesse durch Förderung von Regressionen begünstigt, die nicht mehr im Dienste des Ich stattfinden, sondern Selbstzweck sind. Wegen solch negativer Erfahrungen kam es zu starken, teilweise berechtigten Vorbehalten gegenüber Vertretern der Psychoanalyse und Psychotherapie, die für eine verstärkte Nutzung regressiver Vorgänge eintraten. Ein besonders extremer Verfechter regressionsorientierter Psychotherapie ist Janov, der der Regression allein schon heilende Wirkung zuschreibt, während er der Durcharbeitung des zutage geförderten Materials ein zu geringes Gewicht beimißt (vgl. Damm 1978). Entgleisungen von Therapieprozessen bei solch einseitigen Zielsetzungen der Arbeitsweise sind genügsam bekannt geworden.

Andererseits muß eine Arbeit mit primärtherapeutischen Vorgehensweisen nicht notwendig zu derartigen Entgleisungen führen. Es gibt Patienten mit stabiler Persönlichkeitsstruktur, die unmodifizierte Primärtherapie gut vertragen und sogar Nutzen davon haben. Für Patienten mit weniger stabil strukturierter Persönlichkeitsbasis lassen sich Nachteile primärtherapeutisch orientierter Vorgehensweisen vermeiden, wenn die Errungenschaften der Psychoanalyse nicht aufgegeben, sondern in die Behandlung einbezogen werden. Bei Kombination von regressionstechnischen und psychoanalytischen Arbeitsweisen treten die bekannten Nachteile nicht auf, sondern es ergeben sich wesentliche, anders kaum erzielbare Therapievorteile, die im folgenden näher zur Sprache kommen.

Viele unserer Patienten, die zum Teil lange psychoanalytische Therapien hinter sich haben, sagen uns, daß sie sich selbst beim Primaln gefunden haben, weil sie dabei lernen konnten, sich und den Impulsen aus ihrer Wesenstiefe vermehrt Glauben zu schenken. Sie meinen damit, daß es ihnen dabei möglich geworden sei, eigene abgespaltene Gefühlsantworten und Beziehungsreaktionen wieder kennenzulernen. Sie wurden fähig, sie zunächst einmal wahrzuhaben, sie dann allmählich zu integrieren und schließlich sie zu relativieren. Die Begegnung mit alten, prägende Muster auslösenden Begebenheiten und Ich-Zuständen kann nämlich nicht nur machtvoll nach Gefühlen von Patienten greifen, sondern auch gegen alte emotionale »Infektionen« immunisieren, die im Unbewußten weitergeschwelt hatten. Erfolgt also die Regression im Dienste der Progression (Fürstenau, 1992, S. 74) und wird das dabei Erlebte mit der vollen Helle des diakritischen Bewußtseins konfrontiert und dann durchgearbeitet, so resultiert daraus eine größere innere Unabhängigkeit und Distanz zu eigenen unbewußten Modellen. Man erlebt diese nicht nur deutlicher, sondern erkennt die Umstände, unter denen man sie gebildet hat. Man sieht dabei allmählich auch die Gültigkeitsgrenzen der Erfahrungen, die einem personalen Modell zugrunde lagen. So kann dosierte Tiefenregression schrittweise die Überwindung von festsitzenden pathologischen Überzeugungen ermöglichen (Fürstenau, 1992, S. 77).

Da die Regressionstechnik bekannter ist als die Modellimprovisation, kann die Darstellung des Verfahrens hier kürzer und geraffter erfolgen. Regressionstechnik ist die zweite der beiden konstituierenden Gruppenmethoden der Standardmethode der Mehrphasentherapie. Sie entstammt ursprünglich der Primärtherapie Janovs (1973, 1976, 1993), die ihrerseits Wurzeln in verschiedenen eher körpertherapeutischen Verfahren hat. In der in unserem Konzept vorliegenden Form wurde sie jedoch unter dem Einfluß psychoanalytischer Theorien und der zugehörigen technischen Vorgehensweisen modifiziert und weiterentwickelt. (vgl hierzu Damm, 1978, 1985, 1992).

In der Modellimprovisation wird eher eine Beziehung zu basalen und grundlegenden Ichfunktionen hergestellt, wie diese sich im Alltag zeigen. In der Regressionstechnik hingegen wird darauf hingearbeitet, einst strukturbildende Lebensereignisse und -konstellationen aufzufinden, zu remobilisieren und durchzuarbeiten, sofern diese als Störfelder für die Gestaltung des aktuellen Lebens wirken. In diesem Falle ist es zweckmäßig, einen möglichst evidenten Zugang zu solchen Anteilen der Lebensgeschichte für die Patienten und damit Zugang zu ihrer psychischen Steuerung herzustellen. Solche maligne wirkenden Anteile können zu alten Beziehungskonstellationen, aber auch zu traumatischen Ereignissen gehören. Wenn Patienten in der Tiefenregression Zugänge zu entscheidenden Bereichen ihrer Lebensgeschichte herstellen können, gewinnen sie häufig Verständnis für eigene Erlebensbereitschaften, Emotionen und Schlußfolgerungen, die in ihre unbewußten Steuerungsmechanismen eingegangen sind. Damit kann oft eine verbale, kritisch kausale Durcharbeitung erst stattfinden.

3.4.2 Die Fachausdrücke »Ein Primal« und »primaln«

Zum besseren Verständnis sollen hier zwei Ausdrücke eingeführt werden, die im Deutschen üblich geworden sind und aus dem Englischen übernommen wurden. Es sind dies zwei Anglizismen. Der eine wird substantivisch gebraucht: »Ein Primal«, der andere bezeichnet das zugehörige Verb: »primaln«. In einem Primal stellt ein Patient aktiv Zugang zu einem sogenannten »Primärerlebnis« her, also zu einem Erlebniskomplex, welcher während der Lebensgeschichte für die psychische Steuerung als Modellfall diente. Diesem Modell entsprechend wurden in der Vergangenheit und werden für die Zukunft alle Erlebnisse gewertet und Entscheidungen getroffen, die zum Geltungsbereich des Modellfalles gehören. Der Begriff des »Primärerlebnisses« steht dem der Deckerinnerung nahe, also einer Erinnerung, die mehr ist als ein halb zufällig erscheinendes Einzelerlebnis. Eine Deckerinnerung sagt Typisches aus. Sie steht einer Modellszene wie einem Primärerlebnis nahe.
Primaln ist das zugehörige Verb. Es bezeichnet charakteristische Weisen des Tätig- oder Aktiv Seins. Beim Primaln übt der Patient technische Vorgehensweisen aus, die er in der Zusammenarbeit mit den Therapeuten erlernt hat und die ein Eintauchen in tiefenregressive Gefühls- und Bewußtseinszustände fördern. Das Verb primaln bezeichnet also spezifische Arten des Umgangs mit lebensgeschichtlichem Material. Die Tätigkeit des Primalns ist zu vielfältig, um hier genügend vollständig in Worten beschrieben zu

werden. Sie wird jedoch im folgenden immer wieder anschaulich dargestellt. Es bleiben aber erfahrungsgemäß trotzdem häufig Unklarheiten darüber bestehen, wie primaln denn eigentlich exakt vor sich geht. Vielen ist es erst deutlich vorstellbar, nachdem sie Eigenerfahrungen damit gesammelt haben.

3.4.3 Zugänge zum Primaln

Wie findet man nun Zugänge zu den Aktivitäten, die regressive Ich-Zustände herbeiführen und primaln genannt werden? Es gibt sehr verschiedene Zugänge zu einem Primal:

1. Körpertherapeutische Vorgehensweisen: Die Patienten erforschen gemeinsam mit ihren Therapeuten die Sprache ihrer Körpergefühle und nehmen dabei ihr »Körpergedächtnis« zu Hilfe. Solche Vorgehensweisen sind uns von den Körpertherapien her wohlbekannt.

2. Lebensgeschichtliche Erinnerungen: Es wird mit Szenen und Abläufen aus der persönlichen Geschichte der Patienten gearbeitet. Bei der lebensgeschichtlichen Arbeit in der Mehrphasentherapie wird wechselnd auf das jeweils im Prozeßverlauf wichtige Erlebnismaterial fokussiert. Man kann in der Tiefenregression wesentliche Elemente früher erlebter Schlüssel-Szenen oder fundamentaler Beziehungsmuster wieder »vor sich sehen«. Man kann auch Rollen in Szenen übernehmen und sie allein oder mit dem Therapeuten spielen.

3. Erlebnisse aus der Lebensgegenwart, die sich oft in ähnlicher Form wiederholen und spezielle emotionale Gestimmtheiten mit sich bringen: Hier sind Alltagserlebnisse gemeint, bei denen die Patienten unter dem Einfluß ähnlicher Auslöser immer ähnliche Gefühle entwickeln und in denen sie sich stereotyp verhalten, statt vielfältig reagieren zu können.

4. Übertragungs- und Widerstandsphänomene: Solche Phänomene wiederholen sich in der Therapie ähnlich wie die vorstehend erwähnten Erlebnisse aus der Lebensgegenwart. Nicht selten bietet es sich an, im Szenenspiel mit Übertragungs- und Widerstandsphänomenen zu arbeiten. Oft lassen sich dabei Verbindungen zur Lebensgeschichte eines Patienten herstellen, wobei er Stereotype

seines Beziehungserlebens und -verhaltens erkennen und schließlich relativieren kann.

5. Träume: In den Fallgeschichten werden der Stellenwert der
Träume und die Art der Arbeit damit etwas näher beleuchtet.

6. Auslösende Primalvorgänge bei anderen Gruppenmitgliedern:
Primaln bei Mitpatienten kann für andere als ein direkt passender
Auslöser wirken. Ein Mitpatient, der schreit, Angst zeigt, mit den
Zähnen klappert, weint, wütet, kann Gefühle ähnlicher Art bei an-
deren mobilisieren.

Von diesen Zugängen ausgehend wird dann mit regressionstechnischen Vorgehensweisen weitergearbeitet.

3.4.4 Das Setting der Regressionstechnik

Die Gruppe hat die gleiche Zusammensetzung wie in der Modellimprovisation. Sie besteht aus zehn bis zwölf Mitgliedern. Sie wird
auch vom gleichen Therapeuten und Kotherapeuten geführt. Sie
dauert ebensolange wie die M-Gruppe, also fünf Stunden. Diese
Zeitspanne ist aufgespalten in die dreistündige Regressionsphase
und die zweistündige Durcharbeitungsphase. Bei Anwendung der
Standardmethode der Mehrphasentherapie alterniert Regressionstechnik mit Modellimprovisation in sechswöchigen Abständen.

3.4.4.1 Die Regressionsphase

Die Patienten liegen auf Matten in einem abgedunkelten, schalliso-
lierten Raum mit gepolsterten Wänden. Die Therapeuten gehen
für jeweils zwanzig bis vierzig Minuten zu den einzelnen Patienten. In der verbleibenden Zeit arbeiten die Gruppenmitglieder allein. Sie wenden dabei Techniken an, die sie in der regressiven Arbeit mit den Therapeuten kennengelernt haben.

Buddying

Eine wichtige Technik in der Regressionsphase stellt das sogenannte »Buddying« dar. Die technische Vorgehensweise wurde
aus Amerika übernommen. Aus dem Amerikanischen stammt

auch der Ausdruck »buddy«, deutsch: »Gefährte«. Das Buddying bietet einige sehr schätzenswerte Vorzüge. Hierbei ist ein Gruppenmitglied der Gefährte eines anderen während dessen Tiefenregression. Die Patienten vermitteln sich dabei gegenseitig spezielle Erfahrungen. Erfahrungen, die so gesammelt werden, müssen keineswegs die gleichen Übertragungsinhalte betreffen wie bei Anwesenheit eines Therapeuten. Insgesamt werden beim Buddying häufiger Geschwisterübertragungen als Elternübertragungen mobilisiert. Ein Buddy wählt eines unter den Gruppenmitgliedern, welche sich in Tiefenregression befinden. Er sitzt für etwa 15 Minuten neben dem primalnden Mitpatienten. In der Rolle des Buddy unterläßt er eigene Aktivitäten, versucht aber wahrzunehmen, wie der Primalnde auf ihn wirkt und sich verhält. Nur auf dessen ausdrücklichen Wunsch gibt er einen Teil seiner Zurückhaltung auf, um einer Aufforderung des Primalnden nachzukommen. Er kann dann zum Beispiel seine Hand zur Verfügung stellen, eine Rolle in einer Szene übernehmen oder einen kurzen verbalen Kommentar geben. Er verhält sich streng reaktiv.

Das Buddying stellt einen wichtigen Bestandteil der Regressionsphase dar: Es bildet für beide, den Primalnden wie den Buddy, ein Gegengewicht zur manchmal vereinzelnden Wirkung der regressiven Arbeit. Der Buddy erscheint als Mitglied der Patientengruppe dem Primalnden nicht so aus dieser herausgehoben wie der Therapeut. Er ist eindeutiger »der Mitmensch«. Er kann zum Beispiel die Funktion eines Zeugen haben und damit Vorgängen mehr Wirklichkeitsgehalt verleihen. Er kann auch angstmindernd wirken, indem er ein Schreckens- oder Leidenserlebnis mit dem Primalnden teilt. Schon die Tatsache, daß der Buddy ein Gruppenmitglied in Tiefenregression auswählt, kann für beide Stoff zum Primaln bieten. Dies kann bei dem, der primalt, Freude und Dankbarkeit auslösen, aber auch Angst oder Aggression. Der Buddy kann sogar auch Ablehnung erfahren, weil der Moment, die Person oder die Situation dem Primalnden nicht paßt.

3.4.4.2 Die Durcharbeitungsphase

Während dieser Phase sitzen die Patienten im hellen Primalraum.

Sie versuchen, das in der Regression Erlebte in Worte zu fassen. Dies ist oft schwer zu bewerkstelligen, besonders dann, wenn die Vorgänge beim Primaln zur präverbalen Erlebnisschicht gehörten oder wenn massiv abgewehrtes Material zur Sprache gebracht werden soll.

Da die Regressionstechnik eine Therapie des einzelnen in der Gruppe darstellt, werden gruppendynamische Vorgänge in dieser Phase als zweitrangig behandelt. Das bedeutet, daß ein Patient nicht unterbrochen werden soll, während er sich bemüht, das in der Regression Erlebte zu formulieren. Nur bei speziellem Bedarf werden Kommentare der Gruppenmitglieder zur verbalen Darstellung eines Primals erbeten.

Im nachstehenden Stundenprotokoll sollen die eben benannten Vorgänge anschaulicher aufgezeigt werden. Es stellt jedoch nur eine Variante des verschiedenartigen Geschehens in der Regressions- und der Durcharbeitungsphase dar.

3.4.4.3 Sitzungsprotokoll

Die Regressionsphase

Um eine möglichst plastische Vorstellung vom Verlauf der Regressionsphase zu vermitteln, sollen einzelne Szenen aus der Tiefenregression von Patienten näher geschildert werden. Sie werden so aneinandergereiht, wie sie in einer Sitzung vorkommen, ohne daß alle Vorkommnisse im einzelnen deutend aufgelöst werden. Es wird nur dort verknüpft, wo ich behandlungstechnische Eingriffe deutlich machen möchte oder wo dem Leser sonst unbefriedigend viel Verständnis abgehen müßte.

Da es sich bei der Regressionstechnik um eine Therapie des einzelnen in der Gruppe handelt, ist es weniger wichtig als in der M-Gruppe, wie viele Patienten zu Beginn anwesend sind. Wolf zum Beispiel kommt mit dem Zug und ist immer pünktlich. Heike wird durch starke Scham- und Trotzgefühle gegenüber der Gruppe veranlaßt, sich oft noch ein Bad einzulassen, wenn sie eigentlich schon zur Sitzung fahren müßte. Sie kommt dann verspätet. Die Patienten, die pünktlich da sind, können 30 Minuten oder etwas länger behandelt werden. Allerdings ist eine ausgedehnte Primalbetreuung durch die Therapeuten grundsätzlich bis zum Ende der Regressionsphase möglich. Für Wolf, der stets früh zur Stelle ist, ist es beruhigend zu wissen: Ich komme ziemlich bald nach Beginn an die Reihe.

Wolf ist also mein erster Patient. Er sagt: »Ich habe solche Wut! Schon vorhin im Zug! Ich könnte alles kurz und klein schlagen!« Auf meine Frage: »Was war das denn für eine Situation im Zug, die die Wut ausgelöst hat?« antwortet er: »Ach, es war so blöd! Da war so ein Mann, der sehr überlegen wirkte. Ich kenne übrigens noch einen Kollegen, der mir ähnliche Gefühle macht.« Dieser hatte einmal Wolf in einer wissenschaftlichen Diskussion auf eine Literaturstelle hingewiesen, die er nicht kannte. »Hab ich mich dabei bloßgestellt gefühlt!« sagte er. Ich fragte ihn, ob er solche Situationen denn von früher her kenne. Er: »Nö, von zu Hause überhaupt nicht. Mein Vater war ja so ne Pflaume! Wie der schon wacklig auf ein Fahrrad gestiegen ist!« Ich: »Macht Sie das wohl auch so wütend?« Er: »Das macht mich wütend! Mit dem Mann eben war das aber ganz anders. Der hat mich erst mal unsicher gemacht, glaub ich.« Auf meine Frage, ob er denn wohl eher der Wut oder der Unsicherheit nachgehen wolle, begann er unvermittelt, gegen die Wand zu schlagen, zu treten und dabei zu schreien: »Dich schlag ich zusammen, Du Arschloch! Ha! Dich schlag ich zusammen!« Er wurde lauter und lauter, wirkte dabei auf mich aber doch, als wäre auch »Theaterdonner« mit seinem Toben verbunden.

Ich ließ ihn allein mit dem Vorsatz, später wieder bei ihm vorbeizuschauen. Als ich im weiteren Verlauf noch einmal zu ihm kam, lag er ruhig. Er fühlte sich nicht gut und war etwas verwirrt. Als ich ihn fragte, ob es denn für ihn schwer sei, seine Wut auf die absurde Schwäche des Vaters mit seiner Bewunderung für dessen große berufliche Leistung und seine Gefühle von Liebe und Verbundenheit ihm gegenüber zusammenzubringen, begann er leise zu weinen. Dies wirkte jetzt ganz echt.

Als ich zu Patientin Waltraut kam, war diese fast in eine Ecke des Raumes gekrochen. Sie hatte sich so klein gemacht, daß man nicht mehr sehen konnte, ob sie überhaupt Arme und Beine hatte. Sie zitterte am ganzen Leib und sagte: »Es ist so schrecklich! Der Wolf! Wie ein Untier!« Sie zitterte und weinte mehr und mehr und begann plötzlich zu flüstern und dann lauter und lauter zu schreien: »Er hängt sich auf! Häng Dich nicht auf! Laß das sein! Laß das sein, Papa!« Sie war schneeweiß und sagte immer wieder: »Es war etwas! Mir ist etwas wieder eingefallen, weil Wolf so getobt hat. Mein Papa hätte sich fast aufgehängt. Ich kann es jetzt nicht sagen.« Dabei wirkte sie wie in Trance.

Als ich zu dem achtunddreißigjährigen Gerhard kam, sagte dieser: »Ich kann nicht primaln. So ist es ja oft. Ich weiß überhaupt nicht richtig, was ich heute hier soll.« Ich fragte ihn, ob ihn diese Situation denn an etwas aus seinem Leben erinnere. Er: »Nö. Das heißt, ich liege auf einer Matratze.« Ihm fielen nun Zeichen ein, die auf seine Matratze in der Kindheit genäht waren und die mehrere Funktionen hatten: Sie sollten »unkeusche Gedanken, Worte und Werke« unterdrücken, ihm aber auch dabei helfen, ständig in einer Art innerer Gebetshaltung zu verharren, solange er im Bett war. Er machte eine Pause und sagte dann: »Eigentlich auch den ganzen Tag ...« Ich fragte ihn, was denn eine solche »Gebetshaltung« wohl kennzeichne. Er wußte es nicht. Als ich ihn daraufhin nach seinen Gebeten von damals fragte, war er sehr verschämt, aber schließlich doch bereit, eines herzusagen. Es war ein Ave Maria. Er sagte danach: »Das ist aber komisch! Ich bete ja nie mehr. Die Kirche ist mir auch schnuppe! Aber ich habe mich wirklich gefühlt wie damals. Also mit der Gebetshaltung, das ist so: Man darf gar nichts Eigenes fühlen oder denken, vor allem gar keine eigenen Wünsche haben. So was ist irgendwie sündig! Man muß alles in sich anhalten, sonst kommt immerfort etwas irgendwie Sündiges dazwischen.« Auf meine Frage, was denn »das Sündige« sei, wußte er es wieder nicht so recht zu sagen. Es müsse irgendwie auch mit dem Meßdiener-Sein zu tun haben.
Jetzt kam er meinem Vorschlag, vielleicht noch einmal eine Haltung einzunehmen, die zu seinen Erfahrungen passe, schon weniger schamhaft nach. Er stand dann mit den Gebärden von damals, von der Gruppe abgewandt, damit er sich nicht allzu sehr schämen müsse. Er machte die einstigen Gebärden und den rituellen Gesang still vor sich hin. Unvermittelt brach er dann ab und sagte: »Es ist wirklich zu komisch!! – Ich habe mich tatsächlich wieder gefühlt wie damals. – Mir war, als wenn mir die Arme herunterfallen würden vor Anstrengung! – Ich war so kraftlos! Mir fiel auch nichts mehr ein vor lauter Heilig-Sein.« Ich sagte ihm, daß mir seine Impulsarmut jetzt gar nicht mehr so verwunderlich erschiene wie vorher. So, wie er heute gewesen wäre, sei es doch für seine damaligen Maßstäbe eigentlich ganz richtig gewesen! Wenn er wirklich gelernt hätte, daß eigene Impulse zu haben sündig sei und Heiligsein sehr, sehr anstrengend, aber auch das einzig wirklich Gute, dann würde mir allmählich verständlich, warum er heute immer noch so impulsarm und so »heilig« sei.
Die dreiundzwanzigjährige Sigrun lag am Boden in einer klassischen »Arc-de-cercle-Position« mit durchgedrücktem Hohlkreuz, wie sie in der frühen Psychoanalyse der Hysterie beschrieben wurde. Sie schrie mit einer hellen, lauten Stimme, die an die eines Kleinkindes in Panik

erinnerte. Sie strampelte manchmal mit ihren Füßen, zappelte mit den Armen und griff sich immer wieder unwillkürlich an die Genitalien, wobei sie dann mehr und noch schriller schrie. Es entstanden aber auch immer wieder unvermittelt Phasen, in denen sie leise vor sich hin redete. Als ich zu verstehen versuchte, was sie sagte, bemerkte ich, daß sie eine Art eigener »Fremdsprache« sprach. Sie redete hastig und fließend, aber für sich und andere unverständlich. Ich konnte in diesem Abschnitt ihrer Therapie ihr Verhalten manchmal nur annäherungsweise möglichen Zusammenhängen zuordnen. Anläßlich der eben geschilderten Verhaltensweisen fragte ich mich, ob hier wohl eine Abwehr am Werk sei oder Vorgänge aus der präsymbolischen Entwicklungsphase Gestalt annähmen.

Die Durcharbeitungsphase

Die Durcharbeitungsphase dauert zwei Stunden. Während dieser Zeit verbalisieren die Patienten das in der Tiefenregression Erlebte. Sie tauchen im Zuge der sprachlichen Äußerungen in der Gruppe langsam aus der Tiefenregression wieder auf, wobei dieser Vorgang nicht kontinuierlich erfolgt, sondern in wechselnden Perioden vor sich geht. Die Gruppenteilnehmer gewinnen also unter dem Einfluß ihrer diakritischen Ichfunktionen allmählich größeren Abstand zu ihren Erlebnissen in der Regression. Die Therapeuten verhalten sich dabei, wie es dem jeweiligen Prozeßgeschehen entspricht, also teils wahrnehmend, mitfühlend und unterstützend, teils konfrontierend oder deutend.

Auch aus diesem Teil der Arbeit sollen nur Ausschnitte so aneinandergereiht werden, wie sie in der Gruppe folgten, damit eine deutliche Vorstellung vom Verlauf entstehen kann. Erklärungen einfügen werde ich nur, um mein technisches Verhalten beleuchten oder um allzu massiven Verständnisschwierigkeiten entgegenzuwirken.

Lieselotte begann. Sie sagte, sie hätte an ihrer Arbeitsstelle Probleme mit ihren zwei Chefs, die ihre Leistungskraft abwechselnd überzögen. Sie verspüre dabei immer wieder ähnliche Gefühlsreaktionen. Deshalb habe sie geprimalt, wie sie früher für ihren Vater hätte kunstturnen müssen. Dabei hätte sie übermäßige Ängste ausgestanden. Sie hätte damals vorher und zwischendurch oft Durchfall bekommen. Mehr-

fach sei sie gefährlich gestürzt. Als sie mit diesem riskanten und über-
anstrengenden »Jungensport« hätte aufhören wollen, hätte ihr Vater
sich abends an ihr Bett gesetzt. Er hatte liebevoll, einfühlsam und gewinnend mit ihr geredet und um ihr Durchhalten geworben. Kaum
aber hätte sie wieder angefangen, so hätte er sie genauso rabiat überfordert, beschimpft und kritisiert wie zuvor. Sie hätte auch einen so
fürchterlichen Traum gehabt von zwei Insekten mit hochgiftigem Sta-
chel, die sie mit nimmermüder Energie umsurrten, von denen sogar
eines sie unvermittelt mit tödlich giftiger Wirkung stach. Beim Primal
sei sie mit ihrem Vatererleben, den Chefs und ihrem Traum umgegangen. Dabei hätte sie sich wieder wie damals in der Übungshalle gefühlt. Es sei schrecklich gewesen. Immer, wenn sie Angst gehabt hätte,
wäre sie ausgelacht oder angebrüllt worden. Sie könne einfach nicht
begreifen – und werde das wohl nie –, daß der liebe Vater, der ihr so
gut und gewinnend zureden konnte, derselbe sei wie der, der sie an-
brüllte, bloßstellte und verhöhnte.
Uwe sah aschfahl aus und sagte: »Mir ist ganz schlecht! Ich habe ja
immer gesagt, wie leid mir meine verstorbene Mutter tut. Nach diesem langen und qualvollen Ende, auch mit dem vielen Morphium,
kam sie mir nur noch wie eine ganz besondere, wunderbare Frau vor.
Ich meinte auch, daß sie mich liebte. Irgendwie stimmte das vielleicht
sogar. Aber als ich mir mein Auge verletzt hatte, schon länger vor
ihrer tödlichen Krankheit, hat sie überhaupt keine Notiz davon genommen.« Die Kotherapeutin fragte: »Hat sie sich nicht erschrocken,
als sie Dich nach dem schweren Sturz sah?« Er: »Nein. Eigentlich war
es, als ob sie durch mich hindurchguckte. – Auch meinem Vater hatte
sie vielleicht schon lange keine Gefühle mehr gezeigt. Irgendwo war
sie wie tot. Auch als sie mich mit fünf Jahren tagsüber meinen kleinen
Bruder hüten ließ, während sie berufstätig war und viele Fliegeran-
griffe stattfanden, hat sie gar nicht bedacht oder gar kapiert, was das
für uns heißt. Ich hatte einen Traum, bei dem ich über einen Eisberg
ging, um ihn zu erkunden. Es war gruselig. Beim Primaln bin ich dann
noch einmal über den Eisberg in meinem Traum gegangen. Es war
furchtbar. Am furchtbarsten war aber, daß ich immer deutlicher
merkte, daß der Eisberg meine Mutter ist! Es war wirklich gruselig,
aber erstaunlicherweise doch vielleicht ertragbar oder irgendwie
klärend. Ich weiß nicht, ob Ihr das versteht, ich verstehe das ja selbst
auch nur teilweise. – Meine Mutter hatte eine Seite, die war so was wie
ein Eisberg. Versteht Ihr? Wie ein Eisberg.« Dann brach er ab. Von
diesem Zeitpunkt an konnte ich beginnen, Uwe darauf anzusprechen,
daß er selbst, neben seinen lieben und einfühlsamen Seiten, auch wie
ein Eisberg sein konnte, genauso wie seine Mutter.

Uwe sagte dann noch: »Als Sieglinde zu mir kam zum Buddying, da war mir ganz komisch. Sieglinde, Du warst für mich auch so, als ob Du gar nicht wirklich da wärst. Du hast da so still gesessen und gar nichts gesagt. Du siehst zwar ganz anders aus, aber es war mir, als ob wieder meine Mutter bei mir wär und durch mich durchguckte. Es war furchtbar irritierend. Wie war es denn eigentlich für Dich?« Sieglinde antwortete: »Ach so, jetzt verstehe ich Dich erst. Ich dachte immer: Was soll ich denn eigentlich hier? Er tut ja, als ob ich gar nicht da wär! Schon nach ein paar Minuten hab ich mir überlegt, ob ich nicht gleich wieder weggehen soll. Es hat mich schon saumäßig gestört! Wie wenn ich für Dich Luft wäre! Da waren dann auch eigene Gefühle von mir dabei. Du weißt schon ...«

Vera war eine Patientin mit Anaklitischem Fokus, die im Alter von fünfzehn Monaten von ihren Eltern fortgegeben worden war. Sie war leise und verweint. Sie saß in der Runde zu meiner linken Seite. Mehr und mehr rückte sie von mir ab und in die Raumecke hinein. Sie wirkte finster und trotzig, schluckte, schluchzte und preßte immer wieder die Lippen zusammen. Es war, als wollte sie mir etwas durch ihr Verhalten mitteilen. Ich fragte sie schließlich: »Was ist denn, Vera? Was möchten Sie mir denn eigentlich zeigen?« Es folgte eine lange Pause. Viele der Gruppenmitglieder, auch die Kotherapeutin und ich, warteten gespannt, was sie wohl sagen würde. Endlich kam: »Ich will Sie überhaupt nicht mehr, Frau Damm! Sie waren für mich wie meine Oma. Das war bloß 'ne Notlösung. Beim Primaln hab ich die schwarzen Balken von der Bauernstube über mir gesehen. Ich hab mich so fremd gefühlt! Ich habe gewartet und gewartet. Immer auf meine richtige Mama und meinen richtigen Papa. Ich will meine Oma nicht mehr! Ich will ganz bestimmt nur noch meine richtige Mama! Überhaupt niemand anders!« Ich sagte ihr daraufhin, daß sie sehr im Recht sei: Niemand könne einem die wirkliche Mutter ersetzen, absolut niemand, also auch ich nicht. Dann begann sie, bitterlich und laut zu weinen.

Verwirrt und verwirrend für die anderen Gruppenmitglieder wirkte der glatte, intellektuelle Kurt. Er sagte: »Also, i bin ganz durcheinander! I war ja heut so anders. – Wie wars denn für Euch? Habet Ihr mir was dazu zu sage?« Gerd antwortete: »Du, das hat mir richtig gefallen, daß Du endlich mal laut warst!« Uwe stimmte ein: »Sonst machst Du immer so ein wohltemperiertes, langes und gebildetes Gerede. Aber diesmal – es klang scheußlich – aber es war deutlich, was Sache war.« Lieselotte flüsterte: »Du hast mir saumäßig Angst gemacht. Du klangst wie mein Papa, grell, laut und erbarmungslos.« Kurt sagte, ähnlich sei er sich selbst wohl auch vorgekommen. Ich merkte an, daß er den Stiefvater in meiner Anwesenheit beim Primaln zuerst überhaupt nicht hätte nachahmen können, so sehr sei er ihm zuwider gewesen. Erst ganz allmählich hätte er seine Abneigung so weit überwinden können, daß es immer echter geklungen hätte. Kurt klagte, noch jetzt täte ihm die Kehle weh. Wolf sagte: »Ja, und ich glaub, es war wie bei mir eben: Es war nicht ganz echt. Dein Stiefvater, wie Du ihn gespielt hast, klingt für mich wie eine Mischung aus mörderisch-sein und trotzdem nicht ganz ernst zu nehmen.« Kurt sagte: »Genau das macht mich ja so verrückt! Ich kann fühlen: Wie der Stiefvater wollte ich nie, nie sein! Deshalb kann ich auch meine Untergebenen nicht anschreien, falls das mal nötig ist.« Er sagte, er könne argumentieren und auch trickreich diskutieren, aber irgendwie sei das vielleicht auch zu einseitig. Uwe sagte: »Weißt Du, wenn man zu lieb ist, staut sich was. Außerdem merken die anderen dann nicht so genau, wie ernst es Dir denn jeweils ist.« Kurt antwortete unsicher: »Meinst Du? – I weiß net recht.«

Anmerkungen zu diesem Sitzungsprotokoll

Wie schon erwähnt, ist die Regressionstechnik eine Therapie des einzelnen in der Gruppe. Besonders deutlich wird dies in der Regressionsphase. Die Patienten reagieren nur manchmal aufeinander. Vera zum Beispiel hatte Wolfs Schlagen und Schreien nicht einmal wahrgenommen, so versunken war sie in ihre Einsamkeitssituation als einjähriges Kleinkind.
Waltraut hingegen hatte Wolfs aggressives und lautes Verhalten geradezu überstark empfunden. Es hatte bei ihr die Erinnerung an eine Szene wachgerufen, die sie mit etwa vier Jahren erlebt hatte. Damals hatte es in der Nacht zwischen ihren Eltern Streit gegeben. In seinem Verlauf hatte der betrunkene Vater die Kontrolle verloren und seine Frau angebrüllt: »Jetzt langt's mir aber! Ich kann nicht mehr! Ich will auch nicht mehr! Jetzt kannst Du machen, was Du willst: Ich häng mich hier am Fensterkreuz auf! Da oben!!!« Waltraut hatte Wolfs Aggressivität kurz registriert, sie aber sofort im Rahmen ihrer eigenen Assoziationen umgedeutet. Nun konnte sie sich zum erstenmal in ihre kindliche Panik von damals wieder einfühlen und sie uns auch zeigen.

Bei Sigrun wurde ein bewußtseinsveränderter Zustand geschildert, der einer Halbtrance nahe kam. Der Zustand ließ sich schwer verbal schildern und war mir zum damaligen Zeitpunkt auch noch nicht vollständig verständlich. Später stellten sich bei ihr schrittweise präverbale sexuelle Mißbrauchserfahrungen heraus. Leser, die über Selbsterfahrung mit regressionsfördernden Therapieformen verfügen, können sich wohl am ehesten vorstellen, was für mächtige psychische Anliegen in noch unklaren Verläufen während der Tiefenregression um einen immer deutlicheren Ausdruck ringen können.

In der Durcharbeitungsphase waren die Bewußtseinszustände der Gruppenmitglieder sehr unterschiedlich. Teils standen sie der im Alltag vorhandenen Bewußtseinsform nahe wie bei Sieglinde, teils waren sie stark regrediert wie bei Vera, die mich fast buchstäblich als »ihre Oma von früher« wahrnahm.

Es wurde wohl deutlich, wie vorrangig der Akzent der Therapie auch in dieser Durcharbeitungsphase auf dem einzelnen liegt. Gruppenmitglieder wurden, außer als Zeugen, nur dann aktiv einbezogen, wenn ein Patient darum bat, weil er etwas klarer zu sehen wünschte. So zum Beispiel bei Kurt, als dieser wissen wollte, wie er denn in der Rolle seines brüllenden Stiefvaters auf die anderen gewirkt hätte. Auch zu der Sequenz zwischen Uwe und Sieglinde kam es nur, weil Uwe an ihr noch einmal wahrgenommen zu haben meinte, wie interesselos, ja depersonalisiert seine Mutter früher auf ihn gewirkt hatte. Danach allerdings nahm Sieglinde kurz die Gelegenheit wahr, auch noch über eigene Probleme zu sprechen.

Wie aus dem Protokoll hervorgeht, greifen die Therapeuten in der Durcharbeitungsphase in die Selbstdarstellungen der Patienten nur dann sparsam ein, wenn ihnen dies als prozeßfördernd erscheint. So bestätigte ich zum Beispiel Vera die Unersetzbarkeit ihrer Mutter durch ihre Oma oder durch mich. Ich bestätigte damit zugleich auch die Dramatik ihres anaklitischen Verlusts, weil ich erwartete, daß ich so Veras Distanzierungsmöglichkeiten im Endeffekt fördern würde. Bei Uwe hingegen sprach ich Identifizierungen mit seiner Mutter an, die bewirkten, daß er die Beziehung zu anderen Menschen immer wieder in eine Art Auflösungszustand geraten ließ.

3.4.5 Allgemeine Erörterungen zur Regressionstechnik

Wenden wir Regressionstechnik an, so stehen im Zentrum des Interesses Anteile der Lebensgeschichte, die einst strukturbildenden Charakter hatten. Das heißt, die Entstehungsgeschichte personaler Modelle von Patienten im Zusammenhang mit traumatisch wirkenden Erlebnissen oder Beziehungsgefügen wird zentral wichtig genommen. Bei Einsatz dieses Verfahrens hat der einzelne Patient die Möglichkeit, gezielt tief zu regredieren. Weder die Gegenwart noch die Gruppendynamik werden dabei besonders wichtig genommen. Dies geschieht nur in begründeten Ausnahmefällen. Beachtung findet vielmehr die strukturbildende Vergangenheit der Patienten. Man könnte sagen, die eigentliche Fragestellung lautet: Was habe ich damals wohl tatsächlich erlebt? Und: Was haben diese Erlebnisse für Folgen vorübergehender oder dauerhafter Art in mir hervorgerufen?

Eines der Ziele der Methode ist es, in der Regressionsphase möglichst plastische und realitätsnahe Erinnerungen zu remobilisieren. Die sich dabei zeigenden Reinszenierungen können schon aus der frühen präverbalen Entwicklungsphase stammen, aber auch aus späteren. In der Durcharbeitungsphase werden die Erinnerungsspuren so deutlich wie möglich in Worte gefaßt und einer logisch kausalen diakritischen Bearbeitung zugänglich gemacht.

Obwohl es sich um eine Therapie des einzelnen in der Gruppe handelt, sind die übrigen Mitglieder für die einzelnen Patienten meist wichtig. Sie lernen schrittweise, die eigene Struktur und die von anderen zu vergleichen, zu begreifen und in ihrer Entstehung und Bedingtheit wahrzunehmen. Anteile der eigenen Struktur werden so durch den Strukturvergleich mit den Mitpatienten immer deutlicher transparent. Sie können schließlich schrittweise relativiert und teilweise überwunden werden.

3.5 Vergleich zwischen M- und R-Gruppe

In beiden Verfahren werden teils erwachsenere, teils frühere, bis hin zu präverbalen Ichfunktionen angesprochen. Jedoch besteht ein erheblicher quantitativer Unterschied: In der M-Gruppe werden gezielt alltagsnahe grundlegende Funktionen mobilisiert. Es wird geschrieben, gedacht und gesprochen, Zeit wird strukturiert. Auch kreative Ichfunktionen wie Malen, Singen, Tanzen oder Szenenspiel haben Raum. In der Regressionstechnik hingegen werden psychische Steuerungsfunktionen und deren Entstehung angesprochen. Hier dient die Arbeit mit dem Körpergefühl, dem Rollenspiel, den Träumen und Erinnerungen der Fokussierung auf zeitlich meist zurückliegende Erlebnisse. In der Modellimprovisation ist hingegen immer die gegenwärtige Realität von Wichtigkeit, auch wenn frühere alte Anteile davon ernst genommen werden. In der Regressionstechnik wird lebensgeschichtliche Vergangenheit wichtiger genommen als die Gegenwart, um dem Patienten die Herstellung direkter Bezüge zu Entstehungsbedingungen seiner psychischen Steuerung zu ermöglichen. In der Modellimprovisation können aber auch, wie bei oben geschilderten körpertherapeutischen Vorgehensweisen, nonverbale basale Ichfunktionen angesprochen werden. Dann kommt es zu Berührungen oder Überschneidungen von M-Gruppe und R-Gruppe. In solchen Fällen bestehen auch Ähnlichkeiten zwischen Modellimprovisation und Konzentrativer Bewegungstherapie (KBT). Für die Letztere wies Becker (1981) darauf hin, daß allerfrüheste Bewußtseinsschichten durch die Arbeit der KBT erreicht werden können. (Stolze, 1984).

Bei beiden Gruppenverfahren der Mehrphasentherapie wird versucht, unbewußt psychisches Material mit Methoden anzusprechen, welche auch auf der nonverbalen Interaktions- und Erlebnisebene wirksam sind. Dies ist besonders angezeigt bei Erlebens- und Interaktionsstörungen, die vor dem 18. Lebensmonat entstanden sind. Bis zu dieser Entwicklungsstufe gibt es noch keine wortsymbolisch begrifflichen Gedächtnisspuren, sondern nur affektiv-perzeptive Muster. Diese reaktualisieren sich später bei geeigneten Auslösern unwillkürlich im Alltag.

Solche vor dem 18. Lebensmonat enstandenen Handlungsmuster werden von den modernen Säuglingsforschern als »prozedurale Muster« bezeichnet. Besteht Handlungsbedarf, solche prozeduralen Muster in einer Therapie zu reaktivieren, bietet die psychoanalytische Technik hierfür keine entsprechende Beziehungsform. Deren symbolisch verbale Zugangswege sind der globalen Erlebens- und Kodierungsform der frühen Entstehungszeit inadäquat. (Kunzke, 1993, S. 86). Hier sind grundsätzlich andere Zugänge und Therapiemittel angezeigt, die die altersgemäße Körpernähe, Inszenierungslust und Affektivität ansprechen. In der Modellimprovisation und der Regressionstechnik stehen passende Auslöser bereit, welche den ursprünglichen Interaktionsmodi Gelegenheit bieten, wiedereinzuklinken: Die körperzentrierte Arbeit im Dämmerlicht der Regressionsphase und die unmittelbar sinnlichen Eindrücke, die zu frühesten Äußerungsformen gehören, wirken oft als direkte Auslöser. Auch paarweise Körperarbeit und andere sinnenhaft anschauliche Erlebnisse gemeinsamen Handelns evozieren früheste RIGs (Stern, 1992, S. 143) oder Modellszenen (Lichtenberg, 1989b, S. 255 ff.).

In der Modellimprovisation wird mit grundlegenden Ichfunktionen frei improvisierend gearbeitet, wie dies bereits von Jacques-Dalcroze im Sinne einer »fördernden Wechselwirkung« zwischen allen Beteiligten gefordert wurde. Dabei ergeben sich zwanglos auch viele Möglichkeiten für Probieren und Neulernen bei defizienten Ichfunktionen. Auch die Therapeuten sind in den Prozeß des kreativ improvisierenden Neugestaltens einbezogen und müssen ihn in ihrer Funktion als Gruppenleiter ständig neu koordinieren. In der M-Gruppe hat die Gruppendynamik einen hohen Stellenwert. Sie trat auch in beiden Stundenprotokollen deutlich in Erscheinung und wurde immer wieder zum Mittel, mit dem die Patienten »sich und die sie jetzt kennzeichnende Beziehungsform in Szene setzten«. In der R-Gruppe hingegen ist der Stellenwert der Gruppendynamik weit geringer.

Während die Modellimprovisation durch vielfältig wechselnde Abläufe gekennzeichnet ist, ist bei der Regressionstechnik der Rahmen des zeitlichen Ablaufs durch Regressions- und Durcharbeitungsphase bestimmt. Beide Gruppenmethoden ergänzen sich insofern, als die R-Gruppe eher regressive und introspektive Verhaltensweisen fördert, während die M-Gruppe Ichfunktionen mobilisiert, die Beziehung zum Leben in der alltäglichen Wirklichkeit und im mitmenschlichen Kontakt haben oder aufbauen.

3.5.1 Zur multiplen Übertragung in der Mehrphasentherapie

In der Zweipersonenbeziehung der Psychoanalyse besteht eine Situation, die es gestattet, Interaktionen und Erlebnisformen zwischen zwei Individuen voll zur Wirkung und Darstellung kommen zu lassen, zu beobachten und zu erforschen. Die ausschließliche Anwendung dieser Form der Beziehung ermöglicht differenzierte Wahrnehmungen und Kenntnisse eines wesentlichen, aber eingeschränkten Teilbereiches von Beziehung. Schon die alltägliche Familie stellt jedoch ein viel komplexeres Beziehungsgefüge dar als die eben erwähnte Zweipersonenbeziehung. Um auch solche vielfältigeren Beziehungsgefüge in eine Therapie einbringen zu können, ist neben der schmalen scharfen Fokussierungsweise auf zwei Personen eine zusätzliche dringend erforderlich, bei der breiter fokussiert werden kann. Andernfalls entgehen uns wesentliche Beziehungsprobleme oder -potentiale.

Bei Anwendung der Standardmethode der Mehrphasentherapie entsteht also eine komplexere Übertragungssituation als in der Einzelanalyse (vgl. Kutter, 1974, S. 143 ff.), weil Einzel- und Gruppentherapie kombiniert werden. Eine Lücke wird so geschlossen, und Zweipersonenbeziehungen können neben Mehrpersonenbeziehungen bearbeitet werden. In der Mehrphasentherapie geht es also vorrangig nicht nur um die gewohnte Übertragungsbeziehung zwischen zwei Personen. Vielmehr sind bis zu zwölf Gruppenteilnehmer, Therapeut und Kotherapeut in die Übertragungs- und Gegenübertragungsprozesse einbezogen. Die Arbeit mit Vorgängen bei multipler Übertragung sind vielen schwer vorstellbar, solange keinerlei Selbsterfahrung vorhanden ist. Die wesentlichen Bestandteile sollen hier nur kurz angesprochen werden, weil ein deutlicherer Einblick erst durch die Kenntnis der Fallgeschichten gegeben ist. Es sei verwiesen auf die Stundenprotokolle in diesem Kapitel und die Fallberichte in Kapitel 4 und 5. In diesen Darstellungen wird deutlich, wie Patienten sich gegenseitig anregen, aber auch, wie sie sich gegeneinander abgrenzen, miteinander gegen den Therapeuten taktieren oder ihn bei der Konfrontation eines Mitpatienten unterstützen. In Kaptiel 6 sind dann wesentliche Elemente der multiplen Übertragung noch einmal kurz zusammengefaßt.

Immer wieder hört man von Therapeuten, daß die Arbeit mit Übertragung, Gegenübertragung und Widerstand chaotisch werden müsse, sobald mehrere Personen im freien, improvisierenden Handeln involviert sind und die Übertragungsbilder angeblich »vernebeln«. Wenn man jedoch gelernt hat, als Therapeut mit multipler Übertragung umzugehen, ist das Gegenteil der Fall: Da die Patienten die Möglichkeit haben, verschiedene Übertragungen gleichzeitig oder abwechselnd in Szene zu setzen, wird das Übertragungsgefüge bei dieser Art der Arbeit durchsichtiger. Es erscheint oft vollständiger übersehbar. Auch ist der Schutz der Patienten und ihrer Therapieprozesse besser gewährleistet, wenn neben sehr belastenden Übertragungsbeziehungen zusätzliche das Gleichgewicht stützende Übertragungen vorgenommen werden können. So kann es zum Beispiel von Wichtigkeit sein, daß von einem Therapeuten Hilfs-Ich-Funktionen übernommen werden, während ein anderer eine belastende Übertragungsbeziehung verkörpert (vgl. hierzu auch Kutter, 1974, S. 143 ff.).

3.6 Zusätzliche Techniken und Methoden zur Mehrphasentherapie

Es wurde schon erwähnt, daß häufig Paare zur Mehrphasentherapie kommen. In solchen Fällen besuchen die Partner oft gemeinsam die Gruppensitzungen, während die Einzelsitzungen getrennt stattfinden. Als Erweiterung des Settings werden bei Bedarf paar- oder familientherapeutische Sitzungen in die Behandlung einbezogen. Auch können weitere therapiefördernde Maßnahmen angezeigt sein, zum Beispiel vor Prüfungen, Gerichtsterminen oder in Schwellensituationen. Diese müssen individuell oft so speziell angepaßt sein, daß sie hier nicht näher beschrieben werden sollen. Sind bei einem Patienten unterstützende Maßnahmen notwendig, um seine Arbeitsfähigkeit zu fördern, können diese vielfach in der

M-Gruppe angewandt werden. Manchmal sind auch sehr speziell orientierte Einzelsitzungen angezeigt, in denen Arbeitseigenheiten von Patienten und die dabei wahrzunehmenden Störungen mit dem Therapeuten gezielt bearbeitet werden können. Dabei werden oft Ängste, Verwöhntheitsverhalten, Unsicherheiten, Hemmungen oder Strukturlosigkeiten der Therapie zugänglich.

3.6.1 Einige weitere Zusatztechniken bei Fehlen basaler unbewußter Steuerungsphantasien oder mangelhafter Ausdifferenzierung von Ichfunktionen

Wie in Kapitel 2 beschrieben, besitzen Menschen personale Modelle, also unbewußte Phantasien, mit deren Hilfe sie ihr Denken, Wahrnehmen, Fühlen und Handeln im täglichen Leben ausrichten und steuern. Die Art solcher Phantasien, selbst ihr Vorhandensein, läßt sich nicht direkt feststellen, sondern nur indirekt erschließen. So wie sie während der gesamten Lebensentwicklung erworben worden sind, liegen sie offenbar im Unbewußten bereit. Sie haben für den Lebensalltag die Funktion bewußter und unbewußter Modelle. Diese dienen als innere Abbildungen eines Teiles der Wirklichkeit und bieten damit Material und Werkzeug zur Verarbeitung der gegenwärtigen Realität und zu Vorentwürfen der Zukunft. Besonderes Gewicht unter solchen unbewußten inneren Steuerungsphantasien kommt denen von »Mutter und Kind«, »Vater und Kind«, »Eltern und Kind« und »Eltern untereinander« zu. Sind solche inneren Repräsentanzen gesund, das heißt lebensfördernd, so wirken sie regelnd nach innen und nach außen. Ein Mensch mit gesunden Objektrepräsentanzen kann sich einerseits selbst »beeltern« und andererseits Verantwortung nach außen übernehmen, also Elternfunktionen wahrnehmen. Wenn hier ein Defekt festgestellt wird oder eine Verzerrung der inneren Bilder ins Abartige wahrnehmbar ist, sind die Folgen für die Gestaltung von Alltag und Beziehungen schwerwiegend. Deshalb erhebt sich die Frage: Gibt es Möglichkeiten, gesunde psychische Steuerungsphantasien noch nachträglich neu zu erwerben? Oder: Können bereits vorhandene wesentlich verändert werden? In der Fachliteratur werden hierzu verschiedene Wege diskutiert.

Die Methoden Pessos und Stettbachers

Die Psychoanalyse vertritt die Meinung, daß durch »korrigierende Erfahrungen«, die der Patient mit seinem Therapeuten macht, neue Arten der Elternerfahrung den einstigen gegenübergestellt werden. Diese können allmählich introjiziert werden und sich zu guten inneren Objektrepräsentanzen ausbilden. Tatsächlich erwies sich der eben beschriebene Weg als oft gangbar, wie zum Beispiel bei Thomä und Kächele im zweiten Band des Lehrbuches der Psychoanalyse beschrieben (1989, »Herr Daniel«). Jedoch scheint dieser schwierige Vorgang manche noch ungeklärte Implikationen zu enthalten. Nicht immer scheint das Absolvieren einer psychoanalytischen Behandlung eine innere Neubeelterung bei Patienten zu ermöglichen, die eine solche brauchen. Dazu sind wohl bei vielen Patienten die verbal kognitiven von den basalen Prozessen zu sehr abgespalten. Deshalb wurde weiter nach zusätzlichen Wegen zur Lösung dieses schwierigen Problems gesucht.

Pesso zum Beispiel bietet hier seinen seelisch oft schwerkranken Patienten an, entscheidende Szenen aus ihrer Lebensgeschichte psychodramatisch unter seiner Leitung zu reinszenieren (Pesso, 1986). Dies erfolgt so, daß in der Regel mehr Personen auf der szenischen Bühne erscheinen, als in der einstigen Realität vorhanden waren. Manchmal werden zwei oder mehrere Seiten des Probanden oder seiner Angehörigen durch ebenso viele Personen dargestellt. Grundsätzlich gibt es bei diesen Inszenierungen stets auch Darsteller für etwas, was Pesso als »den idealen Vater« oder »die ideale Mutter« bezeichnet. Es spielen also neben den realen Eltern Wunscheltern oder ideale Elternfiguren mit. Sie sind sichtbar und erfahrbar. Sie zeigen und äußern sich auch. Mir selbst erscheint der Ausdruck »ideal« in diesem Zusammenhang etwas problematisch. Ich pflege ihn eher durch den Ausdruck »gute Eltern« oder »hinreichend gute Eltern« zu ersetzen (Winnicott, 1978). Jedenfalls werden bei dieser Form der Therapie dem Vorstellungsvermögen der Patienten bildhafte Angebote gemacht, wie denn gute oder bessere Eltern hätten sein und wie sie hätten reagieren können. Für den Aufbau gesünderer innerer Elternrepräsentanzen können Vorgehensweisen wie die Pessos von großem praktischen Nutzen sein.

Stettbacher geht einen ähnlichen Weg, allerdings ohne die Form psychodramatischer Darstellung (Stettbacher, 1990). In seinen Therapien primaln die Patienten, dies aber manchmal in einer vorstrukturierten und etwas verkürzten Form. Mehrere Abschnitte werden dabei deutlich voneinander getrennt bearbeitet: Den ersten Schritt stellt die Selbstwahrnehmung dar. Der Patient soll sich fragen: »Wie befinde ich mich?« oder: »Was habe ich jetzt für ein Körpergefühl?« – Die zweite Frage, die der Patient sich stellt, soll lauten: »Was für Gefühle passen zu meiner heutigen Art von Befindlichkeit?« (Es kann Angst hierher gehören oder Wut, Irritation oder auch eine scheinbare Abwesenheit von Gefühlen.) Die dritte Frage des Patienten an sich selbst soll heißen: »Fällt mir eine Szene aus meinem Leben ein, zu der solche Gefühle auch schon gehört haben?« (Diese Szene wird dann gespielt, wobei laut Stettbacher auch gesprochen werden soll.) Danach aber bewegt sich der Vorgang des inneren Imaginierens und szenischen Handelns in eine neue Richtung, die der Pessos nicht unähnlich zu sein scheint. Die vierte Frage, die der Patient an sich richten soll, ist nämlich die: »Was hätte mir denn damals eigentlich wohl besser getan als das, was ich erleben mußte?« (Hier also phantasiert der Patient sich eine bessere und wünschenswertere Begegnung mit Beziehungspersonen, als er sie tatsächlich hatte.) Auf diese Weise versucht Stettbacher, eine oft notwendige innerpsychiche Neubeelterung zu unterstützen. Dies geschieht aber nicht über das Angebot äußerlich anschaubarer Darstellung, sondern über die Anregung zu innerer Vorstellungsaktivität. Auch Stettbachers Vorgehensweisen können für Therapien von großem praktischem Nutzen sein, was den Aufbau gesünderer unbewußter Steuerungsphantasien betrifft.

Auch in anderen modernen Therapiemethoden wie der Gestalttherapie oder der Bioenergetik (Lowen, 1976) finden wir Techniken, mit deren Hilfe gesündere unbewußte Repräsentanzen aufgebaut werden sollen.

Maßnahmen der Mehrphasentherapie, die den Aufbau
unbewußter Steuerungsphantasien begünstigen

In der Mehrphasentherapie benutzen wir verschiedene methodische Vorgehensweisen der Regressionstechnik und der Modellimprovisation, um eine solche Nachdifferenzierung unbewußter Steuerungsmodelle zu erreichen. Zunächst sollen körpertherapeutische Ansätze zur Sprache kommen. Durch Verfahren der Körpertherapie können nicht nur einstige Erlebnisse reinszeniert, sondern auch korrigierende Erfahrungen auf der präverbalen Ebene gemacht werden. Schon beim Szenenspiel geht es abwechselnd um ehemalige Erfahrungen und konstruktive Phantasien von Wünschen und Bedürfnissen. In den familienähnlichen Gruppensituationen der M-Gruppe werden ebenfalls nicht nur alte Muster reinszeniert, sondern auch neue Erfahrungen gesammelt: Als Ersatzfamilie gehen die Therapeuten und Mitpatienten ja ganz anders mit Bedürfnissen, Spontaneität, Gefühlen, Aggressionen und Beziehungen um als die Mitglieder der Herkunftsfamilie.

Auch Maßnahmen Pessos oder Stettbachers verwenden wir zuweilen. Allerdings fügen wir den Fragen, die laut Stettbacher der Patient an sich stellen soll, noch eine weitere hinzu. Diese lautet: »Was kann ich heute praktisch tun, damit sich Vorgänge in meinem Alltag einstellen, die dem entsprechen, was mir schon einst so viel besser getan hätte?« Eine mögliche Antwort kann dann zum Beispiel sein: Ich rufe meine Freundin an, damit verläßliche Nähe vorhanden ist. Oder: Heute bin ich zu meinem Kind, so wie ich es damals von meinem Vater gebraucht hätte. Oder: Ich lasse es nicht zu, daß sich meine guten inneren Bilder von nahen Menschen immer wieder auflösen. Deshalb sage ich meinem Mann, daß ich mich gestern doch nicht nur über ihn geärgert habe, sondern ihm auch dankbar war.

In der lebensgeschichtlichen Entwicklung werden oft auf recht negative Weise innere Bilder und Repräsentanzen langfristig strukturiert. Oft sind sie auch nicht durch seltenere oder weniger eindringliche Erlebnisse des späteren Lebens zu verändern. Es kann deshalb sinnvoll sein, der damaligen Wiederholung eine heutige anders geartete gegenüberzustellen. So kann wenigstens eine Kon-

kurrenz zwischen zwei langfristig wirksamen Informationsketten
entstehen. Wie läßt sich so etwas nun praktisch bewirken, ohne
daß einfach »zudeckende Methoden« den »aufdeckenden« entge-
gengestellt werden und ohne daß einfach »positives Denken« das
»negative« aufheben soll? Letzteres ist ja bekanntermaßen nur in
Grenzen möglich, wenn man nicht die Entstehung von Spaltungsmechanismen geradezu begünstigen will. Die eigenen Erlebnisse
sind und bleiben nun einmal vorhanden. Sie gehen nicht »einfach
ganz weg«.

Auch wenn Defekte an grundlegenden Ichfunktionen vorliegen,
hat es sich oft als schwierig erwiesen, eine Nachdifferenzierung zu
erreichen. Wenn Unfähigkeit vorhanden ist, Zeit zu strukturieren,
richtig zu schreiben, sich zu wehren, sich abzugrenzen oder liebevoll zuzuwenden, füllt Aufdecken allein die vorhandenen Lücken
meist nicht. Auch bloße »gute Vorsätze« nützen dann in der Regel
wenig. Häufig muß in solchen Fällen eine Art täglich übenden
Verhaltens angewandt oder doch mindestens die Aufmerksamkeit
mit hohem Regelmaß auf die defizienten Bereiche gerichtet werden. Bei Fehlen basaler unbewußter Steuerungsphanatasien oder
Defekten an grundlegenden Ichfunktionen ist die Technik der
FAA, die im folgenden Absatz beschrieben wird, gut geeignet.
Ihre Anwendung gewährleistet, daß der Patient die Verbindung
zum Unbewußten und seiner Lebensgeschichte aufrecht erhält.
Spaltungsvorgänge werden dabei nicht noch durch die Therapie
begünstigt. Im Zusammenhang mit der freien Assoziation bleibt
der Patient im Wechselspiel zwischen der von ihm neu gewählten
Autosuggestion einerseits, seiner Identität und Lebensgeschichte
andererseits.

3.6.2 Die Technik der Fokuszentrierenden Assoziativen Autosuggestion (FAA)

Diese Zusatztechnik, die in der Mehrphasentherapie Anwendung
finden kann, soll im folgenden näher beschrieben werden, da sie
nicht allgemein bekannt ist und bei Patienten mit schwerwiegenden Ich-Defekten Wesentliches bewirken kann. Die FAA stellt ein

Wechselspiel von Autosuggestion und freier Assoziation dar. Die Technik stammt ursprünglich in erweiterter Form aus dem Fernen Osten. Sie hat dort den blumigen Namen »Der tausendblättrige Lotus«. Sie wird von uns in stark geraffter Form verwandt.

3.6.2.1 Zu den Voraussetzungen der Indikation und Kontraindikation

Allgemein läßt sich sagen, daß die Indikation gegeben ist bei: 1. mangelhafter Ausdifferenzierung im Alltag benötigter Ichfunktionen oder 2. grundsätzlichem Fehlen basaler unbewußter Steuerungsphantasien.

Kontraindiziert ist die Anwendung der FAA bei Patienten, die eine starke innere Abwehr dagegen haben zu üben. Bei Patienten, die dem Einbringen willkürlicher Impulse in ihre Therapie negativ gegenüberstehen, ist die Methode ebenfalls ungeeignet. Auch unstrukturiert diffuse Patienten können für ein solches Vorgehen nicht genügend fokuszentriert arbeiten.

Auf jeden Fall ist es notwendig, daß der Therapeut gemeinsam mit dem Patienten dessen Autosuggestion gründlich durchdenkt, ausprobiert und laufend mit ihm durcharbeitet.

3.6.2.2 Das technische Vorgehen bei der Fokuszentrierenden Assoziativen Autosuggestion (FAA)

Das Zentrum einer FAA bildet eine Autosuggestion, die einen jeweils konkreten Mangel beim Patienten zum Inhalt hat. Es wird von Therapeut und Patient gemeinsam sorgfältig und genau formuliert. Das Fehlende muß dem Behandelten bereits ich-synton und als schwerwiegender Mangel fühlbar und erträglich sein. Für einen unserer Patienten war das zum Beispiel: »Es gibt wirklich in der Welt gute Väter!« Für eine Patientin: »Ich kann meine Zeit einteilen.« Für eine andere: »Ich bin wichtig!«

Bei der Durchführung einer FAA vergegenwärtigt sich der Behandelte die zentrale Autosuggestion für einige Zeit im Sitzen (ca. 30 Sek.). Er versucht, ihr Raum zu geben und sie auf sich einwirken zu lassen. Dabei kann er nicht direkt kontrollieren, ob ihm dies tatsächlich gelingt oder nicht. Die Wirksamkeit zeigt sich im Prozeßverlauf der folgenden Therapiewochen. Anschließend nimmt der Patient eine Art innerer Wendung vor. Er fragt sich nun: »Was fällt mir jetzt als erstes unmittelbar ein?« Dem Patienten mit dem »guten Vater« in der zentralen Autosuggestion fiel zum Beispiel die Assoziation ein: »Es gibt überhaupt keine guten Väter.« Der jeweilige Einfall darf ebenfalls für einige Zeit Gegenstand der Aufmerksamkeit bleiben, egal, ob er zum Zentrum paßt oder nicht. – Danach erfolgt wieder eine Rückwendung zur zentralen Autosuggestion. Dieses Hin und Her wechselnder Zuwendungen zur zentralen Autosuggestion und wieder zur freien Assoziation erfolgt etwa vier- bis fünfmal. – Den Beschluß der FAA bildet noch einmal die zentrale Autosuggestion. Die Assoziationen können ganz unterschiedlich sein. Der Patient mit den »guten Vätern« hatte zum Beispiel die folgenden:

Es gibt in der Welt gute Väter	1) Es gibt keinen
Es gibt in der Welt gute Väter	2) Vater war ein Scheißkerl
Es gibt in der Welt gute Väter	3) Der alte Mann, der mir einen Apfel schenkte, als ich gestohlen hatte
Es gibt in der Welt gute Väter	4) Ich will denen ein guter Vater sein, die es brauchen
Es gibt in der Welt gute Väter.	

Nicht immer endet die Liste der Assoziationen so positiv, nicht immer haben sie auch einen so deutlichen Bezug zum autosuggestiven Zentrum einer FAA.

3.6.3 Wirkungen der Fokuszentrierenden Assoziativen Autosuggestion (FAA)

Das Verfahren hat für den Patienten folgende Vorteile: Er kann es allein anwenden und deshalb fast täglich mit dem gewählten Thema umgehen. Dies kann auch ohne großen Zeitaufwand erfolgen: Fünf bis zehn Minuten pro Tag reichen aus. Manche unserer

Patienten empfinden diese Form der Autosuggestion als weniger künstlich als den Versuch, sich »ideale Eltern« vorzustellen. Der Patient kann selbst gemeinsam mit dem Therapeuten herausfinden, was speziell ihm im Alltag fehlt und welche Formulierung ihm für seine zentrale Autosuggestion als geeignet erscheint. Ist eine solche dann gefunden, sollte sie aber auch mindestens sechs Wochen lang fast täglich benutzt werden, damit ausreichende Wiederholung zu einer Ausbildung neuer unbewußter Phantasien und Handlungsmuster hinführen kann.

Falls ein Patient diszipliniert genug ist, alle ein bis zwei Tage FAA zu üben, erinnert er sich zumindest während dieser Zeit an seinen schwerwiegenden Mangel und den Inhalt seiner zentralen Autosuggestion. Außerdem öffnet er sein Unbewußtes durch die freie Assoziation immer erneut für Einfälle, die zum Thema positiven oder negativen Bezug haben. Er wird dabei für Tatbestände sensibilisiert, die blockierend auf seine Änderungswünsche und Korrekturmöglichkeiten wirken.

Bei einigen Patienten scheint der immer wiederholte Vorgang zu bewirken, daß die alltägliche Abwehr verringert wird und die zentrale Autosuggestion gleichsam immer »tiefer einsinkt«. Auch werden die freien Assoziationen vom Patienten regelmäßig registriert. Die Einfälle und das Thema selbst können meist nach einiger Zeit nicht mehr gewohnheitsmäßig übergangen werden. Patienten, die außerdem mit Regressionstechnik arbeiten, nehmen ihre Assoziationen in der Regel auch sehr ernst.

Ein weiterer Vorteil der FAA besteht in dem Anreiz, die innere Steuerungsfähigkeit zu trainieren, indem abwechselnd die Hinwendung zum Bedürfnis und die Öffnung zur Assoziation angezielt wird. Dieser Vorgang scheint auch differenzierend auf die gesunde Ich-Spaltungsfähigkeit zu wirken.

Die Einbeziehung der FAA kann also einen wirksamen Baustein für den Aufbau gesünderer unbewußter Steuerungsphantasien darstellen. Auch basale Ich-Defekte können unter ihrer Anwendung ausgeglichen werden. Deshalb findet sie unter den in der Mehrphasentherapie eingesetzten vielfältigen Verfahrensweisen und Techniken in manchen Therapien Anwendung.

3.7 Mehrphasentherapie und multimodale Psychotherapie

Die Mehrphasentherapie ermöglicht die Kombination verschiedener an Kliniken parallel angewandter Psychotherapiemethoden in der Ambulanz. Es ist hervorzuheben, daß e i n Therapeut oder ein kleines Behandlerteam die Therapie verantwortlich leitet und überblickt. Auch bei Anwendung von Mehrphasentherapie bleibt es jedoch eine Tatsache, daß Behandler in ihren Möglichkeiten begrenzt sind, Methoden eigenverantwortlich und kompetent anzuwenden. Deshalb erscheint es grundsätzlich wünschenswert, bei Bedarf andere Therapeuten zuzuziehen, die Techniken anwenden, die der verantwortliche Mehrphasentherapeut selbst nicht beherrscht. Wenn einer unserer Patienten Verhaltenstherapie benötigt, sind wir zur Zusammenarbeit mit einem Verhaltenstherapeuten bereit. Eine solche Bereitschaft gilt prinzipiell für alle verfügbaren seriösen Therapiemethoden. Ob im Einzelfall Methoden parallel angewandt werden oder ob die Behandlung in Therapiephasen aufzuteilen ist, die miteinander alternieren, muß von Fall zu Fall entschieden werden.

Ein multimodales Modell von Psychotherapie erfordert von den Therapeuten, die es vertreten, praktische und theoretische Offenheit und Lernbereitschaft. Auch ist die Fähigkeit und Bereitschaft zur Zusammenarbeit mit Vertretern von Nachbardisziplinen unerläßlich.

Vier technische Vorgehensweisen mit Mehrphasentherapie für verschiedene Patientengruppen

Entsprechend der psychischen Struktur der Patienten und ihrer momentanen Lebenssituation gibt es vier verschiedene Behandlungsformen der Mehrphasentherapie. Die Indikation läßt sich nicht einfach schematisieren. Meist entscheidet die Summe der gesunden und gestörten psychischen Anteile über die Zuordnungsmöglichkeit zu den vier zu beschreibenden Therapieformen. Die Indikationskriterien sind in der Darstellung von *Mehrphasentherapie I, II, III* und *IV* beschrieben.

4.1 Mehrphasentherapie I
Fokale Kurztherapie (Dauer wenige Wochen)

Mehrphasentherapie I nennen wir eine spezielle Form der Kurztherapie, in der ausschließlich in Einzelsitzungen e i n psychischer Fokus mit den Mitteln der Regressionstechnik, Modellimprovisation und verbalen Durcharbeitung behandelt wird.

4.1.1 Allgemeine Überlegungen zur Mehrphasentherapie I

Wir unterscheiden zwei Formen der *Mehrphasentherapie I*, mit denen je nach Struktur der Patienten gearbeitet wird. Zunächst soll die im allgemeinen angewandte Form zur Sprache kommen.

Bei dieser kommen die Patienten täglich während einer oder auch mehrerer Wochen. Sie erhalten normalerweise 100 Minuten dauernde Einzelsitzungen. In manchen Fällen haben die Sitzungen ein »open end« und dauern dann bis zu 3 Stunden.

Seltener ist eine Variante der *Mehrphasentherapie I*, bei der die Patienten nicht täglich, sondern einmal wöchentlich zur Therapie kommen. Sie werden dann jeweils mit einer ein- oder mehrstündigen Sitzung fokaler Kurztherapie behandelt. Dies kann während mehrerer Monate, bis zu einem Jahr, erfolgen. Solche Patienten müssen hoch motiviert sein, um den Fokus über längere Zeit wichtig nehmen und immer wieder aufgreifen zu können.

Bei beiden Patientengruppen finden parallel zu Sitzungen, bei denen Therapiemittel der Modellimprovisation oder der Regressionstechnik verwandt werden, psychoanalytisch orientierte oder tiefenpsychologisch fundierte Einzelsitzungen statt. Wie die Maßnahmen im einzelnen Fall gehandhabt werden, ist aus den Fallschilderungen zu ersehen.

Fokale Kurztherapie kann man anwenden, wenn folgende Kriterien erfüllt sind: Die Patienten müssen psychisch deutlich strukturiert sein. Ein Fokus muß feststellbar sein. Das heißt: Ein abgegrenzter psychischer Steuerungsmechanismus muß auffindbar sein, welcher wesentliche Bereiche des Erlebens, Verhaltens, Wahrnehmens und Denkens gravierend stört. Die gesunde Ich-Spaltungsfähigkeit des Patienten muß ausreichen, damit er sich von diesem Fokus betrachtend distanzieren oder auch in ihn erlebend vertiefen kann. Außerdem muß die Steuerungsfähigkeit so differenziert sein, daß ein zeitweises Ausschließen der Bearbeitung von anderem im Alltag oder intrapsychisch auftauchendem Material garantiert werden kann. Patient und Therapeut müssen sich also aktiver verhalten als in längerfristigen Therapien. Mit »aktiver« ist gemeint: Sie müssen den Prozeß intensivieren, zentrieren, verlangsamen oder stoppen können. Patienten, bei denen eine längerfristige, also über Monate gehende *Mehrphasentherapie I* in wöchentlichen Einzelsitzungen stattfindet, müssen folgende Voraussetzungen erfüllen: Leidensdruck und Krankheitseinsicht müssen ausreichen, um die Krise als Therapiemotor zu ersetzen. Das Therapieziel muß für den Patienten bewußt und wichtig, aber auch ich-synton sein, so daß er es über längere Zeit konsequent verfolgen kann.

Kontraindiziert ist *Mehrphasentherapie I*, wenn unbewußte Problematik in mehreren seelischen Bereichen gleichzeitig ausufert, also verschiedene psychische Herde gleich stark wirken, oder wenn die Persönlichkeit des Patienten so wenig strukturiert ist, daß Irritationszustände hier und dort wechselnd aufflackern. Haben die zu Behandelnden eine wenig ausgebildete Abwehrstruktur oder drängt das psychische Material mit allzu hoher dynamischer Intensität, so können bei einer Anwendung von *Mehrphasentherapie I* folgende Gefahren drohen: Die den Tag regelnde Verhaltens- und Abwehrstruktur kann ausklinken und der Patient psychotisch oder psychosomatisch krank werden. Auch können weitere Dekompensationen auftreten: Erregungszustände, Unfall-Anfälligkeit, stürmisch unverständliche Veränderungen im Beziehungserleben und Verhalten. Deshalb müssen die Patienten sorgfältig ausgesucht und gründlich überwacht werden.

Die *Mehrphasentherapie I* soll an zwei Fallbeispielen demonstriert werden. Im ersten wird eine langfristige Fokaltherapie-Maßnahme geschildert. Sie dauerte fast ein Jahr. Sie fand einmal wöchentlich statt. Im zweiten Beispiel wird gezeigt, daß intensive *Mehrphasentherapie I* als kurzfristige Krisenintervention mit Erfolg eingesetzt werden konnte.

4.1.1.1 Fallskizze 1: Die Wiedergewinnung des entgangenen Erbes

Der zweiundsechzigjährige Patient, Herr Schultze, kam wegen eines Herzensanliegens, nämlich: sich anläßlich seiner Pensionierung mit fünfundsechzig Jahren den seit langer Zeit gehegten Wunsch zu erfüllen, ein eigenes Maklergeschäft zu eröffnen. Er sei zur Durchführung dieses Vorhabens vital, beweglich und auch wohlhabend genug, auch seine Frau sei daran interessiert. Objektiv gesehen sei er ohne Zweifel dazu in der Lage. Seine subjektiven Gefühle jedoch machten ihm die Durchführung des Vorhabens unmöglich. Er habe das zwingende Gefühl, k e i n e i g e n e s G e s c h ä f t b e s i t z e n z u d ü r f e n. Auch empfände er es – gleichsam in einer Art unbewußtem Wahn – als sozusagen »sicher«, daß in seiner eigenen Person tabuähnliche

Gründe dafür liegen müßten, daß er ein solches Unternehmen weder führen dürfe noch überhaupt könne.

Ich stellte mir die Frage, ob der Krankheitswert dieses Anliegens für mich als Therapeutin ausreichend motivierend sei, um Herrn Schultzes Wunsch zu entsprechen. Deshalb schlug ich eine weitere Sitzung vor, um eine gründlichere Anamnese zu erheben. Dabei stellte sich heraus, daß der Patient mit seinem Anliegen unter selbstpsychologischem Aspekt hochmotiviert war. Wichtige lebensgeschichtliche Tatsachen sprachen dafür, daß die Unfähigkeit von Herrn Schultze, sein Anliegen zu verwirklichen, auf Hintergründen beruhte, die zweifellos Krankheitswert hatten.

Da es sich um einen als Fokus behandelbaren selbstpsychologisch tiefgreifenden, basalen Persönlichkeitsschaden handelte, dessen Durcharbeitung längere ausheilende und wachstumsähnliche psychische Prozesse mitbeinhaltete, entschlossen wir uns zu einer fokalen Einzelpsychotherapie mit offener Gesamtdauer (zwischen 6–12 Monaten). Die Sitzungszeit wurde auf jeweils 50 Minuten wöchentlich festgelegt. Insgesamt fanden 36 Sitzungen statt. In diesen wurde konzentriert regressionstechnisch und körpertherapeutisch vorgegangen und das dabei auftauchende Material verbal durchgearbeitet.

Aus der Lebensgeschichte

Herr Schultze war ältestes Kind eines Geschäftsmannes. Die Ehe der Eltern sei nie gut gewesen. Den Vater habe er als ausgeglichen und freundlich in Erinnerung. Die Mutter, die selber schon einen Trinker zum Vater gehabt hätte, habe Herrn Schultzes Vater oft als Trinker bezeichnet. Ihm, dem Patienten, sei dies wie eine Unterstellung vorgekommen. Nie habe er den Vater betrunken erlebt. Er sei auch nie ausfällig geworden. Das eigentliche Problem sei die Mutter gewesen. Es sei ihm immer so vorgekommen, als hätte sie die ersten mütterlichen Gefühle in ihrem Leben bei der Geburt seines jüngeren Bruders empfunden. Nach seiner Erinnerung lehnte sie ihn, den Erstgeborenen, lebenslänglich konsequent ab. Zwischen seinem zweiten und siebten Lebensjahr erlitt der Patient mehrere lebensgefährliche Unfälle, Erkrankungen und Operationen. Einmal brach er ins Eis ein und wäre fast ertrunken.

Die Mutter habe auf diese Bedrohungen seines Lebens überhaupt nicht reagiert. Sie habe darüber hinaus später dafür gesorgt, daß nicht er als Ältester, sondern sein jüngerer Bruder zum Erben des väterlichen Geschäftes bestimmt und erzogen wurde. Dieser Bruder habe das Erbe dann auch angetreten.

Im Schul- und Leistungsbereich hatte Herr Schultze nie Schwierigkeiten, was sich ja auch in der ungebrochenen Entwicklung seiner beruflich erfolgreichen Laufbahn bis in die Gegenwart fortsetzte. Insgesamt war seine Lebenssituation als befriedigend, wenn nicht gar besonders geglückt zu bezeichnen. Er besaß ein schönes Anwesen, hatte Frau und Kinder. Die Ehe war gut, besonders nachdem beide Patner vor vielen Jahren eine Einzeltherapie absolviert hatten. Auch die Beziehung zu den erwachsenen Kindern erschien als lebendig. Bis hin zu Haustieren, die den Alltag vergoldeten, war alles vorhanden, was man sich wünschen kann.

Zur Entstehung der Störung und deren Krankheitswert

Während der Therapie zeigte sich, daß Herr Schultze bei entsprechenden Auslösern immer wieder in von außen nicht bemerkbare Angstzustände geriet. Er litt zum Beispiel an heftigem Lampenfieber, wenn er Vorträge halten oder Arbeitsgruppen leiten mußte. Dies war aber ein regelmäßiger Bestandteil seines beruflichen Alltags. Intensive funktionelle Herz-Kreislauf-Beschwerden traten dann auf. Blutdruckschwankungen, vor allem nach unten, verunsicherten den Patienten stark, da er sich oft in der Nähe einer Ohnmacht fühlte. Diese Gefühle waren zeitweise so heftig, daß er etwas wie eine Lebensbedrohung empfand.

Warum er bei einer so fundamentalen Ablehnung seitens der Mutter Kraft und Antrieb zu einer überragend positiven beruflichen Entwicklung aufbringen konnte, blieb unklar. Mir selbst ist nie ein Fall bekannt geworden, in dem eine ursprüngliche und durchgängige mütterliche Ablehnung soviel verfügbare positive Entwicklungsdynamik gelassen hätte.

Zweifellos waren Vitalität und Anlagen von Herrn Schultze besonders gut. Es wäre denkbar, daß er als Baby doch eine »good enough mother« hatte, also die frühe, instinkthafte Reaktion der Mutter nicht so gestört war, daß er nicht doch manche positiven Bilder in sich hätte aufbauen können (Winnicott, 1978). Auch könnte die Ehe der Eltern am Anfang besser gewesen sein als später. Vielleicht erfolgte sogar eine Uminterpretation des Patienten bei Geburt seines jüngeren Bruders, so, wie es (auf Seite 337) über Entthronung beschrieben ist. Es könnten jedoch auch unterstützende Personen zum engen häuslichen Kreis gehört haben, wie gute Großeltern oder ein kinderliebes Hausmädchen. In unserer Praxis sahen wir immer wieder Patienten, für die solche frühen »guten Feen« einen teilweisen Aufbau gesunder Ichfunktionen möglich machten, obwohl die Mütter keine oder nur wenig gesunde Beziehung zum Kind hatten. Lichtenberg schilderte in Dreieich 1991 mit beeindruckender Affektivität ähnliche Erfahrungen, als er uns beschwor: »Don't be so mother-centered!« Er wies darauf hin, wie vielfältig doch die Lebens- und Entwicklungsmöglichkeiten durch nestnahe Personen beeinflußt, gefördert oder gestört werden könnten. Er schilderte, daß »these wonderful black people« im alten Amerika seiner Kindheit und Jugend für viele eine umhüllende, tragende, eine phantasie- und emotionsanregende Wirkung hatten und die Dürre vornehmer Elternhäuser erfrischend belebten (1991b, Diskussionsbemerkung).

Zu Therapieprozeß und Falldiskussion

Herr Schultze war einer meiner authentischsten Patienten. Auf seine Impulse konnten wir uns beide weitgehend verlassen. Er war jedoch auch fähig, meine Vorschläge elastisch aufzugreifen. Seine Steuerungs- und Ich-Spaltungsfähigkeit war erstaunlich. Er konnte sich aktiv in regressive Zustände begeben, ebenso aktiv mit ihnen umgehen und aus ihnen auch wieder aussteigen. Als Beispiel steht die folgende Szene für viele:

Nach einem Traum, in dem Eisschollen auf einem See trieben, war ihm eingefallen, wie er als Sechsjähriger im Frühjahr auf einem Weiher ins Eis eingebrochen war und nur mit knapper Not dem Tode entronnen war. Er sei dann schließlich total durchnäßt und zutiefst erschrocken zu Hause angelangt.

Er durchlebte diese Szene nun in der Regression aufs neue . Er empfand seine damalige Todesangst, die Überwältigung durch die eisige Kälte und Nässe, seine riesenhafte Bedrohtheit, sein Gefühl der Unmöglichkeit davonzukommen und das schließliche Gerettetwerden. Danach hakte er bei der anschließenden Szene zu Hause ein: Er äußerte die Empfindung, schlotternd naß, kalt und total verängstigt auf der Ofenbank zu sitzen. Die Mutter erschien ihm dabei wie tot oder ganz desinteressiert. Er erlebte sie als völlig in ihre Arbeit versunken. In dieser regressionstechnischen Sitzung spielte der Patient auf seinen Wunsch die Kinderrolle. Mir hatte er die Mutterrolle zugewiesen. Ich konnte in der Gegenübertragung kaum die eisige distanzierte Stumpfheit ertragen, die ich zu spielen hatte. Im Patienten belebten sich mehr und mehr Gefühle von Enttäuschung, Verlorenheit, Entsetzen und Unverständnis dafür, daß er so eine desinteressierte Mutter hatte. Nachdem wir die Szene wunschgemäß mehrere Male gespielt hatten, sagte er plötzlich spontan und unvermittelt: »Frau

Damm, ich kann so nicht nach Hause gehen. Ich fühle mich, als könnte ich nie wieder aufstehen. Es ist wie mit den Unfällen und den Krankheiten, irgendwie. Ich kann nur wieder aufstehen, wenn wir die Szene noch einmal zusammen spielen, aber jetzt müssen sie eine g u t e Mutter spielen, wie es richtig ist und wie ein Kind sie braucht.« Zum damaligen Zeitpunkt waren mir Probleme des Aufbaus guter, gesunder, unbewußt-steuernder Repräsentanzen im Sinne von »reparenting« noch weniger bekannt als jetzt, wo ich selbst auf notwendige Aktivitäten dieser Art achte. Pessos und Stettbachers Schritte in diese Richtung waren mir noch fremd (Pesso, 1986; Stettbacher 1990). Auch von den Gedanken und Methoden der Selbstpsychologen hatte ich in diesem Zusammenhang noch kein Wissen. Im Vertrauen auf die Instinktsicherheit von Herrn Schultze überwand ich meine Unschlüssigkeit, die auch mit Schuldgefühlen gegenüber meinen damals noch sehr aufdeckungsorientierten Ausbildern zusammenhing. Ich erfüllte dem Patienten also seinen Wunsch und empfinde es bis heute so, als hätte er mir ein Licht aufgesteckt. Als ich eine gute Mutter darstellte, wie er sie früher gebraucht hätte, war die Wirkung verblüffend: Die Mimik, die Körperlichkeit, die rhythmische Atmung des Patienten belebten sich. Es war, als hätte ihn ein Lebenshauch getroffen und als wären die heilen und heilenden Repräsentanzen in ihm wieder steuerungskräftig geworden. In vielen Situationen seiner Therapie wurden nun ähnliche Akzente wichtig. Die vorn beschriebene Szene des Unfalls und seiner Folgen kann wohl als Modellszene im Sinne Lichtenbergs bezeichnet werden.

In der gründlichen und immer erneut notwendigen verbalen Durcharbeitung waren teils die Inhalte der Regression Thema, teils Träume, teils reale Erlebnisse, die zu diesem Grundmuster gehörten. Herr Schultze konnte immer deutlicher verknüpfen, wie es seiner Mutter schrittweise gelungen war, einen Teil seines gesunden Selbstwertgefühls umzubiegen, gleichsam zu »verhexen«. Sein Lampenfieber erschien ihm schließlich als die Angst, noch einmal wieder durchzufallen wie früher bei seiner Mutter. Die Ängste bei seiner Körpersymptomatik erschienen ihm als Ausdruck seiner Herzensangst, ohne mütterliche Fürsorge den Bedrohungen des Lebens einfach nicht gewachsen zu sein. Er war ja auch tatsächlich in Abgründe gestürzt, Unfällen ausgesetzt gewesen oder fast in einem mörderisch-eisigen Teich ertrunken, weil keine Mutter ihn beaufsichtigte und äußerlich wie innerlich schützte. Die Therapie hörte schließlich aus Gründen auf, die mir eine längere Unterbrechung aufnötigten. Aber ihr Gesamtverlauf und die Persönlichkeit des Patienten sprechen dafür, daß die strukturellen Zugewinne ihm wohl zu einem großen Teil geblieben sein dürften. Es waren Zugewinne, sich selbst zu glauben, eigene Rechte zu fühlen, eigene Ziele durchzusetzen und seinen Impulsen vertrauen zu können.

4.1.1.2 Fallskizze 2: Mehrphasentherapie I als Krisenintervention bei einem Patienten mit panikartigen Angstzuständen

Herr Graf kam wegen eines Krisenzustandes. Er klagte über Schlaflosigkeit, Herzrasen, Kreislaufstörungen, Angstzustände, Weinkrämpfe und heftige unbeherrschbare Trennungsschmerzgefühle. Außerdem litt er an Arbeitsstörungen und panikartigen Ängsten vor Atomkrieg oder Weltuntergang. Der Zustand war erstmals aufgetreten, als er seine Freundin aus Eifersucht mit einem Seitensprung bestraft hatte, woraufhin diese ihn endgültig verließ. Seitdem wurde er von heftigen Schuldgefühlen beiden Frauen gegenüber, der alten und der neuen Freundin, gepeinigt.

Zur Symptomatik

Herr Graf hatte als Künstler laufend Auftrittsverpflichtungen in der Öffentlichkeit. Wegen des plötzlich eingetretenen schweren Streßzustandes fühlte er sich seiner beruflichen Tätigkeit nicht mehr gewachsen. Er fürchtete immer wieder, bei seinen Auftritten zusammenzubrechen. Er bat mich deshalb um den Versuch, ihn durch eine Intensivtherapie von seinen panikartig übersteigerten Gefühlsaufwallungen zu entlasten.

Die Anamnese ergab, daß er an einer strukturellen Persönlichkeitsstörung mit tiefgehenden Beziehungsstörungen litt und auch miteinander unverbundene Persönlichkeitsanteile zu haben schien. Die Verarbeitungsfähigkeit, die Intelligenz, die Fähigkeit zur Distanznahme, zum verbalen Ausdruck und zur logisch-kritischen Verknüpfung war jedoch ungewöhnlich gut. Außerdem zeigte sich, daß ein Fokus im Sinne einer hoch-ambivalenten verinnerlichten Vater-Beziehung vorlag, der deutlich abgrenzbar war. Die Wahrscheinlichkeit, einen befriedigenden und die Berufsfähigkeit wieder stabilisierenden Teilerfolg durch eine intensive Kurztherapie zu erzielen, schien ausreichend hoch, um einen Versuch zu begründen. Der Erfolg, eine schnelle Entlastung von den überschießenden Affekt- und Körper-Reaktionen, rechtfertigte diesen Versuch.

Lebensgeschichtliche Hinweise mit Relevanz für den Fokus

Herr Graf war einziger Sohn. Er hatte mehrere ältere Schwestern. Er wurde von den Frauen verhätschelt. Der Vater sei eine faszinierende Persönlichkeit gewesen mit kraß widersprüchlichen Anteilen. Er war Kirchenmusiker und galt bei seinen Hörern wie den Chor- und Orchestermitgliedern als glänzende und herausragende Persönlichkeit; ebenso empfand ihn sein Sohn. Seine gloriosen Anteile und sein suchtartiges Bedürfnis, andere zu faszinieren, zeigten sich auch in seinem Donjuanismus. Er habe sich wie ein Herrgott gefühlt und aufgeführt. Er habe sich aufgespielt, Frau und Kinder an die Wand gedrückt und den Sohn mit seiner gesamten Körperkraft oft brutal und heftig zusammengeschlagen. Ruhe habe sich erst eingestellt, als der Sohn in der Pubertät auf die gleiche Weise zurückgeschlagen hätte und den Vater aufgrund nun größerer Körperkraft niederschlagen konnte. Seitdem hat der Patient akute Angst, im Falle einer Aggression von außen zum Totschläger werden zu können.

Der Vater war auch sein erster Lehrer. Er habe ihn furchtbar drangsaliert. Offen blieb für mich, wieso der Sohn sich so mit ihm identifiziert zu haben schien, daß er einen ähnlichen Beruf ergriff und den Vater auch bei Krankheit vertrat. Bei den schon im Erstgespräch geäußerten Haßgefühlen wäre mir eine Gegenidentifizierung logischer erschienen. Die Ehe der Eltern sei wegen des Donjuanismus schlecht gewesen. Er habe die Mutter sehr bemitleidet. Einig seien die Eltern sich darin gewesen, ein Genie in ihm zu sehen, weshalb sie ihm auch seine mittelmäßigen Grund- und Oberschulleistungen verübelt hätten. Seine berufliche Ausbildung und Entwicklung war dadurch gekennzeichnet, daß er übliche Studienregelungen nicht einhielt, aber dennoch ungewöhnlich rasch Karriere machte. An seiner Sexualität war Herrn Graf aufgefallen, daß er entweder abstinent oder sexuell überaktiv lebte. Er lebe seit Jahren von seiner Ehefrau getrennt. Die Beziehung sei eine Hölle gewesen. Überhaupt hätten Beziehungen zu seinen Partnerinnen neben übergroßer psychischer und erotischer Intensität starke sado-masochistische Anteile gehabt. Es käme ihm zwar verrückt vor, dies zu sagen, aber er sei sich sicher, daß alle seine Beziehungen zu Frauen im Grunde wie die Beziehung zum Vater verlaufen seien.

Aus der Mehrphasentherapie I von Herrn Graf

Während der ersten regressionstechnischen Sitzung primalte er Wut und grenzenlose Angst vor seinem riesenhaften Vater, der ihn am Klavier drillte: Hilflosigkeit, Zittern, Lampenfieber, ein zürnender Gott, drohende Schläge, ein ohnmächtiges Kind. Tags darauf wollte er sich von seinen ungeheuren Ängsten befreien, die, nach seiner Vorstellung, an die Prügelszene gebunden waren. Er schlug gegen eine improvisiert hergestellte Vaterfigur, trat, brüllte, schrie, tobte.

Bei diesem überaffektiven Patienten legte ich besonders großen Wert auf ausführliche und vollständige verbale Durcharbeitung des in der Regression Erlebten. Dabei zeigte sich, wie er gegen die Willkür, die Kontaktlosigkeit und die Wut des Vaters angestürmt war. Zwar hatte sich hierbei ein Befreiungsgefühl eingestellt, aber nur so etwas wie ein enger und sehr begrenzter Freiraum. Er sagte: »Ich fühle mein Leben jetzt nicht mehr als bedroht, aber ich habe überhaupt nicht das Gefühl, den Vater überwunden zu haben.« Ich antwortete: »Wie damals. Deshalb kommen Sie vielleicht ja auch her.« Er: »Deshalb habe ich wohl auch immer wieder schrecklich Angst, zum Totschläger zu werden, falls mich jemand angreift. Irgendwie hat mich der Vater noch am Wickel, auch wenn ich ihn zusammenschlagen kann.«

In der folgenden Intensivsitzung lag er mit zunächst verwirrtem, dann entgeistertem Gesichtsausdruck im Regressions-Raum auf der Matte. Seine Augen wurden immer ausdrucksvoller, schienen durch die Decke in den Himmel zu schauen. Er begann zu murmeln: »Vater, ich kann Dich nicht totschlagen. Du bist wie ein Gott, wie ein zürnender. Aber wenn Du musizierst, geht der Himmel auf! Du bist wie ein wunderbarer Gott!« Gefühle von Verzücktheit, Verzauberung, Faszination zeigten sich. »Alle haben meinen Vater vergöttert«, sagte er. »Sie hatten auch recht. Ich auch. Und mich haben schon die Nonnen im Kindergarten vergöttert, weil ich sein Sohn war.« (Nach langer Pause, fast unhörbar): »Vater, es ist so schön, Dein Sohn zu sein.« ... Ich fragte: »Wie alt könntest Du jetzt sein?« Er: »Fünf«. Pause: »Es ist so schön, Dein Sohn zu sein, von einem so wunderbaren Gott mit so himmlischer Musik!« Ich: »Ist es wohl sehr, sehr schön, daß Du auch einmal so werden kannst, wenn Du groß bist?« Er begann zu strahlen: »Das ist das Schönste auf der Welt.« Eine längere Pause entstand. Er begann, unbehaglich zu wirken. Als ich fragte, was sei, sagte er: »Aber ich hasse meinen Vater doch!« ...

Ich schlug daraufhin vor, nach einer kurzen Pause in den oberen Raum für die verbale Therapie zu gehen und die analytische Durcharbeitung zu beginnen. Es war mir wichtig, daß bei Tageslicht wahr sein konnte, was Herr Graf, wegen der für ihn bestehenden Unvereinbarkeit, abgespalten hatte. Neben dem flammenden Haß auf den zürnenden Vater-Gott war eine ebenso brennende Liebe und Bewunderung für den gloriosen und den talentierten Vater vorhanden. Diese Tatsache erschien ihm denn auch in der psychoanalytisch orientierten Einzelsitzung als ganz ungereimt und unverstehbar. Mir selbst waren in diesem Zusammenhang die Gründe für seine konsequente charakterliche Vater-Identifizierung einfühlbarer geworden. Ich fragte ihn: »Wenn es gar nicht verstehbar ist, wenn es gar nicht in den Kopf gehen kann, dann sind vielleicht Haß, Kritik, Ablehnung, Wut in den Kopf gegangen. Die grenzenlose Liebe und Bewunderung aber in den Körper, ins Verhalten, in die Lebensgestaltung.«

Nach einiger Zeit sagte er: »Jetzt weiß ich auch, warum all meine Frauenbeziehungen genau wie die Beziehung zu meinem Vater waren. Es kam mir wie ein Fluch vor. Vielleicht war es mehr wie ein Wunsch, das, was nicht zusammenpaßte, doch noch zusammenzubringen oder wenigstens hintereinander. Es waren und sind tolle Frauen. Sie sind anbetungswürdig. Und die Beziehungen sind abwechselnd himmlisch und höllisch, sadistisch, willkürlich und quälerisch.« Ganz so, wie er es von seiner Ex-Frau im Erstgespräch gesagt habe, sei es durchgängig bei seinen Frauenbeziehungen gewesen und ganz wie bei seiner Beziehung zum Vater.

Ich fragte ihn, wie es ihm denn mit der Tatsache ginge, daß diese beiden Beziehungsformen zum Vater ihm jetzt präsent waren. Er: »Ich weiß noch nicht. Es verwirrt mich. Aber immerhin kann ich jetzt besser glauben, daß meine Panikgefühle seit der Trennung auflösbar sind, wenn wir weitermachen. Ich kriege Mut. Trennung tut ja nur weh von jemand, der nicht bloß schrecklich ist.«

Wir trennten uns nach zweieinhalb Stunden, von denen eine zur verbalen Durcharbeitung genutzt worden war. In den folgenden Sitzungen hatte die verbale Arbeit Übergewicht gegenüber der Regressionstechnik. Der Patient machte Tabellen von guten und schlechten Eigenschaften seines Vaters mit einem Strich in der Blattmitte zur deutlichen und krassen Unterteilung in »Gut« und »Schlecht«. Wir gingen gleichsam »gemeinsam um den Vater herum«, betrachteten ihn von vielen Seiten. Wir nahmen in Ausformungen seiner Ungewöhnlichkeit nach und nach mächtige Impulse wahr, Anteile einer inneren Leere zu kompensieren. Sie erwies sich letztlich als Mangel an Empathie und Beziehungsdichte, aber auch an Kontakt zum wirklichen, eigenen Kern der Person des Vaters selbst.

Näher schildern möchte ich eine Regressionstechnik-Sitzung gegen Schluß der Fokaltherapie: Der Patient ging dabei mit der Übermächtigkeit seines Vaters um. Er konnte sich ihm nicht entziehen, konnte sich nicht von ihm abgrenzen, nicht durch Liebe und nicht durch Haß. Manchmal sagte er vor sich hin: »Ich möchte doch so gerne eine eigene Person sein, aber ich kann es nicht. Du bist zu stark, zu faszinierend, zu furchtbar!« Ich störte ihn bei diesen leise geführten Selbstgesprächen nicht. Mir schien, er sei schon allzu sehr gestört und sein innerer Kompaß von dem starken Magnetfeld des Vaters wie abgelenkt worden.

Irgendwann begann er, sich leicht zu bewegen, sich zu wiegen, dann zu zappeln, zu glucksen und schließlich immer mehr zu lachen. Am Ende hüpfte er im ganzen Raum herum und lachte, lachte, lachte. Ich verstand gar nichts, aber das Bild, das sich mir bot, wirkte nicht beunruhigend. Ich ließ ihn gewähren. Er hüpfte in verschiedene Ecken, in verschiedene Höhen und lachte wie von oben, von unten und von allen Seiten. Allmählich fing er an zu tanzen und zu sagen: »Vater, jetzt hab ich's. Ich habe das Mittel! Es macht mich von Dir frei. Es ist das einzige auf der ganzen Welt, das mich von Dir frei machen kann. Ich kann Dich auslachen und auslachen! In Deiner Gottähnlichkeit! In Deiner Übergröße! In Deiner Teuflischkeit und Deinem Fabelhaftsein!« Dann setzte er sich zu Boden und weinte fassungslos.

Als wir anschließend oben im Therapiezimmer saßen, waren wir beide noch benommen von dem eruptionsartigen Durchbruch instinktiver Selbsthilfe des Patienten. Nach einiger Zeit des Schweigens fragte er: »Warum bin ich nur noch nie darauf gekommen. Es ist wirklich das einzige Mittel, diese bombastische Übergröße auszuschalten.« Ich antwortete: »Vielleicht, weil das Ausmaß der Größe und Wirksamkeit der schlechten, aber auch der guten Gefühle noch nie wahr sein durfte? Vielleicht konstelliert sich dabei leichter eine Art Gegengift oder Resistenz.« Er: »Ohne Sie wäre es aber auch nicht gegangen.« Ich: »Es geht meist nicht ohne jemand, der dabei ist, mitspielt, spiegelt, versteht, sich aber auch unterscheidet von den ursprünglichen Personen.«

Nach wenigen weiteren durcharbeitenden Sitzungen, bei denen auch die triebhafte, konturlose und wie wertlos erscheinende Mutter kurz zur Sprache kam, war der Patient deutlich entlastet von seinen Panikgefühlen. Eine Bearbeitung der Mutterbeziehung, soweit sie nicht die zum Vater mitgestaltet oder begünstigt hatte, wurde ausdrücklich zurückgestellt, um beim Patienten eine Überladung mit unbewußtem Material zu verhindern. Er neigte ja ohnehin zu ausufernden, Kontur und Grenzen auflösenden Erlebnisweisen.

Die Krise war abgefangen, und die Intensivtherapie wurde beendet. Der psychische Zustand blieb auch über längere Zeit stabil, wie ich bei Telefonaten hörte. Da dem Patienten und mir bewußt geworden war, daß die basale Mutterproblematik möglicherweise die Aufnahme einer Langzeittherapie gerechtfertigt hätte, fragte er nach einiger Zeit bei seiner Kasse wegen deren Finanzierung an. Die Anfrage wurde abschlägig beschieden.

Leidensdruck war beim Patienten kaum noch vorhanden. Auch die große Entfernung seines Wohnsitzes von meiner Praxis ließ eine weitere Behandlung mit kombinierten Methoden als sehr mühselig erscheinen. Es geht ihm vorwiegend gut. Seine Verarbeitungsfähigkeit und seine Selbstheilungskräfte waren außerordentlich groß. Ich nahm an, wenn es ihm wirklich schlechtgehen sollte, würde er sich vielleicht wieder melden. Ich konnte mir vorstellen, daß auch eine verbale Psychotherapie nach der Durcharbeitung der mit der Vaterbeziehung zusammenhängenden Neigung zu teils flimmerndem und teils geballtem Agieren möglich geworden war. Dann wären langwierige Reisen überflüssig gewesen. Das schließliche befreiende Auslachen konnte ihn vom Vater und der Bereitschaft zum Agieren so dauerhaft distanziert haben, daß die verbale Ebene als Begegnungs- und Beziehungsmöglichkeit ihm nun ausreichend zur Verfügung stehen könnte. Beim Schreiben dieses Buches rief ich ihn im Zusammenhang mit der Schweigepflichtentbindung an. Es geht ihm sehr gut. Er konnte sein Leben progressiv gestalten.

Gerade bei diesem Patienten fiel etwas deutlich auf, was bei der Arbeit mit Mehrphasentherapie oft sichtbar wird, vielleicht sogar kennzeichnend für diese ist: Beim regressiven und handelnden Umgang der Patienten mit sich selbst trat spontan viel traumatisches oder Konfliktmaterial aus der Vergangenheit zutage, welches sonst häufig durch Deutungen der Therapeuten, vor allem Deutungen der Übertragungsbeziehung, vermittelt wird. Auch kreative Selbstheilungsimpulse zeigten sich spontan. Wenn der Therapeut diese unterstreicht, spiegelt und akzeptierend aufgreift, hat der Patient oft in verstärktem Maße das Gefühl: »Mir wird ja geglaubt« oder: »Man kann mir wohl wirklich glauben« oder: »Ich kann mir ja selbst glauben!« Dies stärkt die Gefühle der Identität und Autonomie, auch das Wachstum der Selbstevidenz und Selbstkohärenz. Allerdings wäre es Schönfärberei oder mindestens zu vereinfachend, wie Janov zu behaupten, auf solche Weise gingen Heilungsvorgänge wachstumsähnlich vor sich, gleichsam selbstverständlich und immer. Alles, was in der Psychoanalyse über die Wichtigkeit des konstanten therapeutischen Arbeitsbündnisses gesagt wird, ist unverzichtbarer Bestandteil der Mehrphasentherapie. Auch die Durcharbeitung der Übertragungsbeziehung und die in deren Verlauf möglich werdende Unterscheidung der Übertragung von der realen Beziehung zum Therapeuten sind unverzichtbar. Korrigierende Erfahrungen am Behandler oder auch deren Funktion als Selbstobjekt sind ebenfalls unentbehrlich und wirken heilend. Darüber hinaus ist es oft notwendig, daß ein Mehrphasen-Therapeut Hilfs-Ichfunktion übernimmt und den Verlauf von Therapieschritten aktiv steuert. Auf diese Weise kann verhindert werden, daß destruktive oder destrukturierende Anteile des Patienten in ihrer heftigen Dynamik den Verlauf des Therapieprozesses bestimmen.

4.1.2 Abschließende Bemerkungen zur Mehrphasentherapie I

Die Beispiele zeigten, wie *Mehrphasentherapie I* bei Patienten erfolgreich angewandt werden konnte, bei denen ein umschriebener psychischer Fokus isolierbar war. Alle diese Patienten wiesen Anteile auf, die deutlich strukturiert waren. Sie waren in der Lage, sowohl zum Fokus als auch zu dem, was sie als ihr erwachsenes Ich erlebten, Kontakt aufnehmen und wieder zu unterbrechen. Sie verfügten über ein ausreichendes Maß an gesunder Ich-Spaltung.

Bei Herrn Schultze dauerte die Therapie fast ein Jahr. Während einer so langen Zeitspanne werden im Ablauf des täglichen Lebens bei Patienten viele Interessen und Bedürfnisse mobilisiert. Diese werden jedoch in der Fokaltherapie ausdrücklich ausgespart. Die Patienten bedürfen zur Anwendung dieser Art der Therapie also großer Disziplin, Ausdauer und Zielsicherheit. Vor allem aber müssen der Fokus und die Bedeutung, die sie seiner Durcharbeitung zuschreiben, so übergreifend sein, daß es sich lohnt, die Aufmerksamkeit immer wieder von den Alltagsschwankungen weg und auf den Fokus hinzuwenden.

Hierfür muß das Leben des Patienten in seiner Alltagsrealität klar strukturiert sein und viel von seiner Aufmerksamkeit binden können, so daß das Risiko, sich gegenüber einem psychischen Fokus zu öffnen, nicht zu groß erscheint. Ein psychischer Krisen- oder Unruheherd, und als solchen kann man einen »psychischen Fokus« durchaus bezeichnen, mobilisiert psychische Erregung. Da das jeweilige Material nicht auf Anhieb verarbeitet sein kann, brandet dann ungebundene psychische Energie gegen die Strukturen der übrigen Person an. Solange es dem Patienten möglich ist, einen solchen Krisenbereich innerhalb der eigenen Person dadurch zum Schweigen zu bringen, daß er ihm die Energie entzieht, kehrt immer wieder Ruhe ein, und diese ist für eine schrittweise Verarbeitung der mobilisierten Problematik auch unbedingt erforderlich. Besonders leicht ist Ruhe herstellbar, wenn dem Patienten eine Umlenkung seiner Aufmerksamkeitsrichtung möglich ist. Bei engem Bezug zu praktischen Aufgaben wird dies durch die täglichen Aktivitäten wie selbstverständlich unterstützt. Ablenkung über anders geartete Aufgaben und Interessen stellt zwar oft eine der Durcharbeitung hinderliche Abwehr dar, sie bietet aber andererseits auch eine wichtige Möglichkeit für einen Bearbeitungsaufschub von Gelegenheit zu Gelegenheit. Eine Aufarbeitung schwerwiegender psychischer Probleme ist im allgemeinen nur in kleineren Schrittweiten möglich.

Im Falle einer Krisenintervention ist zu beachten, daß ein Krisenzustand die gesunde Ich-Spaltungsfähigkeit erhöhen, aber auch verringern kann. Nur bei ausreichender Ich-Spaltungsfähigkeit kann mit *Mehrphasentherapie I* gearbeitet werden. Wo eine intensive Kurztherapie erwogen wird, sollten folgende Fragen geklärt sein: In welchem Verhältnis stehen beim Patienten die Dynamik, welche zum Fokus gehört, die gesunde Ich-Spaltungs- und die Verarbeitungsfähigkeit? Ist zu erwarten, daß die Fähigkeiten der Ich-Spaltung und der Verarbeitung durch die Dynamik des Fokus allzusehr überschwemmt werden oder daß chaotische Zustände in der Außenwelt die Kapazität überfordern, so sind andere Therapieformen angezeigt.

Als grundlegend wichtiger Autor zur Fokaltherapie ist Malan (1965) mit seinem Buch »Psychoanalytische Kurztherapie. Eine kritische Untersuchung« zu nennen. Er hat als erster die genannten Kriterien formuliert. Jedoch bietet die von Malan beschriebene psychoanalytische verbale Fokaltherapie nicht bei allen Patienten optimale Erfolgschancen. Bei Patienten mit eingeschränkten verbalen Kommunikationsmöglichkeiten, wie zum Beispiel bei manchen Gastarbeitern, kann die Hinzunahme leib-, emotions- und ausdrucksnäherer Methoden den sonst oft lückenhaften Dialog zwischen Patient und Therapeut vervollständigen. Bei Patienten mit ich-strukturellen Störungen, psychosomatischen Krankheiten oder deutlichen körpersprachlichen Äußerungsweisen ist es manchmal sinnvoll, körpertherapeutische Maßnahmen in die Behandlung einzubeziehen. Auch gibt es Patienten mit vorherrschenden intellektuellen Persönlichkeitsanteilen und guter Ich-Steuerung, bei denen eine Entkoppelung zwischen der bewußten Persönlichkeit und tieferen Persönlichkeitsschichten vorliegt. Eine solche zeigt sich oft nicht dramatisch. Eine gewisse Trockenheit der Beziehungen fällt dann auf. Es können aber auch freundliche, geistreiche und harmonische Teil-Austauschvorgänge stattfinden, die letztlich von Anteilen des »falschen Selbst« gesteuert sind. Solche Patienten kommen meist zur Therapie, weil sie unter Störungen wichtiger Beziehungen leiden. Wenn bei solchen Patienten zur verbalen Fokaltherapie Maßnahmen der Regressionstechnik oder der Modellimprovisation hinzutreten, intensiviert sich oft der innere Dialog zwischen den verschiedenen Persönlichkeitsschichten und der äußere zwischen Therapeut und Patient.

Nicht alle Intensivtherapien sind Fokale Kurztherapien im hier verstandenen Sinne. In den USA zum Beispiel werden Intensivtherapien in Form drei Wochen dauernder täglich mehrstündiger Einzeltherapie jeder Primärtherapie vorangestellt. Kurz- oder Intensivtherapien dieser Art als Therapieeinleitung gibt es in der Mehrphasentherapie nur ausnahmsweise. (Vgl. z. B. S. 166) Dafür sprechen zwei gute Gründe: Seit den Anfängen der Psychoanalyse ist bekannt, daß Aufdecken von bedrohlichem Material oft zu einer Verstärkung der Abwehr führt, solange der Patient die psychische Berührung mit dem Konfliktstoff noch nicht ertragen kann. Ähnlich wie wir einen verletzten Finger reflexartig schonen, sorgt automatisches psychisches Abwehrverhalten dafür, daß das schmerzhafte Material sich bei zu plötzlicher Berührung wie eine Schnecke in sein Schneckenhaus zurückzieht. Eine Intensivtherapie zu Beginn der Behandlung führt deshalb bei Patienten mit gut ausgebildeter Abwehr, die ja häufig ein Zeichen psychischer Strukturiertheit und Ausdifferenziertheit ist, oft eher zu verlängerter Therapiedauer. Andererseits konnte aber auch Überflutung durch unbewußtes psychisches Material bei einleitenden Intensivtherapien beobachtet werden.

Abschließend sollen die Begriffe »fokal« bzw. »der Fokus« noch einmal präzisiert werden: Das lateinische Wort »focus« heißt auf deutsch: »Herd«, in unserem Zusammenhang ist es vielleicht zutreffender frei zu übersetzen mit: »Umfeld eines psychischen Brennpunktes«. Es muß also etwas wie ein Brennpunkt vorzufinden sein, nicht etwas wie ein Flächenbrand. Nur dann kann Fokale Kurztherapie bei Patienten mit Aussicht auf Erfolg angewandt werden.

4.2 Mehrphasentherapie II
Konzentrierte Mehrphasentherapie
(bis zu ca. zwei Jahren)

Mehrphasentherapie II nennen wir die gezielte Anwendung von wöchentlich einer Gruppen- und einer Einzelsitzung, die innerhalb eines Zeitraums von etwa zwei Jahren zum Abschluß kommen soll. Bei sehr verarbeitungsfähigen, disziplinierten und initiativereichen Patienten genügte mitunter sogar eine Gruppen- und eine Einzelsitzung vierzehntägig, so daß nur eine wöchentliche Maßnahme zur Anwendung kommt.

4.2.1 Allgemeine Überlegungen zur Mehrphasentherapie II

Das Therapieziel der *Mehrphasentherapie I* bestand darin, einen Fokus zu bearbeiten und alle psychische Problematik, die diesen Fokus nicht betrifft, in der Psychotherapie unberücksichtigt zu lassen. Bei Anwendung von *Mehrphasentherapie II* hingegen werden mehrere psychische Herde bearbeitet. Es wird also im Prozeßverlauf wechselnd fokussiert, so wie es die Vorgänge in der jeweiligen Therapie nahelegen. Therapeutische Aktivität und Entscheidungsfähigkeit werden hierfür in großem Umfang benötigt,

163

da auch strukturelle Besonderheiten und Vorgänge des Alltagslebens gezielt in die Behandlung einbezogen werden. Auch diese Patienten benötigen große psychische Handlungsfähigkeit: Sie müssen unbewußtes Material in ihrer Therapie mobilisieren können, und sie müssen in der Lage sein, es wieder ruhen zu lassen. Sie müssen außerdem das in der Therapie Erarbeitete selbständig im Alltag umsetzen können.

Es ist verführerisch anzunehmen, daß, wer Mehrphasentherapie I verträgt, auch Mehrphasentherapie II vertragen kann und ihm erst recht die Anwendung von mittelfristiger oder Langzeittherapie nicht schaden könne. Solche groben Annahmen können jedoch trügerisch sein. Herr Graf, der Mehrphasentherapie I gut vertrug, hätte wahrscheinlich Mehrphasentherapie II nicht vertragen. Das heißt für diesen Fall: Bei der Bearbeitung des Vater-Introjekts war intensive Fokaltherapie anwendbar. Wegen der Wolkigkeit und Nebulosität in anderen Anteilen seiner Psyche, die mit der Mutterbeziehung zusammenzuhängen schienen, würde ich erwarten, daß eine Bearbeitung dieses Introjekts nur mit den technischen Mitteln der *Mehrphasentherapie III* oder *IV* möglich gewesen wäre.

Da eine große Anzahl verschiedenartiger Patienten dieser Gruppe zuzuordnen ist, soll die Mehrphasentherapie II an etlichen Fallbeispielen veranschaulicht werden:

4.2.1.1 Fallbericht 1: Intensivtherapie zur Krisenintervention als einleitende Maßnahme für eine Mehrphasentherapie II

Eine von mir an anderem Ort beschriebene Intensivtherapie soll hier zu Unterscheidungszwecken zunächst angeführt werden. »Mehrphasen-Intensivtherapie mit einem Paar als Krisenintervention bei lebensbedrohlich-akutem Zustand von Asthma bronchiale« (Damm, 1991b) ist nicht mit Mehrphasentherapie I zu verwechseln. Für diesen Fall bildete sie eine einleitende Maßnahme zur Durchführung einer Mehrphasentherapie II. Diese Krisenintervention wurde gewählt, weil schwere asthmatische Störungen sieben Jahre lang mit vielfältigen somatischen, aber auch mit konsequenten psychotherapeutischen und psychoanalytischen Therapien ergebnislos vorbehandelt worden waren. Schließlich war eine extreme Situation eingetreten, in der die

Patientin in einer Asthmaklinik zwei Wochen lang an einem Tropf mit Cortison hing und das Krankenhaus wegen Lebensgefahr nur noch auf eigene Verantwortung verlassen durfte. Unter diesen Umständen hatte das Ehepaar uns um Beurteilung der Frage gebeten, ob wir einem Versuch mit Intensivtherapie in unserer Praxis auf ihre eigene Gefahr zustimmen könnten. Die anamnestischen Fakten, Informationen über die gegenwärtige Situation in Leben und Partnerschaft sowie das Beziehungsverhalten beider Partner im Erstgespräch ergaben deutliche Hinweise auf eine wahrscheinliche Psychogenese des Asthmas. Wir gewannen auch den Eindruck, daß dieses mit intensiver Mehrphasentherapie schnell angehbar sein könnte. Diese Annahme erwies sich als richtig. Betonen möchte ich, daß während unserer Therapiemaßnahme der körperliche Zustand der Patientin ärztlich überwacht wurde.

Wir entschlossen uns unter diesen Umständen zu einer sehr intensiven Interventionsform: Wir begannen mit zweimal je zwei Wochen intensiver Paartherapie. Die Sitzungen sollten täglich stattfinden und waren geplant als »open end«, jeweils insgesamt 3–4 Stunden. Das Setting war wie folgt vorgesehen: Zu Beginn sollte eine etwa einstündige verbale Paartherapie-Sitzung stattfinden, in der die jeweils aktuellen Probleme zur Sprache kamen. Daran schloß sich eine bis zu zweistündige Regressionstechnik-Sitzung beider Partner an. Den Schluß bildete die verbale Bearbeitung des in der Regression Erlebten. Dieses Vorgehen ermöglichte beiden Partnern schnell, die in der Anfangsbesprechung aufgetauchten aktuellen Beziehungsprobleme mit alten Erlebnismustern in Verbindung zu setzen. Unter Anwendung dieser Technik entstaute sich rasch die heftige aktuelle Beziehungsdynamik, die durch Verschiebung maligner Introjektanteile auf den Partner entstanden war.

Fokussiert wurde wechselnd: Auf strukturelle Lücken wegen frühester Unversorgtheit durch die jeweilige Mutter; maligne Anteile der Vater- und Mutter-Introjekte beider Partner; ein malignes Säuglingsschwester-Introjekt; schweren sexuellen Mißbrauch; eine Dauerbelastung für die Familie durch aktuelle geschäftliche Schwierigkeiten; Komplikationen der Beziehung wegen der gegenseitigen Stiefkinder. Die hier beschriebene Form der Intensivtherapie dauerte insgesamt vier Wochen. Schon von Anfang an traten die Asthma-Anfälle nur noch situationsbezogen auf. Nach der Intensivtherapie wurde weiter mit Mehrphasentherapie II behandelt. Das Asthma hörte nach einjähriger Therapie auf. Die Therapie dauerte beim Ehemann zwei, bei der Asthma-Patientin zweieinhalb Jahre.

4.2.2 Zwei unterschiedliche Fälle als Ausgangssituationen für Mehrphasentherapie II

4.2.2.1 Fallbericht 2: Massive Schwankung der unbewußten Steuerung bei benignem Vater- und malignem Mutter-Introjekt

Herr Kauertz, Psychotherapeut mit langjähriger Ausbildung an einem anerkannten deutschen Institut, hatte in mehreren Versuchen noch die Wirkung einer Reihe von zusätzlichen Methoden an sich selbst erfahren. Nach all seinen Vorerfahrungen verfügte er über beachtliche gesunde Persönlichkeitsanteile. Er wünschte sich, während einer zweijährigen Zeitspanne wöchentlich an der R-Gruppe teilzunehmen. Ihm seien der hohe Zeitaufwand, seine lange Anreise und die wöchentlich fünfstündige Gruppensitzung nicht zuviel. Die ihm noch verbliebene Restsymptomatik belaste ihn so, daß er nicht einsehen könne, warum er mit dieser Last immer weiterleben solle. Er fragte mich, ob ich mir vorstellen könne, daß innerhalb von zwei Jahren der gewünschte Effekt zu erreichen sei.

Eine gründliche Anamnese und diagnostische Maßnahmen, die strukturelle Gegebenheiten und die der gegenwärtigen Umwelt klären sollten, ergaben folgendes Bild: Er besaß eine ausgezeichnete Intelligenz, Verarbeitungs- und Verknüpfungsfähigkeit. Auch seine Fähigkeit der Introspektion, gesunden Ich-Spaltung, Frustrationstoleranz, Zielsicherheit und Beständigkeit war gut differenziert. Er verfügte über einen ausreichenden Anteil basaler Beziehungs- und Bindungsfähigkeit, der allerdings mit Schwäche der Autonomie und mit Abhängigkeitsproblemen durchsetzt war. Immer wieder war er irritiert, genarrt und fehlgesteuert durch unklare, nicht deutlich umrissen in Erscheinung tretende, präverbale traumatische Anteile. Lebensgeschichtliche Besonderheiten der Anamnese lagen vor.

Herr Kauertz war in der frühesten Phase abgestillt worden, weil er seine Mutter angeblich so aggressiv in die Brust gebissen hatte, daß diese die auftretenden Schmerzen nicht aushalten konnte. Der Vater hingegen sei dem Sohn von der Babyzeit an verläßlich zugewandt gewesen. Beziehungsmuster im Sinne von Macht- und Abhängigkeitsproblematik, masochistischem Verhalten und destruktiven Anteilen fielen bei Herrn Kauertz auf. Seine psychische Konstitution entsprach in idealer Weise den Voraussetzungen für den Beginn einer Mehrphasentherapie II: Eine in wesentlichen Anteilen gut fundierte und durchstrukturierte Persönlichkeit mit eigenständigen Wahrnehmungs-,

Handlungs- und Verarbeitungsqualitäten stand vor nicht integrierbaren Folgeerscheinungen traumatisch wirkender Erlebnisse und Beziehungsformen, zum Teil aus der frühesten Lebensphase. Solche Frühschädigungen haben oft, wie es die Ergebnisse der modernen Säuglingsforschung und Beobachtung erwarten lassen, einen für die Selbstwahrnehmung und das Erleben modellhaft prägenden Charakter und somit strukturbildende Wirkung (Cramer, 1991). In der Folge stehen dann innere Bilder mit Modellwirkung von einer verzerrten und bedrohlichen Selbst- und Weltwahrnehmung anderen inneren modellhaften Bildern von Urvertrauen und Sicherheit in der Welt unverstehbar und sehr störend gegenüber. Es ist verständlich, daß eine solche Persönlichkeit sich unterschiedlich fühlt und verhält, je nachdem, welches unbewußte Steuerungszentrum gerade aktiv ist.

Eine Therapiereise in die Wildnis entgleister innerer Introjekte kann in einem solchen Falle gleichsam unter einem guten Stern vonstatten gehen: Das Therapieziel ist deutlich, die psychische Ausrüstung der Person ausgezeichnet, das Arbeitsbündnis zwischen Patient und Therapeut gut. Viel Vitalität ist verfügbar und die psychische Struktur stabil. Allerdings ist die Expedition als schwierig zu bezeichnen, aber unter solchen Umständen ist das Ausmaß der Schwierigkeiten kalkulierbar. Die Therapie erscheint erfolgversprechend und keineswegs halsbrecherisch oder allzu unklar.

Unter diesen Umständen begannen wir den Selbsterfahrungs-Versuch. Innerhalb der geplanten zwei Jahre konnten das verinnerlichte maligne Mutter-Introjekt und die Beziehung dazu so weit durchgearbeitet werden, daß Herr Kauertz ein besseres Selbstbild entwickelte. Auch fand er einen konstruktiveren Kontakt zu seinen aggressiven Anteilen. Seine Autonomie wuchs beträchtlich. Die Möglichkeit, im Beruf und mehr und mehr auch in persönlichen Beziehungen Erfolg zu haben, machte schließlich weitere Kompensationen überflüssig. Am kritischsten wurde die Situation bei der regressionstechnischen Durcharbeitung des »Brustbeißer-Syndroms«. Die übermächtige, unheilschwangere, unverstehbare Erfahrung, so zerreißend, so falsch, so des Wegwerfens würdig zu sein, auch so wenig persönlichen Wert zu haben, führte zu dekompensationsnahen Zuständen. Vielfältige Verfolgungs- und Entlarvungsängste, Panikgefühle und aggressiv-destruktive Ausbrüche, zum Teil im Sinne einer phantasierten Notwehr, wurden in diesem Zusammenhang bearbeitet. Innerhalb dieser Phase wurde eine einwöchige Intensivtherapie eingefügt, in der die auslösende frühe Situation mit der Mutter und die dabei erhaltenen naturwidrigen Informationen durchgearbeitet und schrittweise relativiert werden. Die Bearbeitung der Brustbeißer-Problematik dauerte mehr als sechs Monate. Danach war die psychische Verfassung von Herrn Kauertz gut kompensiert.

Eine wichtige und schwierige Phase der Selbsterfahrung stellte später noch die Übersetzung der neuen Einstellungsweisen des Fühlens, Erlebens und Verhaltens in die Alltagsrealität dar. Zum damaligen Zeitpunkt war die M-Gruppe neben der R-Gruppe als parallele Therapiegruppe zwar vorhanden, aber noch nicht alternierender Bestandteil der Standardmethode der Mehrphasentherapie. Herr Kauertz nahm an der M-Gruppe nicht teil, so daß ihm hier wesentliche Anregungen und Angebote fehlten. Diese mußte er durch längeres, auch über die Therapie hinausgehendes eigenes Experimentieren ersetzen. Wegen seiner stark ausgeprägten Initiative und seiner großen, langanhaltenden Unbeirrbarkeit gelang es ihm auch Schritt für Schritt, voranzukommen. Bei Abschluß der Selbsterfahrung hatte Herr Kauertz irrationale und quälende Symptome in manchen Bereichen vollständig in anderen sehr weitgehend verloren. Wir beendeten die Selbsterfahrung einverständlich und sind beide bis heute mit dem Erfolg zufrieden. Der Aufbau neuer Verhaltens- und Erlebnisweisen im Alltag wurde ein Bestandteil seiner »unendlichen« Selbstanalyse (Freud, 1937). Zeitlich sehr weit auseinanderliegende Beratungen unterstützten diesen langwierigen Vorgang.

4.2.2.2 Fallbericht 3: Ein Baby funkte SOS

Der dreiundzwanzigjährige Andreas war Student der physikalischen Chemie. Er kam mit einer ähnlichen Frage zu mir wie Herr Kauertz: »Könnte es zu erwarten sein, daß eine Therapie bei mir in zwei Jahren befriedigend abschlußfähig ist? Danach habe ich in den USA einen Studienplatz und muß dorthin.« Es gibt Gemeinsamkeiten und Unterschiede zwischen Herrn Kauertz und Andreas. Den ersten deutlichen Unterschied konnte man als gewisses Leitmerkmal ansehen. Die Frage lautete nicht: »Ich habe mir einen Zeitraum von zwei Jahren Therapie vorgestellt. Soviel bin ich bereit, im Umfeld meiner Symptomatik zu investieren. Mehr wäre mir zuviel«, sondern: »Ich stehe vor äußeren Umständen, die mich bewegen, in zwei Jahren in die USA zu gehen. Da meine Symptomatik außerordentlich quälend ist, möchte ich anfragen, ob die verbleibende Spanne für eine Therapie wohl ausreicht.« Nach zwei Jahren würde also das Staatsexamen von Andreas beendet sein, und ein USA-Aufenthalt sollte sich anschließen. Seine Frage zeigte deutlich, daß er sich weniger als Subjekt fühlte als Herr Kauertz. Äußere Umstände schienen ihm bestimmend, mehr, als sie es vielleicht real hätten sein müssen. Ein Studienabschluß und ein Bildungsaufenthalt in den USA stellen ja meist keine zeitlich zwingenden

Bedingungen dar. Andererseits war Andreas jung, nicht vorbehandelt, und es sprach Initiative aus seiner Anfrage an mich.

Das Bild, das er bot, war zwiespältig: Er war etwas mehr als mittelgroß, wirkte aber wie ein ausgesprochen kleiner Mann. Seine Stimme war heiser und leise wegen einer angeblichen Kehlkopf-Entartung. Sein Brustkorb war eingezogen. Er litt auch an geringfügigen knöchernen Veränderungen des Brustkorbes, einer leichten sogenannten »Trichterbrust«. Sein Blick war lebhaft, aber auch ängstlich und unruhig. Er klagte über Schlafstörungen, Gehemmtheiten, panikartige Angstzustände, Herzrasen, Unfähigkeit, laut zu sprechen, Selbstgefühl zu zeigen oder sich gar »in Szene zu setzen«. Seine Schul- und Studienleistungen waren gut.

Von meinen Gegenübertragungsgefühlen her war ich bei dem auffallend gedrückten, im Volumen gleichsam erheblich verkleinerten Erscheinungsbild des Patienten eher geneigt, hier an einer ausreichenden Eignung für eine Mehrphasentherapie II zu zweifeln. Die Anamnese ergab schwerwiegende Schädigungen und Traumatisierungen im Verlauf der Frühentwicklung. In diesem Zusammenhang wurde die Tatsache, daß der Patient dennoch Schule und Studium so gut geschafft hatte und aus eigenem Antrieb zu mir gekommen war, von mir schließlich höher bewertet, als dies unter anderen Umständen der Fall gewesen wäre.

Die frühe Lebensgeschichte war so verlaufen: Andreas war das erste, erwünschte Kind seiner Eltern gewesen. Sein Vater hatte in der Nachkriegszeit versucht, sich im Lebensmittelhandel eine selbständige Existenz aufzubauen. Kurz nach Andreas' Geburt mußte er Konkurs anmelden. Die Mutter arbeitete im Geschäft mit. Beide Eltern waren durch die Umstände entnervt und konnten, auch aus äußeren Gründen, bei dem Säugling kaum anwesend sein. Eine kranke Großmutter versorgte Andreas, verstarb aber an Krebs, als dieser wenige Monate alt war. Das Kind wurde nun körperlich und seelisch so extrem vernachlässigt, daß es Signale von Lebensbedrohung gab. Zweimal im ersten Lebensjahr wurde es wegen Unterernährung und Pneumonie infolge Unterkühlung in ein Krankenhaus eingeliefert. Nach dem zweiten Klinikaufenthalt, als er etwa ein Jahr alt war, war der Konkurs definitiv. Für die Zeit der Überwindung der existentiellen Krise der Familie und der Neuorientierung, in der die Mutter aus verschiedenen Gründen auch eine Arbeit außer Haus übernahm, wurde Andreas zu Onkel und Tante aufs Land gegeben.

Nun kam eine Art Paradies: Liebe, Zärtlichkeit, innere und äußere Wärme, gute Ernährung, Fröhlichkeit und gute Laune lernte er kennen. Onkel und Tante hätten gerne selbst Kinder gehabt. Andreas erfüllte ihnen etwas von diesem Wunsch. So schien sich sein Überlebenskampf doch gelohnt zu haben, er fühlte sich endlich als irgendwo angekommen.

Als der Vater eine Anstellung bei der Polizei gefunden hatte und die Mutter ein zweites Kind erwartete, wurde Andreas nach Hause zurückgeholt. Es sei dann zu Hause so weit ganz schön gewesen. Er hatte ja auch gelernt, unter schwierigen Umständen zu leben. Mit seiner Mutter und den zwei Schwestern kam er aus. Vom Vater gab es viele Prügel, aber doch auch etwas Wärme und vor allem eine Art »soldatischen Korsetts«. Dieses bot Andreas deutlich Halt. Seine Disziplin trug sicher nicht unbeträchtlich zum Gelingen der konzentrierten Mehrphasentherapie bei. Er konnte Frustrationen ertragen, durchhalten und in eigener Initiative intensiv mit Inhalten und Gefühlen umgehen, die in der Therapie jeweils wichtig waren.

Mit diesen Grundgegebenheiten und einem kräftigen Kapital anlagemäßiger vitaler Energie schaffte er das Leben und die Schule. Schließlich hatte er sich, unterstützt durch diese Fähigkeiten, sogar zu mir aufgemacht, weil er nicht weiter mit nächtlicher Panik, ständiger Heiserkeit, Kleinheitsgefühlen und Unterwerfungsverhalten leben wollte.

Mir imponierte die Schwere der frühen traumatischen Bedingungen, einschließlich des traumatisierenden Trennungserlebens von den Eltern wie von Onkel und Tante. Aber auch das Ausmaß verbliebener Autonomie fiel mir positiv auf. Auch seine Fähigkeit, Distanz zu sich aufzunehmen und sich kritisch zu beurteilen, sowie sein ungewöhnlicher Scharfsinn und seine objektivierende und verknüpfende Logik sprangen ins Auge. Weiterhin beeindruckten mich seine »soldatische« Frustrationstoleranz, Zielstrebigkeit und Selbstdisziplin. Manche perversen oder sehr krankhaften Anteile irritierten oder erschreckten mich andererseits.

Insgesamt hielt ich die verbliebenen Anteile von Authentizität, Verarbeitungsfähigkeit und Autonomie für ausreichend, den geplanten Therapieversuch durchzuführen. Falls die veranschlagte Zeit nicht ausreichte, gab es ja auch wohl kaum einen zwingenden Grund, die Behandlungsspanne nicht zu verlängern.

Behandlungsverlauf

In dieser Therapie wurde auf die folgenden Bereiche fokussiert: die frühtraumatische Entwicklung des ersten Lebensjahres; die unverläßlichen Anteile der Elternbeziehung; die sado-masochistischen Anteile der Vaterbeziehung, hier vor allem die Schlageszenen; die verstärkte

Anbindung an die jüngeren Schwestern, insbesondere wegen der unsicheren Bindung an die Eltern; inzestuöse Anteile der Geschwisterbeziehung; die »Drei-Welten-Erfahrung« des Patienten: sein apokalyptisches Früherleben, das Paradies bei Onkel und Tante, die spätere Alltagswelt in der Herkunftsfamilie.

Näher geschildert werden soll hier die Behandlung des schweren Frühtraumas, weil sie die auffallendsten psychischen und psychosomatischen Veränderungen mit sich brachte. Zu Beginn der Regressionstechnik konnte Andreas sich uns Therapeuten noch wenig anvertrauen. Es war, als wisse er, daß man sich selbst helfen und sich selbst halten muß. Er begann also zielstrebig und täglich, zusätzlich zu unseren Gruppensitzungen für sich allein zu primaln, was uns Therapeuten anfangs beunruhigte. Bald aber zeigte sich, daß er dabei nicht in Überflutungszustände von Gefühlen und Phantasien geriet, sondern daß er durch den direkten Umgang mit seinen Gefühlen und körperlichen Zuständen beruhigt wurde, weil er dabei Zusammenhänge herstellen konnte. Er gewöhnte sich an, abends vor dem Schlafengehen zu primaln. Dadurch konnte er seine Unruhe- und Panikzustände immer besser und schlüssiger den frühen Lebenszuständen zuordnen. Er begann daraufhin, gut ein- und immer besser durchzuschlafen, weil der relative Charakter panikartiger Lebensgrundgefühle aus seiner frühen »SOS-Phase« ihm dabei schrittweise deutlich wurde.

Ermutigt durch diesen Anfangserfolg ging Andreas in der Regression immer direkter auf die nebulosen, mit heftiger Explosivität aufgeladenen früh-traumatischen Erfahrungen zu. Er fühlte sich wieder wie verstoßen, wie von unklaren riesig wirkenden Gestalten oder Mächten bedroht, die Wände aufbauten oder Türen vor ihm verschlossen. In der Tiefenregression spürte er häufig seine Kräfte mehr und mehr schwinden, schlotterte und klapperte mit den Zähnen. Dieser Zustand schlug plötzlich um in: Nicht-aufgeben! Notwehr! Mit aller Kraft dagegengehen! Es stellten sich körperliche Handlungsbereitschaften ein, zu drücken, zu pressen, zu schlagen, zu stoßen, zu treten. Dabei kam der Atem mehr und mehr in Wallung. Hinzu traten nach und nach auch stimmliche Äußerungen. Diese waren zunächst so etwas wie Krächzen oder Wimmern. In der Durcharbeitungsphase sagte er, ihm sei gewesen, als hätte es keinen Zweck zu schreien. Er hätte auch das Gefühl gehabt, nicht noch Krach machen zu dürfen, vielleicht so, als drohe ihm sonst etwas.

Wir alle empfanden Mitleid mit ihm, weil dieses kleine, fast erfrorene und verhungerte Baby so deutlich und schutzlos durch den erwachsenen Andreas hindurch wahrzunehmen war. Tag um Tag drückte, preßte, trat und schlug er. An seinem Wohnort ging er oft zu diesem

Zweck in den Wald. Einmal wurde die Polizei geholt, weil er nachts dort schrie. Er kam jetzt auch sehr oft in unseren Therapieraum, um dort allein für sich zu primaln. Geld für zusätzliche Einzelsitzungen hatte er nicht, aber dies war, wie sich zeigte, nicht das Hauptproblem. Er konnte sich ohnehin nicht vorstellen, daß jemand bei ihm war und ihm half, wenn er mit den frühen Isolations- und Bedrohtheitsgefühlen rang. Er wurde im Laufe der Zeit immer geballter, stärker und intensiver. Auch seine Stimme wurde lauter. Schließlich brüllte er, während er auf die Wand einschlug: »Wart nur, Du bringst mich nicht um, ich bring Dich um!« Er schlug und schlug und erschlug schließlich in seiner Phantasie die riesigen, frühen, verstoßenden Elternfiguren und wohl auch die dahinterstehende pleiteverursachende, gnadenlose Umwelt. Einer der Höhepunkte dieser symbolhaften und phantasiert-erfolgreichen Notwehrreaktionen bestand darin, daß er die Tür zu unserer Patienten-Toilette einschlug. Wie durch ein Wunder verletzte er dabei seine Faust nicht. Es war ihm auch niemand böse. Nur waren alle sehr erschrocken. Es gibt bei uns eine Regel, daß Patienten Gegenstände, die sie zerstören, wieder in Ordnung bringen müssen. Andreas zimmerte also ein Brett, welches auf die zerstörte Stelle paßte, und reparierte sie, aber doch so, daß man noch genau sehen konnte, wie wirksam er die Tür eingeschlagen hatte. Beides war wohl gleich wichtig: Das Durchschlagen der Tür und deren Reparatur.

Die Phase dieser Art der Arbeit dauerte etwa ein Jahr. Bezeichnenderweise so lange, wie Andreas' höllische Früherlebnisse gedauert hatten. Während dieser Zeit hatte sich eine gewaltige körperliche Veränderung bei ihm eingestellt: Er sah athletischer aus, hatte einen mächtigen Brustkorb, trug zwei Nummern größere Hemden, und seine Stimme war volltönend geworden, so verändert, daß ihn Mitglieder der eigenen Familie am Telefon nicht erkannten.

Ehe die Phase bei Onkel und Tante bearbeitet wurde, konnte sich Andreas erstmalig bei uns Therapeuten in der Regression entspannen. Eines Tages flüsterte er mir verschämt zu: »Ich weiß nicht, was ich machen soll. Es pieselt aus mir, wie aus einem Baby in die Windel.« Ich fragte: »Was braucht denn das Baby, wenn es in die Windel pieselt?« Er wurde noch verschämter, flüsterte aber schließlich mit ganz erstauntem Lächeln: »Eine liebe Mama, die es anlacht, anfaßt und ihm eine frische Hose gibt. – Aber ich bin doch kein Baby. Und Sie sind auch keine Mama. Sie sind Frau Damm.« Ich: »Es pieselt aber wirklich aus Dir, hier in unserem Therapiezimmer. Vielleicht steckt immer noch das Baby in Dir, das es nie genießen konnte, eine frische Hose gemacht zu bekommen. Vielleicht will mich das Baby etwas fragen, wenn es pieseln muß?« – Ich brachte ihm dann schließlich ein Handtuch als »neue Windel«.

Dieser Vorgang blieb in meinen Therapien singulär. Vielleicht ist es hier wichtig zu erwähnen, daß uns in unseren Therapien eine solche Art des Ausagierens im allgemeinen nicht sinnvoll oder notwendig erscheint. Für Andreas jedoch bedeutete das Primalerlebnis, daß ich sein Babyverhalten akzeptiert hatte. Es bildete eine wirksam bleibende »Reparenting-Maßnahme«. Etwas wie eine Belichtung eines guten, inneren Mutterbildes scheint dabei stattgefunden zu haben. Dies innere Bild ging ihm nicht mehr verloren. Es ermöglichte ihm einen viel entspannteren Umgang in nahen Beziehungen zu Frauen, aber auch zu Freunden. Es leitete aber auch eine Überbrückung ein zwischen seiner frühen Horrorwelt und der späteren guten bei Onkel und Tante.

Andreas und Herr Kauertz kamen mit einer klaren zeitlichen Vorstellung: Zwei Jahre lang sollte die Therapie dauern. Beide waren bereit, sich intensiv zu engagieren. Beide waren in der Lage, das zeitliche Therapieziel im Auge zu behalten, aber dennoch mit wechselndem Fokus intensiv zu arbeiten. Die straffe, konzentrierte Art der Behandlung, die bei einer solch begrenzten Dauer erforderlich ist, wirkt auch entlastend auf die Therapeuten. Beide Therapien führten innerhalb der festgesetzten Zeit zum gewünschten Erfolg. Dieser wurde in beiden Fällen hauptsächlich durch die Durcharbeitung frühkindlichen Materials aus der Baby-Zeit erreicht.

4.2.3 Weitere Fallskizzen dieser Patientengruppe

Es gibt Patienten, bei denen die Zuordnung zu dieser Gruppe nicht von vornherein gegeben ist, sondern die Gesamtsituation zu Anfang nebuloser und schwerer überschaubar bleibt. Dies soll an weiteren Fallbeispielen deutlich werden.

4.2.3.1 Fallbericht 4: Ein kindlicher Totschläger verpaßte den Einstieg ins Leben; eine schwer traumatische Störung

Der sechsunddreißigjährige Patient wurde vom Psychiater in die kombinierte Psychotherapie geschickt. Diese konnte damals der AOK gegenüber noch folgendermaßen begründet werden: Er leide offensichtlich an Störungen in unintegrierten, kindlichen Anteilen seiner Psyche, für deren Bearbeitung die verbale psychoanalytische Therapie allein schlecht geeignet sei. Eine solche spreche zu ausschließlich psychische Anteile an, die ins Erwachsenen-Ich integriert und an Sprache gekoppelt seien. Eine Kombination der analytischen Psychotherapie mit Modellimprovisation hingegen bringe Methoden, die der Kindertherapie ähnlich seien, an den Patienten heran. So bestehe die Hoffnung, kindliche Anteile in die innere Auseinandersetzung einzubeziehen, die unerkanntermaßen den schweren derzeitigen Krankheitszustand mit beeinflußten. Mit meiner damals beruflich noch geringeren Erfahrung verließ ich mich auf die Meinung des delegierenden Psychiaters und probierte mein Glück.

Zur Symptomatik gehörten panikartige Angstzustände, Schlafstörungen, Trunksucht, Arbeits- und Konzentrationsstörungen. Die schweren seelischen Belastungen hatten dazu geführt, daß der gutwillige und vermutlich intelligente Patient in einer Grafikfirma als Hilfsarbeiter tätig war. Er erledigte Botengänge, übernahm Aufräumarbeiten und ging hier und da zur Hand. Seine Konzentrationsfähigkeit war so schwach, daß er auch bei Frau und Kindern oder in den Einzelsitzungen mit mir immer wieder in Abwesenheitszustände verfiel, deren Ursache und Inhalt nicht erkennbar waren. Ich fragte mich einige Zeit, ob wohl Absencen aus dem Formenkreis der Epilepsie vorliegen könnten. Organische Hinweise hierfür gab es nicht.

Zur Lebensgeschichte: Der Patient war 1935 geboren. Die frühe Kindheit ergab keine traumatischen Anhaltspunkte. Der Vater wurde eingezogen, als der Patient vier Jahre alt war. Er lebte von da an allein mit der Mutter in einer häufig von Fliegeralarm und Bombeneinschlägen heimgesuchten Großstadt. Er blieb Einzelkind. Wenige Tage nach dem Einmarsch der Amerikaner sei die Mutter verstorben. Der Vater sei noch jahrelang in russischer Gefangenschaft gewesen. Im Alter von zwölf Jahren sei für den Patienten eine Heimerziehung für schwer erziehbare Kinder angeordnet worden. Von dort aus hätten die ersten Arbeitsversuche stattgefunden. Eine geordnete Ausbildung habe nicht erfolgen können. Er hätte immer nur Gelegenheits- oder Aushilfsarbeiten gemacht. Trotz der sozial nur minimal gesicherten Situation ging der Patient eine Ehe ein, die auch bei Therapiebeginn noch bestand. Er hatte zwei Kinder, einen Jungen und ein Mädchen im Alter von sechs und drei Jahren. Innerhalb der Familie gab es angeblich keine gravierenden Schwierigkeiten. Die gesamte Lebensgeschichte schien keine Hinweise auf schwerwiegende Gründe für psychische Entgleisungen zu enthalten, wenn man die Trauerprozesse um die verstorbene Mutter und den abwesenden Vater ausnahm. Solche treffen jedoch auch andere Kinder, die nicht notwendigerweise mit ähnlich schweren Störungen der Charakter- und Lebensstruktur auf solche Ereignisse antworten. Ich fand also lange keinen Hinweis auf eine traumatische Verursachung der psychischen Störung.

In der M-Gruppe wirkte der Patient ähnlich wie in den Einzelsitzungen: Er machte zwar einen im Grunde ehrlichen Eindruck, wirkte aber häufig etwas verschlafen oder schien abwesend zu sein. Gelegentlich berichtete er von seinen Symptomen, zu denen auch gehörte, daß er zwanghaft Kriegsfilme anschauen mußte und dabei in Erregungszustände geriet, ohne zu wissen, warum.

Sicher half es dem Patienten, daß in der damaligen M-Gruppe acht Mitglieder waren, die hochachtbare Persönlichkeiten im Alltagsleben darstellten, aber trotzdem zum Teil mit schweren strukturellen Störungen und Defekten belastet waren. Einer war auf dem Wege, Universitätsprofessor zu werden. Sein Vater hatte gewohnheitsmäßig die Mutter und seine Kinder fast totgeschlagen. Auch die gesamte Herkunftsfamilie, vor allem eben dieser Vater, war armselig und von äußerster Primitivität. Ein anderer Mitpatient war Richter und hatte in seiner Kindheit das Umfeld von Strafgefangenen und deren Aufsehern kennengelernt. Er quälte sich mit Gedanken über die Berechtigung von Schuld- und Sühne-Fragen. Vorstellungen über das Recht eines Menschen auf schuldhaftes Verhalten beschäftigten ihn ebenso wie manchmal verborgene Schuldhaftigkeit richterlicher Entscheidungen. In Wissenschaft und Praxis ging er mit der Frage um, ob er beruflich in den Prozessen politischer Extremisten aktiv werden sollte oder nicht. Eine andere Patientin war eine Großkapital-Erbin von warmherziger Katholizität. Sie rang mit Ausbeutungsbestrebungen durch ihren akademischen Ex-Mann. Kurz, die gesamte Szenerie war durchsättigt mit Fragen von richtig und falsch, Schuld und Sühne, Liebe und Haß. Auch Sinn-Fragen nach der Würde oder körperlichen Unantastbarkeit einer Person trotz aller Verzerrungen und Entgleisungen kamen zur Sprache. Im Umfeld eben dieser Gruppe holten die Modellsituationen schrittweise die verborgenen Auslöser ans Licht, derentwegen der Patient so aus dem Lebensgleis geraten war.

Nach eineinvierteljähriger Therapie, die die Vertrauensbasis zwischen ihm und mir unterschwellig angereichert hatte, ereignete sich folgendes: Abends um dreiviertel zwölf Uhr rief mich seine bisher in die Behandlung nicht integrierte Ehefrau an und sagte mir, sie müsse mir unbedingt und sofort etwas über ihren Mann erzählen. Aus Gründen der Abstinenz, die ich als berufsjunge Analytikerin ganz zwingend nahm, versuchte ich sofort, sie zu unterbrechen und das Gespräch zu beenden. Ich wies darauf hin, daß schließlich ihr Mann bei mir in Psychotherapie sei. Ich könne sein Vertrauensverhältnis zu mir keineswegs durch Kontakte zu anderen Familienmitgliedern gefährden. Die Ehefrau überschrie jedoch meine Sätze. Sie hörte sie offensichtlich gar nicht und rief: »Verstehen Sie doch! Mein Mann ist in Not! Es ist etwas geschehen! Er hat jemanden umgebracht! Er hat es mir gerade gesagt! Sie können ihn nicht behandeln, ohne es zu wissen!« Unter diesem Druck erstarb meine Gegenwehr, und ich hörte den kurzen Informationen zu:

Nach neuerlichem Anschauen eines Kriegsfilms habe der Ehemann in ihrer Gegenwart mehr und mehr Alkohol getrunken. Er sei dabei irgendwie unreal geworden. Er hätte sich wieder und wieder mit der Hand selbst ins Gesicht geschlagen und gesagt: »Ich bin so ein Blödmann, wenn ich es sage. Ich komme ins Gefängnis! Ich sag's aber doch! Ich kann's aber nicht sagen!« Nach sehr langer Zeit hätte er ihr dann erstmalig berichtet, daß er im Alter von zehn Jahren mit einer Maschinenpistole einen Soldaten der ausländischen Siegermächte im Wald vorsätzlich erschossen habe. Er hätte es nie jemandem gesagt, und wenn er es mir morgen in der Einzelsitzung erzähle, müsse ich ihn sicherlich anzeigen, und er komme sofort als Mörder ins Gefängnis. Die Ehefrau sagte mir auch, sie selbst könne an diese Gefahr nicht glauben. Ich antwortete: Sie hätte mit ihrem Eindruck recht. Falls ihr Mann die Tat wirklich begangen hätte, wäre er als Kind nicht ausreichend schuldfähig gewesen. Außerdem wäre die Tat wohl verjährt. Mich als seine Therapeutin müsse er als Beichtmutter betrachten können. Ganz gewiß würde ich keine Anzeige erstatten.

Am folgenden Tag kam der Patient in großer Aufregung zu mir. Ich hatte mich für eine Doppelstunde freigemacht. Mit langen Pausen und unter furchtbaren Ängsten und Widerständen, sich in meine Hand zu begeben, zeigte er mir schließlich folgendes Bild: Als Zehnjähriger hatte er im Luftschutzkeller der heimatlichen Großstadt mit seiner Mutter den Einmarsch ausländischer Truppen erlebt. Dabei war in seiner Anwesenheit die Mutter von Soldaten mehrfach vergewaltigt worden. Der Mißbrauch hatte auch brutale Schlage- und Tretszenen beinhaltet. Am Tag danach starb die Mutter an den Folgen. Nachbarn seien nicht dagewesen.

Er entsann sich dann des Chaos der ersten Tage nach dem Zusammenbruch. Die Nebenhäuser seien zerbombt oder zerschossen gewesen. Er hätte wohl noch etwas zu essen gehabt. Irgendwie wäre er wohl aber »total daneben gewesen«. Er sei immer wieder ziellos durch ein

nahes Wäldchen gelaufen. Dort hätten tote deutsche Soldaten und abgerissene Glieder gelegen, vor allem aber auch Waffen. Er hätte so etwas noch nie gesehen gehabt. Eine Maschinenpistole hätte er mit unerklärlichen Gefühlen in die Hand genommen und angeschaut. Er sei immer wieder hingegangen. Plötzlich habe er eines Tages einen Soldaten gesehen. Er sei noch weit entfernt gewesen, aber langsam auf ihn zugekommen. Er hätte genau dieselbe Uniform angehabt. »Verstehen Sie?« sagte er, »ganz genau dieselbe!« Er schien außer sich zu sein und war schweißüberströmt. »Ich weiß gar nicht, wie es gekommen ist«, sagte er, »aber auf einmal habe ich draufgedrückt. Bloß so gegen die Uniform. Die Waffe hat gerattert, und der Mann ist umgefallen. Ich bin dann heimgelaufen. Niemand hat es gewußt. Niemand war da. Ich hätte es aber sowieso niemandem gesagt.« Ich: »Nein. Sie konnten es ja wohl selber auch gar nicht verstehen und gar nicht in Worte fassen.« Er sagte noch: »Es stand dann in der Zeitung, daß sie einen Partisanen suchen, der der Mörder sei.«
Er berichtete: »Später gehörte ich dann manchmal zu Banden. Wir haben auch geklaut. Dann kam ich in Fürsorge-Erziehung.« Ich antwortete: »Einerseits waren Sie dort nicht mehr ganz allein, aber andererseits hatten Sie auch so etwas wie eine Strafe.« Er sagte: »Ich weiß nicht. Ich verstehe alles nicht. Vielleicht bin ich bloß nicht normal. Muß ich denn jetzt ins Gefängnis? Es ist mir eigentlich plötzlich scheißegal.« Ich: »Vielleicht wäre es sogar beruhigend. Aber ich glaube, wir schaffen es anders.« Er bat mich dann noch, ihm für die nächste Zeit die Teilnahme an der Gruppe zu ersparen. Sein Wunsch erschien mir angemessen: Die Situation, in der wir uns jetzt befanden, erforderte höchste Intimität. Ich entschuldigte sein plötzliches Fernbleiben bei den Gruppenmitgliedern ohne Nennen des Grundes. Ich schlug jedoch vor, die Ehefrau teilweise in die Therapie einzubeziehen, da er ihr ja doch zuerst Vertrauen geschenkt hätte und mit ihr auch die derzeitige Situation durchleben müsse. Bei der Arbeitsstelle wurde er krankgeschrieben.
Die Durcharbeitung der bis dahin für den Patienten unverdaulichen Schuld- und Racheproblematik dauerte knapp sechs Monate. Während dieser Zeit veränderte sich sein gesamtes Erscheinungsbild. Seine Haltung richtete sich auf. Seine Mimik und Gestik, auch sein verbaler Ausdruck wurden klar. Er verhielt sich plötzlich sprudelnd und temperamentvoll. Auch wurde er in seinen Handlungen und Ausdrucksformen ausgesprochen zielbewußt. Seine sehr gesunde, wohl in der frühen Kindheit entstandene Substruktur wurde jetzt erst sichtbar. Er konnte plötzlich mit Menschen reden, seinen Kindern Geschichten er-

zählen, Pläne machen und diese auch ausführen. Er war wie von einem Banne befreit. Er ließ seinen Blinddarm operieren und alte Verwachsungen in der Bauchhöhle lösen, danach kaufte er einen Rucksack und wanderte nach der Karte mit Bewegungslust durch die weite deutsche Landschaft. Als er nach diesem Umschwung mehrere Wochen lang wieder gearbeitet hatte, geschah eine Art beruflichen Wunders: Seine Vorgesetzten fanden seine Wandlung so eindrücklich, daß sie ihm in der Firma, in der er vorher Aushilfsdienste geleistet hatte, jetzt einen Abteilungsleiterposten anboten. Sie taten dies, obwohl er ja keinerlei Ausbildung hatte, die ihn zu einer solchen Tätigkeit befähigte. Allerdings hatte er lange Zeit in Zuständen seines scheinbaren Weggetretenseins erlebt, was alles in der Firma vor sich ging und wofür Bedarf bestand. Die Therapie endete neun Monate später, also nach etwas über zwei Jahren insgesamt. Der Patient, seine Familie, der delegierende Psychiater und ich waren mit dem ungewöhnlichen Behandlungserfolg zufrieden.

Dieser Patient besaß unter der Decke einer schwachsinnsnahen Stumpfheit und neben den Alarmzeichen, die seine Symptomatik ausmachten, eine Fülle vollständig intakter, bis zum Alter von zehn Jahren gesund ausdifferenzierter Ichfunktionen. Fast die gesamte psychische Weiterentwicklung wurde von diesem Zeitpunkt ab blockiert. Einige Ichfunktionen hatten sich aber auch in der Folgezeit noch weiter ausdifferenziert. Fast seine ganze psychische Kraft war durch die Last der unverarbeitbaren Trauer-, Rache- und Schuldproblematik aufgezehrt worden. Für ein Kind ist die Tragik unverarbeitbarer menschlicher Bestialität mit tödlichem Ausgang ohne die Unterstützung vertrauenswürdiger erwachsener Beziehungspersonen wohl unaushaltbar und unauflösbar. Auch die schweren Ängste, Schuldgefühle und Selbstbestrafungs-Tendenzen wegen seiner ihm selbst unverständlichen automatischen Racheaktion konnte er ohne psychische Hilfe nicht bewältigen. Vor dem Hintergrund dieser inneren Bedingtheiten stand fast die gesamte Lebensorganisation des Patienten im Dienste der Abwehr und des Ausagierens dieses übermächtig schweren und ganz unbewältigbaren Traumas. Immerhin konnte er noch Frau und Kinder haben, wenn er dies auch nur unverhältnismäßig wenig genießen konnte. Gerade weil die frühe Kindheit so viel Verbundenheit, Güte, Verläßlichkeit, gesunde Beziehungen und Ideale beinhaltet hatte, waren die schließlich entstandenen tragischen Tatbestände wohl um so unverständlicher und unauflösbarer für ihn.

Diese *Mehrphasentherapie II* war also unspezifisch insofern, als bei Beginn an der Verhaltens- und Erlebens-Oberfläche eine eindeutige psychische Struktur und gesunde Ich-Anteile nicht ausreichend wahrnehmbar gewesen waren. Das heißt, wichtige Ichfunktionen wie die gesunde Ich-Spaltung, die äußere und innere Steuerungsfähigkeit, die Frustrationstoleranz, die logisch-verknüpfende Fähigkeit schienen Defekte aufzuweisen. Es war deshalb nicht zu erwarten, daß eine fokussierbare Behandlung durchführbar sei. Außerdem schien traumatisches Material nicht auffindbar. Auch unter diesem Gesichtspunkt war anfangs an eine zeitlich begrenzte Therapie, innerhalb derer fokussiert werden konnte, nicht zu denken. Unter den Verarbeitungshilfen der M-Gruppe im Bereich von Schuld und Strafe, Liebe und Vergebung, lockerte sich allmählich der vom Patienten aufgebaute Charakterpanzer. Eine verdeckte Mutterübertragung auf mich ermöglichte es ihm schließlich, das Risiko einzugehen und seine damalige für ihn selbst so grausige Tat einzugestehen.

Der zeitliche Verlauf, in dem die Gruppenmaßnahmen den Fokus mobilisierten und unspezifische Maßnahmen wirkten bis zu dessen Erreichen und Durcharbeitung, bewogen mich, diese Therapie der *Mehrphasentherapie II* zuzuordnen. Ich halte diese Sichtweise für begründet, weil sie den traumatischen Mutterverlust sowie den unverarbeitbaren Racheakt als Fokus einschließt, aber auch die zukünftige neue Lebensgestaltung berücksichtigt. Neue Einstellungen des Patienten zu Ehe und Beruf und die Sanierung seines körperlichen Zustandes waren in die Gesamtumstellungsprozesse integriert. Letztendlich beinhalteten sie den Erwerb einer neuen Lebensphilosophie, die den Reichtum, aber auch die Tragik seiner Kindheitserlebnisse umfaßte. Er lernte es, die Entgleisung und die Wiedergewinnung seiner Lebenskraft und seiner Lebensziele einzuordnen und zu verstehen. Die Therapie zeigte in beeindruckender Weise, mit wie geringen Mitteln manchmal die Behandlung eines Patienten mit traumatischer Störung durchgeführt werden kann, wenn eine ausreichend gesunde Persönlichkeitsstruktur vor dem Trauma entstanden ist.

4.2.3.2 Fallbericht 5: Behandlung des Patienten Klaus mit Anteilen von struktureller Über-Ich-Defizienz

Klaus war fünfundzwanzig Jahre alt, stammte vom Dorf und hatte vor fünf Jahren sein Abitur bestanden. Anschließend hatte er zwei Studienversuche gemacht, die beide abgebrochen werden mußten. Danach fand ein halbjähriger Aufenthalt in einer psychotherapeutischen Klinik statt. Er lebte danach zu Hause bei den wenig differenzierten und ausdrucksfähigen Eltern und war auf der Suche nach neuen Ausbildungszielen. Teile seiner Tage verbrachte er mit unstrukturierten Handlungen. Er onanierte viel, manchmal exhibierte er. Bei letzterem war er jedoch nie erwischt worden, da es sich meist in heiligen Räumen abspielte und dabei eine Situation von Halbdunkel oder nur halber Konfrontation anderer mit dem hingehaltenen Genitale gewahrt blieb. Es konnte also wohl subjektiv teils stattgefunden haben, teils auch eine Täuschung gewesen sein. Da den Patienten ein kleines Erbe erwartete, welches allerdings zur Finanzierung seines Lebensunterhaltes in keiner Weise ausgereicht hätte, schien es für den entmutigten, resignierten Patienten zeitweise keinen überzeugenden Grund zu geben, die jetzt gefürchtete berufliche Ausbildung noch einmal in Angriff zu nehmen. Er kam zu mir mit der Fragestellung, ob eine Kombinationstherapie ihm wohl nützen könne. Klaus war qualifiziert vortherapiert. Außerdem erschien er mir hochintelligent. Er konnte sich verbal geschliffen äußern. Auch hatte er als einzelner Dorfschüler aus einfachem Umfeld die Oberschule in der Stadt und das Abitur mit wirklich gutem Erfolg absolviert. Ich beschloß, einen Therapieversuch zu unternehmen. Die Anamnese ergab eine drückende geistige Enge im Herkunftsdorf. Der Vater, der sich acht Jahre im Ausland aufgehalten hatte, hatte eine Frau im Heimatdorf geheiratet und stellte in einem Einmann-Betrieb Kleinteile für die Metallindustrie her. Er sei geachtet gewesen und hätte dem Sohn die Natur erklärt, ihn aber auch autoritär überfordert. Außer einer Zweiweltenproblematik mit dem Dorf einerseits, Schule und Stadt andererseits, bot die Lebensgeschichte keine Anhaltspunkte für umschriebenes traumatisches Material. Während der Therapie sollte sich zeigen, daß auch keine gefunden wurden.

Wir einigten uns zunächst auf eine Probetherapie von 25 Einzelsitzungen. Diese schien jedoch bald etwas leerzulaufen, so daß wir uns entschlossen, sie durch Mehrphasentherapie zu ergänzen. Unter Einbeziehung der Gruppe mit ihren vielfältigen Spiegelungs- und Selbstdarstellungsmöglichkeiten konturierte sich das Bild des Patienten schrittweise deutlicher. Er litt vor allem an einem Mangel an durchdifferenzierten Über-Ich-Strukturen. Außerdem fehlten ihm für das Ansteuern von Zielen ausreichende Ich-Ideal-Vorstellungen und -Inhalte. Er konnte sich Triebregungen und Impulse nicht genügend verbieten und sich keine lohnenden, im Alltag erreichbaren Ziele setzen. So erklärten sich die breiartig dahinfließenden Lebenstage des Patienten, in denen er oft nur tat, wonach es ihn gelüstete, und doch gleichzeitig nicht genug fand, wonach es ihn hätte gelüsten können.

Bei den guten intellektuellen Anteilen und der Ehrlichkeit des Patienten konnte ich ihn mit diesem Mangel bald deutlich konfrontieren. Auch die Mitpatienten wiesen ihn immer wieder scharf auf seine Defizite hin, weil er auch in der Gruppe öfter als unkontrolliert, impulsgetrieben und ziellos auffiel. Eine Spaltung zeigte sich zwischen guten psychischen Anteilen von Klaus aus seiner frühen Elternbeziehung und negativen Folgen der Tatsache, daß er einer glorifizierenden Überbewertung als einziges Kind und Sohn seiner Eltern ausgesetzt gewesen war. Beide hatten ihn verwöhnt und es an Forderungen zu sehr fehlen lassen. Außerdem seien beide eher dumpf gewesen. Sie hätten ihm kaum erstrebenswerte Ideale geboten und seien wenig anfeuernde Vorbilder gewesen. Es war also nicht verwunderlich, daß Klaus wesentliche Motivationsanteile fehlten, weil letztlich auch die Eltern und das häusliche Milieu für ihn langweilig und einfallslos waren. Vor diesem Hintergrund erschien ihm auch die Schule mit den dort vertretenen Inhalten als eher lebensfern und auch unvereinbar mit den häuslichen Gegebenheiten und Erfahrungen.

Die im Grunde akzeptierende, aber letztlich doch als wertlos erlebte Mutter-Beziehung von Klaus prägte die Übertragungsbeziehung. Die liebe Mutter, die ich für ihn hätte sein sollen, tat alles für ihren »Goldjungen«. Hätte ich mich ebenso verhalten, hätte ich seine Passivität noch verstärkt. Er hatte seine Mutter offenbar als konturlos erlebt. Sie war damit für ihn letztlich weder liebens- noch achtenswert. Entwertungstendenzen mir, aber auch den weiblichen Gruppenmitgliedern gegenüber korrespondierten mit diesen Erlebensmustern in seinem Innern. Er konnte seine Mutter gleichsam einfach passiv hinnehmen. »Man hatte sie sozusagen schlichtweg«, meinte er, ohne sich um sie bemühen zu müssen. Daß dieses innere Muster dem Werbeverhalten und dem Aufbau von Frauenbeziehungen im Wege stehen mußte, liegt auf der Hand.

Nach und nach begann ich, mich von dieser Mutterübertragung immer deutlicher abzuheben. Ich zeigte Unterschiede zwischen mir und der Mutter auf und äußerte mich als zunehmend unzufrieden mit der mir zugewiesenen Rolle, die mir unerquicklich sei und ihm nichts nütze. Die Gruppenmitglieder unterstützten schrittweise die Unterscheidungsfähigkeit des Patienten zwischen seiner wirklichen Mutter, mir und anderen Frauen. Sie gingen zum Teil recht hart mit dem damals oft auch anmaßenden Klaus um.

Zur besseren Strukturierung seines Über-Ichs begann ich danach schrittweise, immer konfrontierendere und forderndere Funktionen auszuüben. Ich kritisierte die inhaltslose Lebensweise des Patienten. Er blieb jedoch für meine Äußerungen zunächst unerreichbar, bis ich recht scharf und überdeutlich wurde. Ich bezeichnete jetzt die Unfähigkeit, seine Tage zu strukturieren, als infantil, ja als primitiv. Außerdem nannte ich seine damals geringe Bereitschaft, einen Beruf anzusteuern, unvorsichtig und irreal. Hier reagierte er zum ersten Mal direkt und affektiv. Seine trotzige Antwort war: »Wieso? Ich hab doch Geld!« Ich lachte ihn daraufhin aus und fragte, wie er denn nur sich selbst, eine Frau und Kinder ernähren wolle.

Diese derbe Verhaltensweise erreichte ihn. Sie mag ihn an sein Herkunftsmilieu erinnert haben. Mitpatienten in der Gruppe verhielten sich übrigens ähnlich drastisch. Er provozierte sie zum Teil durch grobe Annäherungs- oder Bloßstellungsversuche zu ebenso groben Reaktionen. Besonders erfolgte dies bei weiblichen Gruppenmitgliedern, die er auch durch körperlich zu direkte Annäherungen in Verlegenheit brachte und verärgerte. Allmählich wurde es möglich, mit Klaus Tages- und Arbeitspläne aufzustellen und seine Schwierigkeiten, sie einzuhalten, mit ihm durchzuarbeiten. Die Seite in ihm, mit der er in der Realität einen Beruf ansteuerte, der seine Vitalität und Intelligenz ausfüllte, ihm Ziele vermitteln und finanzielle Unabhängigkeit verschaffen sollte, gewann allmählich die Oberhand. Etwas von der früheren Unternehmungslust seines Vaters, der ja einige Zeit in Übersee gelebt hatte, schien sich an ihm zu zeigen.

Er wählte eine Ausbildung an einer Fachhochschule mit konsequent geregeltem Studiengang und täglichen, klar umrissenen Haus- und Übungsaufgaben. Vom Beginn dieser Ausbildung ab wurde die Über-Ich-Strukturierung nicht nur von mir, sondern auch durch das Studium unterstützt. Er begegnete dabei Lehrern, die er eher akzeptieren und idealisieren konnte und die für die Internalisierung von Ich-Ideal-Inhalten sozusagen »Futter« boten. Auch die Mitstudentinnen und -studenten mit ihrem Interessenspielraum und häuslichen Umfeld gaben dem vitalen und intelligenten Klaus Gelegenheit zur Ausfüllung vieler seiner Lücken. Außerdem boten sie Anregung und mobilisierten Neugier. Er wurde immer antriebsstärker und sprach nun oft von »seiner Lebensgier«. Mädchenbeziehungen erwiesen sich als prickelnd, aber auch inkonstant, was bei diesem Patienten vielleicht noch als altersgemäß gesehen werden konnte. Hier könnten jedoch Lücken des Therapieerfolgs verblieben sein. Die Behandlung wurde nach ca. drei Jahren in beiderseitigem Einverständnis und mit Freude über den guten Gesamterfolg abgeschlossen. Der Patient hatte später großen beruflichen Erfolg.

Das Fallbeispiel zeigt, daß auch auf eine defekte Über-Ich- und Ich-Ideal-Struktur fokussiert werden kann. Bei diesem Patienten konnte sie quasi wie ein psychisches Trauma bearbeitet werden. Allerdings bestand folgender Unterschied: Der mangelnde Leidensdruck von Klaus, der sonst ja durch das Trauma geliefert wird, wurde zeitweise in dieser Therapie durch Druck ersetzt, den ich als Therapeutin über längere Zeit ausübte. Es ist fraglich, ob die von mir übernommene Funktion hier nicht teilweise als eine eher pädagogische zu bezeichnen wäre. Auch in der Erziehung von Kindern geht es ja nicht ganz ohne Druck, wie zum Beispiel: »Du hast ja gar nicht aufgeräumt!« oder: »Wie hast Du bei den Schularbeiten geschlampt!« oder auch: »Man kann einfach nicht die ganze Nacht lesen! Man muß schlafen gehen lernen, auch wenn das Buch noch so spannend ist.« In diesem Fall schien die Internalisierung einer disziplinierenden inneren Repräsentanz ohne disziplinierendes Erscheinungsbild und Verhalten meinerseits als wohl kaum zu erwarten.

4.2.3.3 Fallbericht 6: Claudia, apokalyptische Ängste im Zusammenhang mit Real-Inzest

Claudia war bei Therapiebeginn fünfundzwanzig Jahre alt, hatte bereits ein akademisches Studium hinter sich und übte ihren Beruf erfolgreich aus. Sie war eng verbunden mit einem Partner, der schon längere Zeit bei uns behandelt wurde. Wegen ihrer panikartigen Ängste vor Erotik und Sexualität bestanden Schwierigkeiten in der Beziehung. Dadurch, daß beide Patienten, der schon länger bei uns befindliche Partner und sie, gemeinsam in einer Gruppe waren, verkürzte sich die Therapie von Claudia beträchtlich. Die Einzelsitzungen beider Partner fanden, wie immer, getrennt statt. Beide schlossen die Therapie zeitlich gemeinsam ab.

Claudia wirkte zu Beginn der Behandlung fein, zart, hübsch, verdeckt emotional und unter einer scheuen Oberfläche beziehungsfähig. Die Anamnese ergab Probleme der Mutterbeziehung: Die Mutter war Claudia gegenüber nicht grundsätzlich ablehnend, lebte aber doch von ihr und fast allen Menschen emotional zurückgezogen. Die Beziehung zwischen Claudia und dem Vater schien besser zu sein. Es gab noch eine Tante im Haus, die etwas günstigere Bedingungen bot, aber eher einen Zweipersonenkontakt mit der Mutter suchte.

Zum Therapieverlauf

Die Mutter hatte Claudia als ihr ältestes Kind keineswegs abgelehnt, war aber wohl in Anteilen ihrer Struktur beziehungsunfähig. Claudia erinnerte sich nicht an Zärtlichkeit, Gespräche, Freude am Leben, gute Laune, Interesse im Umfeld ihrer Mutter. Oft fielen ihr statt dessen einsame, stundenlange Aufenthalte im leeren Garten ein. Überhaupt wurde Claudia eine gleichsam gähnende Beziehungsleere um die Mutter im Verlauf ihrer Therapie immer deutlicher.

Die Übertragungsbeziehung zeigte bald zwei Aspekte: Einerseits war ich das gute Gegenbild zur Mutter, andererseits Trägerin der negativen Übertragung. In der Modellimprovisation fand Claudia die Stunden inhaltslos, leer, schlecht geführt oder chaotisch. Diese Übertragung lief parallel zu einer gleichsinnigen des Partners. Teils analysierte ich diese Übertragungsanteile und relativierte sie dadurch. Ich bot beiden aber auch kleine Abschnitte an, in denen sie selbst die Gruppe leiten durften, um auszuprobieren, ob sie es denn wohl besser und inhaltsreicher machen könnten als ich. Es läßt sich denken, wie wechselhaft die Erfahrungen mit solchen Versuchen verliefen und wie interessant der Umgang mit dem dabei auftauchenden Material war.

Bereits früh sprach Claudia in der M-Gruppe von unerklärlichen Weltuntergangsängsten und Gefühlen der absoluten Sicherheit, nach ihrem Tode zu einer Art »ewiger Verdammnis« verurteilt zu sein. Dabei war sie nicht religiös. Claudia kam zunächst nicht in der Gruppe, sondern in den Einzelsitzungen gelegentlich verschämt auf ihre erotisch-sexuellen Blockaden zu sprechen. Auch ihr Freund sprach das Thema manchmal vorsichtig an. In der Regressionstechnik zeigte sich schließlich immer deutlicher ein Zwiespalt in der Beziehung zum Vater: Einerseits sei ein sicheres Gefühl vorhanden, daß sie für ihn einen unverrückbaren Wert besaß und er für sie, so daß diese basale Beziehung weder leer noch inhaltslos war. Der Vater hatte auch eine Stellung mit Sozial-Prestige. Er bot der Patientin damit teils Ich-Ideal-Inhalte, teils einen gesteigerten Selbstwert, weil sie sein akzeptiertes und geliebtes Kind war. Der Vater als Selbstobjekt erfüllte für sie so eine wichtige Funktion innerer Regulation.

In den R-Gruppensitzungen zeigte sich dann später allmählich ein anderer Aspekt: Es war etwas Dunkles, kaum Erinnertes, Heimliches. Bilder tauchten auf, wie sie und er allein waren. Bedrückende Situationen. Sein entblößtes Genitale. Ihre ihn bis zum Samenerguß onanierende Hand. Mit überwältigender Mächtigkeit traten diese Erinnerungen immer deutlicher hervor. Es war nie davon gesprochen worden. Es hatte aufgehört, ehe die Patientin in die Schule kam. Aber für sie beide, Vater und Tochter, war es unterschwellig immer präsent, sie konnten sich nicht darüber hinwegsetzen. Als die Patientin konfirmiert wurde, forderte der Vater sie auf: »Jetzt wollen wir uns aber auch mal alles verzeihen!« Es sei klar gewesen, was damit gemeint war. Während der Durcharbeitung dieser Problematik steigerten sich Claudias Ängste ins Unermeßliche. Übermächtige Angst vor Umweltschäden zeigte sich. Panikartige Angst vor Atomkriegsgefahr wurde sichtbar. Zu einem späteren Zeitpunkt trat ein mächtiger Wunsch auf, einen eigenen Bunker zu besitzen. Immer wieder konnte diese Angst in der Gruppe auf elementares Schuldgefühl, aber auch auf ihre Ausgesetztheit dem Vater gegenüber zurückgeführt werden. Sie begann zu begreifen, daß ihre eindeutige Sicherheit, etwas in ihrem Leben sei ganz falsch und verdammungswürdig, eigentlich folgendes bedeute: Sie meine, etwas ganz falsch gemacht zu haben und deshalb so schuldig zu sein, daß der baldige Tod und die ewige Verdammnis als gerechte Strafe nicht ausbleiben könnten. Die Vorkommnisse zwischen ihr und dem Vater in Gruppen- und Einzelsitzungen immer wieder intensiv zu durchleben, beschreiben und verarbeiten, half ihr schließlich, dem Druck des Problems standzuhalten und trotz ihrer Ängste und Schuldgefühle weiterzuarbeiten. Auch die Beziehungsleere um die Mutter machte immer verständlicher, wie frustriert der Vater deshalb gewesen sein mußte. Die konsequente, zielsichere Bearbeitung des Real-Inzest-Problems, wie sie mir in dieser Dichte selten begegnet ist, hatte sicher auch mit dem dringlichen Heiratswunsch beider Partner und dem Wunsch der Patientin nach Kindern zu tun. Allmählich lockerten sich bei der Durcharbeitung die Erlebens- und Verhaltensblockaden. Schrittweise begann Claudia, das mit dem Vater durchbrochene Inzest-Tabu von ihrer Beziehung zu ihrem Partner zu trennen, die ja eine Beziehung zwischen zwei erwachsenen, autonomen Personen war. Nach insgesamt zweieinhalb Jahren wurde die Therapie abgeschlossen. Die Patientin ist inzwischen verheiratet, hat mehrere Kinder und lebt in ihrer Ehe und Familie ein lebendiges, auseinandersetzungsreiches Leben.

Auch mit Claudia wurde keine konzentrierte Mehrphasentherapie vor Behandlungsbeginn abgesprochen. Gut strukturierte Person-Anteile waren hier deutlich sichtbar: Die stabile Beziehung zum Partner, das abgeschlossene Studium, die Fähigkeit zur Berufsausübung stellten wichtige stabilisierende und wohl therapiebeschleunigende Faktoren dar. Sexuelle Blockaden sind häufig ein Zeichen von Entwicklungsschädigungen in der Säuglingszeit. In solchen Fällen ist eine *Mehrphasentherapie II* häufig nicht durchführbar. Daß unter der schlechten Mutterbeziehung doch das Erlebnis einer »good enough mother« in der Frühzeit vorhanden war, war mir zu Behandlungsbeginn nicht bekannt (Winnicott, 1978). Wir sahen zwar in »Ein Baby funkte SOS«, daß *Mehrphasentherapie II* bei Patienten mit schwerer Frühschädigung manchmal angebracht sein kann. Für einen solchen Ansatz fehlte aber hier wiederum die übermäßige Vereinsamung, die eine verfrühte Autonomie im Sinne eines Not-Ichs mobilisiert. Ich neigte zu Beginn von Claudias Behandlung zu der Ansicht, daß hier eine mittelfristige Therapie angebracht sei, also *Mehrphasentherapie III*.

Der weitere Behandlungsverlauf jedoch entkräftete mein diesbezügliches Vorurteil. Die gute Intelligenz, die Verarbeitungsfähigkeit, die gesunden Anteile der Beziehung zwischen beiden Partnern und die intensive Motivation, die durch Ehe- und Kinderwunsch gegeben war, gab der Behandlung gleichsam »Rückenwind«. Eine Katamnese nach Jahren ergab, daß die Familie inzwischen Kinder hat und in einer Gesamtsituation lebt, wie sie bei Patienten mit Real-Inzest-Erlebnissen selten zu finden ist. Später werden wir sehen, daß auch länger dauernde oder Langzeittherapien nach Real-Inzest bei uns zustande kamen. Bei einer Kumulation schädigender Faktoren standen wir hier manchmal auch vor unlösbaren Therapieproblemen.

4.2.4 Abschließende Bemerkungen zur Mehrphasentherapie II

Zur Durchführung einer *Konzentrierten Mehrphasentherapie* müssen genügend strukturierte Persönlichkeitsanteile den nicht strukturierten oder traumatisch geschädigten gegenüberstehen. Der Patient braucht Eigenaktivität und die Fähigkeit zur Steuerung seiner psychischen Dynamik und seiner Ich-Spaltung. Dies trifft für den Idealfall zu. Bei den beschriebenen Fällen zeigte sich jedoch, daß das Ausmaß, in dem diese Vorbedingungen erfüllt sind, häufig nicht genau abschätzbar ist. Es wurde auch deutlich, daß oft die Disziplin, die Ich-Spaltungs- oder die Steuerungsfähigkeit verhältnismäßig schnell gefördert werden können. Dies ist manchmal möglich durch gezielten Einsatz des Therapeuten, wie zum Beispiel bei Klaus mit den defizienten Über-Ich-Anteilen. In Ausnahmefällen können sogar schwer überschaubare innere und äußere Vorgänge in der Therapie so zusammenwirken, daß ein abgewehrter Fokus schließlich behandelbar wird wie bei dem Patienten mit der Totschlagproblematik oder Claudia mit dem Real-Inzest-Problem.

Insgesamt erfordert die Behandlung mit *Mehrphasentherapie II* bei Patient und Therapeut ein hohes Maß an Aktivität, Autonomie und Flexibilität. Dies zeigen die geschilderten Fälle deutlich, vor allem, wenn man sie mit mittelfristigen und Langzeittherapien vergleicht. Solche erfordern eine grundsätzlich andere Attitude des Therapeuten, nämlich mehr Geduld angesichts wachstumsartiger Prozesse oder mehr Zähigkeit angesichts scheinbar unlösbarer Therapieprobleme. Die Aufteilung nach *Mehrphasentherapie I, II, III und IV* ist einerseits orientierend, andererseits aber etwas grob. Auch in Langzeittherapien muß zeitweise fokaltherapeutisch gearbeitet werden. Mit dem Fortschreiten der mittelfristigen oder Langzeittherapie entstehen nämlich gegen ihr Ende hin strukturelle Eigenschaften, die eher zur *Mehrphasentherapie I oder II* passen. Das heißt: Wenn die Patienten immer mehr psychisch strukturierte Anteile erwerben, kann man mit ihnen wendiger, gezielter und aktiver arbeiten als in früheren Phasen der gleichen Therapie. Technische Verhaltensweisen, welche die Patienten zu Beginn ihrer Therapie hätten überfordern müssen, werden jetzt als angebracht empfunden und von den Patienten honoriert. Ein ähnliches Verhalten, wie zu Beginn der Langzeittherapie, würde sie nun irritieren oder langweilen.

4.3 Mehrphasentherapie III
Mittelfristige Mehrphasentherapie (3–5 Jahre)

Mehrphasentherapie III nennen wir Behandlungen, die mit dem Standard-Setting der parallelen Gruppen- und Einzelarbeit bei einer Dauer von 3–5 Jahren erfolgreich abgeschlossen werden können. Die hierfür in Frage kommenden Patienten leiden besonders an frühen, ich-strukturellen Kontakt- und Erlebensstörungen, oft auch an psychosomatischen Krankheiten. Es stehen ihnen jedoch immer noch reichlich tragfähige gesunde Anteile zur Verfügung, die ihnen Selbständigkeit und eigene Aktivität ermöglichen.

4.3.1 Allgemeine Überlegungen zur Mehrphasentherapie III

Bei Patienten, für die *Mehrphasentherapie III oder IV* erforderlich ist, sind Frühstörungen und ich-strukturelle Defekte stärker ausgebreitet als bei solchen, die für eine Behandlung mit *Mehrphasentherapie II* geeignet sind. Auch zusätzliche Entwicklungsschädigungen in Form ich-funktioneller Defekte sind hier meist viel schwerwiegender. Eine Behandlung mit *Mehrphasentherapie III* ist möglich, wenn wesentliche Teile der im Alltag und für die Bearbeitung benötigten grundlegenden Ichfunktionen noch genügend ausdifferenziert sind. Damit stehen sie für die Durcharbeitung der unbewußten Problematik und die Gestaltung des Lebensalltags zur Verfügung. Das psychische Instrumentarium zur Bearbeitung der Störungen und zur Distanzierung von dem belastenden Material muß also wesentlich vielfältiger sein als bei Patienten, die *Mehrphasentherapie IV* benötigen. Bei den mit *Mehrphasentherapie III* behandlungsfähigen Patienten kann die Gestaltung des Alltags in Beziehungen und Tätigkeiten meist strukturierter erfolgen, so daß wirksamere Gegengewichte zur unbewußten Problematik existieren.

Diese Unterschiede sind mehr quantitativer Natur. Sie betreffen folgende Bereiche: Patienten für *mittelfristige Mehrphasentherapie* sind ihrer Herkunft nach meist nicht grundsätzlich abgelehnte oder vernachlässigte Kinder. Es gab also im Umfeld der Patienten stets auch Beziehungspersonen, die die frühe Entwicklung positiv tragend mitbeeinflußt haben. Allerdings liegen oft schwere Schädigungen in der Säuglingsphase vor.

In Behandlungen mit *Mehrphasentherapie III* sind grundsätzlich andersartige therapeutische Einstellungs- und technische Vorgehensweisen angebracht als bei den leicht fokussierbaren Behandlungen mit *Mehrphasentherapie I oder II*. Der Therapeut braucht hier viel mehr Geduld und Tragfähigkeit, mehr Angst- und Frustrationstoleranz und die Fähigkeit, den Patienten gleichsam »Vertrauensvorschuß auf lange Sicht« zu gewähren. Er muß während des Therapieprozesses eine umfangreiche Verantwortung für Patienten übernehmen. Wegen des großen Ausmaßes der Unsicherheit und oft auch zeitweisen Unstrukturiertheit des Verlaufs der psychischen Prozesse bedarf er großer Tragfähigkeit und einer nicht erlahmenden Bereitschaft, Vorgänge in der Therapie für sich immer neu zu verstehen und zu strukturieren. Hierbei muß er auch die praktischen Lebensabläufe in großem Umfang mit berücksichtigen.

Für das technische Vorgehen ist es wichtig, daß der Therapeut zwischen sehr aktiven, tragenden und strukturierenden Verhaltensweisen und gewährender passiver Ruhe und Geduld zu pendeln versteht. Ohne die aktiven Einstellungs- und Handlungsweisen fühlen die selbstpsychologisch geschädigten Patienten sich nicht getragen. Ohne die passiven Wahrnehmungs- und Verhaltensweisen fehlt ihnen der Raum, ihre unverbundenen, kranken und gesunden Anteile unter dem Schutz des Therapeuten schrittweise zu entfalten, so daß sie sie in der Folge miteinander verbinden können. Neben der Fähigkeit, den Patienten zu akzeptieren, muß aber auch die Fähigkeit vorhanden sein, ihn hart zu konfrontieren und ihm Widerstand zu leisten, denn solche Patienten üben oft massiven Druck auf den Therapeuten aus. Dies geschieht, um ihn dazu zu verführen, daß er ihnen als regressives Objekt zur Verfügung steht oder daß er Fühlen, Wahrhaben und Bewußtwerden gemeinsam mit dem Patienten vermeidet. Der Therapeut selbst braucht also eine große Palette an gesunden Ichfunktionen, um auf den Patienten vielfältig reagieren und ihn zur Strukturierung schrittweise hinführen zu können. Besonders wesentlich bleiben Geduld, Akzeptanz und Zielsicherheit.

Es sollen nun an einer Fallgeschichte die Art unseres Vorgehens und die Struktur einer für diese Methode geeigneten Patientin verdeutlicht werden. Sie war bei Behandlungsbeginn siebenundzwanzig Jahre alt. Sie wurde insgesamt viereinhalb Jahre mit *Mehrphasentherapie III* behandelt. Es fanden 127 Einzel- und 123 Gruppensitzungen statt, daneben 4 Paar- und 5 Familientherapiesitzungen.

4.3.1.1 Wally, ein verzaubertes Baby

Auslösende Symptomatik

Wally kam wegen heftiger Trennungsängste verbunden mit Panikgefühlen und Schlafstörungen und Wutausbrüchen. Ihr erklärtes Therapieziel warf ein deutliches Licht auf die psychische Struktur: Sie wollte unabhängig von Beziehungen werden, ihren Partner und andere Personen nicht mehr brauchen, sondern eine übertriebene, narzißtisch gefärbte Art von Autarkie erreichen.

Diesem Wunsch hatte Wallys Selbstbild auch bis vor einiger Zeit entsprochen: Sie war zwar jahrelang mit einem Partner zusammen gewesen, hatte sich aber stets vorgegaukelt, daß nur er sie brauche, nicht aber sie ihn. Es war ihr nicht schwergefallen, immer wieder wochen- oder monatelang fort von ihm und sogar ins Ausland zu gehen, um dort Ferienjobs zu übernehmen. Schon diese wenigen Fakten zeigen, daß die berufliche Tätigkeit von Wally zwar vielfältig und farbig war, jedoch auch inkonstant. Sie übernahm immer wieder Stellen im sozialen Arbeitsbereich, die ihrem abgeschlossenen Hochschulstudium entsprachen. Weder füllte aber die jeweilige Arbeit sie innerlich aus, noch konnte sie ihr genügend Interesse abgewinnen oder ein ausreichend gutes Verhältnis zu ihren Vorgesetzten aufbauen. So trieb sie denn ihre Bindungsstörung, die sie durch Neugier und Wendigkeit rationalisieren konnte, in viele inländische und ausländische Jobs, auch im Reise- und Gaststättengewerbe. Es fiel der aktiven und intelligenten Wally zudem leicht, sich die nötigen Kenntnisse in mehreren Fremdsprachen anzueignen. Eine gegenüber anderen und sich selbst gut getarnte Bindungsunfähigkeit sowie eine schwere Selbstbild- und Selbstgefühlsstörung konnten von Wally lange verdeckt werden. Als jedoch

ihr Partner sich einmal kurz in eine andere Frau verliebte und diese
Beziehung auch auslebte, brach das autarke Bild, das Wally sich von
sich selbst gemacht hatte, zusammen, und eine starke Trennungsproblematik trat zutage. Sie konnte auch nach definitiver Beendigung der
Beziehung zwischen ihrem Partner und dessen Freundin nicht mehr
zur Ruhe kommen. Tag und Nacht wurde sie von Angstvorstellungen
und Alpträumen verfolgt und agierte Trennungsproblematik unre-
flektiert vorwurfsvoll mit ihrem Freund aus.

Zur Lebensgeschichte

Wally wurde Anfang der sechziger Jahre als ältestes von insgesamt
acht Kindern auf einem einsamen Pfälzer Weingut geboren. Von ihren
Geschwistern war das älteste ein Jahr, das jüngste vierzehn Jahre jün-
ger. Die Familie hatte fünf Töchter und drei Söhne. Wally war ein gewünschtes Kind. Die Eltern liebten einander. Die Ehe der Eltern ist
bis heute gut. Mit im Hause lebte noch die im Krieg verwitwete Oma
mütterlicherseits. Diese hatte Anteile einer entwicklungspsychopathi-
schen Struktur (Becker-Toussaint et al., 1981). Nachdem diese Großmutter während ihrer eigenen Kindheit aus Armut von den Eltern
jahrelang fortgegeben worden war, um andernorts bei der Arbeit zu
helfen, konnte sie die Tragfähigkeit persönlicher Beziehungen weder
empfinden noch entwickeln. Diese bizarre und beziehungsgestörte
Oma bildete für Wallys Mutter, deren einziges Kind sie war, das
große, niemals lösbare Problem ihres Lebens. Wallys jungverheiratete
Eltern waren jahrelang damit überlastet, das durch den Tod des
Großvaters heruntergekommene weinbäuerliche Anwesen hochzu-
bringen.
Während der ersten Zeit nach der Geburt gedieh Wally prächtig. Als
sie jedoch im Alter von drei Wochen getauft werden sollte, entstand
ein katastrophaler Einbruch. Ohne erkennbare Ursache trat eine
schwere Verdauungsstörung mit Verstopfung auf. Die Großmutter
mischte sich rigoros in Pflege und Behandlung des Säuglings ein.
Vater und Mutter, die sich gegen die Oma schlecht durchsetzen konnten, flüchteten nach wenigen Tagen mit dem inzwischen recht ent-
kräfteten Baby in die Uniklinik einer ziemlich weit entfernten Großstadt.
Wally kam dort in die Isolierstation. Sie lag in einem Zimmer mit
sechs bis acht schreienden Kindern. Den Eltern wurde kein Zutritt zu
ihrem Kind gewährt. Als die Mutter nach einer Woche erfuhr, daß ihr

Baby die Milch, die sie mehrmals täglich in der Klinik ablieferte, gar nicht erhielt, reisten die Eltern schließlich ab. Bis zu diesem Zeitpunkt hatten sie auf einem öffentlichen Parkplatz campiert. Das Baby blieb nun für insgesamt sieben Wochen in der Klinik isoliert.

Später erkrankte Wally während ihrer ganzen Kindheit häufig, vorwiegend an Neurodermitis und Bronchitiden. Außerdem war in ihrem Bindungserleben und -verhalten gleichsam ein Knick erfolgt: Sie wandte sich von Beziehungspersonen schnell ab, war mißtrauisch und rasch beleidigt. Sie kratzte sich selbst und war kratzbürstig zu anderen. Bei der Geburt ihrer ersten Schwester Winnie war Wally ein Jahr alt. Sehr oft kommt es bei solch kurzem Abstand zwischen den Geburten zu Überlastungsreaktionen der Mütter und Irritationen der Kinder. Diese können das jüngere oder ältere Kind oder beide betreffen. Häufig sind Störungen der unbewußten Steuerung die Folge. Wir bezeichnen das Krankheitsbild, das infolge vollständiger oder teilweiser Trennung von der Mutter entsteht, als »Anaklitischen Fokus« (S. 271 f.). Zur Symptomatik gehören: Schwere Störungen des Selbstbilds und Selbstwertgefühls, Verunsicherungen des Bindungserlebens und -verhaltens, Leistungsbeeinträchtigungen und Fehlertics, unlösbare Neid- und Eifersuchtsproblematik. Anläßlich der Geburt von Wallys Schwester Winnie wurde Wallys frühes Trennungs-, Trotz- und Verzweiflungserleben remobilisiert. Die sehr komplizierte Beziehung zwischen Wally und Winnie kommt in der Schilderung des Behandlungsverlaufs zur Sprache. Wally wurde unter den insgesamt acht Geschwistern »die Böse.« Das heißt, letztlich wurde sie für ihre »liebe« Mutter eine willkommene Projektionsträgerin für deren eigene Mutterproblematik: Der zwischen Mutter und Großmutter nie offen ausgetragene Beziehungskonflikt wurde dann lebenslänglich mit Wally reinszeniert, während die Beziehung zwischen beiden Frauen ohne äußeren Streit blieb. Dies war um so auffallender, als Wallys beide Eltern unter der Großmutter litten und sie oft Wally gegenüber abwerteten. Sie mußte zum Beispiel häufig hören: »Du bist genauso ein Ego wie die Oma und auch genauso streitsüchtig!« Unter dieser Rollenzuweisung litt sie sehr.

Die streng katholische Familie lebte äußerlich in eitel Frieden, scheinbar nur durch die aggressive, unruhige, aufsässige Wesensart Wallys gestört. Dieser Frieden verhinderte aber beispielsweise nicht, daß die Kinder körperlich gezüchtigt wurden. Eine weitere Bestätigung für ihr Falsch-Sein und ihre Minderwertigkeit erlebte die dreijährige Wally, als der Familie der erste Sohn, und damit der Gutserbe, geboren wurde. Von da ab erlebte sie ständig, daß »Jungen etwas anderes sind«. Die Bewertung der Eltern war deutlich patriarchalisch. Die Mutter hatte ihren eigenen Vater geliebt, ihre Mutter aber nicht. Die Freude der Mutter am ältesten Sohn und den weiteren Söhnen konkurrierte nun mit der ursprünglichen Freude am ersten Kind. Sie zeigte sich zunächst nur atmosphärisch, später auch konkreter: Jungen mußten nicht in Haus und Küche helfen. Auch das von Wally heißgeliebte Treckerfahren erübrigte sich eines Tages, weil die Brüder diese Aufgabe erfüllen sollten. Sie erlebte dies als Demütigung und Zurücksetzung den Jungen gegenüber.

Seit Wallys Pubertät wurde die bei der Familie intensive Abwertung der Sexualität immer mehr auf die Spitze getrieben. Daß zwischen den Eltern erotische oder gar sexuelle Kontakte bestanden, blieb in einem permanenten Zustand der Leugnung. Außerdem wurde Wallys Gegenposition zur gesamten Familie von diesem Zeitpunkt ab dramatisch. Hilfreich für sie war, daß ihre Schulleistungen immer gut waren. Daß die gesamte Familie Arbeit besonders hoch bewertete, kultivierte und trainierte, half Wally, selbstverständliche Leistungsfähigkeit zu erwerben. So absolvierte sie ihr Studium auch in kurzer Zeit und mit gutem Erfolg. Sie war und blieb jedoch das schwarze Schaf der Familie. Erst im Erwachsenenalter zeigte sich, daß auch einige ihrer Geschwister an psychischen Störungen litten. Deutliche Auseinandersetzungsstörungen im Beziehungsverhalten gehörten zur familiären Problematik.

Zum Therapieverlauf

Meine Gegenübertragung in der ersten Therapiephase war gekennzeichnet durch die Unsicherheit, ob sich ein therapeutisches Arbeitsbündnis überhaupt aufbauen ließe. Dies war gefährdet durch das grundlegende Beziehungsproblem, aber auch durch eine ausgebreitete Selbstwahrnehmungsstörung Wallys. Sie nahm sich selbst jeweils ganz anders wahr, wenn sie unter Trennungsängsten, Aggressionen, Kritik litt und wenn sie ihre Probleme verleugnen konnte. Es konnte plötzlich vorkommen, daß sie sich für kaum therapiebedürftig hielt, während sie wenig später so von Problemen überschwemmt war, daß ihr alle therapeutischen Bemühungen als ohnehin aussichtslos erschienen und sie deshalb fast zu verzweifeln schien. Unter diesen Schwankungen war aber doch eine grundlegende Hoffnung auf Besserung vorhanden.

Besonders häufig erlebten wir in dieser Anfangsphase, daß Wally sich selbst, aber auch die Beziehung zu Behandlern und Gruppenmitgliedern, nicht wahrnehmen konnte. Für uns Therapeuten und unser Erleben der Gegenübertragung war es dann manchmal, wie wenn nichts oder niemand da wäre, womit wir hätten arbeiten können oder sollen. Ich nahm Wally zu dieser Zeit als mir immer wieder entgleitend wahr, etwa so, wie wenn man nach jemand faßt, den man nicht sieht, weil er unter Wasser ist. Immer wieder »spürte ich sozusagen etwas von ihr«. Beim zweiten Zugreifen jedoch schien ich mich getäuscht zu haben. Es schien nichts da zu sein. Beim dritten Zugriff jedoch schien ich es plötzlich wie mit einem anderen »psychischen Körperteil« zu tun zu haben.

Die Arbeit in der M-Gruppe bot deutliche Ansatzmöglichkeiten für eine Kristallisation der zunächst nicht mit Bildern verknüpften psychischen Probleme und Spannungen in der anfangs teils schillernden, teils nebulosen Therapiesituation. In den wechselnden Modellsituationen zeigten sich immer wieder die finstere Bockigkeit und elementare Eifersucht Wallys: »Sie sind so ungerecht! Wenn man sich hier nicht vordrängt, kommt man zu rein gar nichts! Immer reden Sie so ewig lang mit irgendwelchen Patienten, die besonders gut jammern können! Das geht so einfach nicht mehr. Sie brauchen doch nur auf die Uhr zu gucken und die Zeit auf die Patienten gerecht zu verteilen!« So zeigte sie sich uns indirekt, indem sie uns ihre Art der Wahrnehmung unseres Verhaltens zeigte.

Diese Behandlung soll nicht chronologisch dargestellt werden. Es entspricht dem Prozeßverlauf der Therapie besser, den Fallbericht nach Themenschwerpunkten zu gliedern. Erstaunlicherweise wählte auch Wally selbst diesen Weg, als sie nach Abschluß ihrer Therapie eine zusammenfassende Darstellung ihrer Behandlung niederschrieb. Es erschien mir als Zeichen für unsere ähnliche Auffassung des in der Therapie Geschehenen, daß Themen-Überschriften in der Darstellung denen meiner Veröffentlichung eher entsprechen.

Die Bearbeitung der Frühstörung

In einer von Wallys ersten R-Gruppen-Sitzungen ereignete sich etwas sehr Befremdliches: Sie geriet in eine Art tiefer Trance in der dreistündigen Regressionsphase, während sie mit sich allein war und manche Patienten um sie herum weinten oder zitterten. Ihre Augen waren geschlossen oder halb offen, aber blicklos, ihre Zähne schlugen laut aufeinander. Sie war schneebleich. Immer wieder ging ihr Atem in asthmaartiges Giemen und Pfeifen über, welches mit Anfällen von Reizhusten wechselte. Sie hatte keinerlei Distanz zu sich selbst oder der Umgebung, nahm auch die Therapeuten und Mitpatienten nicht wahr. Wie sich später zeigen wird, stellte die Atmosphäre in der Regressionsphase einen speziell geeigneten Auslöser für das schwerste und früheste Lebenstrauma der Patientin dar.

Ähnliche Erscheinungsbilder kenne ich aus Therapien im Zusammenhang mit frühen Trennungs- oder Folterungstraumata, vor allem solchen, die sich unterhalb einer Altersgrenze von achtzehn Monaten ereignet haben. Obwohl diese Zustände vollständig ich-dyston sind und präpsychotisch wirken, ist es mir selbst und auch meinen Mitarbeitern noch nie passiert, daß Patienten uns in solchen Therapiesituationen entglitten wären, wie man es immer wieder hören kann. Vermutlich stellt schon die Tatsache, daß wir Therapeuten und die Mitpatienten solche Entrücktheitszustände kennen, eine wichtige Brücke zur Realität dar. Wally allerdings hatte so perfekt gelernt, sich selbst zu halten, daß bei ihr eine vollständige Entgleisung wohl auch gar nicht hätte drohen können.

Es gelang mir sozusagen, »mit in ihr Boot zu steigen«. Ich nahm ab und zu vorsichtig Körperkontakt zu ihr auf, was offensichtlich beruhigend wirkte. Ich sprach sie an, was sie nicht wahrzunehmen schien. Schließlich setzte ich sie, trotz ihres sehr schwachen Muskeltonus, auf. Ich riet ihr, sich an die Wand zu lehnen, und sagte ihr, daß dieser Zustand, in dem sie bis jetzt gewesen sei, wichtig für uns und für ihre Therapie werden würde. Jetzt aber müsse sie daraus aussteigen, wieder in der Realität ankommen, mich wahrnehmen, auch die anderen und sich selbst. Das konnte sie. Sie saß in der Durcharbeitungsphase noch lange Zeit bleich und reglos an ihrer Wand und bot fast das Bild eines »in dieser Welt nicht wirklich anwesenden Geistes«, wie eine Mitpatientin es ausdrückte. Schließlich konnten wir aber doch versuchen, vorsichtig über das Regressionserlebnis zu sprechen. Es zeigte sich, daß ihr so etwas noch nie passiert war und daß sie auch nur noch bruchstückhaft wußte, was vorgefallen war.

Sie konnte schließlich sogar etwas assoziieren, nämlich, daß sie in ihrer ganz frühen Kindheit ähnliche Atembeschwerden gehabt habe. Wie es sonst gekommen sei, daß die tiefe Regression in Gang kam, könne sie sich überhaupt nicht erklären. Wir waren zwar sparsam mit Deutungen, schon weil ja auch für uns die Therapie von Wally neu war. Wir sagten ihr aber doch, daß für solche Zustände die jeweilige Auslösesituation in der R-Gruppe stets bedeutungsvoll sei: Ob es denn wohl in ihrem früheren Leben eine Situation gegeben hätte, in der Schreien, Weinen innerhalb einer turbulenten Umwelt oder auch

Alleinsein vorgekommen wäre? Diese Fragen brachten, über die Gruppensitzung hinausgehend, Beantwortungsversuche Wallys in Gang.

Erst nach und nach berichtete sie dann Genaueres von ihrem kleinkindlichen Klinik-Erleben. Sie fragte auch immer wieder bei ihren Angehörigen über die damalige Situation nach. Es war für sie und das ursprüngliche Trauma kennzeichnend, daß Regressionserlebnisse, die hierher gehörten, immer anfallartig auftraten und, für Jahre, stets nur innerhalb der Gruppensitzung. Allerdings stellten die R-Gruppen-Erfahrungen wohl auch eine ideale Auslösesituation für das Trauma dar: Das Dämmerlicht, die »zu vielen« Mitpatienten, die manchmal weinten oder schrien. Angesichts von »zu wenig« Zuwendung der Therapeuten meldete sich wohl auch die Erinnerung an einstige Personalknappheit. Diese Auslöser schienen besonders gut zu ihrem fürchterlichen frühen Kliniktrauma zu passen.

Allmählich wurden die zum damaligen Trauma gehörigen Gefühle und Erlebensweisen, Zerrformen der Selbst- und Fremdwahrnehmung, Schritt für Schritt deutlicher. Zum Zähneklappern gehörende Gefühle von Angst und Verlorenheit traten auf. Auch Depersonalisations- und Derealisationsgefühle überschwemmten Wally. Unbändige Empfindungen, das »Halten« und das »Machen« im Leben selbst besorgen zu müssen, traten zutage. Zu diesen gehörten massive Kiefer- und Kaumuskel-Verkrampfungen, Nacken- und Körperverspannungen. Die asthmaartige Atem-Symptomatik verband sich immer deutlicher mit dem Erleben: »Mir geht die Luft aus, ich sterbe, ich ersticke!« Auch der Zusammenhang dieser Gefühle mit dem bedrohlichen Mutterverlust-Erlebnis im Alter von nur drei Lebenswochen drängte sich der Patientin nun deutlich auf.

Es wirkte für Wally monatelang wie eine »Erlösung«, daß diese Zustände sich spontan einstellten als Zeugnis von einem schwer zugänglichen Teil ihres frühen Erlebens und daß wir gemeinsam mit ihr an einer Entzifferung dieses »Codes« interessiert waren. Wally begann auch schrittweise und mit Hilfe von Gruppenmitgliedern, die schon längere Zeit Frühstörungen geprimalt hatten, sich selbst zu glauben: Offenbar hatte sie in ihrer frühesten Lebenszeit etwas ganz Unnormales erfahren: Normalerweise ist ja die frühe Mutter-Kind-Beziehung naturgesetzlich geregelt. Das Pflegeverhalten einer Mutter klinkt ein über das »Kindchen-Schema« mit großem Kopf und kleinem Körper. Es wird noch zusätzlich gesichert durch hormonale Vorgänge nach der Geburt (Cramer, 1991). Bei normalem Pflegeverhalten entsteht Primäre Liebe (Balint, 1970), Urvertrauen und basaler Kontakt zum eigenen Selbst und anderen Personen. Nach Wallys Geburt zerriß aber der ursprünglich intensive Zusammenhalt zwischen Mutter und Kind durch die gewaltsame Trennung. Dabei bildeten sich Urmißtrauen und eine Störung im Bereich des basalen Kontakts zum Selbst und zu anderen Personen.

Es war dieser Patientin bei ihrem hohen Grad von Intelligenz, ihrer scharfen Logik und ihrer speziellen Lebenserfahrung zu unserem Erstaunen ohne weiteres möglich zu glauben, daß sie sich unter dem Einfluß des damaligen Traumas ein subjektiv modellhaftes Bild von sich und der Welt gemacht hatte. Sie koppelte spontan an ihr Erleben in der Regression, daß sie seit damals zu Urmißtrauen und Selbstmißtrauen im Übermaß neigte. Dieser Zusammenhang sollte auch für die Verarbeitung der Beziehung zu ihrer Schwester wichtig werden. Die Spaltung ihres Welt- und Selbstbildes in die Welt der »Glücklichen und Richtigen« und die Welt der »Unglücklichen und Falschen« ordnete sie ebenfalls spontan und überzeugend dem frühen Trauma zu.

In einer fortgeschrittenen Phase, nach zwei Therapiejahren, stellte sich das Krankenhaus-Trauma spontan in folgender, veränderter Form wieder ein: Wally wünschte nun regressionstechnische Einzelsitzungen mit der Kotherapeutin. Dabei wurde auch mit verschiedenen körpertherapeutischen Techniken, zum Beispiel Funktioneller Entspannung, gearbeitet. Wallys Wunsch war damals, gezielter mit ihrem Frühproblem konfrontiert zu werden. Kaum fing sie jedoch an, sich liegend auf ihren Körper zu konzentrieren, verfiel sie wieder in den vorn beschriebenen tranceartigen Zustand. Selbst wenn sie sich zu Hause nur zum Autogenen Training auf den Fußboden legte, geschah ihr das gleiche. In diesen Zuständen gab es keine Brücke zur Außenwelt. Man konnte nur »drinnen« sein oder »draußen«. Allerdings konnte sie immer besser mit uns und ohne uns darüber nachdenken. Jedenfalls wurde die Arbeit mit Funktioneller Entspannung unter diesen Umständen bis zu einem späteren Zeitpunkt zurückgestellt.

Zu Beginn der Therapie war Wally ausgesprochen verwirrt, wenn sich neben ihrem überzeugend massiven Frühtrauma noch andere Probleme ihrer Lebensgeschichte hervordrängten. Andererseits ließ sich mit gerade solchen »anderen Problemen« aus ihrer Entwicklung und ihrer konkreten Umwelt im Alltag weit leichter arbeiten als mit dem Frühtrauma. Diese waren ja meist nach Beginn der diakritischen Bewußtseinsphase aufgetreten (Lichtenberg, 1989a). Damit waren sie dem Erinnern, Assoziieren, Verstehen, Verbalisieren und kausalen Verknüpfen weit leichter zugänglich als die geschilderten tiefen Trancezustände. Jeder Zuwachs an Selbstbewußtsein, Ich-Stärke, Verständnis- und Handlungsfähigkeit aus der Durcharbeitung anderer Themen ergab dann indirekt auch eine verbreiterte Basis, mit dem ursprünglichen Trauma umzugehen. Dieses zeigte sich wie ein bizarrer, mißgestalteter, archaischer Findling in immer gleicher Form während der gesamten Therapie, aber Wally konnte schrittweise anders Bezug zu den Folgen aufnehmen.

In der letzten Phase der Therapie äußerte Wally zum erstenmal den Wunsch, ihr präverbales Trauma möglichst vollständig aktiv wiederholen zu können. Inzwischen war ihr egal, mit welchen Mitteln dies erreicht werden könne, ob mit Isolation, mit Körpertherapie-Techniken, Medikamenten, Hyperventilation, wie auch immer. Sie wollte es gern mit Hyperventilation versuchen.

Ich sagte ihr nun, daß ich in ihrem Fall wenig Bedenken hätte, tiefes Material durch heftig mobilisierende Therapieformen zu aktivieren, weil ihre Ich-Stärke und Verarbeitungsfähigkeit inzwischen weit fortgeschritten sei. Ein Versuch mit Hyperventilations-Technik schien mir hier unterhalb der Risiko-Toleranzschwelle. Mit dieser Technik arbeiten wir normalerweise nicht. Technische Vorgehensweisen dieser Art erübrigen sich in der Regel beim Primaln. Außerdem mobilisieren die chemischen Veränderungen bei Hyperventilation psychische und psychosomatische Reaktionen, so daß die Methode nur bei kräftigen und ich-starken Patienten angewandt werden sollte, vorausgesetzt daß ein starkes Motiv für eine solch direkte Vorgehensweise gegeben ist. Wally bat mich, einen Versuch mit ihr zu wagen. Wir führten diesen während der folgenden R-Gruppensitzungen insgesamt dreimal durch.

Die Remobilisierung des Frühtraumas verlief jetzt vollkommen anders als früher. Der Umgang Wallys damit während der Tiefenregression, aber auch danach, erwies sich als gezielt möglich, fruchtbar und erfolgbringend. Nun war ihr auch in diesem regressiven Zustand eine gesunde Ich-Spaltung möglich. Ich konnte also mit ihr während der Regression über ihre Selbstwahrnehmung sprechen. Dabei gewann ich deutlicheren Einblick in die Vielzahl ihrer überwältigenden Gefühle und Erfahrungen angesichts der traumatischen Erlebnisse. In dieser frühen, säuglingshaften Phase der Wahrnehmung sind die Erlebensweisen anders als später in der diakritischen, also nach dem achtzehnten Lebensmonat. Beide Wahrnehmungsweisen wurden im Kapitel 2 beschrieben. Hier noch einmal kurz zur Erinnerung folgendes: In der frühkindlichen Entwicklung des Babys wird global ganzheitlich erlebt. Atmosphärisches wird wahrgenommen, auch situative Elemente und Bilder sind wichtig. Die Säuglingsforscher sprechen auch von einer »prozeduralen« Form des Wahrnehmens und Erlebens. Das heißt: Folgen von generalisierten Erlebens- und Beziehungsformen prägen sich ein als eine so und nicht anders geschehende Abfolge. In der diakritischen Entwicklungsphase hingegen werden Einzelsituationen und deren Kausalzusammenhänge wichtiger und eindrücklicher. Erste Symbole bilden sich. Ein Wort beginnt, für viele ähnliche Gegebenheiten zu stehen. Hier beginnt die Abstraktionsfähigkeit.

In dieser R-Gruppensitzung mit Hyperventilation konnte ich nun mit Wally absprechen, prozedurale Erlebnisse aufzusuchen, die sie seinerzeit gehabt haben könnte. Innerhalb der etwa halbstündigen Hyperventilationsphase traten alle weiter vorn beschriebenen Symptome wieder auf, die zum Trauma gehörten: Das Zittern, das Zähneklappern, die asthmaartigen Zustände spastischer Bronchitis, die überwältigenden Ängste und Isolationsgefühle. Erst jetzt in ihrer Therapie konnte sie rasche und heftige Bewegungen machen. Sie strampelte unruhig mit den Beinen, was, wie ich hörte, ihre Unruhe abbaute. Ich fragte sie, ob sie damit einverstanden sei, daß ich zeitweise ihre Beine durch feste Umwicklung mit einer Decke ruhigstelle. Ich hatte dabei die Vorstellung, daß sie in dem Klinikzimmer mit sechs oder sieben weiteren Kindern bei dem Personalmangel der Nachkriegszeit vielleicht fest eingepackt und dadurch ruhiggestellt gewesen sein könnte. Wallys Panikgefühle wurden bei der festen Verpackung in eine Decke auch tatsächlich überwältigend heftig. Sie fühlte sich wie körperlich an Erlebnisse ähnlicher Art erinnert. Ihre elementare Abwehr dagegen, ohnmächtig gemacht zu werden, begann ihr begreifbarer zu werden. Laute gab sie auch jetzt zunächst noch nicht von sich. Wie immer in diesen Zuständen verspürte sie krampfhafte Schmerzen durch Zusammenpressen der Kiefer. Ich fragte sie, ob ich die schmerzenden Stellen anfassen dürfe. Sie bejahte. Durch leichten Druck auf die schmerzenden Stellen öffnete sich der Kiefer, so daß Luft ein- und ausströmen und Laute sich bilden konnten.

Ich sagte Wally auch, hier dürfe sie Laute und ihre Gefühle herauslassen, ohne Angst vor uns haben zu müssen. Damals, in der Klinik, hätte sie es wohl nicht gekonnt. Immer mehr begann sie nun zu stöhnen und schließlich laut zu weinen und sogar laut zu schreien. Mehr und mehr war ein hemmungsloses baby-crying zu hören. Dies erfolgte mit voller Lautstärke hier zum ersten Mal in ihrer gesamten Therapie. Sie wandte auch ihr Gesicht von mir ab, drehte sich schließlich zur Wand und hatte Gefühle, in die Wand hineinkriechen zu wollen. Sie begann immer mehr, gegen die Wand zu drücken, zu strampeln und endlich atemlos zu boxen und zu treten. Es war ihr, als wolle sie mit aller Macht diese Wand und die damaligen Wände durchschlagen oder durchbrechen, um »heraus, und nichts als heraus, und zu ihren Eltern zu kommen«!

Ich arbeitete nach der Hyperventilationsphase noch eine halbe Stunde verbal mit ihr weiter. Sie war so entspannt, wie ich sie noch nie gesehen hatte. Ein Bild drängte sich ihr auf: Vor kurzem hätte sie ein Baby erlebt, das liebevollen Körperkontakt und zärtliche Pflege, zum Beispiel beim Baden, genoß. Ich schlug ihr vor, mit diesem Baby, welches es so viel besser hatte als sie damals, Zwiesprache zu halten.

In der anschließenden Durcharbeitungsphase der R-Gruppe zeigte sie uns allen ein Bild, das sie gegen Ende der Regressionsphase spontan draußen auf dem Flur von diesem Baby gemalt hatte. Zunächst waren einige Patienten irritiert, weil sie keine deutlich erkennbare Babygestalt dargestellt hatte. Verblüffend hatte sie ihre babyhaft frühkindliche Erlebensweise in ihrem Bild wiedergegeben. Präverbale Formen des Wahrnehmens und Fühlens sind uns im späteren Leben nicht mehr ohne weiteres zugänglich. Wally hatte präsymbolisch gemalt und abstrakt in Farben und Formen das Lebensgefühl eines zufriedenen, gesunden Babys wiedergegeben. Sonnenfarbig gelb, in schwingenden rhythmischen Formen und Linien, hatte sie eine Erlebenswelt gemalt, die ihr bisher verschlossen geblieben war. Bis jetzt war ihr Lebensgrundgefühl düster getönt gewesen. Das sonnengelbe Grundgefühl hatte sie stets ihren Geschwistern zugeordnet und deshalb viel unbewußten, aber berechtigten Neid empfunden. Sie sagte: »Am wichtigsten ist das Hautgefühl dabei. Ich kann es nicht genau beschreiben, aber es ist sehr schön. Ich weiß jetzt auch ganz genau, warum ich die Neurodermitis-Probleme mit der Haut hatte. Ich kann auch verstehen, daß meine Haut in letzter Zeit so gut ist, wo ich bereit werde, mich mit den schrecklichen Erlebnissen von damals noch mal auseinanderzusetzen. Dabei relativiert sich mein eigenes Grundgefühl irgendwie. Wenn ich als Baby so viel Pech hatte, wieso soll ich dann auch noch mein ganzes Leben lang düster fühlen? Mir ist so, als finge ich auf einmal an, ganz golden zu empfinden.«

In diesem Ausnahmefall wurde also die Hyperventilationstechnik als Brücke eingesetzt, um dem zu diesem Zeitpunkt der Therapie gerechtfertigten Wunsch der Patientin zu entsprechen, eine willentliche Verbindung zwischen dem Trauma und ihren übrigen Persönlichkeitsanteilen herzustellen. Ihre tranceartigen, zitternd verkrampften und atemgestauten Befindlichkeiten hatten bis dahin gleichsam neben den Verarbeitungsfunktionen ihres Ichs gestanden, oder sie waren sogar ganz von diesen abgetrennt gewesen. In dieser Sitzung wurde Wally auch das erschreckend übermächtige Ausmaß ihrer archaischen Wut zugänglich. Ihre heftige Notwehraggression und ihr um jeden Preis durch die Wände-Wollen wurde ihr spontan als habituelles Verhalten bewußt. Sie sah, wie sie bei ihrem Freund, bei der Arbeit, bei uns und im Grunde überall mächtige Antriebe dieser Art ausgelebt hatte. Es tat ihr sehr leid. So wollte sie ihren Freund nicht mehr behandeln, ihre Familie nicht, uns nicht und auch niemanden sonst.

Auch sehr viel Schamgefühl trat jetzt in Erscheinung. Sie empfand die von ihr so erlebte »Verbannung in eine Art Hölle« als zu ihr durchaus passend. Sie erschien sich so furchtbar, als hätte sie diese Verbannung zu Recht verdient. Sie fühlte sich geradezu popanzartig, von Grund auf häßlich, wie ganz und gar falsch. Außerdem wurde ihr ein reflexartiges, körperliches und seelisches Sich-Wegwenden von Beziehungspersonen deutlich und verständlich: »Die Richtigen« schienen sie verstoßen und fortgegeben zu haben, »die Falschen« um sie herum erschreckten sie und stießen sie ab. Sie wollte weg von ihnen. Alle um sie herum kannten diese intensive, immer wiederkehrende Ausdrucksbewegung an ihr. Viele Menschen ihrer näheren Umgebung waren in ihren Beziehungswünschen zu Wally daran oft gescheitert – und tragischerweise hatte sie selbst gerade dann immer wieder Verstoßenheit erlebt. Nun war dieser Teufelskreis durchbrochen, und damit schien auch, nach viereinhalb Jahren, das Therapie-Ende näher zu rücken.

Während der gesamten Therapiezeit wurde immer wieder wechselnd auf verschiedene wichtige Problembereiche Wallys fokussiert. Hier werden jeweils ein wesentlicher Fokus für sich thematisiert und die Bearbeitung beschrieben.

Zur Bearbeitung des Anaklitischen Fokus und der Schwesterbeziehung

Ehe die Bearbeitung der traumatischen Schädigung Wallys in ihrer anaklitischen Phase beschrieben wird, sollen deren spezifische Kennzeichen explizit deutlich werden. Unter »Das Krankheitsbild des Anaklitischen Fokus« (S. 271–296) wird beschrieben werden, daß dabei in der Regel eine gute Frühphase vorhanden ist und erst anschließend, in der anaklitischen Phase, ein vollständiger oder partieller Mutterverlust ertragen werden muß. Bei dieser Patientin hingegen lag ein Frühschaden vor. Die psychische Basis vor der anaklitischen Schädigung war also nicht so ungestört wie im Normalfall eines Anaklitischen Fokus. Der Elternverlust war ein totaler. Später paßte er in ein Umfeld, welches unter »Umdeutungen durch Eltern« behandelt wird. Es handelte sich in diesem Falle jedoch auch nicht um eine typische Umdeutung. Der Mutter wie Wally selbst ging im Zusammenhang mit der Geburt der Schwester Winnie mit überdeutlicher Klarheit auf, wie geschädigt Wally und wie gesund daneben das zweite Kind war. Wally mußte nach Winnies Geburt erneut oder sogar verstärkt auf die Mutter verzichten. Diese wandte sich ihrem neugeborenen Baby zu und war durch die Arbeit auf dem Gut absorbiert. Sie war aber auch von ihrem ersten Kind schwer enttäuscht und konnte dies neben der gesunden Schwester noch stärker wahrnehmen. Dies vermehrte Wallys früh entstandene Empfindungen von eigenem Unwert.

Bis zur 34. M-Gruppensitzung, also eineinhalb Behandlungsjahre lang, war für Wally ihre Schwester Winnie einerseits ein »liebes Sonnenscheinchen«, andererseits eine zwillingshafte andere Seite ihrer selbst. Schon die Schulklassen hatten die beiden gemeinsam besucht. Die Mutter hatte sie stets gleich gekleidet. Kurz: Die gesamte von der Mutter gewünschte »heile Welt« schien über die Beziehung dieser beiden Schwestern ausgebreitet zu sein. Sie wurde von der Patientin als so paradiesisch konfliktfrei erlebt und dargestellt, daß gerade dadurch ein unübersehbarer Anteil einer »Verkehrung ins Gegenteil« als Abwehr von Anfang an deutlich erahnbar war.
Schrittweise zeigte sich im Verlauf der Therapie, daß eine traumatische Veränderung im Zusammenhang mit Winnies Geburt in der Welt Wallys zustande gekommen war. Damals hatten die Eltern erfreut festgestellt: »Wir können ja auch ein gesundes und unproblematisches Kind haben! Wie zutraulich und selbstverständlich es doch heranwächst!« Wally hingegen schien in ihrer frühen Irritation schwerwiegend bestätigt zu werden: »Sie mochten mich vielleicht von Anfang an nicht, denn sie haben mich fortgegeben. Jetzt haben sie ein anderes Kind, das mögen sie. Es ist lieb und schön und blond, und gerade an ihm kann ich merken, wie verkehrt ich selbst bin.«
Allmählich bekam der »heile Firnis« über der Beziehung zwischen Wally und Winnie im Therapiefortschritt Risse. Wally sagte eines Tages irritiert. »Winnie hat immer gesagt, ich hätte klobige Hände, sie aber schöne, schlanke!« Ein andermal fand Wally ihre Waden zu dick. Auf die Frage, wie sie darauf gekommen sei, antwortete sie: »Winnie hat gesagt, du hast total klobige Beine! Guck meine an: Die sind lang und schlank, und das ist schön!« Auf meine Frage, was solche Bemerkungen ihrer Schwester mit Wally gemacht hätten, was sie dabei ge-

fühlt habe, kam wie aus der Pistole geschossen: »Recht hat sie, sie hat immer recht! Das seh ich doch gleich im Spiegel! Ich weiß auch ganz genau, daß ich keinen Geschmack hab, mir keine Kleider kaufen kann, nicht weiß, was mir steht. Ich bin nun mal nicht schön, schön ist Winnie!« Meine hinterfragenden Kommentare empfand die rassige, glutäugige, bildhübsche Wally als teuer bezahlten und dennoch wertlosen, unglaubwürdigen Therapeutentrost.

Erst die Gruppensituation brachte hier Auflockerung. Nicht nur die sichtlich von ihrem Äußeren angesprochenen Männer bewirkten dies. Deren Huldigungen waren für Wally wie nicht ernst zu nehmen. Sie standen gefühlsmäßig für sie in einem unklaren Zusammenhang mit ihrer eigenen »erotisch-moralischen Schlechtigkeit«. Aber auch die weiblichen Gruppenmitglieder fanden in ihren »knackigen Waden« keine »dicken Beine« wieder. Sie verbanden ihre natürliche und ungewöhnliche Lockenfrisur eher mit Vorstellungen wie: »Die hat Pfiff!« Auch ihre extravaganten Ohrgehänge, ihre Bewegungen, Blicke erregten Bewunderung. Wally reagierte auf Bemerkungen dieser Art irritiert. Ihr quälend verzerrtes Selbstbild war ihr nur allzu vertraut. Es schien ihre negative Form der Selbstwahrnehmung zu bestätigen und gab ihr damit eine Art altvertrauter Sicherheit: Sie wußte dann sozusagen deutlich, woran sie mit sich selbst war. Ihre Form der Selbstwahrnehmung entsprach einem »pathologischen Erlebnismuster« (Fürstenau, 1992, S. 73). Eines der wesentlichsten Therapieziele mußte es sein, dies negative Selbstbild zu relativieren oder gar aufzulösen.

In der Therapie begann Wallys Bild der gesamten Welt zwischen ihr und Winnie schrittweise ins Wanken zu geraten. Was war das doch nur gewesen, was Winnie ihr abends im Schlafzimmer gesagt hatte: »Was? Du siehst sie nicht, wie sie hier durchs Zimmer schweben? Bist Du denn blöd? Guck doch mal genau hin: Da und da!« Aber sie selbst hatte weder Engelchen noch andere Phantasiegestalten gesehen. Sie mußte wohl blöd sein! Häßlich war sie ja schließlich auch. Eines von Wallys am glühendsten erstrebten Therapiezielen war es übrigens gewesen, »so kreativ wie die Mutter, Winnie, die übrigen Schwestern und auch ihr Freund zu werden«. Sich selbst empfand sie als »kein bißchen kreativ«.

In der 43. M-Gruppensitzung kam es dann plötzlich zu einem Affektdurchbruch Winnie betreffend. In der Modellsituation malten die Patienten Bilder. Wachsfarben, Filzstifte, Fingerfarben und Papier lagen bereit. Nun geschah folgendes: Wally geriet spontan in einen tranceähnlichen Affektüberflutungszustand. Sie rannte aus dem Therapieraum in einen Waschraum. In starker Erregung verschmierte sie dort ihr ganzes Gesicht mit feuerroter Fingerfarbe. So fand ich sie vor, als ich ihr nachging. Sie weinte heftig und sagte: Sie könne sich so niemandem zeigen! All dies hänge mit ihrer Wut zusammen, mit ihren Wünschen, alles und alle zu zerkratzen und kaputtzumachen, vor allem aber ihre Schwester Winnie. Wie bei ihrer Mutter schien sich Wally auch in der Übertragungsbeziehung zu uns sicher zu sein, daß wir sie mit ihrer Wut und Eifersucht nicht weiter lieben könnten oder verstehen wollten. Deshalb war sie in den Waschraum geflüchtet.

Wut, Neid und Eifersucht wurden jetzt für einige Zeit zum vorherrschenden Thema in der Therapie. Eine hübsche, den Männern ebenfalls gefallende Mitpatientin empfand sie nun als »ihre Identität stehlend und all unsere Sympathie zu sich hinziehend«. Auch in ihrer beruflichen Arbeit konstellierte sie das gleiche Problem: Bei der Arbeit mit verwahrlosten Mädchen schien eine Kollegin deren sämtliche Sympathien auf sich zu ziehen, während Wally in ihrer Herbheit nur Ablehnung und Interesselosigkeit erntete. Immer wieder sagte sie: »Es ist genau wie bei Winnie!« Die auf Seite 190 geschilderte Selbstwahrnehmungs-, Aggressions- und Abwendungsproblematik zeigte sich also auch gegenüber der als Schwester-Ersatz fungierenden Patientin. Lange Zeit war es für Wally schwer zu unterscheiden, ob sie selbst nicht liebenswert, häßlich, klobig und böse sei oder ob Konkurrentinnen sie in bösartiger Eifersucht schlechtzumachen und auf die Seite zu drängen versuchten. Die Folgen der strukturellen Frühstörung machten es auch tatsächlich Winnie und allen späteren Konkurrentinnen nur allzuleicht, Wally zu entmutigen. Unter diesem Vorzeichen wurde jetzt verständlich, warum die einmalige, zeitlich kurze Untreue ihres Freundes einen solch verheerenden Vertrauensverlust bewirken konnte, wie er beim Therapiebeginn Wallys bestanden hatte. Sie empfand dies schon zu Anfang der Behandlung als unangemessen, ohne daß sie es hätte erklären oder ändern können. Nun zeigte sich auch deutlich, welch schwere Zumutung für Wally die erleichterte Reaktion ihrer Eltern auf das unproblematische Baby darstellte, das Winnie von Anfang an gewesen war. Die positive Wertung der Eltern Winnie gegenüber stand deren negativer Sicht von Wally kraß entgegen. Sie empfand immer mehr, in welchem Ausmaß sie dies irritiert hatte. Sie konnte lange Zeit kaum glauben, daß wir Therapeuten und die Gruppenmitglieder sie positiver erlebten, als sie von den Eltern und sich selbst gesehen worden war. In der Modellsituation, in der sich Wally so entstellend das Gesicht verschmierte, zeigte sich eine Modellszene nach Lichtenberg. Die schwerwiegende Beeinträchtigung ihres Selbstbilds durch den Vergleich mit ihrer nicht früh-strukturell geschädigten Schwester Winnie wurde hier überdeutlich, damit aber auch der Therapie zugänglich.

Es gab aber auch noch eine ganz andere Wally als die herbe, kantige und von ihrem negativen Selbstbild irritierte. Sie war heiter, charmant und anschmiegsam wie Winnie. Diese »Winnie-Wally« war gleichzeitig ein Nachtfalter: Jedesmal wenn Wally ihre Gefühle von Selbstunwert und Häßlichkeit gar nicht mehr ertragen konnte, machte sie sich auf. Sie schwärmte dann umher, mit Freunden oder allein, in Discos oder auf der Straße. Alkoholgenuß löste ihr die Zunge und taute ihre frostige Miene auf. Die Männer umschwärmten sie dann gleich scharenweise. Sie lachte, scherzte, redete bis in die frühen Morgenstunden, konnte geistreich, aber auch kindlich-zutraulich werden. Schließlich lehnte oder kuschelte sie sich an einen der Männer an, mit denen sie im Lokal war, und schlief so ein.

Diese oft bis zum Morgengrauen dauernden von ihr so benannten »Exzesse« nahm sie sich selbst außerordentlich übel. Sie empfand sie als Ausbrüche beziehungsloser, nymphomaner Anteile, als haltlos und depersonalisiert, was sie ja auch wohl teilweise waren. Wir Therapeuten waren über die sich häufenden Schilderungen solcher Erlebnisse ebenfalls beunruhigt. Es fiel jedoch auf, daß Wally dabei niemals in real bedrohliche Situationen geriet. Zwar verliebten sich Männer reihenweise in sie, aber niemand versuchte je, mit ihr intim zu werden, sie zu Drogen zu verleiten oder gar in prostituierende Geschehnisse zu verwickeln.

Immer wieder im Verlauf der Therapie, bis zu einem halben Jahr vor deren Abschluß, tauchten Eifersuchts-, Neid- oder Rollentausch-Probleme auf, die letztlich Winnie betrafen. Schlußendlich ging es dabei um den Neid des ursprünglich geliebten, dann aber verstoßenen und verlassenen Babys, auf das Glückskind, welches alles hat. Sie neidete ihr die ihr fehlende Selbstsicherheit, das Schmusenkönnen, das positive Körpergefühl und ihr Bewußtsein, schön zu sein. Auch das Wissen um die bestrickende Macht dem anderen Geschlecht gegenüber hätte sie sich selbst gewünscht, ebenso das Gefühl, richtig und vollständig zu sein, alles zu haben, was man braucht. Aus den Anfängen solch »paradiesischen In-der-Welt-Seins« war Wally schon im Alter von drei Wochen folgenschwer verstoßen worden, ohne verstehen zu können, warum. Danach hatte die Geburt ihrer gesünderen Schwester sie zusätzlich massiv verunsichert. Eine schwerwiegende Ambivalenz des Selbstbildes war die Folge. Überwiegend empfand sie sich schließlich als negativ, aber in Durchbruchsituationen bei Nacht und unter Alkohol trat paradoxerweise das tief unbewußte, ursprünglich gute Selbstbild immer wieder unvermittelt hervor. Außer in diesen kurzen Zeitspannen jedoch empfand sie sich nicht mehr als richtig oder als schön. Was sie Positives zu haben schien, konnte dann für ihr Gefühl eigentlich nur vorgetäuscht sein, wenn sie letztendlich schonungslos mit sich selbst umging. Gegen Ende der Therapie in der 84. M-Gruppensitzung kam es zu ersten Begegnungen zwischen inneren »Winnie- und Wally-Anteilen« und damit zur Aufhebung wesentlicher Spaltungsvorgänge in der psychischen Struktur der Patientin.

Die damalige Modellsituation bezog sich auf ein Problem vieler unserer Patienten, alltäglichen gesellschaftlichen Umgang zu bewältigen. Vor allem hatten manche unter ihnen schwer überwindbare Probleme, sich im Alltagskontakt differenziert und nuancenreich zu verhalten. Die bei uns gewohnte gänzliche Aufrichtigkeit unter Einschluß aller Tiefenproblematik bot hierfür kein brauchbares Muster, ebensowenig wie die in den meisten Herkunftsfamilien geübte Wahrheits- und Realitätsverleugnung. Im Umgang mit solch schwachen Ichfunktionen sollte diesmal eine vorgestellte »Partyszene« stattfinden, während der die Gruppenmitglieder vielfältige Verhaltensweisen ausprobieren konnten. Sie konnten sich aufrichtig oder tarnend, ja sogar wahrheitsverbergend verhalten, einander aber auch spielerisch etwas vorgaukeln. Das beängstigend Abenteuerliche dieser Modellsituation bestand für viele Gruppenmitglieder darin, ob man wohl Vorspiegelung von Wahrheit unterscheiden könnte, ob Wahrheit sich so gut tarnen ließe, daß sie für Lüge gehalten wurde oder umgekehrt, ob die Wahrheit dabei in der inneren Vorstellung noch erhalten bliebe oder ob ein bodenloser Realitätsverlust entstünde.

In der sich herausbildenden Szenerie, in der einige Gruppenmitglieder Wasser als Wein in Gläser nachschenkten, verließ Wally sofort das Grundthema der Wahrheits- und Tarnungsthematik. Sie wirkte einfach umwerfend. Sie trank Wasser als Wein, welches für sie auch sofort die Rolle des Alkohols übernahm – und schon erkannte man sie nicht wieder! Alle Herbheit wich von ihrem Gesicht. Sie strahlte, lächelte, zog ihre Nase kraus und entfaltete ein lebendiges, liebenswürdiges Mienen- und Gestenspiel. Ihre Neugier war zu sehen, Offenheit, Sympathie, Einfallsreichtum und ungehemmte Äußerungsfähigkeit. Sie log nicht. Sie spielte nicht. Sie tarnte nicht. Sie war einfach nur sie, aber d i e Wally, die zutraulich sein konnte, spontan, selbstsicher und anschmiegsam. Dabei überschritt sie keinen Augenblick die Grenzen des Sympathischen, und niemand unter uns hätte ihre direkte spontane Lebendigkeit als Distanzlosigkeit oder gar Anmache mißdeuten können.

Im anschließenden durcharbeitenden Gruppengespräch waren alle platt. »So kannst Du also sein!« »Sag mal, bist Du eigentlich so, wenn du nachts auf einen Wein losziehst?« »Wally, wenn das so ist mit Dir bei Nacht, dann kannst Du aber vielleicht sogar froh sein, daß Du Deinen Wein überhaupt hast, weil du sonst ja nie so sein kannst!« »Wally, hängt es denn überhaupt am Wein? Hier ging es doch auch mit Wasser!« Auch Wally selbst war perplex, weil sie am hellen Tage so hatte sein können wie sonst nur bei Nacht. Und das hatte sie mit einem Partyglas voll Wasser geschafft statt mit Wein. Sie war überglücklich, aber auch fassungslos, weil alle, alle Menschen hier von diesem Verhalten genauso angetan waren wie die Männer auf ihren nächtlichen Streifzügen von ihr. Sie war dann also auf ihren Streifzügen vielleicht weder »einfach nymphoman« noch »einfach eine Gelegenheits-Trinkerin«. Sie war vielmehr anscheinend wirklich lieb und nett, so wie sie sonst, am Tage oder unter normalen Umständen, nicht sein konnte. Die Verbindung der beiden so voneinander getrennten Wally-Anteile wurde von nun an ein wichtiger Therapieinhalt.

Bilder von Mann- und Frau-Sein in Wallys Herkunftsfamilie

Die Rolle als Frau innerhalb der Herkunftsfamilie schien Wally wenig hochwertig und deshalb auch schwer anzunehmen. Die Mutter, anziehend, schwach und schutzbedürftig, mobilisierte Beschützereigenschaften bei ihrem Mann und all ihren Kindern. Immer wieder wollte Wally wegen der Schutzbedürftigkeit ihre Mutter in unsere Therapiestunden mitbringen, auch ihre Geschwister, falls diese der armen Mutter Kummer bereiteten. Solche Kümmernisse waren reichlich vorhanden, auch wenn sie zu vertuschen versucht wurden. Besonders Wallys Schwestern machten den Eltern Sorgen: Uneheliche Geburten erfolgten, Partner hatten schwerwiegende Arbeitsstörungen. Wallys Brüder kämpften ebenfalls mit massiven Problemen, vor allem mit Schwierigkeiten in Beziehungen, in denen sie Wünsche, Bedürfnisse oder Aggressionen kaum artikulieren konnten und echte Nähe sich als schwer herstellbar erwies.

Offene Gespräche unter den Familienmitgliedern fanden nicht statt. Solche hätten die Kontaktfähigkeit beider Eltern überfordert. Vor allem die Mutter war immer schnell zutiefst verletzt oder beunruhigt. Deshalb mußte jedes auftauchende Problem rasch wieder begraben werden. Falls man jedoch gar über die Mutter selbst klagen wollte und dafür wirklich Grund vorhanden war, mußte schnell ein anderer als eigentlich Schuldiger gefunden werden, andernfalls reagierte die Mutter schwer bedroht.

Beide Eltern waren zudem streng katholisch und die ihnen dabei übermittelten Bilder vom Mann-, Frau- oder Kind-Sein wirkten für sie als Regulative. Eine Frau durfte nicht für sich selbst hervortreten. Sie durfte nur über ihren Mann wirken. Andererseits sollte er wohl auch alles tun und sein, was sie ersehnte, wünschte oder brauchte. Er mußte vor den Leuten eindrucksvoll wirken, ein Kavalier und Beschützer sein, aber auch immer genau die Einrichtungsgegenstände herstellen oder beschaffen, die seine Frau sich wünschte. Sie hingegen mußte schön sein, wie ein weiblich ideales Urbild, und dies innerhalb einer von ihr ständig ebenso bildhaft-schön gehaltenen äußeren Umgebung des Hausstandes. Alle Requisiten wie Tischtücher, Bilder oder Vasen mußten jederzeit einmalig schön sein. Auch die eigenen Kinder mußten als Mädchen einzigartig schön und vollkommen »richtig« sein, vor allem sittsam und angepaßt. All dies mußte wohl deshalb so perfekt sein, weil die Mutter die gleichsam »leere Mitte einer weiblich depersonalisierten Persönlichkeit« mit sekundärer Kostbarkeit erfüllen wollte. Es schien, als sei auch dem Vater diese Rollenverteilung wichtig, bei der er der Ritter und Patriarch war, der einer »edlen Fraue« Huldigungen und Dienste erwies.

Das Bild der Familie, welches sich in mir anläßlich der Schilderungen von Wally, von ihr und ihrem Partner vorgezeigten Videofilm-Teilen und dreier familientherapeutischer Sitzungen (ohne Vater und Brüder) konturierte, hatte etwa folgende Züge: Eine Art typischer Geschlechtsrollendarstellung, die Männern und Frauen ein eigenes Person-Sein nicht erlaubt, geht unter den Familienmitgliedern so weit, daß sich mir das Bild des Klassischen Balletts aufdrängte. Auch dort wird ja die bezaubernd schöne, aber leere Primaballerina von ihrem Partner geschwungen, gehoben, getragen und dargestellt. Der Partner ist der Starke und Aktive. Er darf sich selbst aber weder als spezifisch wichtig noch interessant empfinden, und niemand findet ihn auch so. Interessant ist er nur in seiner Funktion als »Hebekran« und Darstellungshilfe für das bezaubernde weibliche Urbild, welches seine Partnerin darzustellen hat. Auch im Klassischen Ballett geht es ja, wie im Theater vor Molière, um die Darstellung von Allgemeintypischem, nicht aber von Einzelcharakteren oder -situationen. Weiblich-Sein wird in dieser Familie verwechselt mit Entselbstet-Sein, Männlich-Sein mit Minnedienst.

Teils wollte sich Wally in ihrer unbändigen Vitalität verständlicherweise von keinem Manne so »heben« und darstellen lassen. Es fehlte ihr aber andererseits an Selbstvertrauen für die Rolle einer zauberhaften Ballerina . Das war ja nach Meinung aller auch Winnie. Sie selbst hatte wegen der frühen Bedrohtheit ihrer Entwicklung als letzten Lebensanker ihre eigenen Impulse und die Fähigkeit »sich selbst zu halten« kennen und schätzengelernt. Damit paßte sie nicht mehr ins Familienbild. Sie brauchte niemanden und schien alles selbst zu können. Wegen ihrer Berührungsstörungen und Abwendungstendenzen hatte sie aber auch nie gewagt, sich offen zuzuwenden, sich zärtlich anzuschmiegen oder gar mit ihrem Papa und anderen Männern weiblich zu schäkern. Sie wollte nie heiraten, wollte auch keine eigenen Kinder. Bei ihrer speziellen Lebensgeschichte fühlte sie sich durch die katholischen Bilder von Mann- und Frau-Sein, von Ehe und Kinder-Haben teils überfordert, teils angeödet. Daß sie einen Partner gefunden hatte, der ihr jahrelang treu blieb, mutete sie und uns lange wie ein Wunder an, angesichts ihrer lang dauernden massiven Sexualabwehr und Berührungsangst.

Natürlich ist auch dieser Partner kein Engel. Wie fast immer paßt er zu ihr und sie zu ihm. Er bedarf ihrer wie sie seiner und kämpft mit ganz eigenen Selbstbild- und Beziehungsstörungen. Dennoch ist die Beziehung jetzt in ständiger Entwicklung begriffen. Beziehungsfähigkeit, Konfliktfähigkeit, Austausch und gegenseitige Anregung wachsen. Die unbewußte Sicherheit, mit der Wally gerade diesen Partner gefunden hat zu einer Zeit, als sie so etwas bewußt überhaupt noch nicht wollen konnte, erinnert an die Sicherheit, mit der sie die richtigen Partner für ihre nächtlichen »Orgien« auszuwählen verstand: Man könnte diese Sicherheit als eine Art »inneren Schutzengel« bezeichnen. Es wäre sicher interessant, Wally als zunächst gewünschtes und erst danach teilweise scheinbar »verstoßenes Kind« mit anderen zu vergleichen, die ohne Ambivalenz bei den Eltern voll und ganz unerwünscht waren und blieben. Wie sieht es in solchen Fällen mit der eigenen »inneren Schutzengel-Funktion« aus? Und: Wie hängt all dies mit Traumata, wie mit unbewußten Phantasien seitens der Eltern zusammen? Eine nähere Beleuchtung solcher Fragen würde den Rahmen dieser Arbeit sprengen.

Rollenzuweisung an Wally als Großmutter-Ersatz für ihre Mutter

Nach dem frühen Klinikaufenthalt hatte die Mutter mit Wally ein schwieriges Kind nach Hause zurückbekommen. Sie sei verschlossen gewesen, habe sich abgewandt, Eßstörungen gezeigt, Ekzeme und häufig gefährliche Erkältungskrankheiten gehabt. »Man hat sich so um sie bemüht«, sagte die Mutter. »Es wurde dann auch alles etwas besser. Aber eigentlich hat es nichts genutzt!« Nach der Verfestigung der frühen Probleme durch die Geburt von Winnie trat ja auch der extreme Unterschied zwischen den beiden Kindern immer deutlicher hervor. Er sei fürs Leben geblieben.

Wally hatte sich ein Modell von der Welt gebildet, welches folgende Bestandteile enthielt: »Ich bin falsch«, daneben: »Ich muß und kann mich selbst halten und will nie wieder jemanden brauchen.« Und weiter: »Ich bin furchtbar böse auf alle und zu allen, vielleicht auch auf mich selbst und zu mir. Ich weiß nicht richtig, wer es verdient, die anderen oder ich. Ich verwechsle immer wieder die Schuldigen.« Mit diesen Problemen paßte sie nicht in die heile Welt der Familie, wie sie der Mutter vorschwebte. Sie hatte deutlich einen schwierigen Charakter. Immer wieder wurde ihr der Vorwurf gemacht: »Du bist ein Ego, ganz genau wie die Oma.« Alle sagten, sie sei empfindlich, vorwurfsvoll und auf sich selbst bezogen. Alle anderen hingegen, vor allem die Mutter, seien altruistisch und anderen freundlich zugewandt. Mehr und mehr ergab sich so, auf dem Boden des Frühschadens, bei der Mutter, aber auch bei der gesamten Familie eine Verwechslungsmöglichkeit Wallys mit ihrer Großmutter. Schließlich entstand diese Verwechslungsbereitschaft am Ende sogar in ihr selbst. Dieses Problem stellte eine massive innere Bedrohung für Wallys Selbstbild dar. Wenn es wirklich wahr war, daß sie genauso war wie ihre entwicklungspsychopathische, abartige, grobe und destruktive Großmutter, wäre ihr vielleicht das Leben als nicht mehr tragbar erschienen.

Gründe für Befürchtungen, womöglich wie die schwierige Oma zu sein, hatte es in ihrem Leben viele gegeben: Die Spannungen in ihrer Mutterbeziehung, in der die unterschwellige Ablehnung gegenüber Wally wieder und wieder in Beschuldigungen, schließlich sogar in heftigen Krächen Gestalt annahm. Außerdem war nicht zu übersehen, daß ihre Schwestern es in Beziehungen leichter zu haben schienen als sie. Auch war die Tatsache unverkennbar, daß ihre Geschwister nicht zu ihr, sondern zu Winnie um Rat, Hilfe oder Bemutterung kamen, da die Mutter selbst ja so beschäftigt war, daß sie zu wenig Zeit für ihre Kinder erübrigen konnte. Die oben geschilderte, nur in den »nächtlichen Orgien« durchbrochene Ruppigkeit führte auch zur Ablehnung von Vorgesetzten Wally gegenüber. Kollegen und Schützlinge fanden sie ebenfalls zwar gescheit, zuverlässig und haltgebend, aber doch so herb und abweisend, daß sie sie angeblich nur schwer lieben konnten. Dennoch war sie wirklich angesehen und respektiert. Sie war klug, handlungsfähig, kritisch. Ihre guten Schul- und Studienleistungen und auch ihre Bereitschaft, sich auseinanderzusetzen und hinzustehen, brachten ihr Wohlwollen ein. Die »Stinkigkeit« in Ausstrahlung und

Verhalten war jedoch wirklich penetrant. In unserer Gruppe zeigte sie sie deutlich durch finstere Mimik, hochfahrendes Verhalten, kritische Attacken gegenüber den Therapeuten, die sie immer wieder unfähig und vor allem »ungerecht« fand. Sie wandten sich ja nach ihrer Meinung immer vor allem denen zu, »die am lautesten schrien und heulten«, und verteilten nie ihre Zeit gerecht. Es stinke ihr, daß wir kein Interesse an ihr hätten, sagte sie oft, oder sie schwieg verstockt. Auf die Frage, ob etwas sie störe, kam dann: »Ja nun! Ich will es überhaupt nicht sagen!« oder: »Laßt mich doch in Ruhe!« oder: »Es nützt ja doch nichts! Ihr ändert Euch ja einfach nicht!«

Besonders entlastend war es für Wally in der Anfangsphase der Therapie, an den Prozessen anderer Gruppenmitglieder zu bemerken, daß solche Wesenszüge nicht erblich sein müssen, also ihre Ähnlichkeiten mit der Oma ihr nicht unwiderruflich als Anlage mitgegeben sein mußten. Eine weitere Lockerung der fest zementierten Großmutter-Identifizierungen war festzustellen, seit sie in die vorn geschilderten tranceartigen Regressionszustände, die zum Frühtrauma gehörten, regredierte. Zwar konnte sie intellektuell und logisch-verbal noch keinen Kontakt zu diesem sozusagen findlingsartig herumliegenden, bizarren Material herstellen, aber sie spürte doch blitzartig, daß sie da an ein überwältigendes reales frühes Erleben gestoßen war, welches einen Teil ihrer Person gleichsam »verhext« zu haben schien. Das schien sie zu entschuldigen, sich selbst und anderen gegenüber.

In dieser Phase begann sie, sich leidenschaftlich, fast wie unter Zwang, für frühgestörte Personen mit ich-strukturellen Schädigungen zu interessieren. Es schien, als hinge ihr eigenes Heil von deren Heilbarkeit ab. Sie konnte ja zwischen ihrem eigenen Frühtrauma und ihren bewußten Anteilen damals noch keinen ausreichenden Kontakt herstellen. Sie steckte gleichsam zunächst in der Außenwelt den Bereich ab, dem sie sich in sich selbst noch nicht voll zuzuwenden wagen konnte. Sie arbeitete damals in einer Betreuergruppe für schwer gestörte Mädchen und kämpfte heftig darum, jede einzelne von ihnen zu verstehen und zu jeder Kontakt herzustellen. Das Betreuerteam konnte sie von einer Art »Dompteursgemeinschaft« zu einer Leben ermöglichenden Betreuergruppe umbilden. Es braucht nicht gesagt zu werden, wie erfolglos ihre Bemühungen bei vielen der Zöglinge bleiben mußten, die zum Teil Kontakte mit Kriminellen, Prostitution oder der Drogenszene pflegten und ungleich schwerere ich-strukturelle Störungen hatten als Wally selbst.

Die Mädchen dienten Wally in vieler Hinsicht als Spiegel. Selbst diese oft habituell verlogenen Mädchen machten immer wieder Ansätze,

Wally zu respektieren und ehrlich mit ihr umzugehen. Sie sagten zum Beispiel: »Wegen Deiner Brummigkeit mag ich Dich nicht, lieber hab ich die Gilla.« Gilla war die nach außen hin werbend und freundlich strahlende, aber labilere Kollegin. Zunächst glaubte Wally ihnen, daß sie nicht liebenswert sei. Sie empfand sich als Fratze oder Zerrbild, vielleicht sogar noch schlimmer als die Oma. Immer deutlicher jedoch bemerkte sie, daß es bei Mädchen solche mit frühen Schädigungen gab, die weniger Chancen für eine innere Gesundung mitbrachten, als sie selbst sie hatte. Deren Schwierigkeiten waren manchmal mit den Mitteln Wallys und des Teams überhaupt nicht angehbar. Auch für Überweisungen zur Psychotherapie waren viele von ihnen zu labil. Man konnte nicht umhin, ihnen zunächst einmal wenigstens ein Existenzrecht zuzuerkennen, ehe man überlegen konnte, ob es Heilungs- oder Besserungschancen gab. Auch Ermüdungs- und schließlich Ungeduldszeichen bei der Trägerorganisation remobilisierten Wallys negative Introjekte heftig. Sie empfand sich selbst als aussichtslosen Fall im Zusammenhang mit ihrem eigenen Frühtrauma, aber auch den Oma-Projektionen. Ihr wurde schließlich immer klarer, daß sie im Zusammenhang mit ihren Schützlingen auch nach ihrer eigenen Frühstörung und den Heilungs- oder Milderungschancen für sich selbst fragte. Sie lernte, mit den Mädchen geduldig zu sein. Mußte und konnte sie dies auch mit sich selbst lernen?

Wir verstanden hier Zusammenhänge so, daß Wally die Bildlosigkeit aus ihrer frühkindlichen Wahrnehmungsphase und das Gebundensein an ihre prozedurale und atmosphärische Erfahrung mit Hilfe der Mädchen näher zu begreifen versuchte. Ihr fiel der Anschluß ihrer frühen Klinikerlebnisse an das diakritisch unterscheidende Bewußtsein besonders schwer. Denn bei der Aufnahme ins Krankenhaus und der Rückkehr nach Hause hatten ja Ort, Personen und schließlich die Verhaltensprozeduren gewechselt. In den Gestalten der Mädchen war aber auch das beängstigende Bild der Oma immer wieder verdeckt mit anwesend. Die Situation mit den Mädchen bot also reichlich Gelegenheit, Eigenes und Fremdes zu be- und verarbeiten und auch zu bedenken. Supervisoren wurden eingeschaltet, und mit Kollegen begannen Teamdiskussionen .

Ein innerer Störfaktor, die Großmutter-Identifizierung als oberflächlichere Schicht über ihrem Frühschaden, verlor seine unbewußt steuernde Macht allmählich. Zwar konnte Wally noch nicht lachen oder zärtlich sein, aber sie fühlte sich nicht mehr als schlecht, und die Menschen um sie herum fühlten unter ihrer rauhen Schale mehr und mehr einen unverwüstlich zugewandten, herzhaften und herzlichen Kern. Als die Vermengung mit dem »Großmutter-Gespinst« sich von der

Patientin löste und der Anaklitische Fokus verarbeitet war, traten schwere und wirklich bedrohliche Einbrüche nicht mehr auf, wenngleich die Beziehungsstörung noch als schwer erschien, solange das Frühtrauma nicht ausreichend aufgearbeitet werden konnte.

Zu Wallys Sexualität

Wie schon erwähnt, litt Wally an Neurodermitis und Schwierigkeiten, sich anfassen zu lassen. Dies wurde von ihr beim Primaln spontan als Folge der als extrem traumatisch empfundenen Erlebnisse bei dem frühen Klinikaufenthalt begriffen. Es wurde schon gesagt, daß sie lange den Umgang mit kleinen Kindern mied. Deshalb suchte sie manche ihr nahen Menschen nicht auf, weil sie wußte, daß sonst »das seltsame Gefühl dabei wieder kam, das sie so störte«. Zu Winnies gutgepflegtem winzigen Säugling fühlte sie sich aber eines Tages übermächtig hingezogen. In der R-Gruppe sagte sie: »Es ist, als ob dieses Baby ein goldenes oder strahlendes Leben hat oder fühlt, ich aber ein dunkles! Ich kann es ganz genau merken, daß das ganz viel mit der Haut zu tun hat. Ich weiß auch, daß mein schwarzes Lebensgefühl irgendwie nicht stimmt.« Ich sagte: »Da hast Du recht. Letztlich stimmt etwas damit nicht. Es ist gegen die Natur. Der Instinkt sagt den Menschen und sogar anderen Säugetieren, daß Wesen mit großem Kopf und kleinem Körper niedlich und schutzbedürftig sind. Dann klinkt meist das richtige Verhalten zwischen Eltern und Kind ein, und das Baby hat es ›golden‹. Bei Dir ist eine grauenvolle Panne passiert, und da hattest Du es schwarz an der Haut. Die Haut gehört zu innen und auch zu außen. Außen schien es schwarz, so daß Du Dich selbst halten mußtest, innen so, daß Du nicht mehr verdientest, gehalten zu werden.« Sie drehte sich weg und weinte, weinte laut wie ein Baby, wie ein erwachsener Mensch, aber auch wie eine Frau. In immer neuen Schattierungen brach das Weinen aus ihr wie eine Urgewalt hervor. All ihr unbändiger Jammer zeigte sich über das Erleben düster schwarzer Lebensgrundgefühle und ihre Abwendung von den Mitmenschen. Sie konnte wahrhaben, daß dies aus Scham geschehen war, aber auch aus unbändiger Wut auf die so früh erfahrene subjektive »Halt-Losigkeit« in ihrer Umgebung. Ihre zuckenden, zappelnden, tretenden Beine wurden weiter oben beschrieben. Daß sie mit ihren so negativen Früherfahrungsmodellen körperliche Nähe schlecht ertragen konnte, scheint verständlich. Wer Berührung aus den eben genannten Gründen aber nicht erträgt, erträgt auch keine sexuelle Berührung.

Eine zusätzliche Belastung für die sexuelle Spontaneität und Gelöstheit von Wally stellte der strenge Katholizismus der Familie dar. In diesem Umfeld wurde tastende, kindliche Sexual- und Körperneugier als Sünde gebrandmarkt und bestraft. Die Eltern hätten nie eine positive Einstellung zu Erotik und Sexualität gezeigt. Eigentlich hätten, laut Wally, die acht Kinder »unmöglich auf normale Weise entstanden sein können«. Dennoch scheinen die ständigen negativ abwertenden Hinweise auf Sexualität auch einen gewissen Mobilisierungs- und Auslösecharakter gehabt zu haben. Eine Schwester hat zwei uneheliche Kinder. Die andere machte während ihrer Kindheit eine Reihe von Übergriffserfahrungen. Schmutz- und Sündenvorstellungen waren in Wallys Therapie im Zusammenhang mit Erotik und Sexualität dringend bearbeitungsbedürftig. Sie war ja schon von vornherein wie beschmutzt. Auch die anderen schienen sie nicht echt zu lieben und deshalb selbst wiederum würdig, weggestoßen zu werden.

Auch Vorstellungen von einer Begrenzung der Kinderzahl auf ein für die Eltern ertragbares Maß wurden Wally erst allmählich zugänglich, als in ihrem nahen Umfeld Abtreibungsprobleme auftauchten. Verständlicherweise stellten auch die Durcharbeitung der Winnie-Wally-Probleme und die schließliche Integrationsmöglichkeit der projizierten Winnie-Anteile eine größere Bereitschaft her, sich erotisch und sexuell zu öffnen. Es handelte sich um die Integration der »Nacht-und-Orgien-Wally«, wobei die gelöste, anschmiegsame Gefahrlosigkeit dieser Orgien ja angesprochen wurde. Insgesamt reduzierten sich die inneren Antriebe für sexuelle Schwierigkeiten deutlich. Andererseits besteht gerade in diesem Bereich eine Restproblematik, unter der Wally noch leidet. Unter ihren derzeitigen Arbeitsumständen kann sie nicht mehr regelmäßig zur Therapie kommen, da sie weit weg Arbeit suchen mußte, als ihre Dienststelle aufgelöst wurde. Ihr Gesamtbefinden scheint so gut zu sein, daß dies wohl auch nicht zu bedauern ist. Wally möchte allerdings an den hier bestehenden Reststörungen mit mir und in ihren neuen Arbeitsgruppen fokaltherapeutisch von Zeit zu Zeit gezielt arbeiten.

Zur gegenwärtigen Situation

Wally verstand es ungewöhnlich gut, ihr äußeres Leben für den inneren Verarbeitungs- und Strukturierungsprozeß zu Hilfe zu nehmen. Als Lebensaufbau und Neuorganisation für sie wichtiger wurden als die Aufdeckung alter Traumata, begann sie eine Psychodrama-Ausbildung. Die über Jahre konstante Ausbildungsgruppe bot ihr so etwas wie einen Familienersatz, Auseinandersetzungsmöglichkeiten und Vertrautheit. Auf der Suche nach Wachstumsmöglichkeiten für ihr Urvertrauen und Körpergefühl fand sie außerdem einen kleinen Kreis von Freunden, der sich mit Themen wie Körpergefühl, Massage, aber auch Fragen von Sinn und Ethik befaßte. Letzteres war für Wally besonders wichtig. Alle diese Kontakte fanden in lockerer Weise statt, gekoppelt an Gespräche und gemeinsame Erlebnisse.

Der Therapie-Prozeß ergab, daß Wally sich nun besser anderen zuwenden kann. Sie ist fähig zu lächeln, zu bitten, zu danken, ohne Alkohol und ohne das Wasserglas in der vorgestellten Party. Ihre Abschiedsworte in ihrer letzten Gruppensitzung gingen mir so nahe, daß ich vor Angerührtsein kaum darauf antworten konnte. Sie sagte, was ihr die Arbeit mit uns gebracht hätte: Sie sei uns sehr dankbar und bliebe uns verbunden. Auch sei sie traurig, jetzt zu gehen. Sie wisse aber, es müsse sein. Sie könne sich hoffentlich allein genügend weiterhelfen und ja auch wiederkommen, falls unlösbare Probleme auftauchten. Vor allem sei sie glücklich, daß es im Leben soviel Interessantes, Tolles, Neugierigmachendes und Liebenswertes zu entdecken gäbe.

Vor einiger Zeit jedoch kam ein Hilferuf wegen Partner- und Sexualproblemen. Es könnte sein, daß hier eine Umsetzung des in der Therapie Erlebten ins Alltagsverhalten allein als zu schwierig und zeitraubend erscheint. Das Therapieende kam ja wegen des Arbeitsplatzverlustes etwas unvermittelt. Ob Wally zum Beispiel noch eine Phase von Paar- oder Sexualtherapie benötigt, wird sich herausstellen.

4.3.2 Abschließende Bemerkungen

Was kennzeichnet nun Therapien von Patienten für *Mehrphasentherapie III*, wenn wir den vorstehenden Fall als Modell nehmen? Gesunde Anteile waren bei Wally ausreichend vorhanden. Die Intelligenz, Arbeitsfähigkeit, Frustrationstoleranz, Selbständigkeit und Eigenverantwortlichkeit waren ihre und unsere Verbündeten im Kampf mit folgenden schweren Störungen: Wally litt an den Folgen eines außerordentlich massiven frühen Entwicklungstraumas mit Körperbild- und Selbstbildverzerrungen, basalen Kontaktstörungen, Berührungs- und Beziehungsängsten. Diese Störung wurde durch den Anaklitischen Fokus zusätzlich verstärkt. Das Krankheitsbild wurde dadurch unschärfer. Es flimmerte gleichsam zwischen Signalen aus dem einen und dem anderen unbewußten Steuerungsbereich. Wegen der Grundstörung und der anaklitischen Schädigung konnte die Mutter Wally als Projektionsobjekt benutzen. Sie projizierte ihre für sie anders nicht zu bewältigende eigene schwierige Mutterbeziehung auf die Tochter. Dadurch wurde das Selbstbild Wallys zusätzlich verzerrt und verunsichert. Seit ihrer Pubertät war sie nicht mehr in das soziale Familiengefüge eingebettet. Auch die dort verankerten Vorstellungen von Mann- und Frau-Sein schienen auf sie nicht mehr zu passen. Allerdings fand sich unter all diesen aufeinandergeschichteten Störungen auch ein Rest-Anteil von Identität und Beziehungsfähigkeit als ursprünglich erwünschtes Kind.

Insgesamt standen also zwei Persönlichkeitsanteile, die voneinander abgespalten waren, unverbunden nebeneinander: Der eine enthielt die oben beschriebenen Störungen der Persönlichkeit. Der andere war strukturiert, fähig zu tragen, zu verarbeiten, durchzuhalten und vor allem zu arbeiten. Die Fähigkeit zu arbeiten stellte für diese Patientin einen fundamentalen Zugang zum Leben überhaupt dar. Es war auch ein Objekt-Beziehungs-Rest übriggeblieben, der ihr eine dauernde Beziehung zu ihrem Freund ermöglichte, wenn sie diese auch wiederum ständig in Frage stellen mußte.

Damit kommen wir zu der Beschreibung des unstrukturierten, deformierten und kranken Anteils der Patientin. Sie konnte ihr wahres Selbst nicht fühlen (Winnicott, 1983), sondern empfand sich als körperlich und seelisch monströs. Aber auch alle anderen erschienen ihr immer wieder verzerrt, lieb- und interesselos. So konnte sie weder in ihrem Arbeitsbereich, noch im Therapieumfeld, noch zu ihrem Freund oder anderen Menschen eine konstante gute innere Beziehung halten. Mit den voneinander abgespaltenen Anteilen geisterte sie gleichsam zwischen verschiedenen Erlebenswelten hin und her. Sie fühlte sich bald gut, bald katastrophal.

Daß bei einer solchen Persönlichkeit eine Psychotherapie von kurzer Dauer nicht erfolgreich sein kann, liegt auf der Hand. Zwischen den unterschiedlichen Zuständen, Befindlichkeiten und Bezogenheiten wechselte und kippte es. Ein in sich konstantes und kohärentes Selbst- und Weltbild war zunächst kaum vorstellbar.

Die ich-dystonen Störungen hatten sich zu weit ins Ich hinein ausgebreitet, oder – anders ausgedrückt – die Störung war in zu
großen Bereichen ich-synton geworden. Die Spaltung ging durch
das Ich, die Beziehungen und den Alltag.

Gegen Ende der Therapie war die Patientin so gut strukturiert,
daß es möglich war, straff fokussierend mit ihren psychischen
Problemen umzugehen. Deshalb konnten nun auch Methoden der
Mehrphasentherapie II oder gar *I* angewandt werden. Gerade bei
Wally, die uns hier als Modellfall diente, wurde deutlich, wie
gegen Ende der Therapie fokaltherapeutische Maßnahmen angewandt werden konnten, die eine Konzentration auf die Bearbeitung des frühen Fokus ermöglichten.

4.4 Mehrphasentherapie IV Erweiterte Mehrphasentherapie (mehr als fünf Jahre)

Mit *Mehrphasentherapie IV* bezeichnen wir eine über fünf Jahre
hinausgehende zeitlich unbefristete Form der Langzeittherapie.
Auch sie besteht vorwiegend aus dem Standard-Setting mit parallelen Gruppen- und Einzelsitzungen. Es werden jedoch vielfältige
Maßnahmen in die Therapie einbezogen, die im Einzelfall als geeignet erscheinen, um ich-strukturelle Defekte zu überwinden.
Häufig werden mit dieser Therapieform Paare behandelt. Auch
Familientherapie wird bei Bedarf einbezogen. Es können zusätzlich vielfältige Maßnahmen eingesetzt werden, die geeignet erscheinen, Ichfunktionen wie zum Beispiel die Arbeitsfähigkeit
auszudifferenzieren. Auch Sitzungen mit Arbeitskollegen oder
Vorgesetzten der Patienten sind bei Bedarf möglich. Regressionstechnische Einzelsitzungen können ebenfalls in die Therapie einbezogen werden. Sinnvolle Erweiterungen der Therapie und dem
Einzelfall angepaßte Änderungen der Kombination gehören also
zum Setting der *Mehrphasentherapie IV*.

4.4.1 Allgemeine Überlegungen

In der Regel sieht man bei Patienten, die für *Mehrphasentherapie III und vor allem IV* in Frage kommen, eine ungenügende Realitätswahrnehmung, Denk- und Objektivierungsfähigkeit. Defekte im Bereich der gesunden Ich-Spaltung, der Frustrationstoleranz, der Zielsicherheit und des Durchhaltens sind schwerwiegend. Dies bewirkt, daß die Verarbeitungsfähigkeit insgesamt drastisch vermindert ist. Das ist vor allem der Fall, wenn sich Defekte addieren. Wo solche Kumulationen vorhanden sind, fehlen den Betreffenden oft weitgehend die strukturellen Mittel, sich mit traumatischem Material oder Ich-Defekten auseinanderzusetzen. Falls dann überhaupt noch Behandlungsfähigkeit besteht, ist eine Verknüpfung von aufdeckenden mit strukturierenden, oft auch letztlich erzieherisch wirkenden Maßnahmen notwendig.

Schwerwiegende Mangelerscheinungen an täglich benötigten Ichfunktionen bewirken in der Regel, daß der Lebensalltag der Patienten unstrukturiert verläuft. Auch ihre Beziehungen sind gestört. Oft sind solche nur andeutungsweise vorhanden. Geregelte Tätigkeit ist meist nicht möglich. Den Patienten fehlt also nicht nur das nötige ich-strukturelle Instrumentarium für eine Behandlung ihrer Störungen, sondern auch für ein ausfüllendes Leben im Alltag, das dann nur noch ein geringes Gegengewicht zur Belastung durch die Therapievorgänge darstellen kann.

Meist hatten solche Patienten schon in der Säuglingsphase schwerste traumatische Beziehungserfahrungen erlebt. Hierauf bauten in der Regel weitere störende Erfahrungen auf, die Defekte an Beziehungsfunktionen auslösten. Auch hatten viele unserer Patienten in ihrer Kindheitsgeschichte für ihre Mütter, seltener auch für Väter oder Geschwister, Rollen zu übernehmen, die für sie selbst und die eigene Entwicklung schädlich waren. Sie mußten zum Beispiel einen Ohnmächtigen gegenüber einem Mächtigen darstellen, ein Objekt für inzestuöse Verführung oder einen Masochisten gegenüber einem Sadisten. Manchmal mußten sie die Rolle verstorbener Angehöriger ihrer nahen Beziehungsperson übernehmen. Solche Rollenübernahmen wirken depersonalisierend und verhindern eine gesunde Strukturierung der eigenen Person. Es liegt auf der Hand, daß solch verfälschende Rollenzuweisungen für das Erstarken der Beziehung zum eigenen Selbst schädlich sein müssen. In beiden nachstehenden Fallschilderungen trugen derartige Rollen-Übernahmen massiv zur Schädigung der Gesamtperson und letztlich zu beträchtlicher Depersonalisation bei.

Häufig sind in der Lebensgeschichte solcher Patienten auch schwere Vernachlässigungen zu finden, weil Beziehungspersonen während der Kindheit nicht hinreichend anwesend waren, sich nicht kümmern konnten oder auch selbst verwahrlost waren. Viele basale oder grundlegende Ichfunktionen konnten dann nicht genügend ausdifferenziert werden.

Wie nicht anders zu erwarten, bilden sich unter solchen Entwicklungsbedingungen verzerrte, oft labile psychische Strukturen. Das Selbst- und Welterleben wirkt dann wie »verhext« oder bleibt teilweise archaisch und undifferenziert. Destruktive Aggressionen und überstarke Depressionen fallen auf. Auch findet man häufig Suizidalität, manchmal Neigung zu Gewalttätigkeit oder Kriminalität. Wenn immer weitere schwere Traumata während der Lebensgeschichte hinzutreten, wird die Verarbeitungsmöglichkeit immer ungünstiger, so daß mit allen zusätzlichen Belastungen das Desaster immer noch größer wird. Steuerungsunfähigkeit und Strukturlosigkeit sind oft die Folge. Bei einem zu ausgedehnten Mangel an differenzierten Ichfunktionen ist Psychotherapie, auch unter Einbeziehung von Mehrphasentherapie, nicht möglich. Kriminalität, Drogensucht, dauernde Pflege- oder Beaufsichtigungsbedürftigkeit können unüberwindbar sein. Welcher Art die strukturierten Ichfunktionen sein müssen, die für die Durchführung einer solchen Therapie unerläßlich sind, läßt sich nur grob skizzieren.

Für eine Umstrukturierung unter Zuhilfenahme von *Mehrphasentherapie IV* ist es notwendig, daß der Patient seine eigene Struktur bedenken und zu ihr selbständig Stellung nehmen kann, damit er in der Lage ist, an der Umwandlung seiner unbewußten Steuerungsstruktur aktiv mitzuarbeiten. Hierfür sind eine gute Intelligenz und Abstraktionsfähigkeit notwendig, was nicht mit guter Schulbildung zu verwechseln ist. Falls Intelligenz und Abstraktionsfähigkeit nicht ausreichen, müssen Anzeichen vorhanden sein, daß sie genügend vorstrukturiert sind, um gezielt nachdifferenziert werden zu können. Leidensdruck kann eine wichtige

Motivation für die Therapie darstellen. Dieser ist aber für einen Behandlungseinstieg nicht unerläßlich, wie aus der folgenden Fallschilderung hervorgeht. Auch gesunde Ich-Spaltungsfähigkeit muß noch ausreichend vorhanden sein. Sie bietet im therapeutischen Arbeitsbündnis eine wichtige Unterstützung gegen die Gefahr, von erworbenen Vorurteilen, Gefühlszuständen und Haltungen immer wieder überschwemmt zu werden.

Selbst bei einer noch so schweren Störung der Beziehungsfähigkeit muß ein Minimum an Verbundenheitsgefühl oder -sehnsucht vorhanden sein, damit die Therapie überhaupt durchgeführt werden kann. Manchmal ist es schwer, dieses Minimum einzuschätzen. Patienten hielten Langzeittherapien durch, die schon in der ersten Sitzung sagten, daß ich sie gewiß sofort wegschicken würde, wenn ein besser zahlender Patient käme, und die bis zur letzten Sitzung ihre eigene Bindungsunfähigkeit bearbeiteten. Andere, manchmal mit etwas geeigneter erscheinenden Persönlichkeitsstrukturen, brachen jedoch die Therapie ab. Oft waren äußere Umstände für die tatsächliche Durchführung der Therapie entscheidend. In zwei Fällen nahmen die Partner an der Therapie teil, was das Durchhalten positiv beeinflußte. In einem anderen Fall wirkten die Eltern finanziell stützend, indem sie die Behandlungskosten trugen. In einem weiteren Therapiefall begünstigten sogar die Umstände eines Strafvollzugs, hier Freigang, das Durchstehen der Therapie.

Nicht zu verwechseln mit einem Grundbestand therapieermöglichender gesunder Bindungsfähigkeit ist die folgende Bindungsstörung. Sie ist oft schwer von gesundem Bindungsverhalten zu unterscheiden, stellt aber regressives Abwehr-Agieren dar: Patienten mit einer guten Lebensfrühzeit neigen mitunter dazu, die am Anfang erlebte gute Beziehung in der Therapie dauerhaft zu reinszenieren. Dies liegt vor allem dann nahe, wenn hinterher traumatische Einbrüche auftraten, die die Verbindung zur guten Frühzeit zerstört zu haben schienen. Solche Patienten wollen es dann oft erzwingen, die ehemals heile Welt wiederherzustellen. Wir sahen deshalb in manchen Fällen, daß das Wiedererreichen eines so guten Beziehungsgefüges, wie in der frühen Phase, in der Therapie Fixierungscharakter anzunehmen drohte. Hier würde die Therapie dann den Charakter der Bedürfnisbefriedigung annehmen und deshalb leerlaufen. Hemminger hält das für die Regel in Therapien, bei denen regressionsfördernde Techniken eingesetzt werden und beurteilt solche Behandlungen deshalb als letztlich erfolglos. Er beschreibt das Problem in: »Die Flucht in die Innenwelt« (Hemminger, 1980). Keineswegs verlaufen jedoch alle Behandlungen von Patienten mit solcher Fixierungsneigung erfolglos. Viele verlaufen erfolgreich. Andere können als durchaus befriedigende Partial- oder Defekt-Heilungen beschrieben werden: In einem solchen Fall hatte der Patient seine Suizidalität verloren und eine beachtliche Arbeitsfähigkeit erworben. Er wurde erfolgreich umgeschult und übernahm eine leitende Stellung. Er wurde jedoch nicht fähig, intime partnerschaftliche Beziehungen aufzunehmen. In einem anderen Fall wurde der Patient zwar partnerschaftsfähig, war aber nicht in der Lage, einen nahen Freundeskreis aufzubauen.

Das Über-Ich von Patienten für *Mehrphasentherapie IV* muß so beschaffen sein, daß die innere und äußere seelische Steuerung für den Verlauf des Prozesses ausreicht. Das bedeutet, daß der zu Behandelnde mindestens fähig sein muß, Sitzungstermine einzuhalten oder rechtzeitig abzusagen. Eine minimale äußere Zuverlässigkeit ist also unverzichtbar. Ohne eine solche besteht Kontraindikation. Mehrphasentherapie-Patienten müssen außerdem meist in der Lage sein, ihre Therapie selbst zu finanzieren, ob nun über Vermögen oder durch zusätzliche eigene Arbeit.

Sie müssen weiterhin fähig sein, ihre Therapie so positiv zu besetzen, daß sie überhaupt eine so lange Behandlungsspanne durchhalten können. Die Bereitschaft hierzu kann bei Persönlichkeiten mit massiver Beziehungsproblematik im Laufe eines Therapieprozesses stark wechseln. Wie in folgendem noch gezeigt wird, ist sie vielfach zu Beginn und gegen Ende von Therapien hoch, während sie in langen Mittelphasen sehr absinken kann, weil unerträglich negative Übertragungs-/Gegenübertragungs-Phantasien durchgearbeitet werden müssen. Für Psychotherapeuten ist es oft nicht leicht, defekte psychische Anteile bezüglich ihrer konkreten Wirksamkeit einzuschätzen. Ich selbst kenne aus Langzeittherapien Phasen, in denen mir unklar ist, ob diese *Mehrphasentherapie IV* nun fortgesetzt und schließlich zum guten Ende geführt werden kann oder nicht.

Mit unbefristeten Langzeittherapien lassen sich aber manchmal grundlegende psychische Umstrukturierungen erreichen. Es ist also zu vereinfachend, wenn heute mitunter geäußert wird, Behandlungen, die länger als fünf Jahre dauern, seien immer und in jedem Falle nur noch reine Substitutionstherapie. Meine Aussage, daß *Mehrphasentherapie IV* bis zu ihrem Ende eine umstrukturierende Behandlungsmaßnahme darstellen kann, werden die beiden nachstehenden Behandlungsverläufe, wie ich hoffe, betätigen.

4.4.2 Zwei Behandlungsverläufe

4.4.2.1 Fall Annelie: Über die Wiederkehr prä-, post- und perinataler Traumatisierung in Lebensgeschichte und Therapie einer 44jährigen Patientin mit psychosomatischer Erkrankung

Die folgende Fallschilderung ist mit freundlicher Genehmigung des Herausgebers in leicht überarbeiteter Form entnommen aus »Erscheinungsweisen pränatalen und perinatalen Erlebens in den psychotherapeutischen Settings« (Damm, 1991a).

Es wird über die achtjährige Therapie einer Patientin mit Grundstörung (Balint, 1970) und Endometriose berichtet. Die Patientin wurde behandelt mit Mehrphasentherapie IV. Es fanden 296 Einzelsitzungen und 284 Gruppensitzungen statt. In der Therapiemitte wurde eine Phase von 4 Familientherapiesitzungen durchgeführt, gegen Therapieende 5 Paarsitzungen.

Endometriose

Endometriose ist eine Erkrankung im Zusammenhang mit hormonalen Störungen. Funktionstüchtige Gebärmutterschleimhautpartikel wandern bevorzugt in den Unterleib, aber auch zu anderen Bereichen des Körpers. Sie führen dann dort zu Wucherungen. Eine Totaloperation war vor Therapiebeginn in Aussicht genommen worden. Sie hatte jedoch eine unsichere Prognose. Auch nach einer Operation drohten Wucherungen aus Restpartikeln. Die Erkrankung ist im Verlauf der Therapie ohne Operation zum Stillstand gekommen.

Herkunftsfamilie und Lebensgeschichte

Die Patientin und ihr Zwillingsbruder wurden Anfang 1945 in einer Kleinstadt als vorletzte unter sechs Kindern geboren. Die Eltern hatten eine »heile Familie« inszeniert mit Raum für Humor und Kinderspiele. Darunter habe es aber ganz anders ausgesehen: Das altpietistische Wertesystem aus der Herkunftsfamilie der Mutter habe noch stark nachgewirkt. Vor allem sei die Prädestinationslehre mit einer jeweiligen Vorbestimmtheit des Menschen für Himmel oder Hölle wichtig gewesen. Die selbstbewußte, vitale Mutter litt auch an schizophrenen Schüben, die nach Eheschluß vertuscht wurden. Sie sagte den Kindern, wann ihr »frische Blutflecken« oder »schwarze Frauen« erschienen wären. Besonders gespalten war ihr Verhältnis zur Sexualität: Sie spielte ausgiebig an der Eichel ihrer männlichen Babys und sagte: »Sonst bekommen die später Phimose.« Direkte sexuelle Regungen bekämpfte sie und trieb den fünfzehnjährigen Sohn, der sich mit einem Mädchen getroffen hatte, mit Stockschlägen durchs ganze Haus. Auch die rallige Katze sei stundenlang mit lautem Geschrei und Schlägen durchs Haus gejagt worden.

Der Vater habe seit 1945 am Wiederaufbau der deutschen Wirtschaft mitgearbeitet. Das bedingte viele und lange Reisen. Er war fast nie zu Hause. Seine kleinen Zwillinge habe er nur sporadisch erlebt. Die Mutter habe in seiner Abwesenheit verstärkt an Wahnideen gelitten. Sie hätte ein Liebesverhältnis ihres Mannes mit seiner Sekretärin vermutet und deshalb die Schwangerschaft mit dem Jüngsten gezielt herbeigeführt. Dieser ist heute selbst wiederum schizophren. Annelie phantasierte den Vater als König, sich selbst als Königskind. Beziehungspersonen, die sie leidlich trugen, waren: Ein Hausmädchen, der zweitälteste Bruder, die ältere Schwester, der Zwillingsbruder. Als sie schon Studentin war, versuchte der älteste Bruder, die Patientin sexuell zu mißbrauchen. Dies Erlebnis von Real-Inzest belastete die Patientin schwer.

Die Geburt der Zwillinge verlief komplikationslos. Als nach Annelie für die Mutter ganz unerwartet noch der Zwillingsbruder kam, rettete sich diese vor ihren Überforderungsgefühlen durch pietistische Spaltungsmechanismen: Sie erklärte den Jungen zum »Paradieskind« und künftigen Pfarrer, stillte und pflegte ihn. Annelie, unsere spätere Patientin, wurde zum »Höllenbraten« erklärt. Sie wurde mit der Flasche aufgezogen, von Dienstmädchen versorgt und sogar anläßlich einer Zystenoperation von diesen statt von der Mutter zum Arzt gebracht. Bei der Mutter galt sie als dumm und schlecht. Die Situation wirkte prägend und als Muster für die weitere Strukturierung des Selbstbildes und des Kontakts von Annelie (Janus, 1989). Die Zwillinge waren viel sich selbst überlassen. Annelie, ein flinker Frechdachs, ging voran und fühlte sich stark, solange der im Urvertrauen sicherere Zwillingsbruder nahe war (Krauß, 1993). Bei der Einschulung erfolgte jedoch ein Einbruch, als Junge und Mädchen in getrennte Schulen kamen. Annelies Schulleistungen wurden nun schlecht. Sie schaffte später nur die Mittelschule. In der Pubertät habe sie sich dann aber durch eine vorübergehende Liebschaft mit einem älteren Mann intensiv und dauerhaft aufgewertet gefühlt. Daraufhin konnte sie das Abitur nachholen. Sie studierte dann dieselben Fächer wie ihr zweitältester »Leitbruder«. Annelie wurde während des Studiums schwanger und heiratete einen Mitstudenten, den Vater ihres Kindes. Auf die voreheliche Schwangerschaft habe die Familie reagiert, als sei sie eine Hure. Jeweils nach der Geburt ihrer beiden Kinder hätten sich schwere Depressionen eingestellt. Sie hätte die Kinder nicht stillen können, weil sie ihr die Brust zerbissen hätten. Es sei ihr nicht zum Bewußtsein gekommen, daß sie ihre eigenen Babys wie ihren Zwillingsbruder beneidet hätte und daß auch Wut auf ihre Mutter im Spiel gewesen sei. Annelie konnte ihre Babys auch nicht pflegen. Der Ehemann versorgte sie. Die Familie zerfiel später in zwei Zweierbeziehungen: Vater und Tochter gegenüber Mutter und Sohn. Als der Ehemann seine mit Polyarthritis bettlägerige Mutter bis zu deren Tod pflegte, da angeblich nur er sie berühren könne, ohne ihr wehzutun, wurde eine symbiotische Mutter-Sohn Beziehung remobilisiert. Annelie reagierte daraufhin mit starker Eifersucht und vor allem mit dem Beginn der Endometriose.

Zum Therapieverlauf

Bei Therapiebeginn waren Annelies Tochter elf und ihr Sohn neun Jahre alt. Neben einer vielfältigen Gesamtsymptomatik litt Annelie an Störungen im nahen und intimen mitmenschlichen Kontakt, die sie aber gekonnt verdeckte. Schon der Therapiebeginn war typisch: Die Patientin kam mit dem Ehemann zu mir, um wegen dessen Sprechhemmung seine Therapie einleiten zu helfen. Als wir eine Probetherapie vereinbarten, geschah folgendes: Die Ehefrau schnappte nach Luft, begann zu zittern und verfiel in einen Weinkrampf. Sie sagte, sie sei überflutet von Neidgefühlen ihrem Mann gegenüber. Sie wolle auch so eine Therapie, wisse aber nicht, warum und wozu sie sie brauche. Ein weiteres Vorgespräch wurde verabredet und angesichts der Vorgänge projektiver Identifikation zwischen beiden Partnern eine Therapie mit dem Paar vereinbart (Kernberg, 1989).

Gleich in den einleitenden fünfzehn Einzelsitzungen sprach Annelie von vielfältigen Kompensationen ihrer postnatalen Versagungen: Sie empfand zum Beispiel sexuellen Verkehr mit ihrem Mann, aber auch Blickkontakt mit mir, als Gestilltwerden. Bei der phantasierten guten Übertragungsmutter fühlte sie sich zu Beginn der Therapie endlich aufgehoben.

Als die M-Gruppe hinzukam, änderte sich die Übertragung: Die Patientin sah mich nun plötzlich mißtrauisch abwartend daraufhin an, wann ich »mein wahres Gesicht« zeigen würde. Eine massiv negative Mutterübertragung trat im Verlauf der gesamten Therapie phasenweise immer wieder in Erscheinung. Ich selbst fühlte mich dadurch teils mobilisiert, die Rolle der hilfreichen Dienstmädchen zu übernehmen, teils ohnmächtig und wertlos gemacht. Die Gruppe wurde von Annelie, die ja bei ihrer Mutter von Anfang an keinen Schutz gefunden hatte, als Familie von »Störenfrieden« wahrgenommen wie seinerzeit ihre Herkunftsfamilie. In Modellsituationen, welche mit Entspannung, Getragensein und Angefaßtwerden zu tun hatten, entstand Panik. Die Patientin bekam Ängste, Wein- und manchmal Schreikrampfe. Bei solchen Szenen, die immer mehr Bezug zu ihrer Frühproblematik aufwiesen, fiel die archaische Heftigkeit von Annelies Gefühlen auf. Manchmal fragte sie, ob sie auch verrückt sei, so wie ihre Mutter. Aber sie war nur von der Gier getrieben, ebenfalls mütterliche, leib-seelische Zugewandtheit zu empfangen, zu saugen und einen Wert als Person zu bekommen (Kohut, 1973). Diese Erregung klang ab, wenn die konkrete Berechtigung ihrer Gier anerkannt wurde. Sie bedurfte jedoch dringend der körperlichen Berührung. Worte erreichten sie in solchen Ausnahmezuständen nicht.

In der R-Gruppe erlebte Annelie, der zunächst nur die stützende Seite der Zwillingsbeziehung bewußt war, Gefühle von Ungerechtigkeit, Neid, Geltungssucht, Selbstaufwertungstendenzen sowie Abwertungsgefühle gegenüber Männern. Sie empfand sich als immer größer werdende Katze, zuletzt sogar als Tiger, der Menschen zerreißt. Sie war von ihrer eigenen Aggressivität fasziniert, weil Gefühle von Liebe und Hingabe ihr Angst verursachten. Ich war über das Ausmaß ihrer Destruktivität manchmal schockiert, während Annelie selbst deswegen weder Irritation noch Schuldgefühl empfand. Deutlich zeigte sich bei ihr das Fehlen der von M. Klein mit der depressiven Entwicklungsphase verbundenen »reparativen Funktion« (Klein, 1962).

Auf einige folgende Therapiephasen soll hier mehr summarisch eingegangen werden: Lücken im psychosexuellen Entwicklungsprozeß wurden aufgedeckt. Sie waren im Alter von 3 bis 5 Jahren entstanden im Zusammenhang mit der Abwesenheit des Vaters und dem fehlenden Wahrgenommensein durch ihn. Annelie durchlitt erneut diese Mangelsituation und beneidete ihre drei Jahre ältere Schwester, die eine Beziehung zu ihm hatte aufbauen können und deshalb weiblicher und farbiger war. Die Patientin wurde dabei in ihrer Weiblichkeit authentischer. Sie gab Rollenzuweisungen seitens ihrer Schwester auf. Sie holte positive und negative ödipale Entwicklungsprozesse nach, die in ihrer Lebensgeschichte gefehlt hatten. Besonders hilfreich dabei war ihr der männliche Kotherapeut. Fast lebensnotwendig wichtig war auch die Durcharbeitung des sexuellen Mißbrauchsversuchs seitens des älteren Bruders. Sie konnte danach Sexualität viel häufiger zulassen. Beide Partner wurden bei diesen Therapievorgängen fähiger zu Mehrpersonenbeziehungen. Die psychosexuellen Nachreifungsprozesse wirkten auch deutlich auf das Abklingen der Endometriose. Außerdem führten sie zu einer grundlegenden Änderung im Erscheinungsbild und Verhalten der Patientin. Sie erschien weiblicher, hübscher und attraktiver. Die eheliche Beziehung gewann an Lebendigkeit.

Während der oben geschilderten Prozesse in der Therapie agierte die mittlerweile achtzehnjährige Tochter überstark sexuell. Sie war ganze Nächte lang abwesend, mit wechselnden Partnern, reagierte nymphoman. Der Sohn litt zu dieser Zeit vermehrt an Neurodermitis. Wir vereinbarten deshalb, eine Phase von familientherapeutischen Sitzungen in die Behandlung einzubeziehen. Dabei zeigte sich, daß die Tochter unbewußt für die Mutter verstärkt sexuell auslebte, was diese in ihrer Jugend nicht hatte erleben dürfen. Auch wurde deutlich, daß der Sohn sich schämen mußte wegen seiner Identifikation mit dem Vater, der so schwach an Selbstgefühl war. Zusätzlich litt der Sohn an unbewußten identifikatorischen Entwertungsphantasien seiner Mutter Männern gegenüber, mit denen er sich auch selbst entwertete. Als die Eltern ihre Probleme miteinander oder in der Therapie austrugen, anstatt weiter über ihre Kinder zu agieren, konnten diese abgegrenztere Personen werden. Die Stärken und Schwächen, manchmal sogar schweren psychischen Probleme der Kinder, zeigten sich erst jetzt deutlich.

Vor dem Tod von Annelies Mutter vertraute diese der Tochter ihre Lebensgeschichte an. Sie zeigte aber dabei auch ihre intrigante Seite. Sie stachelte Rivalität unter den Geschwistern an, um mehr Liebe und Konkurrenz zu mobilisieren. Sie behauptete zum Beispiel, die ältere Schwester könne sie besser massieren als Annelie. Die immer noch deutlich irrealen Bilder, die sich die Mutter von den Kindern, aber auch von der übrigen Welt, gemacht hatte, erfüllten die Patientin mit

Grauen, halfen ihr jedoch auch, altes Mißbehagen deutlicher wahrzunehmen. Irritiert war sie durch Wieder-Erwähnen der »Blutflecken« und der »schwarzen Frauen«. Es fiel ihr auch auf, daß die geäußerten Wahninhalte von allen Familienmitgliedern übereinstimmend als nicht existent behandelt wurden. Sie wurden von der Mutter nur, wenn sie mit einzelnen ihrer Kinder allein war, mitgeteilt. Sie wurden auch nie in Gesprächen der Familienangehörigen untereinander erwähnt. Die Patientin spürte, daß das Symptom ihrer massiven Verirrungsängste mit der Unfähigkeit der Mutter zusammenhing, sich und anderen ein wirklichkeitsnahes Bild von der Realität zu vermitteln. Sie empfand nun, daß es sogar auch Chancen enthielt, von dieser Mutter verstoßen zu sein, weil sie sich dadurch von deren Phantasiegebilden und Wahnideen leichter distanzieren konnte.

Ein Umzug ins nahe Haus des Vaters bot dann Gelegenheit, die ihr so wichtige Beziehung zu ihm zu überprüfen. Seine glorios narzißtische Beziehungsstörung manifestierte sich nun unleugbar bis zu seinem Tod zwei Jahre später. Es wurde aber auch deutlich, in welchem Umfang er für sie einen Mutterersatz repräsentiert hatte. Gerade seine Abwesenheit hatte ihr im Zusammenhang mit ihm intrauterine Umhülltheitsphantasien und identifikatorische Prozesse ermöglicht, weil sie ihr Bild von ihm dann nicht mit der Realität vergleichen mußte. Kind dieses Vaters zu sein hatte ihr Gefühle von Glanz und Selbstwert ermöglicht. Schließlich erwies sich dieses Bild bei der nun erwachsenen Annelie als nicht mehr haltbar. Ihr Vater wohnte mittlerweile als Pflegefall in ihrer Familie. Jetzt brachen Enttäuschung an ihm, Wut und die Angst bei ihr auf, ohne einen wertvollen Vater selbst wertlos zu sein. Sie erlebte seine reale Beziehung zu ihr und anderen nun als schauerlich leer. Er zeigte sich ihr und den übrigen Familienangehörigen als starrer und kontaktloser Herrenmensch, der selbst jetzt noch brüllte: »Hier hab immer noch ich zu sagen!« Er verletzte sich immer wieder schwer, weil er in maßloser Auflehnung gegen seine altersskerotische Ohnmacht aus dem Bett sprang und wieder der Allgewaltige zu sein vermeinte. Auch charakterliche Identifizierungen von Annelie mit ihrem Vater wurden durchgearbeitet: Sie war froh, von ihm Handlungsfähigkeit und Systematik zu haben, aber betroffen, Züge monomaner Willkür in sich zu finden. Das Aufgeben dieser Identifizierungen enthüllte die Basisfunktion des Vaterintrojekts als Ersatz für die fehlende Mutter: Zeitweise Labilisierung und Depersonalisationsgefühle bei Annelie waren die Folge. Dennoch war die innere Bindung an ihn so stark, daß sie schließlich wünschte, dem mittlerweile verstorbenen Vater nachzusterben.

Als der Tod des Vaters innere Realität geworden war, konnte Annelie eigene Beziehungen lebendiger gestalten. Ihr Mann wurde ihr elementar wichtig. Die seelischen und körperlichen Kontakte zwischen beiden wurden intensiver. Es zeigte sich jetzt aber auch, daß beide Partner Willküranteile hatten, die den jeweils anderen provozierten und dann Affekthandlungen auslösten. Der Ehemann spendete zum Beispiel von seinem Erbe mehr als 50% für einen wohltätigen Zweck, ohne dies mit seiner Frau abzusprechen. Sie hingegen kaufte ohne sein Einverständnis von diesem gleichen Erbe ein neues Auto. Er beanspruchte kein Taschengeld, gab aber angeblich unkontrolliert Geld für Schallplatten und Bücher aus. Sie dagegen behielt die Einnahmen aus eigener Tätigkeit in einer speziellen Kasse zurück, was zu Unstimmigkeiten führte. Erst zu einem späten Zeitpunkt der Therapie konnte das Paar sich schließlich darauf einigen, diese Kasse beiden zugänglich zu machen und überhaupt ihre Finanzen gemeinsam zu verwalten.

Annelie wurde allmählich authentisch genug, um auf das Erwachsenwerden ihrer Kinder mit einer neuen Lebenszielsetzung zu reagieren. Sie arbeitete schon seit Jahren bei pro familia und zusätzlich als Maltherapeutin in einer psychiatrischen Klinik. Jetzt leitete sie eine Weiterbildung zur Kinder- und Jugendlichenpsychotherapeutin ein. Sie wurde als Kandidatin angenommen. Ihr zukünftiger Lehranalytiker riet ihr, den Termin für den Therapieabschluß bei uns selbst herauszufinden und dann bei ihm zu beginnen. Sie bestimmte die folgenden Sommerferien, also neun Monate danach. Dies wirkte wie eine Initialzündung für die Mobilisierung der Geburtsproblematik von Annelie. Solche Wirkungen von Terminsetzungen beschreibt Janus in seinem Buch (1989). Außerdem erfolgte noch ein schwerer Einbruch, weil der Ehemann sich wie tranceartig verliebte. Für die Patientin bedeutete dies eine direkte Wiederholung ihrer frühkindlichen Beziehungskatastrophe. Die Rivalin war für sie der ihr von der Mutter vorgezogene Zwillingsbruder sowie die vom Vater ihr vorgezogene Schwester.

Der bevorstehende Studienbeginn und die Untreue des Ehemannes lösten bei Annelie panikartige Gefühle aus, die auch Bestandteile ihrer Geburtsproblematik enthielten. Sie kämpfte äußerlich konsequent um ihren und mit ihrem Mann, der das Schlafzimmer verlassen hatte und eine Zeitlang postlagernd Briefe empfing. Es gelang schließlich, ihn zur intensiveren Durcharbeitung auch seiner inzestuösen Problematik zu motivieren. Annelie jedoch geriet für längere Zeit in tiefes Urmißtrauen. Die basalen Beziehungsstörungen flammten wieder auf. Sie empfand ihre inneren Selbst-, Objekt- und Beziehungsbilder als zerstört. Sie konnte nicht mehr an die Verläßlichkeit von Menschen,

Ehemann und Therapeuten glauben, auch nicht mehr an die Reparierbarkeit der anscheinend doch wohl tragfähigen ehelichen Beziehung. Erstmalig wurde ihr ein Wesenszug bewußt, den sie selbst als »zynisch« bezeichnete. Besonders heftig litt sie unter ihrer Unfähigkeit, mit der Rivalin zu konkurrieren. – Die Gegenübertragung war jetzt, trotz der fortgeschrittenen Behandlungssituation, gekennzeichnet durch Gefühle von Aussichtslosigkeit und Vergeblichkeit der gesamten Therapie. Ich hielt es zu diesem Zeitpunkt nicht für hilfreich, dies zu formulieren (Kernberg, 1989). Ich vereinbarte realitätsklärende Paarsitzungen. In heftigen Auseinandersetzungen konnte die konkrete Situation im »Hier und Jetzt« von den Zusammenhängen mit der natalen und der inzestuösen Problematik im »Dort und Damals« abgetrennt werden. Es ging um Scheidungsfragen. Allmählich siegte jedoch das Arbeitsbündnis über die Therapieabbruchswünsche und die Hoffnung über den Defaitismus. Sie arbeitete so intensiv wie noch nie an ihrer Therapie.

Es kam zu einem entscheidenden Durchbruch, als in der M-Gruppe bei Annelie ein Schüttelsyndrom beider Arme auftrat. Dies geschah bei folgender Modellsituation: Je zwei Patienten arbeiteten bei einer Partneraufgabe zusammen: Der eine sah den Rücken des anderen an, stützte ihn, richtete ihn auf. Als die Nackenpartie (Fuchs, 1989) der Patientin einfühlsam berührt wurde, brach sie weinend, schreiend und zitternd zusammen. Für etwa dreißig Minuten trat Kontrollverlust auf. Sie lag schüttelnd am Boden und fürchtete, in eine Nervenklinik zu müssen (Fürstenau, 1989). Ich wandte mich ausschließlich ihr zu. Neben dem aus Wegstoß- und Anfaßimpulsen zusammengesetzten Schüttelsyndrom gab sie mir Zeichen mit Augen und Mimik. Das Gesicht zeigte leichte Zuckbewegungen, wie ich sie von Babys kenne, die Bedürfnisse zeigen. Auch ihre Lippen zuckten rhythmisch. Als ich mit meinem Daumenballen in die Nähe ihres Mundes kam, begann sie heftig daran zu saugen. Dabei entspannte sie sich vollständig. Sie lächelte mich immer wieder gelöst an und sagte: »Danke! Danke!« Ich antwortete: »Dafür muß man nicht so sehr danken, das bekommen alle Babys.« Diese Art von symbolischer Neubeelterung ist bei uns selten. Sie wirkte wie ein Neubeginn in der Therapie (Balint, 1970). Annelie fühlte sich einige Wochen schwach, aber gegenüber früher völlig verändert. Sie sagte, sie fühle sich wie auf Neuland. Sie nähme ihren Körper anders wahr, empfindungsfähiger, zarter, verletzlicher. Eine neue Qualität des Körpergefühls und des Körperbilds ist hier erstmalig aufgetreten. Die Patientin scheint spontan frühes Kontaktverhalten abgerufen zu haben, wie es in der Interaktion zwischen gesunden Müttern und ihren Babys eingeübt wird (vgl. hierzu Köhler,

1990; Spitz, 1958). Annelie sagte, sie wäre jetzt auch weicher mit ihrem Mann und er liebevoller und geduldiger mit ihr. Ich sagte ihr, sie schiene wohl etwas zu lernen, was gesunde Babys an der Brust der Mutter selbstverständlich lernen: Direkt zu signalisieren: »Bitte, ich möchte jetzt« und: »Danke, das war aber gut« oder: »Nein, jetzt möchte ich nicht« (Spitz, 1957; Johnen und Müller-Braunschweig, 1989).

Annelie wurde klar, wie wichtig ihr das innere Bild einer konstanten Beziehung zwischen uns beiden war, die ruhen, aber auch wiederbelebt werden konnte. Dies empfindet sie als Basis für konstante persönliche Beziehungen. Ihre Beziehungen erhielten jetzt eine neue Tiefendimension, seit gesündere innere Repräsentanzen in ihre Kontakte strukturierend hineinwirkten. Das schien mir speziell für diese Patientin wichtig, weil echte Beziehung in der Herkunftsfamilie kaum gelebt werden konnte. Sie hatte ja nur zwillingshafte Dual-Union als frühes Kontaktmuster vorgefunden und bedurfte mannigfaltiger triangulierter Beziehungen, damit ihre sonst übermächtige Beziehung zum Ehemann entlastet werden konnte. Es wird ihr zunehmend möglich, abgegrenzt für sich in der Welt zu leben, also autonom zu werden.

Annelie pflegte nun auch intensiver ihre Freundschaften. Sie und ihr Mann nahmen Beziehung zu anderen Paaren auf. Eine weitgehende Gesundung, wenn auch mit Defekten, scheint eingetreten zu sein. Seit der Rückenarbeit in der M-Gruppe faßte sie ihren Mann aktiv an. Sie sagte: »Nachdem andere Gruppenmitglieder es schön gefunden haben, von mir angefaßt zu werden, hab ich auch den Mut, meinen Mann ganz spontan zu streicheln. Er findet es schön.«

In den Weihnachtsferien hatte Annelie einen Ablösungstraum: »Ich schwamm in einem grünlichen Wasser. Es war, als ob die Körperschwere aufgehört hätte. Der gewichtlos-umhüllte Zustand fühlte sich paradiesisch an. Eigentlich hätte ich da bleiben mögen. Am Rand stand aber ein Bademeister. Der rief mir zu, ich müsse raus aus dem Wasser. Es sei giftig und ich dürfe nichts davon trinken. Ich war im Zwiespalt, ob ich das Wohlgefühl im Wasser aufgeben solle, spürte aber auch, daß der Bademeister recht hätte und ich unbedingt zum festen Land schwimmen müsse. Das war mir unangenehm.« Die Patientin sagte, sie hätte das Gefühl, sich so im Leib ihrer Mutter gefühlt zu haben, angenehm und schwerelos. Andererseits sei ihr das »giftige« Gefühl gegenüber dem wabbeligen Körper ihrer schizophrenen Mutter vertraut. Zum Bademeister kam ihr der Einfall, daß sie Angst vor der Trennung von mir und noch wenig Lust hätte, in die unvertraute neue Berufssituation aufzubrechen. Sie empfände dies aber als unerläßlich. Ich erinnerte mich eines Geburtsprimals, bei dem sie sich postnatal in einer eiskalten Umwelt gefühlt hatte. Ich sagte ihr, vielleicht werde die Mutter, ich und das »pränatale Paradies« weniger giftig, wenn sie sich im Schlaf oder bei Pausen der schwerelosen Geborgenheit überlassen könne, während sie dem Bademeister gehorche, wenn es um Aktivität und Progression gehe.

Im weiteren Verlauf waren Trennung und Neubeginn wesentliche Themen. Das alte Zwei-Personen-Schema zeigte sich noch gelegentlich. In der R-Gruppe spürte sie einen wie unerfüllbaren Wunsch, nicht von der Kotherapeutin, sondern von mir behandelt zu werden. Als ich dann tatsächlich zu ihr kam, fand ich sie zusammengekrümmt mit Bauchkrämpfen. Ich sah, wie sie erst leise, dann heftiger zu weinen begann und sich dabei schrittweise entspannte. Schließlich streckte sie eine Hand nach mir aus, die kalt war. Dann rückte sie näher zu mir, bis ihr Kopf sich schließlich auf meinem Oberschenkel befand. Sie klammerte sich förmlich an mich an und rief immer wieder stoßweise: »Ich will nicht mehr teilen, nie mehr! Es ist alles meins! Das ist das Allerwichtigste, daß es ganz meins ist! Nur meins!« Ich fragte sie, was sie denn so bedrohlich hätte teilen müssen, daß sie nie mehr teilen wolle. Es zeigte sich, als w i e einengend die Patientin schon das Teilen im Mutterleib empfunden hatte. Nach der Geburt jedoch hatte sie als »Teilen« erlebt, daß sie die Mutter an den Zwillingsbruder letztlich hatte abtreten müssen. Als ich ihr sagte, daß es für jedes Baby legitim ist, immer wieder eine ganze Mutter, ungeteilt, für sich zu haben, entspannte sie sich und die Krämpfe im Bauch klangen ab.

Es zeigte sich, daß die überstarke Remobilisierung der perinatalen Problematik nicht allein durch die Ablösungs- und Trennungssituation ausgelöst wurde. Auch durch den Stoff, den sie inzwischen als Ausbildungskandidatin voll Neugier aufnahm, wurden ihre frühen Isolationserlebnisse remobilisiert. Verstärkt erlebte sie jetzt das Gefühl, ein »Loch« auf der Vorderseite ihres Bauchs zu haben, welches sie nachts durch Gegendrücken eines Kissens füllte, um schlafen zu können. Sie meinte, daß sie sich dann fühle wie mit dem Zwillingsbruder im Mutterleib (Janus, 1989). In der R-Gruppe rief sie: »Ich habe es nicht gehabt, ich werde es nie kriegen! Es wird nie gut!« In der folgenden Einzelsitzung sagte sie, was sie in der Ausbildung höre, beunruhige sie. Es gäbe sie da überhaupt nicht. Sie hätte keine Symbiose mit einer Mutter erlebt, auch keine Ablösungs- und Wiederannäherungsphasen. Eigentlich müsse sie wohl tot sein. Sie sei aber nicht einmal in der Frühphase erkrankt. Am ehesten finde sie sich noch in der paranoid-schizoiden Phase M. Kleins (Klein, 1962) wieder, aber auch eine Brust sei ja nicht dagewesen. Ich sagte der Patientin, es sei wirklich schwer, vom allgemeinen Ausbildungsstoff eine Brücke zu ihrer speziellen persönlichen Entwicklung zu schlagen. In der Ausbildung ginge es um regelhafte Entwicklungen und typische Abweichungen. Sie selbst stelle aber eine echte Ausnahme von dieser Regelhaftigkeit dar.

Sie sagte dann spontan und erleichtert: »Jetzt verstehe ich auch meinen Traum von heute nacht mit meinem Zwillingsbruder: Ich hatte einen Zug verpaßt und irrte auf dem Bahnsteig herum. Dann war ich in einer Art Urwald, total verirrt, allein. Auf einmal sah ich, Gott sei Dank!, meinen Zwillingsbruder. Obwohl ich in dem Traum noch wußte, daß ich wegen der Erbprobleme mit ihm verkracht bin, war ich erleichtert. Er ging vor mir her und führte mich zu dem Haus von Theo. Darin waren viele kleine Zimmer und Betten für Gäste. Ich war klein. Es war wie Schneewittchen bei den sieben Zwergen. Ich legte mich glücklich in ein Bett in meinem Zimmerchen und wußte, daß ich jetzt eine Heimat habe.« Ihr fiel noch einmal die intrauterine Gemeinsamkeit ein. Sie konnte das Kissen auf dem Bauch als einen spontanen Rückgriff zur Überwindung ihrer reaktivierten postnatalen Isoliertheitsgefühle verstehen. Sie sah, daß sie über dem Umweg der Identifizierung mit dem Zwillingsbruder an seinen Entwicklungsphasen mit der Mutter wohl irgendwie teilgehabt hatte. Sie meinte, daß sie dadurch vielleicht zu einer gesünderen Entwicklung hatte finden können, als ihr dies ohne ihn möglich gewesen wäre. Ich sagte ihr, daß sie durchaus als abgegrenzte Person auf dieser Basisbeziehung als ihrem ureigensten Zugang zum Leben fußen könne. So fußten ja alle Kinder mit einer gesunden Mutterbeziehung lebenslänglich auf dieser als letztlicher Basis für alle weiteren Beziehungen, auch nach den Mahlerschen Ablösungsentwicklungen. Dies wirkte wie beruhigend und erlösend auf die Patientin (Krauß, 1993).

Es fiel mir damals auf, daß Annelie Schwierigkeiten hatte, Wert- und Idealvorstellungen, die ihr durch die Ausbildung nahegebracht wurden, mit solchen in Verbindung zu bringen, die ihr in ihrer Therapie wichtig geworden waren. In ihrer Ausbildung hörte sie Begriffe wie: »Symbiotisch, Abhängigkeit, Ablösung und Autonomie«. Dabei erschien die Autonomie als unverzichtbare Zielvorstellung. Es ist ja auch in der Tat ein wichtiges Therapieziel. Jedoch bestanden Annelies persönliche Schwierigkeiten gerade darin, keine stabile innere und äußere Bindung fühlen und aufrechterhalten zu können. Was Bowlby (1991, S. 56–63) als risikoreiche Einseitigkeit in psychoanalytischen Theorien hervorhebt, zeigte sich hier tatsächlich als Klippe: Annelies sich gerade intensivierende persönliche Beziehungen verloren so wieder an Gewicht und Tragfähigkeit durch die Akzentsetzung auf den Wert der persönlichen Autonomie und Unabhängigkeit.

Annelie befand sich bei Therapieende in einem psychisch und somatisch weitgehend stabilisierten Gesamtzustand. Der Übergang in die auf sie zukommende berufliche und persönliche Entwicklungsphase schien befriedigend zu gelingen. Sie wurde immer hübscher und attraktiver. Spontan begann sie, ihre weibliche Anziehungskraft in kleinen alltäglichen Situationen auszuprobieren. Sie erlebte, daß sie bei Männern Interesse zu wecken vermochte, und fühlte sich deshalb der Bereitschaft ihres Mannes, treu zu sein oder sich anderen Frauen zuzuwenden, nicht mehr so passiv ausgeliefert. Der Ehemann reagierte nicht ohne Irritation auf die wachsende weibliche Sicherheit seiner Frau. Die Psychodynamik der ehelichen Beziehung erschien dadurch jedoch gleichgewichtiger und tragfähiger. Die Patientin litt noch manchmal unter dem Gefühl, daß nur Buben im Leben geliebt werden können. Verbliebene Unsicherheiten bezüglich des Wertes der weiblichen Rolle begünstigten gelegentliches Wiederaufleben frühkindlicher Erlebens- und Verhaltensmuster: Wo sie sich als Frau noch nicht anziehend und »mächtig« genug fühlte, warb sie in Belastungssituationen manchmal mit kleinkindlicher Bedürftigkeit um Zuwendung.

Für die weitere Bearbeitung dieser Restproblematik war anzunehmen, daß die Lehranalyse ihr Gelegenheit gäbe, ihr Selbstwertgefühl als Frau in der Begegnung und Auseinandersetzung mit einem männlichen Kollegen in einer dyadischen Beziehung zu verstärken, und daß auch der Brückenbau zur Welt fortschritte. Nach Verarbeitung der Frühsituation, die regressive Bedürfnisse bei Annelie so stark förderte, zeigte sie jetzt erstmals Erlebnishunger. Sie wünschte zum Beispiel, gemeinsam mit ihrem Mann eine große Auslandsreise zu unternehmen. Früher hatte sie dies strikt abgelehnt. So setzten sich nun neben ihren Ablösungsängsten und Schwierigkeiten in vielen Äußerungen und Unternehmungen Impulse gesunder Neugier auf die vor ihr liegende Lebensphase durch.

Aspekte zur Falldiskussion

Ich möchte mich auf einige Hinweise beschränken:
1. Durch die Verstoßung seitens der Mutter bildeten sich brüchige Selbst- und Objektrepräsentanzen und damit eine Zerbrechlichkeit aller Beziehungen. Dies stellte ein schwieriges Problem für Übertragung und Gegenübertragung dar. Kritik an Annelie oder

Enttäuschungen an Therapeuten oder Partner wurden oft als nur destruktiv erlebt. Bis in späte Behandlungsphasen hatten wir alle zuweilen mit dem Gefühl zu kämpfen, der Therapieprozeß sei kaum zu einem guten Ende zu bringen. Dies war aufgrund der Anamnese zu erwarten. Die Introjektion einer realitätsbezogenen Mutter-Repräsentanz bildete ein wesentliches Therapieziel. Als dies erreicht war, konnten Abgründe überbrückt werden, und Annelie begann, sich geglückt von geliebten Personen ablösen und wieder bei ihnen ankommen zu können.

2. Nach unserer Erfahrung müssen Grundstörung und psychosomatische Erkrankung nicht immer, wie im Fall Annelie, gekoppelt sein (Thomä & Kächele, 1989; Müller-Braunschweig, 1986). Wir haben solche Erkrankungen auch bei Schädigungen in späteren Entwicklungsphasen gesehen, einschließlich schweren Belastungen in der gegenwärtigen Lebensrealität von Patienten.

3. Der prä-, peri- und postnatale Aspekt war bei dieser Patientin von lebensgeschichtlich prägender Bedeutung: Er wurde während der gesamten Therapie, gehäuft in der Anfangs- und Endphase, deutlich. Die Bearbeitung der frühen Deprivation erbrachte Öffnung und Brücken schlägt zum realen Leben.

4. Die Beziehung zum Zwillingsbruder war keineswegs nur pathogen, sondern stellte für Annelie die fruchtbarste und tragendste Objektbeziehung schlechthin dar. Wahrscheinlich wurden über projektive und identifikatorische Prozesse Objektbeziehungsstufen durchlaufen. Der Selbstwert der Patientin war mit garantiert durch Partizipation an der Höherbewertung des Zwillingsbruders seitens der Eltern. Teilhabe an Entwicklungen des Bruders wurde begünstigt durch den von den Eltern viel gebrauchten Sammelbegriff »die Zwillinge«. Dies jedoch auch begünstigte auch eine partielle Indirektheit und teilweise Depersonalisation. Ein Therapieziel mußte also sein, Authentizität hinter indirekter Selbstwahrnehmung, »wahres Selbst« hinter »falschem Selbst« aufzufinden und auch eine Strukturierung des Selbst anzuregen.

5. Die Entidealisierung der Vaterbeziehung ergab ausgedehnte Depersonalisations- und Leeregefühle. Der Vater scheint einen Teil der Mutter-Repräsentanz dargestellt zu haben. Es waren auch schwere Defekte im Bereich der frühen und der ödipalen Triangu-

lierung und damit der Geschlechtsrolle aufzuarbeiten. Im Endeffekt wurde Annelie durch die Entidealisierung sowohl authentischer als auch beziehungsfähiger.

6. Der pathogenen Mutterbeziehung entsprach ein extrem negativer Selbstbildanteil und destruktive Aggression. Unsere Grundan-
nahme hierzu war, daß es nicht zu destruktiv auf die Patientin
wirkte, wenn wir sie mit ihren negativen Selbstbildanteilen konfrontierten. Tatsächlich hatte diese Konfrontation auch ein positives Ergebnis. Durch sie konnten die Objektbeziehungen der Patientin stark entlastet werden. Auch angemessene Schuldgefühle
und Wahrnehmungen von situationsadäquater Aggression stellten
sich nun ein. Vor allem wurde die Ehe durch die Bearbeitung dieser Problematik entlastet. Die Verarbeitung des negativen Selbst-
bild- und Selbst-Anteils sowie der zugehörigen destruktiven Aggression stellte allerdings die Therapie vor schwierige Übertra-
gungs- und Gegenübertragungsprobleme.

7. Mit der Terminsetzung für den Therapieabschluß wurde die
Geburtsproblematik bei Annelie remobilisiert. Das Verarbeiten
des Behandlungsabschlusses und die aktuelle Problematik in der
Ehe bewirkten eine Intensivierung des Therapieprozesses. Beide
Partner benutzten die Abschlußphase zur Klärung ihrer Beziehung. Es gab heftige, aber auch fruchtbare Auseinandersetzungen
mit bis dahin nicht möglicher Offenheit. Obwohl die Ehe am
Rande des Scheiterns war, wollten beide Partner schließlich doch
zusammenbleiben.

8. Mit Hilfe der Therapiekombination konnte anschaulich zwischen »Hier und Jetzt« und »Dort und Damals« gependelt werden, um einst strukturierende Erlebnisse zu remobilisieren und
danach neue Erlebens- und Beziehungsformen zu erwerben. Die
explizit dramaturgische Technik der Mehrphasentherapie ist hierfür gut geeignet. Die Patientin konnte pathogen strukturierende
Erlebnisse noch einmal überprüfen und weitgehend »ausstoßen«.
Bei Bedarf konnte sie mit Therapeuten und Gruppenmitgliedern
neue Erfahrungen machen, um hinreichend gute Objektrepräsentanzen und gesündere Beziehungsformen zu erwerben. Die gesunden Anteile der Mitpatienten und die Vielfalt des Therapieange-
bots waren wichtig für Lernprozesse. Ein Therapeut allein wäre

wohl in Annelies Behandlung weder für die Übertragungsverarbeitung noch für die korrigierenden Erfahrungen ausreichend gewesen.

4.4.2.2 Fall Gerold B. oder der mißbrauchte Mann, ein Fall von dreifachem Mißbrauch

Die folgende Fallschilderung ist mit freundlicher Genehmigung des Herausgebers in leicht überarbeiteter Form übernommen aus »Verführung in Kindheit und Psychotherapie« (Damm, 1992).
Behandelt wurde mit *Mehrphasentherapie IV.* 261 Einzelsitzungen und 284 Gruppensitzungen fanden statt, zusätzlich 4 Familien- und 5 Paarsitzungen.

> Der Patient war bei Therapiebeginn vierzig Jahre alt. Ich möchte ihn Gerold B. nennen. Er kam wegen Depressionen und zwanghaften Suizidvorstellungen. Er litt außerdem an schweren Störungen der Selbstwahrnehmung, massiven Minderwertigkeitsgefühlen und Zuständen symbiotischer Verschmolzenheit mit seiner Mutter. Er hatte schwere Krampfadern. Eine fast vollständige verbale Selbstäußerungshemmung erschwerte den Einstieg in die Therapie. Die Ehefrau war ebenfalls bei uns in Behandlung. Zu Beginn bestand das Familiengefüge aus drei Zweierbeziehungen: Zwischen den Eltern, Vater und Tochter, Mutter und Sohn.
>
> In Gerold B.s Lebensgeschichte waren drei Formen von Mißbrauch aufgetreten: Realer Mutter-Sohn-Inzest im frühen Kindesalter bei nicht triangulierter Frühbeziehung; aggressiv-destruktive Kindesmißhandlung; und, als Voraussetzung für beides, eine extrem mißbräuchliche Form der Mutter-Sohn-Beziehung. Die Behandlung dauerte acht Jahre. Solch lange Therapiedauer ist bei Patienten zu erwarten, die schwere Traumata erlebt haben, an basalen Beziehungsstörungen leiden und darüber hinaus weitreichende Defekte an basalen und grundlegenden Ichfunktionen zeigen. Die drei Mißbrauchsformen sollen in der Reihenfolge besprochen werden, in der sie in der Therapie ans Licht kamen.
>
> Zunächst werden der reale Mutter-Sohn-Inzest und die Therapie der Folgestörungen beschrieben. Die Bearbeitung dieser Tabuverletzung war sehr schwierig und nahm viel Zeit in Anspruch. Sie wird am ausführlichsten geschildert.
>
> Anschließend wird der aggressiv-destruktive Mißbrauch und die ihn betreffende Behandlungsphase dargestellt. Im Zusammenhang mit

Züchtigungen waren schwere strukturelle Schäden entstanden. Die durch die Verarbeitung des Inzests gewonnene Ich-Stärke verkürzte jetzt den Prozeßverlauf.

Im Anschluß wird die Durcharbeitung der mißbräuchlichen Beziehung zwischen Mutter und Sohn geschildert. Diesem Kapitel geht ein Exkurs über Merkmale von Beziehungsausbeutung voraus. Beziehungsmißbrauch stellte das Milieu dar, in dem sich der inzestuöse und der destruktiv-aggressive Mißbrauch herauskristallisieren konnten. Auch das hochgradig ambivalente Beziehungsmuster des Patienten kommt dabei zur Darstellung. Den Abschluß bildet die Falldiskussion.

Herkunftsfamilie und Lebensgeschichte

Gerold B. wurde im letzten Krieg zwischen Bombenangriffen als Wunschkind geboren. Die Großmutter, die zu Babys ein gestörtes Verhältnis hatte, kommentierte sein verknautschtes Aussehen mit: »Waas?! Des isch'r?!« Mutter und Kind lebten mit im großelterlichen Gasthaus, weil der Vater Soldat war. Die Großmutter war unehelich geboren und selbst als Kind von ihren Eltern zu Pflegeeltern gegeben worden. Sie gab an ihre Tochter, Gerolds Mutter, Züge weiter, die beinhalteten, daß ein Kind durch den Makel der Unehelichkeit als »Lebenszerstörer« fungieren kann (S. 296 ff.). Kurz vor der Geburt des Patienten verlor diese Oma ihren einzigen Sohn im Krieg. Sie habe für den Rest ihres Lebens dann nur noch Schwarz getragen. Den Angestellten des Gasthofes war es in Gerolds erstem Lebensjahr wegen des Todesfalles streng untersagt zu lachen. So war seine frühe Kindheit wie von einer düsteren, depressiven Wolke überschattet. Der Großvater sei liebevoll und weich, aber schwach gewesen. Die Mutter litt wohl an schweren Ausfällen der Impulssteuerung. Sie war ja schon in ihrer eigenen Entwicklung durch die unehelich geborene Mutter geschädigt. Ohne Stütze durch einen anwesenden Ehepartner dekompensierte sie unter der drückenden Atmosphäre nach dem Tod ihres Bruders vielfältig. Ihre Struktur dürfte der von De Boor beschriebenen »Entwicklungs-Psychopathie« nahegestanden haben (Becker-Toussaint et al., 1981). Sie war nicht imstande, als Subjekt zu anderen Subjekten Kontakt aufzunehmen und zu halten. Sachbezüge hatten für sie eine höhere Wertigkeit als die heftigen, aber ambivalenten Bezüge zu Personen. Sie hatte die Beziehungsstörungen und krankhaften Phantasien von ihrer eigenen Mutter übernommen. Sie entwertete ihre Eltern und auch ihren Sohn. Gerold konnte wegen der psychischen

Störungen seiner Mutter seine »Kompetenz als Säugling« (Köhler, 1990) nicht ausreichend weiterentwickeln. Er wurde von seiner Mutter in eine lebenslänglich dauernde pervertierte Beziehung mit habitueller Abwertung und daneben symbiotischer Verschlingung genötigt. Letztere ging so weit, daß er sich von ihr vielfach als ununterscheidbar erlebte.

Die Mutter verachtete Männer und war zugleich von ihnen fasziniert. Sie sei hart und herrisch gewesen und im Gegensatz zu ihren Eltern »hinter dem Geld her«. Sie habe Gerold zwar gestillt, aber als Baby stundenlang schreien lassen. Als er laufen konnte, sei er mit in die Gaststube genommen worden, aber weiterhin schweren Deprivationen ausgesetzt gewesen. Er hätte schon als kleines Kind hinter der Theke sitzen und dort ganz allein essen müssen. Er habe den Gasthof nicht allein verlassen dürfen. Niemand sei aber auch mit ihm fortgegangen.

Überwältigt von entmischten Aggressionen, habe die Mutter den Sohn brutal geschlagen, ihn auch häufig »Krüppel« geschimpft. Bis zur Heimkehr des Vaters schlief er mit ihr in einem Bett. Dabei sei Kontakt und Verbundenheit mit der Mutter zustande gekommen. Es kam aber auch zu jahrelang andauernden inzestuösen Handlungen zwischen beiden. Sie verhielt sich dabei wohl vorwiegend passiv und ließ sich vom Sohn hocherotisch streicheln und betasten. Die Handlungen kamen nur im Dunkeln, ohne Blickkontakt zustande. Worte durften nicht verloren werden. Durch dies Verhalten erhielt die Mutter die Fakten in einem Zustand ständiger Leugnung (Shengold, 1963). Sie war sexuell ambivalent: Einerseits habe sie es aus Prüderie strikt abgelehnt, mit männlichen Kunden auch nur eine Tasse Kaffee zu trinken. Andererseits habe sie nach Heimkehr ihres Mannes aus der Gefangenschaft diesen durch Verlangen nach täglichem Sexualverkehr überfordert.

Bei Rückkehr des Vaters war Gerold B. sechs Jahre alt. Da die Mutter nur in symbiotischen Zweierbeziehungen leben konnte, wurde der Patient jetzt nicht nur aus dem gemeinsamen Bett verbannt, sondern geriet auch in völlige Isolation. Ein Jahr nach der Heimkehr des Vaters unternahm dann die Mutter aus Enttäuschung an ihrer Ehe einen dramatischen Doppelselbstmordversuch an sich selbst und ihrem Neugeborenen. Gerold B. wurde danach wieder in seine Rolle als ihr Double und Partner eingesetzt. Neben seiner eigenen Eifersucht auf den Vater zwang ihn nun auch der Druck der Mutter, diesen als Feind zu erleben und zu bekämpfen.

Während Gerold B.s Adoleszenz war die Mutter wegen Depressionen und Wahnvorstellungen in einer psychiatrischen Klinik. Sie schrieb dem Sohn Briefe über ihr inneres Erleben, wovon sie nie zuvor gesprochen hatte. Bei Gerolds ersten Liebesbeziehungen verhielt sie sich wie eine eifersüchtige Ehefrau, unterschlug und beantwortete Post, die von einer Freundin an ihn gerichtet war. Während des Studiums wurde eine Mitstudentin von ihm schwanger, die er dann heiratete. Im Abstand von fünf Jahren wurden ein Mädchen und ein Junge geboren, deren Pflege der Patient übernahm. Dieses entsprach auch der Kompensation seiner eigenen frühen Unversorgtheit. Wenige Jahre nach Gerolds B.s Eheschluß erkrankte seine Mutter an Polyarthritis. Er besuchte und pflegte sie bis zum Tode. Nur er habe sie anfassen können, ohne ihr Schmerz zuzufügen. Sie verachtete und entwertete seinen Vater, weil er die Krankenpflege nicht dauernd ertragen konnte. Schließlich hatte dieser eine Freundin.

Therapieverlauf

Aus den ersten dreieinhalb Therapiejahren sollen nur einige Themen erwähnt werden: Die von schweren Kontaktdeprivationen durchsetzte Säuglings- und Kleinkindphase, in der der Patient aber auch »ein und alles« seiner Mutter war, beschäftigte uns. Haß auf den Vater bei seiner Rückkehr und eine fehlende negativ-ödipale Identifizierung mit ihm waren wichtige Themen (Kohut, 1979). Schuldgefühle gegenüber dem Bruder im Zusammenhang mit der versuchten Selbst- und Kindstötung durch die Mutter bedurften langwieriger Bearbeitung. Lastende Gefühle von Minderwertigkeit und Selbsthaß waren Thema der gesamten Therapie.

Zur Therapie des realen Mutter-Sohn-Inzests

Als Einstieg wählen wir die 72. M-Gruppensitzung. Folgende Modellsituation war gegeben: Die Patienten finden sich zu Paaren und setzen sich dann neben den liegenden Mitpatienten. Sie legen eine Hand auf den Rippenbogen des Partners und lassen das Eigengewicht ihrer Hand bei seiner Ausatmung zur Auswirkung kommen. Dann verspürt der Liegende einen leichten Druck der Hand, während bei der Einatmung der Sitzende die Hand selbst trägt, so daß sie sich nun für den Liegenden leicht anfühlt.
Gerold B. hatte eine Partnerin gewählt. Sie sagte anschließend: »Das hast Du wunderbar gemacht, Gerold. Ich habe mich ganz geborgen

dabei gefühlt.« Er ging glücklich nach Hause und fühlte sich, wie so oft, glorios und unwiderstehlich (Forward & Buck, 1978), aber auch wertvoll und zugehörig. Wenig später, bei einer ähnlichen Modellsituation, zu der er sich jetzt eine andere Partnerin gesucht hatte, reagierte diese im Gruppengespräch anders: »Du kannst das tierisch gut! Es hat mich über und über gekribbelt! Es hat mir aber auch furchtbar Angst gemacht! So was will ich nicht mit Dir! Es war wie Sexualität oder Erotik! So was will ich nur mit Fritz! Es kann einen ganz besoffen machen!« Er reagierte mit einem Zusammenbruch und wollte die Therapie abbrechen. Er fühlte sich schlecht, wie »schmutzig«, war von Selbstmordgedanken gepeinigt (Hirsch, 1987).

Ein anderes Mal, in der R-Gruppe, hatte Gerold B. Gefühle totaler Abgetrenntheit. Passend zu seiner fast nur körperlichen Mutterbeziehung meinte er, die Abgetrenntheitsgefühle nur durch Anfassen der Kotherapeutin überwinden zu können. Wir Therapeuten fassen unsere Patienten bei der Körperarbeit wenig an, da wir dies oft als verfälschend erleben. Hier entschloß sich die Kotherapeutin jedoch, Gerold B. ihren Arm zum Anfassen zu überlassen. Sie fühlte sich dann aber durch die Art seines Zugriffs irritiert und sagte deshalb, sie empfände seine Weise sie anzufassen als grenzüberschreitend und erotisch. So wolle sie nur von ihrem Mann angefaßt werden. Wieder reagierte er zusammenbruchartig, wollte die Therapie abbrechen, hatte Selbstmordgedanken. Er empfand aber auch Wut. Er sagte, er habe die Kotherapeutin keineswegs erotisch anfassen wollen! Sie unterstelle ihm dies! Er wirkte fast wie in Trance. Er hatte offenbar keinerlei Bezug zur Realität dessen, was er mit seinen Händen tat. Der Abwehrmechanismus der Leugnung schien uns hier nicht in Kraft zu sein, sondern ein wesentlich totalerer, wir nannten ihn »psychischer Totstell-Reflex«. Hierzu vergleiche man auch die Begriffsunterscheidung Baschs: »disavoval« und »denial« (Basch, 1991). Es scheint mir sehr fraglich, ob er die Therapie nicht abgebrochen hätte ohne die Solidarität mit anderen Gruppenpatienten, die sich ebenfalls mit Inzest-Problematik auseinandersetzten. Ein basaler Anteil an »Nibelungentreue«, in der Übertragungsbeziehung auch mir gegenüber, ermöglichte die weitere Zusammenarbeit.

Als er bei einer späteren R-Gruppensitzung mit mir arbeitete, verspürte er wieder die Abgetrenntheitsgefühle ohne Körperkontakt. Auch ich erlaubte ihm, meinen Arm anzufassen. Er faßte zu, ließ wieder los und fragte ängstlich, was ich jetzt empfände. Ich sagte ihm, das sei jetzt unwichtig. Wichtig sei, was er jetzt empfände. Er streichelte dann meinen Arm überaus erotisch. Ich hatte das Gefühl, in die

Hände eines versierten, vielleicht professionell ausgebildeten Liebhabers geraten zu sein. Ich sagte nichts und reagierte auch sonst nicht. Gerold ließ plötzlich los. Er begann zum ersten Mal während seiner gesamten Therapie ungehemmt zu weinen und stieß immer wieder hervor: »Jetzt ist alles wieder gut!« In einem Glückstaumel ging er nach Hause. Er fühlte sich immer noch glücklich, als er zur nächsten Einzelsitzung kam. Als ich ihn fragte, was denn nun eigentlich wieder gut sei, wußte er darauf keine Antwort. Wir konnten schrittweise herausarbeiten, daß er sich durch diese Art des Körperkontakts wertvoll fühlte. Er fühlte sich in Beziehung, sogar zur ganzen Welt, wenn sein Anfaßwunsch akzeptiert wurde. War dies nicht der Fall, schien aller Kontakt abzubrechen. Vor der Heimkehr seines Vaters aus dem Krieg habe er sich oft so glücklich gefühlt.

Es fiel mir schwer, meine Ungeduld zu zügeln, denn an diesem Patienten wurde mir der nicht phantasierte, sondern reale Mutter-Sohn-Inzest erstmalig bekannt. Es stellten sich jedoch in der weiteren Therapie zunächst alte Trennungsschmerz-Gefühle anläßlich der Rückkehr des Vaters aus dem Kriege ein. Er hatte ja als Reaktion darauf kommentarlos aus Mutters Bett verschwinden müssen und war dann in völlige Isolation geraten. Er konnte nun deutlich fühlen, wie er den Vater gehaßt und beneidet hatte. Er sah auch die erotischen Angebote der Mutter an diesen wieder deutlich vor sich. Dann erinnerte er sich gesehen zu haben, wie sie nach etwa einem Jahr den Rock, den sie zuvor kokett übers Knie hochzuziehen pflegte, für immer resignativ über ihre Waden hinabstreifte. Als die in ihren Wünschen nach erotisch-sexueller Symbiose enttäuschte Mutter ihrem Leben und dem ihres Säuglings ein Ende zu machen versuchte, reagierte Gerold B. so: »Ich hätte die Mutter davon abhalten müssen!« Diesen Satz hörten wir in der Therapie immer und immer wieder. Er sagte auch: »Wenn ich an diesem Tag nicht aus dem Haus gegangen wäre, wäre es nie passiert!« Der »Terrorismus des Leidens« seiner Mutter hat ihn dann für sein ganzes Leben parentifiziert und depersonalisiert (Ferenczi, 1932). Solche Schuldgefühle sahen wir nach dem Selbstmord naher Angehöriger fast regelhaft. Sie sind auch von Bank und Kahn beschrieben in »Geschwisterbindung« (1990, S. 246).

Es flammten in dieser Therapiephase auch ich-ferne, promiskuöse Durchbruchshandlungen auf. Gerold B. fand sich zum Beispiel auf einer Gruppenreise mit einer Kollegin plötzlich in einem Doppelzimmer wieder. Er schrieb auch der Kotherapeutin erotische Karten. Da er die eigene kindliche Eifersucht damals noch verdrängt hatte, verstand er zunächst nicht, warum seine Frau eifersüchtig wurde. Schrittweise lernte er dann, mit Eifersucht bewußter umzugehen. In der Regression zeigte sich etwas wie ein Bann, nicht sprechen und auch nicht hinschauen zu dürfen. Es wurde allmählich deutlich, daß Sprechen und Hinschauen in der Beziehung zwischen ihm und der Mutter eine spezielle Bedeutung hatte: Es hätte bedeutet, daß etwas wahr gewesen wäre, was nicht wahr sein durfte, nämlich der inzestuöse Charakter der Beziehung. Erstmalig zeigten sich nun aggressive Gefühle Gerolds gegenüber der Mutter und auch gegenüber uns Therapeutinnen (Shengold, 1963).

In der für den Patienten sehr belastenden Zeit, als sein Schwiegervater starb, konnte er zum ersten Mal überdeutlich die inzestuöse Situation wieder fühlen: Wie er die Mutter angefaßt hatte, wie es ihn sexualisiert hatte, ihren Bauch und Genitalbereich zu fühlen. Der Druck in der Realität paßte zum damaligen Druck in der inzestuösen Beziehung zwischen Mutter und Sohn. Material zum »heavy-petting« floß jetzt reichlich. Gerold B. konnte nun in der Therapie regredieren, ohne die Ursprungssituation real immer neu wiederholen zu müssen. Um seine Regression nicht zu stören, saß ich in einer R-Gruppen-Sitzung weit von ihm weg. Er atmete schnell. Ich wußte nicht, ob er Angst spürte oder was sonst in ihm vorging. Als ich später fragte, was er bei diesem Hechel-Atem in sich wahrgenommen habe, sagte er: »Es war wie ein Orgasmus. Mein Gott! Wenn meine Mutter sich sexuell so gestaut gefühlt hat wie ich soeben! Auch der Kotherapeutin gegenüber habe ich solche Gefühle gehabt!« Erst von jetzt an blieb die bewußte Beziehung Gerolds zu seinen inzestuösen Erlebnissen konstant erhalten.

In der nächsten Einzelsitzung stieß er weinend hervor: »Ich bin nicht schlecht, Frau Damm!« Ich antwortete ihm, daß er einer der anständigsten Menschen sei, die ich kenne, und sich daran auch nichts ändern würde, wenn sich bei ihm »etwas Schlechtes« herausstelle. Immer deutlicher entsann er sich nun der Wärme des gemeinsamen Bettes mit der Mutter, ehe der Vater aus dem Krieg kam. Ein anderes Mal sagte er: »I bin so a Sau!« Immer mehr krampfhafte Scham fiel von ihm ab.

Es ist noch zu erwähnen, daß er es im Zusammenhang mit Verkrampfungen im Bauchraum schaffte, seinen Unterleib überhaupt nicht mehr zu fühlen. Bei Patienten mit Real-Inzest-Erlebnissen entfällt häufig das Körpergefühl in Unterbauch und Genitalien. Im selben Maße, in dem die erotischen Berührungen an Bauch, Schenkeln und Genitalien der Mutter wahr sein durften, verschwanden Depersonalisations- und Derealisationsgefühle bei Gerold B. Nach Durcharbeitung der Tatsache, daß sein Empfinden, in eigener Initiative gehandelt zu haben, Täuschung gewesen war, trat Wut gegenüber der Mutter auf (Shengold, 1963). Er fühlte, daß in Wahrheit sie Regie geführt hatte, um einen möglichst vollwertigen Partner zu haben. Er fühlte sich betrogen und ausgebeutet. Jetzt begann er, eigenen Ärger zu spüren und Bedürfnisse, sich abzugrenzen. Nun endlich war die innere Überwältigung durch die inzestuösen Erlebnisse so weit überwunden, daß vollständiger Umgang mit dem Trauma möglich zu werden begann. Symbole für die Problematik konnten gebildet werden. Er brachte folgenden Traum:

»Ich sah einen Mann im Café mit einer als Mann verkleideten Frau tanzen. Auch Peter war da. (Dieser war ein Gruppenmitglied, das ebenfalls an eigenen Inzestproblemen arbeitete.) Der verkleidete Mann irisierte und war manchmal auch eine Frau. Ich sagte zu Peter, ich hätte sehr den Wunsch, daß dieser Mann/Frau singen möge. Peter, der sich mit Vertragssachen auskennt, sagte: ›Natürlich singt sie. Sie steht doch unter Vertrag.‹ Mir kam der Vertragszwang hart vor. Ich hatte das Gefühl, Singen, Erotik und Bett sei das gleiche. Ich hatte den unbezähmbaren Wunsch, die Frau zu entkleiden und erotisch anzufassen.« Die in diesem Traum sich zeigende »Mann/Frau-Gestalt« war für Gerold B. seine Mutter, manchmal aber auch er selbst. Dies zeigt auch, wie verschmolzen er sich mit seiner Mutter fühlte. Bei männlichen Inzestopfern fanden wir übrigens häufig neben maskulinem Rollenverhalten Wunschphantasien, ein Mädchen zu sein und so das erotisch-sexuelle Problem in Mutters Bett zu entschärfen (Harmat, 1988). Dieser Traum wurde nicht vergessen. Ein konstantes Zusammenspiel von Erinnern, Fühlen und Denken blieb nun möglich. Gerolds letzte wichtige Äußerung war in diesem Zusammenhang: »Ich lebe jetzt nicht mehr davon, irgendwelche Menschen toll zu finden, meist Frauen, aber manchmal auch Männer. Ich habe mir eigentlich immer gewünscht, daß alle nur einfach Menschen sein sollten und ich auch Mensch unter Menschen. Aber jetzt, wo es wirklich da ist, merke ich, daß es auch eine Portion Leere enthält, Mitmenschen nicht mehr zu glorifizieren.« Ich sagte ihm, daß Überspringen der Generations-Schranke nach oben fast immer gekennzeichnet sei durch Vorstellungen von glorifizierten Partnern und eigener Gloriosität. Ich hoffte, daß die Leere sich nach und nach als Freiraum für eine neue Art zwischenmenschlicher Beziehungen erweisen würde.

Die Durcharbeitung der Inzest-Problematik hat nicht nur die Depersonalisations- und die Derealisationserscheinungen signifikant reduziert, sondern auch die eheliche Dynamik verändert: Gerold B. begann, sich seiner Frau gegenüber abgegrenzt zu fühlen. Er ist nicht mehr ihr Paladin. Auch die sexuelle Beziehung zu ihr wurde anders.

Früher hatte er sie erotisch eher verwöhnt oder bedient. Dabei waren eigene Gefühle kaum aufgetreten. War dies aber doch der Fall, hatte er sich als Schwein gefühlt. Bisher hatte er nie an Störungen der erektiven Potenz gelitten. Jetzt lernte er eigene Geneigtheit oder Abgeneigtheit kennen im Rahmen der Schwankungen der psychosexuellen Paarbeziehung und damit Schwankungen der Potenz.

Bei den Deprivationen, die Gerold B. in seiner Kindheit zu ertragen hatte, wundert es nicht, daß ihm körperliche Zweisamkeit so wichtig erschien. Hier konnte er Nähe fühlen. Er konnte spüren, daß er der wichtigste Mensch für seine Mutter war. Er lernte die Handgriffe und Gesten, die sie schön fand, streichelte ihr wie ein Liebhaber Bauch und Genitalgegend. Dies bewirkte Gloriositätsgefühle (Shengold, 1963; 1980, Forward & Buck, 1978). Aufgrund der nächtlichen Gratifikationen hielt er die täglichen Deprivationen überhaupt aus. Sexualangst und Schuldgefühl nahm er unter dem Druck der Mutter nicht wahr. Jedoch traten Depressionen wegen Kontaktverlusts nach der Rückkehr des Vaters auf. Im Zusammenhang mit der überwältigenden Inzestproblematik zeigte Gerold B. für sein ganzes Leben schwere Schuld- und Schamgefühle, Selbstzerstörungs- und Suizidtendenzen. Er fühlte sich depersonalisiert. Auffallend waren Denkstörungen und ein persistierendes Gefühl »Watte im Kopf zu haben«. Gerold B. hatte sich dumm gemacht, um Wünsche, Ängste und Konflikte aus der sexuellen, ihn zugleich überbewertenden und entwertenden Bindung an die Mutter nicht wahrnehmen zu müssen. In der Durcharbeitung des Real-Inzests und des Absturzes aus seiner grandiosen Erfahrung fand er zur Selbstevidenz und vollen Intelligenz zurück. Erst nach Überwindung der inzestuösen Problematik kam sein persönliches Sexualleben in Gang.

Wir Therapeuten empfanden diesen Therapieabschnitt als unheimlich. In unseren Besprechungen über laufende Behandlungen nahm Gerold B. viel Raum ein. Für unsere Gegenübertragung stellten die Phasen stickig schwüler erotischer Übertragung und die Hartnäckigkeit der Leugnung des Traumas eine schwere Belastung dar. Wir fühlten uns ohnmächtig gemacht, ohne dies zu verstehen, da der Zwischenbereich des Symbolisierens, Übertragens, Denkens fehlte und Gerold B. statt dessen agierend, suizidal oder mit Therapieabbruchsdrohungen reagierte. Statt Wünsche, Bedürfnisse, Ängste, Abwehr in Übertragung und Symbolen darzustellen, agierte er also, wie in Trance, ungesteuert seine Impulse aus. Abwechselnd wurde er dabei zum Opfer und Täter. Auch der psychische Totstell-Reflex klinkte immer wieder unvermittelt ein. Er bewirkte immer neu, daß wir uns genasführt und damit zornig oder im Irrtum und damit verwirrt und schuldig fühlten.

Zur Therapie des aggressiv-destruktiven Mißbrauchs

Nach Durcharbeitung des Real-Inzestanteils wurden die aggressiven Mißhandlungen Thema. Die Entmythologisierung der Mutter war nun soweit fortgeschritten, daß auch ihre wohl lebensgefährlichen Prügelstrafen wahr sein durften.

Gerold B. malte in der Übergangsphase von der inzestuösen zur aggressiv-destruktiven Thematik zwei Bilder von ihr: In einem floß ein Auge von Tränen über, der Mund schwamm blutrot in den Rand. Das zweite zeigte einen Glutball-ähnlichen Unterleib, der von schwarzen Händen gehalten und zugedeckt wurde. Als er das Bild zeigte, brach er in Weinen aus. Ich fragte, ob Weinen denn wohl leichter sei als der Umgang mit den aggressiven schwarzen Händen. Er weinte daraufhin noch stärker. Plötzlich stieß er hervor: »Sie hat mich doch vor dem Tod um Verzeihung gebeten!« Das Verzeihungsversprechen hatte lange Zeit in der Therapie blockierend auf den Prozeß gewirkt. Es schien das »Schlechte« der Mutter wie aufgehoben zu haben. Nach Bearbeitung dieses Materials konnte Gerold sich plötzlich auch aggressiver Gewaltanwendungen erinnern. Seine Mutter habe oft wie ein Raubtier auf ihn eingeschlagen. Sie sei ihm wie ein reißender Wolf vorgekommen. Früher hatte ihm die Großmutter erzählt, daß sie häufig zu seiner Mutter gesagt habe: »Du schlägst den Bua noch z'Tod!« Für die Mutter verkörperte ihr Sohn, stellvertretend für den Großvater, auch »Männer, die an allem schuld sind«.

In der R-Gruppe stieß er in der Rolle seiner Mutter brennend hervor: »I muaß di schlage, mei Kind!« Wieder mußte eines der von der Mutter eingesetzten Tabus durchbrochen werden. Er fühlte in der R-Gruppe nun Schläge, kindliche Ausgesetztheit und Ohnmacht. Er war jetzt so selbständig, daß er auch zu Hause für sich primaln konnte. Dabei fiel ihm auf, daß er dort lauter sein konnte als bei uns. Er nahm seinen Regressions-Alleingang darum auf Band auf. In der Einzelsitzung sprach er dann von seinen Ängsten vor der Lautstärke seiner Stimme auf dem Tonband. Auf meine Frage, ob er mir denn das Band vorspielen wolle, erschrak er. Nach heftigem inneren Kampf entschloß er sich dann aber doch dazu. Ich war über die Lautstärke tatsächlich erstaunt, weil ich seine Sprechweise bis dahin nur als leise und gepreßt kannte. Er wünschte, sich auch in der Gruppe so äußern zu können, wie wenn er allein regredierte. Mehrmals kam er mit diesem Vorsatz dorthin, aber es war ihm unmöglich, seine Absicht in die Tat umzusetzen: Er empfand sich als Feigling. Schon seine Babyschreie hatte Gerold B. bei seiner Mutter ja nicht laut werden lassen dürfen. Er hatte damals stundenlang allein in der Dachwohnung gelegen, ohne daß Schreie und Signale Resonanz fanden.

Ich schlug ihm vor, das Tonband während der Regressionsphase einzuschalten, damit die Gruppe auf diese Weise seine laute Stimme kennenlernen könnte. Damit sei sie vielleicht auf ein direktes Lautstarkwerden besser vorbereitet. Er brachte das Band wieder mit. Als ich fragte, ob er es auch einschalten wolle, sagte er: »Ich kann mich doch hier nicht so breit machen! So was ist auch nicht üblich.« Ich fragte ihn, ob er sich der lauten Stimme wohl vor den anderen schäme. Er sagte: »Ja, sehr. Es ist aber gar nicht einzusehen, warum. Ich fühle mich als feig, wenn ich es nicht endlich riskiere!« Ich fragte ihn nun, ob er sich denn auch der grellen, bizarren, ungesteuerten, manchmal auch psychotischen Ausbrüche seiner Mutter wohl geschämt hätte. Er sagte: »Ja. Es kam immer so unvermittelt. Hinterher wurde von allen so getan, als sei nichts gewesen. Am schlimmsten war es, als sie mit dem Säugling aus dem Fenster gesprungen war. Es war später wie nicht mehr wahr.« Ich fragte, ob er denn wohl die gleiche oder eine andere Aggressivität als seine Mutter hätte. Die Mutter sei ja doch psychotisch gewesen, er aber nicht. Er wirkte erstaunt und wagte nun endlich, das Band einzuschalten.

In der Durcharbeitungsphase kam die Tonband-Situation zur Sprache. Einige Patienten waren fasziniert vom Gehalt und von Gerolds Stimme. Die Eindringlichkeit hatte sie zum eigenen Primaln angeregt. Einer fühlte sich gestört »wegen der Konserve«. Er schlug vor, Gerold solle doch spontan hier wagen, laut zu sein. Seine Antwort war: »Wenn ich das bloß könnte!« Ich sagte noch, daß mich seine Band-Stimme an Neger-Spirituals erinnert hätte. Er möge doch die Neger! Mir war diese Einführung von Nuancen Gerolds aggressiver Äußerungsweisen in die Gruppe wichtig. Ich wußte ja, daß er sich daheim durchaus traute, heftig aggressiv zu werden. Auch dort zeigte sich manchmal, wie das Opfer dazu neigt, selbst wieder zum Täter zu werden. Dies brachte ihn dann aber erneut in die Rolle eines »ungesteuerten Wilden« und nahe an die Identifizierungen mit der Person seiner Mutter.

Destruktive Wut zeigte sich nun bei Gerold B.: Wut im Autostau, Wut auf die Ehefrau, Wut auf Vermieter, Wut auf die Therapeuten. Wut wurde offenkundig, die auch gewalttätig werden kann. Es fiel ihm voll Schmerz ein, wie er sein eigenes Baby geschüttelt und geschlagen hatte, als es nicht zu schreien aufhörte. Notwehraggression als Baby-Gefühl gegenüber der Mutter wurde Thema. Die Atmosphäre bei Kotherapeutin, Therapeutin und Ehefrau wurde nun im Zusammenhang mit Übertragungsgefühlen aggressiv aufgeladen. Er sagte in der R-Gruppe: »Die Weiber dürfen aber auch alles!« Vernichtungsängste und Vernichtungstendenzen wurden jetzt bearbeitet. Im Zusammenhang mit Neid, weil seine Frau eine Berufsausbildung begonnen hatte, tyrannisierte und entwertete er sie, wie er es von seiner Mutter her kannte. Er begann aber auch, sie zu konfrontieren, wo sie eigenmächtig oder uneinfühlsam war. Den Kotherapeuten empfand er nun als Triangulierung fördernde männliche Rückenstütze. Er nahm bei ihm zusätzliche Einzelsitzungen.

Gerold begann damals, sich körperlich und seelisch aufzurichten. Er wirkte authentischer und empfand sich auch so. In der R-Gruppe konnte er laut werden und seine übertriebene Selbstkontrolle reduzieren. Die Verarbeitung der Angst, sich wie die Mutter bloßzustellen, ermöglichte ihm, gesunde Wut und Selbstdurchsetzung von destruktiven Ausbrüchen zu unterscheiden. Dies führte zur Reflexion über seine aggressiven Bereitschaften und den Umgang damit. Er konnte sich jetzt bei der Gruppe, den Therapeuten, seiner Frau, den Schülern und Kollegen besser durchsetzen. Seine unkontrollierten Durchbrüche verringerten sich. Jedoch konnte er Unmutsäußerungen von jetzt ab auch schwerer dosieren oder unterdrücken.

Zum Begriff der mißbräuchlichen Beziehung

Eltern-Kind-Beziehung gibt es als gesunde, als defizitäre, in der die Eltern wegen eigener Ausfälle ihre Rolle nur teilweise wahrnehmen können, und auch als mißbräuchliche, in der elterliche Macht das abhängige Kind ausbeutet. Im Gegensatz zu strafrechtlich formuliertem, sexuellem Mißbrauch ist mißbräuchliche Beziehung begrifflich schwer, strafrechtlich gar nicht faßbar. Im Strafgesetzbuch ist formuliert, daß bei sexuellem Kindesmißbrauch »Beziehungstäter« am Werk sind, der Mißbrauch sich also innerhalb vertrauter Beziehungen abspielt (StGB § 176). Wie diese bei Real-Inzest aussehen, ist nicht beschrieben. Vor Fortsetzung der Fallschilderung soll deshalb ein Einschub erfolgen, in dem wesentliche Merkmale von Beziehungsmißbrauch beschrieben werden.

Exkurs über signifikante Kennzeichen von Beziehungsmißbrauch
Die für ein Individuum spezifische Form des Selbsterlebens und Kontakthabens wird von Lebensbeginn an durch Hin- und Hertransport von Szenen, Gesten und diesen zugehörigen Stimmungshintergründen geformt. Moderne baby-watcher setzten die Arbeit von R. Spitz mit Mutter-Kind-Beobachtungen fort. Diese wurden von Säuglingsforschern ausgewertet. Nach den Ergebnissen dieser Forschungsarbeit speichert das Gedächtnis sowohl »prozedurale«

als auch »szenische« Erinnerungen (Lichtenberg, 1989a, 1989b; Stern, 1992a). Mutter und Kind sind dabei als selbständige Subjekte miteinander in Kontakt, beide als Sender und Empfänger. Dies ist möglich, weil das Kind mit einer bisher unbekannten Grundausstattung von Motivationen, Affekten, Signalgebung und Empfangsmöglichkeiten, der sogenannten »Kompetenz des Säuglings« (Köhler, 1990), geboren wird. Zu dieser Grundausstattung gehören auch Bindungs- und Aversionsbereitschaften. Die Inbesitznahme dieser Kompetenzen kann erheblich verändert oder gestört werden, wenn die Umgebung auf kindliche Bedürfnisse und Signale inadäquat oder manipulierend antwortet. Im schlimmsten Falle kann eigene Initiative und Selbstwahrnehmung verschüttet werden und Depersonalisation entstehen, beispielsweise als Folge mißbräuchlicher Beziehung. Im »Drama des Begabten Kindes« beschreibt Miller eine vom Opfer aus gesehen relativ »gutartige« Form psychischen Mißbrauchs. In »Du sollst nicht merken«, beim Onkel des Wolfsmannes, schildert sie eine relativ »bösartige« mit psychotischem, wohl suizidalem Ausgang für das Opfer (Miller, 1983). In »Der Anfang ist unsere Heimat« zeigt Winnicott die Auflehnung eines Jungen gegen die Induktion eines partiellen Anteils von falschem Selbst (Winnicott, 1990).

Unterschiede zwischen gesundem Kontaktverhalten und Beziehungsmißbrauch sind schwer zu formulieren, Übergänge sind fließend. Häufig sind nur Anteile einer Beziehung als mißbräuchlich zu bezeichnen. Die Differenz zur gesunden Beziehung besteht weniger in den einzelnen Kontaktmitteln als in den Voraussetzungen und Zielen, denen diese dienen. Die Kernfrage ist: Wird das Kind als Person selbst wahrgenommen und beantwortet? Oder wird es benutzt, um für Zwecke des Agierens und der Abwehr von Phantasien und Affekten seiner Beziehungspersonen, meist der Eltern, eingespannt zu werden? Je vollständiger Kinder ausgebeutet, in vorbestimmte Rollen suggestiv genötigt werden, die eigene Person, Selbstschätzung, Selbstwahrnehmung, Kompetenz, Realitätssicht verleugnen müssen, um so mehr handelt es sich um Beziehungsmißbrauch. In kleinem Umfang geschieht solcher neben gesundem Kontaktverhalten täglich. Sobald jedoch ständig unbewußter Zwang ausgeübt wird, der bewirkt, daß die Beziehung so und nur so laufen muß, handelt es sich um Manipulation. Die selbstentfremdende Mißachtung der Eigenständigkeit anderer Personen, also echter Beziehungsmißbrauch, ist dann besonders gefährlich, wenn er bereits in den frühesten, kontaktstrukturierenden Phasen begonnen hat. Mißbildungen des Selbstbildes, der Selbstwahrnehmung, der Wahrnehmung der Welt und des Kontaktverhaltens bleiben dann lebenslänglich als unbewußt steuernde Elemente vorhanden. Häufig erleben wir schwere strukturelle Folgen mißbräuchlicher Beziehung im Umgang mit Patienten, deren Lebensgeschichte Real-Inzest (Hirsch, 1987) oder Unehelichkeitsproblematik einschließt. Wir sahen sie jedoch auch bei Abhängigkeit von latent oder manifest psychotischen Eltern oder Geschwistern.

Der therapeutische Umgang mit Beziehungsmißbrauch und seinen strukturellen Folgen ist oft deshalb schwierig, weil die Selbst- und Fremdwahrnehmung und auch der affektive Bezug der so geschädigten Patienten basal gestört ist. Weder sie selbst noch ihre Partner sind meist in der Lage, verborgene, aber wirksame Mechanismen wahrzunehmen, die die Beziehungen stören. Auch Gruppenmitglieder und Therapeuten fangen lange nur Stimmungen oder Schwingungen auf, die im Raum zu schweben scheinen, ohne daß die Störungen im Beziehungsverhalten konkret faßbar werden. Dies ist so, weil eben weniger die Kontaktmittel im einzelnen pervertiert sind. Viel mehr drängten Ursachen bei den ursprünglichen Beziehungspersonen diese mit aller Macht, Zwecke und Ziele anzusteuern, die ihnen aus egoistischen Gründen als zwingend oder als intensiv Angst mindernd erscheinen.

Wegen dieser Undurchschaubarkeit bieten die gruppentherapeutischen Anteile der Mehrphasentherapie mit ihrer Mobilisierung spontaner Expressivität für Patienten und Therapeuten oft wichtige Einblicke in die unbewußte Kodierung infolge psychischen Mißbrauchs. Prozedurale Grundmuster zeigen sich in der Tiefenregression, aber auch blitzlichtartig in Modellsituationen. Letztere bieten durch Spiegelungen seitens der Gruppenmitglieder auch Möglichkeiten zu ersten Konfrontationen. Diese werden von den Patienten oft zunächst als »Unterstellung« zurückgewiesen. Ein massives Tabu, meist im Zusammenhang mit Psychoseabwehr der

Eltern, scheint hier oft wirksam zu sein. Heftige Ängste der als Kinder oft »unsicher-ambivalent gebundenen« Patienten (Köhler, 1992, 1991) erschweren im verschlungenen Dickicht der Beziehungsformen das Vorankommen: Magische Angst ist zu finden vor destruktiver Rache der frühen, Entlarvung tabuierenden Beziehungspersonen. Daneben gibt es große Ängste vor Depersonalisation, Psychose oder suizidalen Tendenzen. Auch zeigen sich zunehmend Ängste vor eigenen basalen Ich-Defekten und der Unfähigkeit, auf selbständige Weise nahe Beziehungen herstellen und pflegen zu können.

Behandlungen von Patienten, die früh depersonalisiert und in selbstentfremdende Rollen verwickelt worden sind, sind also kompliziert. Gespeicherte unbewußte »Beziehungs-Prozeduren« werden von ihnen in der Regel nicht nur passiv, sondern auch aktiv ausgeübt. Lichtenberg begründet dies so: Das traumatische Erleben werde doppelt in der Großhirnrinde kodiert als »the doing« und als »the done«. Er meint damit, daß die Beziehung einmal aus der Sicht des Opfers kodiert wird, daneben aber auch als Gesamtgeschehen zwischen Täter und Opfer. Aus diesem Grund könne der bekannte Vorgang später sowohl aus der Perspektive des erleidenden Opfers als auch aus der des verursachenden Täters reinszeniert werden (Lichtenberg, 1991b).

Patienten reagieren auf Konfrontation mit von ihnen selbst ausgeübten mißbrauchsartigen Beziehungsmustern besonders bedroht. Therapeutischer Umgang mit ihnen eigenen Formen von Beziehungsmißbrauch ist für sie sehr verwirrend, weil dabei die scheinbar so sicheren Selbst-, Objekt- und Beziehungsbilder in Frage gestellt werden. Große Bereiche der inneren und äußeren Welt scheinen damit ins Wanken zu kommen, präpsychotische Gefühle treten auf. Es bedarf hier also der Behutsamkeit und Rücksichtnahme seitens der Therapeuten, aber auch ihrer Konsequenz, um voranzukommen. Die Belastbarkeit des Patienten muß sorgsam abgeschätzt werden, ohne daß andererseits jedoch das Ziel verfehlt wird, ihn aus seinem Beziehungsdickicht schrittweise zu befreien und ihm echten Kontakt zu ermöglichen. Meist können früheste Verführungs- und Benutzungserfahrungen erst therapiert werden, nachdem wesentliche Ichfunktionen durch Bearbeitung anderer Inhalte bereits gestärkt sind. Oft kann die Auseinandersetzung mit so tief die Identität betreffenden Problemen erst spät in der Therapie ohne Zusammenbruch des Patienten erfolgen und letztlich erfolgreich durchgestanden werden.

Zur Therapie des Beziehungsmißbrauchs

Schon der inzestuöse und der aggressiv-destruktive Mißbrauch konnte nur unter dem Gesichtspunkt eines übergreifenden mißbräuchlichen Musters der Gesamtbeziehung verstanden werden. Es war aber nicht möglich, dieses zu einem früheren Zeitpunkt in der Therapie zu thematisieren. Der im folgenden geschilderte Therapieabschnitt beschäftigt sich nun vorwiegend mit diesem Themenkomplex. Der Beziehungs-Mißbrauch des Gerold B. durch seine Mutter ist massiv, aber schwer zu schildern. Er betrifft exakt, was Lichtenberg (1989a) als »das prozedurale Element« bezeichnet. Der Kontakt zwischen Mutter und Sohn durfte nicht zwischen zwei eigenständigen, gleichwertigen Individuen bestehen. Die Selbstbestimmung des Patienten war also verloren. Er war weitgehend depersonalisiert. Die Mutter hatte ihren Sohn in Verhaltensrollen hineinmanipuliert, die sie für ihre eigene Balance brauchte. Sehr emotionale Blicke, Gesten, Tonfärbungen der Worte waren die Kontaktmittel, auch Zu- und Abwendungen, Körperausdrucksweisen, Lachen, Weinen, Schimpfen, Schläge, hocherotische Berührungen. Durch solche Mittel des Verhaltens wurde er seit Lebensbeginn von der Mutter in Rollen verwickelt, in denen sie ihn als Mitspieler für ihr inneres Drama zur Selbstregulation brauchte. Die unbewußten Inszenierungen betrafen vor allem die psychischen Folgen der Unehelichkeit in der mütterlichen Familie. Vor diesem Hintergrund waren Phantasien von schwerer Scham, Schuld und Schande entstanden, aber auch von unbeherrschbarer sexueller Triebhaftigkeit. Gleichzeitig mußte diese Problematik aber auch durch ausgedehntes Verdeckungs- und Verheimlichungsverhalten getarnt werden. Im Zusammenhang mit bei der Großmutter erworbener Beziehungsproblematik wurde Gerold also von seiner Mutter nahegelegt, ihr liebster Mensch, Liebhaber und Paladin zu sein. Er mußte sich aber auch ohnmächtig verhalten, wertlos und geradezu hündisch. Als er letzteres primalte, verspürte er brennende Scham. Glühendheiß fiel ihm ein, daß eine ehemalige Geliebte »sein hündisches Verhalten« kritisiert hatte.

Als weitere Folge psychischen Mißbrauchs tauchte in der Therapie die von der Mutter geschürte realitätsfremde Eifersucht auf. Als die Kotherapeutin einem anderen Patienten neben ihm den Kopf hielt, versetzte Gerold B. ihr einen, wie er meinte, »lustigen Schubs«, der so stark war, daß sie umfiel. Dies Verhalten fiel besonders vor dem Hintergrund auf, daß körperliche Angriffe oder Übergriffe in der Mehrphasentherapie nicht erlaubt sind. Es ist allen Patienten bekannt, daß absichtliche körperliche Angriffe die Therapie beenden. Besonders schwierig war die Bearbeitung dieses Vorfalles wegen Gerold B.s verdeckendem Verhalten. Er tarnte seine durch Eifersucht und Neid ausgelöste Aggression als »lustigen spielerischen Einfall«. In dieser Phase sagte er auch Terminabsprachen kurzfristig ab, wenn ein Mitpatient in seinen Augen zuviel von unserer Zuwendung erhalten hatte.

In Gruppen- und Einzelsitzungen reinszenierte Gerold B. mit uns so die Tatsache, daß Beziehungsverhalten einerseits rollen- und symbolhaft agiert, andererseits jedoch strikt von Wahrnehmung und Logik getrennt gehalten werden muß. Basch unterscheidet ja ein primäres Leugnungsverhalten, »disavoval« von einem späteren »denial« (1991). Bei unserem Patienten war zunächst das erstere wirksam. In dieser Phase ereignete sich nun der Übergang von der Nichtwahrnehmung der Affekte zur Wahrnehmung. Sie waren sehr heftig, wurden aber auf andere Beziehungen verschoben. Vor allem durften Gerolds eigene Beziehungsmanipulationen nicht wahr sein. Konfrontationen damit wies er als Unterstellungen zurück. Ohne Spiegelung durch Modellsituationen und die Unerbittlichkeit der konfrontierenden Gruppenmitglieder wäre seine Abwehr kaum zu durchbrechen gewesen. Die Indirektheit im Verhalten von Gerold B. wurde besonders deutlich, als er sein riesiges, seine Inzestmutter darstellendes Bild im Flur neben dem Gruppenraum aufhängte. Es zeigte die Mutter in glühenden Farben, nackt, aber auf schwachen, eingeknickten Beinen. Die Genitalzone war übermächtig dargestellt. Anstelle des Gesichts befand sich ein Hakenkreuz. Dieses Bild hing lange im Flur neben dem Behandlungszimmer, ohne zur Sprache zu kommen. Es war da, ohne wirklich wahr sein zu dürfen. Die Tabuierung wirkte so stark, daß sie sogar von den Gruppenmitgliedern gewahrt wurde. Auch für die übrigen Patienten war das Bild also »wie nicht da«.

Gerold B.s Mutter hatte Symbiose, ja Zwillingshaftigkeit gebraucht und dem Sohn eindringlich nahegelegt, genauso wie sie zu sein: Genauso verstrickt, genauso leidend. Er fürchtete schließlich sogar, genau wie sie ein psychiatrischer Fall zu werden und ebenfalls an Polyarthritis zu sterben. Die Verschmolzenheit mit ihr war während der gesamten Therapie ein Thema. Ihr Todestag zum Beispiel war dem Patienten stets gegenwärtig. Gegen Therapieende sagte er: »Seltsam, andere haben ein Geburtstags-Syndrom. Ich aber habe ein Todestags-Syndrom.« Auch das Grab seiner Mutter besuchte er oft. Im Rahmen der in der Therapie erfolgenden Ablösung rief er schließlich leidenschaftlich: »Ich bin so froh, Mutter, daß ich leben darf, auch wenn Du sterben mußtest! Wie gut, daß ich gesund und froh sein darf, auch wenn Du krank und traurig sein mußtest!«

Die Mutter pflegte ihn auch mit Beziehungsabbruchs- und Entwertungs-Verhalten zu quälen. Sie scheint Gerold B. in der frühen Kindheit wohl auch besonders lange allein gelassen zu haben, wenn er ihren Bedürfnissen nicht genügend entgegengekommen war. Die Störung seiner Hingabefähigkeit zeigte sich in einer Modellsituation, in der Partner sich gegenseitig führten. Dabei nahm Gerold B. erstmalig wahr, daß er sich nicht anvertrauen konnte. Dies verhinderten seine frühen Deprivationserlebnisse, aber auch die Tatsache, daß seine Mutter ihn immer wieder als nur stark und partnerartig führend brauchte. Aggressionen des Patienten gegen seinen Vater wurden nun verstärkt. Diese hatten zwei Quellen: Eigene übergroße Eifersucht und den Druck der Mutter, den Vater als Feind zu bekämpfen (s. Lebensgeschichte). Da unter solchen Umständen die Überwindung des Ödipus-Komplexes mit Vater-Identifizierung und das Erreichen der Latenz-Phase nicht möglich war, war eine vollständige psychosexuelle Substruktur nicht erworben worden. Der Patient hatte also nicht gelernt zu triangulieren. Die Erarbeitung von Mehrpersonen-Beziehung nahm viel Raum in der Therapie ein. Die Leugnung von »Nebenbuhlern« war so extrem, daß der Patient sie leibhaftig in der Gruppe erleben mußte, um an ihr Vorhandensein konkret glauben zu lernen.

Das gesamte Ausmaß der Selbstentfremdung durch die Rollen, die Gerold zu spielen hatte, durfte nicht wahr sein. Er mußte für die Mutter und später für Partnerinnen ein alles verzeihender Gefährte sein, ein Komplize für jeden Fall, ein Opfer. Er mußte aber auch immer wieder Großartigkeit zeigen. Er schaffte all dies mit Leib und Seele um den Preis, eigene Bedürfnisse, Gefühle und Frustrationen nicht wahrzunehmen. Gerolds Depersonalisation war also eine Voraussetzung für den Beziehungsmißbrauch, und letzterer stellte die Grundbedingung für beide weiteren Mißbrauchsformen dar.

Gerold B. hat von seiner Mutter auch gelernt, selbst andere durch mimische und gestische Zeichen so virtuos ins Mitspielen unbewußt von ihm gewünschter Rollen zu verwickeln, daß diesen Hören, Sehen und auch der Überblick verlorengehen. Besonders schwerwiegend wirkte das in seiner Familie. Dieses Beziehungsverhalten war hochgradig bewußtseinsfern und deshalb schwer durchzuarbeiten. Unsere Gegenübertragungsgefühle waren in dieser Therapiephase sehr oft von Verwirrtheit und Befremden gekennzeichnet. Wir schienen uns in einem Labyrinth verschlüsselter und verschlungener Botschaften zu bewegen, deren Entschlüsselung wohl einst Katastrophen in Form psycho-tischer Durchbrüche der Mutter hätten bewirken können. Seine Mani-pulationsfähigkeit benutzte der Patient anläßlich von Neidgefühlen gegenüber seiner Frau, als diese eine Weiterbildung begann. Er brach-te sie jetzt unvermerkt in Situationen, in denen sie auf ihn wartete, nach Worten, Nähe, Liebkosungen, Sexualität lechzte, durch seine In-teresselosigkeit entwertet schien. Wenn sie sich wehrte, traf sie die Schuld an den ehelichen Spannungen. Schließlich schwankte sie zwi-schen folgsam ängstlicher Reglosigkeit, wütenden Durchbrüchen und Verzweiflung.

Erschütternd zeigte sich schließlich die generationsübergreifende Wir-kung der Beziehungsmuster: Beim Heimholen der Tochter von einem auswärtigen Studienort wollte Gerold B. eine ehemalige Geliebte be-suchen. Unter anderem wollte er dabei in Erfahrung bringen, ob er noch anfällig für den eher inzestuös gefärbten Kontakt zu dieser Frau sei. Seine zu diesem Zeitpunkt mit Verlust eines Beziehungspartners ringende Tochter wurde daraufhin eifersüchtig. Sie stürzte von einem Baum, erlitt Knochenbrüche und begab sich in eine psychiatrische Klinik. Sie wollte plötzlich auch nicht mehr zu ihren Eltern heimge-holt werden. Zu den Ursachen hierfür gehörte wohl auch eine Rück-zugstendenz ihrer Mutter bei Überforderungen. Später sagte diese Tochter: »Diese Frau hat den Vater ganz allein für sich gehabt!« Sie hatte sich dem Vater in der Berufswahl angeglichen und sich auch durch Besuch mehrerer Fortbildungveranstaltungen seiner Ex-Gelieb-ten ähnlich gemacht. Die Untreue, die er der Tochter gegenüber zu dokumentieren schien, belastete ihre Beziehung zu ihm und stellte einen unbewußten tiefgehenden Objektverlust dar (Asseyer, 1991). Es zeigte sich, daß sie, wie ihr Vater, eine Tendenz hat, unerreichbare Partner zu lieben, deren kurzfristige Nähe beseligend scheint und deren Verlust in den Tod treibt. Die schwere Krise gab ihr jedoch vor dem Aufbau eigener Partnerbeziehungen auch die Chance, selbst eine Therapie zu beginnen.

So umstellt von Mutterbildanteilen in der vergangenen wie in der ge-genwärtigen Situation, reagierte Gerold B. jetzt noch einmal mit suizi-dalen Phantasien. Er konnte nun aber endlich auch sein Bild von der Inzestmutter erstmalig offen bearbeiten. Er verspürte den intensiven Wunsch, durch immer vollständigere Bewußtheit die Weitergabe per-vertierter Beziehungsmuster unbedingt zu beenden.

Der Umgang mit den verdeckten, aber sehr machtvollen Beziehungs-manipulationen des Patienten in der Therapie konnte immer deutli-cher erfolgen. Beim Kotherapeuten erlebte Gerold es manchmal als ungefährlicher als bei der Kotherapeutin und mir, sich mit diesem Material zu konfrontieren. Ihn begann er schließlich auch mehr und mehr nach eigenen manipulierenden Verhaltensnuancen zu befragen. Zum Beispiel wollte er von ihm darauf hingewiesen werden, wenn er wieder »sein Siegerlächeln hätte«. Er begann, dieses Lächeln als Indikator für eigene Gefühle von Gloriosität und erotischer Über- oder Allmacht zu nutzen, in die er sich immer wieder unversehens verwickelte und die er zu fürchten gelernt hatte. So erkannte er schrittweise die feinen Mittel, mit denen er Beziehung manipulieren konnte, und strebte immer mehr an, gegenseitige Kontakte statt manipulierter aufzunehmen. Die Zeiten waren vorbei, in denen das nicht Ausgesprochene, mit anderen beredten Signalen Gesagte, nicht wahr sein durfte. Wenn jetzt Gerold B. in seine nuancenreichen Pantomimen Mitmenschen verwickelte, geschickt, wie er es von seiner Mutter gelernt hatte, so durfte der therapeutischen Arbeit zugänglich werden, was wirklich geschah. Je mehr Bewußtheit sich zur Fähigkeit von Ausdruck und Beeinflussung gesellte, desto mehr wurde aus der Not eine Tugend, aus der ursprünglichen Verstricktheit eine gesteuerte Fülle der Ausdrucksmittel. Es liegt auf der Hand, wie wesentlich die Durcharbeitung dieser Problematik auch für die eheliche Beziehung als nächste, intimste und zeitintensivste menschliche Bindung war. Während dieser Therapiephase fühlten wir Therapeuten uns oft als Tabubrecher.

Die Arbeit an der mißbräuchlichen Form der Beziehung leitete schließlich noch einmal über zu deren prozeduralem Beginn und knospenhaftem Ansatz in der Säuglingsphase. Der Patient verspürte mehr und mehr, wie ihm seine Mutter von Anfang an keinen Raum und buchstäblich keine Luft zum freien Atmen, Lachen, Weinen, Schreien, Strampeln gelassen hatte. Seine zeitweise vorhandene Sehnsucht nach einer Atemtherapie und seine zugleich suchtartigen und abgewehrten Wünsche, mittels einer Zigarette Luft tief einsaugen zu können, wurden ihm nun verstehbar. Die Arbeit an Gefühlen primärer Beziehungsleere dauerte einige Zeit. Diese waren bis jetzt durch erotisiertes oder aggressivisiertes Kontaktverhalten überdeckt gewesen (Basch, 1991; Lichtenberg, 1991b). So schloß sich der Kreis zum Beginn der Therapie. Jetzt konnte Gerold B. sich endlich fragen, was Stettbacher im Rahmen der Tiefenregression als letzten Schritt vorschlägt (Stettbacher, 1990): »Was hätte mir damals besser getan als das von mir Erlebte? Was hätte ich damals wirklich gebraucht?« Er konnte nun auch in seinem täglichen Leben Erfahrungen zulassen und anstreben, die dieses »Bessere« beinhalteten, nämlich gesunde, authentische Beziehung zwischen gleichwertigen Personen.

Falldiskussion

Es wurden die letzten fünfeinhalb Jahre der insgesamt achtjährigen Therapie eines Patienten besprochen, in denen drei Formen schweren Mißbrauchs durch die Mutter durchgearbeitet worden sind: Reale Mutter-Sohn-Inzest-Erlebnisse bis zum Alter von sieben Jahren, schwer aggressiv-destruktive Züchtigungen und subtiler, aber hochwirksamer Beziehungsmißbrauch, der Gerold B. sich selbst weitgehend entfremdete.

Als fast unlösbar schwierig erwies sich das Mutter-Sohn-Inzest-Problem. Es geht ja dabei um die Überschreitung des strengsten Tabus menschlicher Gesellschaften in der ganzen Welt. Da in derzeitigen Inzest-Veröffentlichungen oft Einzelaspekte des Themas absolut gesetzt werden, so daß stark differierende Wertungen vorherrschen, soll hier kurz eine aus unserer praktischen Erfahrung gewonnene theoretische Anmerkung erfolgen: Beim realen Mutter-Sohn-Inzest und nicht triangulierter Frühbeziehung fallen nach unserer Erfahrung fast alle zum Trauma bezugnehmenden Ichfunktionen aus, die beim phantasierten Inzest in Funktion sind. Phantasieren, Symbolisieren, Träumen, Gefühlsreaktionen, Verdrängen, Verschieben, Übertragen fehlen ebenso wie Erinnern, Verbalisieren, logisches Denken und Realitätsprüfung. Wir betrachten diesen Funktionsausfall als Abwehr und benutzen dafür den Terminus »psychischer Totstell-Reflex«. Die Patienten erscheinen abwechselnd, als hätten sie das Trauma nicht, oder sie agieren es, wie in Trance, im Wiederholungszwang aus.

Ohne die mehrphasentherapeutische Gruppenarbeit mit ihrer Möglichkeit zur Übertragungsaufspaltung und zur gezielten Tiefenregression hätte dieses Problem in unserer Therapie wohl nicht gelöst werden können. Auch ohne die überraschenden Modellsituationen, die ich-dystones Material mobilisierten sowie ohne Stütze und Spiegelung durch Gruppenmitglieder, hätte ich mir eine erfolgreiche Therapie nicht vorstellen können. Auch die gleichzeitige Therapie der Ehefrau bei uns war für den Behandlungserfolg sicher sehr wichtig.

Als die in der Anfangsphase gewonnene Ich-Stärke ausreichte, begann die Inzest-Problematik sich in für Gerold B. überraschenden Modellsituationen darzustellen. Auch in der Übertragung trat sie nun auf. Der Patient spaltete diesen Aspekt jedoch noch für lange Zeit von seinem Bewußtsein ab. Agieren, Erkrankungen, Ängste, Suizidgedanken und Therapie-Abbruchwünsche zeigten sich. Die Therapie verlief damals hochgradig spannungsgeladen. Auch Übertragung und Gegenübertragung waren von Abspaltungstendenzen gekennzeichnet. Lange wurde die Problematik von der Person der Mutter, wie instinktiv, getrennt gehalten und auf die Kotherapeutin, später auf eine Geliebte projiziert. Als der Zusammenhang der hoch-erotischen Reaktionsbereitschaften mit der Mutter schließlich unübersehbar wurde, hatte Gerold B. schwere Schuld- und Schamgefühle zu verarbeiten. Zu diesen addierten sich noch die Schuldgefühle seiner Mutter, die ihn zusätzlich bei ihrem Tode durch ein Versprechen, ihr zu verzeihen, gebunden hatte. Die Aufarbeitung dieser Problematik ermöglichte dem Patienten eine Art »Selbstgeburt«. Erstmalig konnte er eigene Wünsche, Ängste und Bedürfnisse wahrnehmen, statt der Befriedigung von Bedürfnissen anderer zu dienen. Auch die eheliche Beziehung trat nun in eine neue Phase ein: Aus Abhängigkeit von seiner Frau wurde Beziehung zwischen zwei Partnern mit eigenständigen Bedürfnissen und Reaktionen.

Nach Fortfall des psychischen Totstell-Reflexes waren die verarbeitenden Ichfunktionen so weit entlastet, daß der bis dahin zähe Verlauf zügiger voranging. Jetzt durften auch die aggressiv-destruktiven Mißhandlungen wahr sein. Die leise Stimme von Gerold B. und seine Neigung zu Heiserkeit erwiesen sich als Ausdruck seiner strukturellen Angst vor Aggression und Verstoßung (Bauer, 1990). Er litt an Vernichtungsangst nach dem Erleben teils lebensbedrohlicher Züchtigungen. Neben ängstlich zurückhaltendem Verhalten zeigten sich jetzt heftige aggressiv-destruktive Durchbrüche. Seine Streitsucht konnte bis zu Tätlichkeiten gehen. Er lernte nun eigene Identifizierungen mit seiner aggressiven Mutter kennen und steuern, aber auch, aggressive Bedürfnisse als gesunde Anteile von Selbstdurchsetzung zu verstehen. Er erlebte die Zwanghaftigkeit, mit der seine Mutter ihn geschlagen hatte, und seine eigene reaktive Notwehr-Aggression darauf. Der Patient wurde erstmals der gesamten Skala seiner Lautstärken mächtig. Die Authentizität wuchs weiter. Jetzt wurden die Kotherapeutin und ich für ihn Repräsentanten der »Weiber, die einfach alles dürfen«. Der Kotherapeut hingegen wirkte als entlastende, rücken-stützende, Triangulierung fördernde männliche Instanz.

Mißbräuchliche Beziehung betrifft weniger einzelne Verhaltens-weisen. Unterscheidungskriterien liegen eher in Zwecken und Zie-len, denen die Gesamtbeziehung dient. Als Mittel zum Zweck für die Mutter sollte der Patient deren übermächtige Bedürfnisse stil-len und ihre Ziele statt seiner eigenen verfolgen. Die Mutter beute-te ihn zur Abwehr eigener Entwertungs- und Gespaltenheitspro-blematik durch Delegation aus. Rollen, die er übernehmen mußte, lassen sich auf Phantasien und Gefühle zurückführen, die die Un-ehelichkeitsproblematik in der mütterlichen Familie betrafen. Drei Themenkreise wurden deutlich:

1. Er mußte positiven Beziehungs- und Kontaktwünschen nach-kommen, als dringend benötigtes Selbst-Objekt der Mutter die-nen, ideale Mutter-Kind- und ideale Partnerbeziehung darstellen, Nibelungentreue zeigen, Paladin und Kavalier sein. Er mußte sie beschützen, für sie kämpfen, glorios sein, symbiotische Ver-schmolzenheit verkörpern, den Vater hassen, Vater und Bruder isolieren, der Mutter recht geben.

2. Er mußte Träger unerträglicher negativer, abgewehrter Anteile ihrer selbst werden: Sündenbock sein, Schuld tragen, sich schä-men, Schande und lebensunwertes Leben verkörpern, ihr Opfer sein, hündisch vor ihr kriechen, sich häßlich, dumm, klein und entwertet fühlen.

3. Er mußte Träger ihrer sexuellen Ambivalenz werden: Ihr in ständiger Sehnsucht zugetan sein und ihre Bedürfnisse nach Zärt-lichkeit und Erotik befriedigen, aber sich auch als entbehrlich wegwerfen lassen. Für ihre aufgeputschten erotisch-sexuellen Phantasien mußte er verfügbar sein, aber auch für Prüderie und Sexualabwehr, zum Beispiel durch Bespitzeltwerden wegen seiner Onanie.

Vor allem durfte er nicht merken, welche Funktionen er ausübte, denn die Probleme der Mutter durften ja nicht wahr sein, sonst drohte ihre Psychose manifest zu werden. Es liegt auf der Hand, daß ein solches Paket von Funktionsübernahmen nur bei maxima-ler Entpersönlichung und Nichtbeachtung der Realität geleistet werden kann. Depersonalisation und Derealisation waren also ur-sprünglichste Leitmerkmale der Struktur von Gerold B.

Der beschriebene Beziehungsmißbrauch anstelle primärer, empathischer mütterlicher Liebe und Beziehung bildete eine Art Matrix, in der sich der real-inzestuöse und der destruktiv-aggressive Mißbrauch überhaupt herauskristallisieren konnte. Somit stellte die Durcharbeitung des inzestuösen und des aggressiven Aspekts schon eine, wenn auch nicht bewußte, teilweise Aufarbeitung des Beziehungsmißbrauchs dar. Danach konnte Gerold B. der Identitätskrise besser standhalten, die durch eine gezielte Bearbeitung mißbräuchlicher Beziehungs- und Persönlichkeitsverfälschung zu entstehen pflegt.

Wie alle Patienten mit ähnlicher Vorgeschichte wurde er nicht nur manipuliert, sondern lernte auch, andere zu manipulieren. Besonders kamen Personen der Gegenwartsfamilie in Frage, solange diese noch keine stabile Beziehung zum eigenen Selbst und keine klaren Ich-Grenzen hatten. Der Patient kann diesen manipulativen Wesenszug inzwischen wahrhaben. Er kann jetzt bewußter handeln, Zeichen und Winke geben und empfangen, ohne andere indirekt für eigene Ziele einzuspannen.

Bei Gerold B. fanden wir anfänglich Unfähigkeit, seine affektiven Erlebnisse wahrzunehmen, verbal zu symbolisieren und damit die »narrative Entwicklungsstufe« zu erreichen (Stern, 1991). Er konnte sich also selbst weder vollständig erleben noch sprachlich darstellen. Für das Erlangen dieser Fähigkeiten bietet die Mehrphasentherapie wirksame Ansätze. Ähnlich der Spieltherapie von Kindern enthält sie Angebote zu präverbaler Symbolisierung von konkretem Erleben im Rollenspiel und gestaltendem Handeln. Auch die Selbstwahrnehmung wird in anschaulichen Szenen des Gruppengeschehens gefördert. Das Angebot legitimen Inszenierens der inneren und äußeren Beziehungs- und Erlebensbereitschaften und deren Verbindung mit verbaler Durcharbeitung und kritischem Bewußtsein ermöglichte Gerold B., schrittweise mehr Selbstevidenz und Selbstkohärenz zu entwickeln. Die Therapie ist abgeschlossen.

Zur psychosozialen Prävention als Ergebnis der Therapie-Erfahrungen

Da ich mehrere Patienten mit ähnlicher Problematik behandelt habe, scheint es mir hier dringlich, auf Schäden der psychosexuellen Entwicklung hinzuweisen, die Kindern drohen. Die komplizierte Situation, in der sich zahlreiche Familien bei der Sexualerziehung befinden, läßt sich an einigen Beispielen skizzieren: Kindertherapeuten berichten über Eltern, die sich habituell erotisch von Kindern aller Altersstufen berühren lassen. In der Therapie eines phobisch kranken Jungen zeigte sich, daß die Mutter in der Sauna ihre Schamlippen vom kleinen Sohn streicheln ließ. Wir sahen auch in einer familientherapeutischen Sitzung hocherotische Ohren-Kußspiele zwischen Mutter und Sohn, begleitet von beiderseitig kicherndem: »Nicht-nicht-nicht!«, neben anderen über normale Zärtlichkeit hinausgehenden Berührungen. Dem Vater hingegen wurde Zärtlichkeit und Erotik demonstrativ vorenthalten. So war nicht verwunderlich, daß der Sohn später weinend zum Vater sagte: »Ich hab solche Angst, wenn ich für Mama gegen Dich kämpfen muß!« Von ähnlichen Beziehungsmustern erfuhr ich in der Therapie einer Jugendlichen.

Mancherorts werden zwar libertine Aufklärungsansichten vertreten, aber trotz allem Respekt vor Meinungsvielfalt und dem verständlichen Wunsch, Kinder harmonisch auf späteres Sexualleben vorzubereiten, spricht die klinische Erfahrung gegen unüberlegten Aktionismus im Bereich der Sexualität. Auf der Suche nach angemessenen Leitlinien scheint es mir lebensgerechter zu sein, Sexualität nicht isoliert überzubetonen, sondern sie als Teilbereich innerhalb konstanter Beziehungsgefüge zwischen ausgereiften erwachsenen Persönlichkeiten zu verstehen. Angesichts oft komplizierter Verhältnisse in Familien, hoher Scheidungsraten und alleinerziehender Elternteile ist Aufklärungsarbeit vonnöten, damit gesundes Sexualleben von sexuellem und Beziehungsmißbrauch klar unterschieden werden kann. Zumindest Schäden, die aus der Unwissenheit von Erziehern entstehen, kann so vorgebeugt werden.

4.4.3 Abschließende Bemerkungen zur Mehrphasentherapie IV

Auch hier wird wechselnd fokussiert wie in *Mehrphasentherapie II* und *III*. Das heißt: Verschiedene unbewußte Steuerungszentren werden kürzer und im Wechsel bearbeitet wie im Fall Annelie oder länger und zusammenhängender wie im Fall Gerold B. Besonders in Phasen der Therapie, in denen Übertragungswiderstände vorherrschend sind, stellten Gruppenmitglieder und Kotherapeuten wesentliche Ressourcen dar, um Behandlungsabbrüchen und anderen schwerwiegenden Komplikationen entgegenzuwirken. In solchen Fällen wird die aufgeladene Übertragungssituation zwischen Therapeut und Patient dadurch entlastet, daß zusätzliche Übertragungsanteile bei den übrigen Setting-Angehörigen untergebracht werden können. Auch schafft die Möglichkeit, die eigene Problematik in Modellsituationen und Regressionstechnik direkt darzustellen, zusätzliche Entlastungen der Übertragung. Die Übertragungsbeziehung zwischen Patient und Therapeut stellt damit nicht mehr das einzige Mittel der Therapie dar. Vielmehr ist sie lediglich e i n e s unter mehreren Mitteln, mit deren Hilfe der Therapieprozeß in der Mehrphasentherapie stattfindet.

Wie sind nun Patienten beschaffen, die für *Mehrphasentherapie IV*, also erweiterte Mehrphasentherapie, geeignet sind? Zur Verdeutlichung möchte ich mich auf die beiden Fallschilderungen von Annelie und Gerold B. beziehen. Fragen, die diskutiert werden müssen, sind: Was legte zur Zeit der Therapie-Einleitung den Gedanken an Langzeitbehandlung nahe? Wie sahen die Selbstbilder, die Beziehungen und wie sah die Realitätsbewältigung beider Patienten aus? Wo gab es Traumatisierungen, wo Defekte? Wo waren aber auch Ressourcen aufzufinden, die die Durchführung einer *Mehrphasentherapie IV* unterstützten?

Die Selbstbilder beider Patienten waren fundamental gestört. Annelie als das »Höllenkind« und Gerold B. als das »Double« seiner Mutter, aber auch ihre Schattenträger, verfügten weder über gesunde Selbstevidenz noch über Selbstkohärenz. Dieser Tatbestand zeigte sich schon anfangs deutlich, während die Ursachen nach der

Anamnese-Erhebung noch teilweise unklar waren. Annelie erlebte sich selbst als »böse« und stellte sich auch so dar, nämlich in ursprünglicher und schuldgefühlsloser Destruktivität. Gerold B. hingegen erlebte sich immer wieder, als solle er als Person mit eigenen Bedürfnissen nicht existieren. Sein wahres Selbst war vergraben unter Anteilen von falschem Selbst, die die Mutter zu ihrer eigenen Balance benötigte und deshalb an den Sohn delegiert hatte.

Das innere Bild von Beziehung, welches beide in sich trugen, enthielt ebenfalls ausgebreitete, schwer gestörte Anteile. Gerold B. kannte keinen Kontakt zwischen zwei selbständigen Subjekten. Seine Beziehungen fanden unter dem Blickwinkel von Einfühlung, Helfenmüssen und Manipulation statt. Annelie hatte vorwiegend zwei brauchbare Beziehungsmuster: Mitleben mit dem Zwillingsbruder und »Funktionieren« als Mitglied einer geachteten Familie. Wenn ihre Kontakte nicht innerhalb dieser Muster stattfinden konnten, geriet sie leicht in Isolation. Beziehung war für Annelie etwas, was jederzeit verlorengehen kann, für Gerold B. etwas, was unter allen Umständen gehalten werden muß.

Beide Patienten hatten psychotische Mütter. Diese vermittelten ihnen Phantasien von Unheimlichkeit und Bedrohlichkeit der Welt. Beide Mütter boten ihren Kindern wenig Möglichkeiten, psychische Funktionen der Realitätswahrnehmung, und -bewertung ausreichend vollständig auszudifferenzieren und legten ihnen nahe, Realität nur unklar oder verzerrt wahrzunehmen. Das Ansteuern realistischer Therapieziele oder eine realistische Einschätzung der eigenen Person war beiden Patienten bei Behandlungsbeginn noch wenig möglich.

Die soziale Eingliederung beider Partner war zudem dadurch gestört, daß in ihrer Kindheit Abstrusitäten der Herkunftsfamilie vor der Umgebung verborgen werden mußten, um nach außen hin einen geordneteren Anschein zu erwecken, als es den familiären Tatsachen entsprach. Unter solchen Umständen ist zu erwarten, daß Lücken im Beziehungsverhalten erhalten bleiben und eine Ausdifferenzierung von Funktionen, die der Herstellung von echtem Kontakt dienen, nur unvollständig stattfinden kann. Die schweren Traumata beider Patienten waren zu Therapiebeginn noch nicht vollständig wahrnehmbar, wohl aber Lücken und Verzerrungen in Erleben und Verhalten. Gerold B.s Alexithymie, also seine Unfähigkeit, sein persönliches Erleben in Worten darzustellen, fiel auf. Annelies Unfähigkeit, sich ihrem Mann aktiv zuzuwenden oder ihn gar anzufassen, stellte sich zu Beginn der Therapie noch nicht deutlich dar. Sie sprach zu diesem Zeitpunkt für ihn mit, er faßte sie für sie mit an.

Erstrebenswerte Therapieziele waren: Ausreichende Selbstevidenz und Selbstkohärenz der beiden Patienten. Auch eine vollständigere Kontaktnahme, die verbale, mimische, gestische und körperliche Ausdrucksformen enthielt, war wünschenswert. Ein weiteres Ziel war die Differenzierung der Realitätswahrnehmung. Auch eine Selbstfindung innerhalb der männlichen beziehungsweise weiblichen Rolle mußte erreicht werden. Es war also deutlich, daß vielfältige Ichfunktionen von ihren traumatischen Verzerrungen befreit und differenziert werden mußten.

Für den Behandlungsprozeß standen folgende Aktiva zur Verfügung: Beide Patienten schienen durch eine letztlich tragfähige Beziehung verbunden zu sein. Beide waren auch durch die Beziehung zu ihren Kindern zusätzlich motiviert, die Anstrengung auf sich zu nehmen, die eine solche Therapie mit sich bringt. Beide waren zudem wirklich intelligent. Dies ist zur Durchführung einer Behandlung unerläßlich, in der unbewußte Steuerungsstrukturen objektiviert, relativiert und verändert werden sollen. Beide Patienten waren arbeits- und in diesem Zusammenhang auch kontaktfähig. Beide stammten aus sozial geachteten Familien und konnten allgemeine, wenn auch eingeschränkte, Außenweltkontakte pflegen. Wichtig für die Durchführung der Therapie war auch, daß beide Behandlungen während der ersten zwei Drittel von Kostenträgern mitfinanziert wurden. Alle diese therapieunterstützenden Elemente wirkten dahingehend, daß die Behandlungen erfolgreich durchgeführt werden konnten.

In beiden beschriebenen Langzeittherapien, und das ist wohl häufig bei *Mehrphasentherapie IV*, wurde zunächst auf auffallende traumatische Anteile der frühen Lebensgeschichte fokussiert, was eine Überlastung durch konfliktbezogene Übertragungs-Anteile im frühen Behandlungsstadium verhinderte. Bei Gerold B. wie bei

Annelie wurde also zunächst die schwer traumatische oder defizitäre Situation der ersten Lebenszeit bearbeitet. Schon dabei konnten erste Selbstbildstörungen relativiert werden. Neben den frühen Traumata wurden auch alltägliche Partnerschaftskonflikte bearbeitet.

Im Zusammenspiel von Geborgenheit in den Einzelstunden und belastender, aber lebendiger Vielfalt des Gruppengeschehens setzte bereits von Anfang an eine Differenzierung defizitär gebliebener Ichfunktionen ein. Ich hätte mir bei beiden Patienten einen Therapiebeginn ohne Unterstützung durch die Gruppenarbeit nicht vorstellen können. Besonders die M-Gruppe bot konkrete Anlässe, verdeckte Erlebens- und Verhaltenseigentümlichkeiten zu Gesicht zu bekommen. Beide Patienten zeigten eine ungewöhnliche »Verschwommenheit« des Selbst- und Welterlebens. In der Modellimprovisation konnten sie sich deutlicher selbst erleben, weil die Gruppe ihnen vielfältige Spiegelungsmöglichkeiten bot. Sie konnten sich im Gruppengeschehen also immer vielfältiger zeigen und immer erneut spiegeln. Diese Vorgänge dienten der Evidenz traumatischer Verzerrungen, aber auch der wachsenden Autonomie, Gesundheit und Selbstgewißheit.

In der Anfangsphase verliefen beide Therapien verlangsamt, weil beide PatientInnen häufig Ich-Verstärkung brauchten und nur wenig Belastung ertrugen. Außerdem bewirkten ausgedehnte Verdrängungsbereitschaften bei beiden, daß immer wieder Therapieinhalte aus dem Bewußtsein verschwanden. Besonders bei Gerold B. wurde deutlich, daß bis zur vollständigen Durcharbeitung der Inzest-Problematik mit außerordentlich viel Geduld und Stehvermögen seitens Therapeuten und Patient gearbeitet werden mußte.

In späteren Therapiephasen konnte mit der Zeit immer konsequenter fokussiert und immer gezielter gearbeitet werden. Speziell an der Therapie von Gerold B. wurde deutlich, wie allmählich ein Wechsel zwischen Langzeit- und Kurzzeit-Techniken eingesetzt werden konnte, je nachdem wie beweglich er angesichts des jeweiligen Materials war. Bei der Bearbeitung des Beziehungsmißbrauchs, also in der letzten Theraphiephase, wurden seine innere Belastung noch einmal so groß und seine Bereitschaft zum Agieren so stark, daß mit viel Geduld, Vorsicht und Zähigkeit gearbeitet werden mußte. Hier war noch einmal die Anwendung von Langzeittechniken angezeigt. Jedoch war in dieser Phase Gerold B.s Ich-Stärke so weit angewachsen, daß die Fokussierung auf den Beziehungsmißbrauch konstant aufrechterhalten werden konnte. In der Anfangsphase hingegen, also in den hier nicht geschilderten einleitenden Therapiejahren, mußte angesichts der überstark erlebten Alltagsreize und der anfänglichen Ich-Schwäche der Fokus laufend gewechselt werden. Ähnlich war dies in langen Therapiephasen von Annelie.

Die wichtigste Erweiterung der Standardmethode der Mehrphasentherapie stellte bei diesen beiden Patienten die Einbeziehung von Paar- und Familientherapie dar. Vielfältige Probleme der Paarbeziehung im Alltag wurden hier bearbeitet. Dabei kam es schrittweise zur Ausdifferenzierung zahlreicher basaler und grundlegender Ichfunktionen wie zum Beispiel der Fähigkeit, sich zuzuwenden oder abzugrenzen, Geld gemeinsam zu verwalten, Zeit zu strukturieren. Eine wichtige Erweiterung in Annelies Therapieprozeß wurde der Umgang mit bildnerischem Gestalten, Erfahrung im Ausdrucksmalen und das schließliche Erlernen dieser Methode. Ihre Arbeit mit alleinerziehenden Müttern und deren Babies bildete ein Bindeglied zwischen eigenen frühen Entbehrungen und heute verarbeitbaren Entsprechungen in der Außenwelt. Gerold B. bedurfte körpertherapeutischer Einzelsitzungen, vor allem während der Bearbeitung des inzestuösen Mißbrauchs. Parallel zur Durcharbeitung des Beziehungsmißbrauchs wurde er wegen seiner Atemstörungen mit Funktioneller Entspannung behandelt. Wegen der Haltungs- und Kreislaufstörungen arbeiteten wir mit ihm in verschiedenen Therapiephasen auch nach F. M. Alexander. Zusammen mit seiner Frau oder allein nahm er zusätzlich an Körpertherapie-Wochenenden teil. Hierbei erlebte er wichtige Kontakte mit Therapeuten und Mitgliedern der jeweiligen Fortbildungsgruppen.

Der Fall Gerold B. zeigt besonders deutlich, wie der Therapeut bei erweiterter Standardmethode der Mehrphasentherapie in der Lage sein muß, die verschiedenen in Kapitel 4 beschriebenen Vorgehensweisen wechselnd einzusetzen, um die jeweils anstehenden Themen erfolgversprechend mit dem Patienten bearbeiten zu können.

4.4.4 Voraussetzungen bei Therapeuten für Anwendung der Mehrphasentherapie I, II, III und IV

Die Entscheidung, welche der hier vorgestellten vier Therapieformen jeweils indiziert ist und welche technischen Mittel angezeigt sind, erfordert ausgedehnte Erfahrung des Therapeuten. Deshalb ist die Tätigkeit als Kotherapeut in der Mehrphasentherapie ein wichtiger Bestandteil der Weiterbildung. Bei der gemeinsamen Arbeit mit einem fachkundigen Kollegen können Erfahrungen gesammelt werden, welche Therapie-Mittel an speziellen Stellen des Prozesses sinnvoll eingesetzt werden können. Die Kotherapie schafft auch die Voraussetzung dafür, daß Therapieprozesse der PatientInnen in den Fallseminaren auf eine Weise diskutiert werden können, die Verzerrungen der Realität mindert: Es sind nämlich immer zwei Personen unter den im Seminar Anwesenden, die konkrete Erfahrungen mit dem speziellen Patienten und der jeweiligen Behandlungssituation haben. Einseitigkeiten der Beurteilungsweise werden so relativiert und ausgeglichen.

Darüber hinaus ist auch umfangreiche Erfahrung mit supervidierten Therapien unerläßlich. Dabei können sich Sicherheit der Prozeßbeurteilung und Entschlußfähigkeit bezüglich der jeweiligen Behandlungsmaßnahmen immer vollständiger differenzieren.

Eine weitere wichtige Voraussetzung für den Behandler ist die Selbsterfahrung. Sie ermöglicht ihm, die hohen psychischen Belastungen zu ertragen, die er bei der Anwendung dieser Methode aushalten muß. Auch er selbst hat ja in seiner Lebensgeschichte Ereignisse und Beziehungsstörungen durchstehen müssen, die ihn veranlaßt haben, unbewußte Abwehr- und Verdrängungsmechanismen aufzubauen. Speziell als Mehrphasentherapeut braucht er eine hohe Angst-, Frustrations- und Schmerztoleranz, wenn er Patienten erfolgversprechend behandeln will. Erst ausreichende Selbsterfahrung befähigt ihn, die oft grausigen Erlebnisse der Patienten nicht mehr deshalb ignorieren zu müssen, weil er selbst sie nicht ertragen kann.

Erst wenn alle in diesem Abschnitt diskutierten Bedingungen bei dem Therapeuten erfüllt sind, kann er *Mehrphasentherapie I, II, III* und *IV* verantwortlich und erfolgversprechend anwenden.

Diese Methode bietet dann ein neuartiges Instrumentarium zur ambulanten Behandlung von Patienten in akuten Lebenskrisen, mit psychosomatischen Krankheiten oder mit schweren ich-strukturellen, traumatischen oder Borderline-Persönlichkeitsstörungen.

KAPITEL 5

Über Anteile der psychischen Steuerung, die mit der Lebensgeschichte zusammenhängen

5.1 Allgemeine Überlegungen

Die wissenschaftlichen Modelle der Psychoanalyse sind sehr grundsätzlich und allgemein. Dies gilt für die Gesetzmäßigkeiten der frühkindlichen Entwicklung, für den Umgang mit Autonomie und Abhängigkeit, für die präödipale, die ödipale und die postödipale Entwicklung, die Adoleszenz und die Reife. Man kann annehmen, daß sich die gesamte Entwicklung des Menschen unter der Herrschaft dieser Gesetzmäßigkeiten vollzieht. In der Allgemeinheit des Ansatzes liegt seine Stärke, aber auch seine Grenze. Bei unserer psychotherapeutischen Arbeit machten wir die Erfahrung, daß es über die allgemeinen Ansätze der Psychoanalyse hinaus auch sehr spezielle Anteile von Krankheitsbildern gibt, die mit Umständen der Lebensgeschichte von Patienten korrespondieren. So zeigten zum Beispiel Patienten, die im Alter von 1–3 Jahren einen Elternverlust erlitten hatten, jeweils auffallende Ähnlichkeiten ihrer Krankheitsbilder. Um diesen Sachverhalt begrifflich fassen zu können, verwenden wir den Sammelbegriff »Introjektsyndrom«. Eine unüberschaubare Addition immer neuer Einzelfälle kann auf diese Weise vermieden werden. Unsere Vorstellungen von Introjektsyndromen haben sich empirisch aus dem klinischen Alltag der Patientenbehandlung ergeben.

Mit der Bildung dieses Begriffs soll keineswegs einer monokausalen Sichtweise der Entstehung von psychischen Störungen das Wort geredet werden. Der Begriff beschreibt Anteile des psychischen Geschehens, nicht dessen alleinige Ursachen. Eine schwer überschaubare Komplexität psychischer Vorgänge wurde in den letzten Jahrzehnten an Forschungsergebnissen unterschiedlichster

Disziplinen immer deutlicher sichtbar. Bei der praktischen Arbeit erwies sich die Möglichkeit als nützlich, anhand der Introjektsyndrome ähnliche Schicksalskomponenten Ähnlichkeiten der psychischen Struktur und der Steuerung zuordnen zu können. Mit der Einführung des Sammelbegriffs Introjekt-Syndrom ist also keine Einschränkung oder Infragestellung von wissenschaftlichen Theorien der Psychoanalyse beabsichtigt. Diese bieten die Grundlage und den Leitfaden für die tägliche Arbeit mit Mehrphasentherapie. Angestrebt wird eine zusätzliche theoretische Einordnungsmöglichkeit für Patienten mit auffallenden Besonderheiten der Struktur und Lebensgeschichte, also für Spezialfälle im Rahmen allgemeinerer Modelle psychischer Entwicklung.

Das Bedürfnis, in »kleineren psychischen Einheiten« zu denken, also Einzelbauteile der psychischen Steuerung zu beschreiben und so die spezielle persönliche Lebensgeschichte in die allgemeinen Zuordnungen der Psychoanalyse einzubeziehen, zeigt sich bei verschiedenen Autoren der neueren Literatur. In Kapitel 2 wurde der bestimmende Einfluß von realen Beziehungs- und Umwelt-Erlebnissen auf die Strukturierung der psychischen Steuerung bei Säuglingen aufgezeigt (S. 58 f.). Dort wurde auf die Entstehung der RIGs (Stern 1992, S. 160) hingewiesen, also protypisch verallgemeinerter Speicherungen von Erlebnisverläufen, die dann zukünftige Wahrnehmungs- und Verhaltensweisen mitbestimmen. Prototypische Strukturen scheinen sich auch während des weiteren Lebens zu bilden. Sie entstehen als Verallgemeinerungen, also personale Modelle von Beziehungsverläufen oder sonstigen typischen Erlebnisketten. Ähnliche Erfahrungen wie die Säuglingsforscher machten Nelson und Greundel (1981) bei älteren Kindern. Auch sie stellten eine Kodierung prototypischer Verallgemeinerungen von Erlebnisketten fest und nannten diese GERs. Selbst bei Erwachsenen noch schleifen sich unter Einwirkungen der Gegenwartsfamilie, der Gegebenheiten am Arbeitsplatz oder Einflüssen aus dem sozialen und gesellschaftlichen Leben zusätzliche psychische Steuerungsmechanismen ein. Daneben können auch einmal entstandene Steuerungsmechanismen verstärkt oder abgeschwächt werden. Wie Bastiaans (1978) berichtete, können neue psychische Steuerungsmechanismen auch unter Streß, der die Verarbeitungsfähigkeit überfordert, entstehen. Eine Neuausbildung von psychischen Mustern kann offenbar lebenslang erfolgen, wie sich unter der Herrschaft extremer politischer Systeme und bei deren Umsturz zeigt. Sind solche prototypischen psychischen Strukturen einmal vorhanden, wirken sie steuernd auf die Art des Erlebens, der körperlichen Befindlichkeit, des Denkens, des Verhaltens und der Zukunftsplanung.

Bowlby (1991, S. 78) vertritt ähnliche Vorstellungen. Er ist der Meinung, daß der Mensch sich zusammenhängend mit der Gesamtheit seiner Erlebnisse von Beginn seines Lebens bis zu dessen Ende innere Modelle bilde. Mit Hilfe dieser Modelle werden dann immer wieder Erlebnisse eingeordnet, Ziele angestrebt oder Gefahren vermieden. Horrowitz kommt mit seinem »Schema«-Begriff dem Begriff des Introjektsyndroms sehr nahe, wenn er schreibt: »Schematic information may also lead to patterned and recurrent errors of perception, interpretation, and action in interpersonal situations« (1991, Seite 13). Auch bei Horrowitz ist also auf innere Muster verwiesen, die die Realitätsverarbeitung steuern und wiederkehrende Fehler und Irrtümer bei der Wahrnehmung, der Interpretation und dem Erleben interpersonaler Vorgänge bewirken.

Mit Hilfe des Introjektsyndrombegriffs können wir theoretisch anders schlecht faßbare Besonderheiten personaler Modelle von Patienten einordnen. Der Begriff wird in diesem Kapitel näher erläutert. Gemäß der theoretischen Einordnung gehört er eher zum Bereich der Objektbeziehungs-Psychologie als zu dem der Trieb- und Ich-Psychologie. Wenn wir eine modellbildende Funktion der Psyche als grundsätzlich gegeben annehmen, wäre das Studium von Introjektsyndromen als eine Erkundung von personalen Modellen zu bezeichnen, die sich in Menschen angesichts ihrer lebensgeschichtlichen Erfahrung gebildet haben.

5.2 Zum Begriff Introjektsyndrom

Den Ausdruck »Introjekt« möchte ich im ursprünglichen Wortsinn verstanden wissen als: »nach innen geworfenes Gebilde«, also ein zueinander passendes Gefüge von primitiveren und reiferen

Objektbeziehungs- und Selbstbildern. Der Begriff »Syndrom« ist ebenfalls in seinem ursprünglichen Wortsinn verstanden: »zusammenlaufend«. Im medizinischen Sprachgebrauch wird der Ausdruck für ein »Krankheitsbild mit mehreren, in bezeichnender Weise zusammen auftretenden Symptomen« verwandt. Im soziologischen Sprachgebrauch ist der Ausdruck üblich für eine »Gruppe von Merkmalen oder Faktoren, deren gemeinsames Auftreten einen bestimmten Zusammenhang oder Zustand anzeigt« (Meyer, 1978, Bd. 23, S. 104).

Im folgenden soll an zwei Krankheitsbildern ausführlich dargestellt werden, wie Ähnlichkeiten von Lebensgeschichte und Steuerungsstruktur beschaffen waren, die uns die Wahl des Begriffs nahegelegt haben. Die beiden Absätze, »Der Anaklitische Fokus« und »Innere und äußere Probleme im Gefolge von Unehelichkeit«, zeigen den Schritt von der klinischen Anschauung bis zur Bildung des Begriffs. Im Anschluß folgen Kurzdarstellungen weiterer Introjektsyndrome. Einige davon sind in der Kindheit von Patienten entstanden. Andere betreffen Herkunftsfamilien, weitere traumatische Erlebnisse oder gesellschaftliche Gegebenheiten.

5.3   Spezielle Introjektsyndrome

5.3.1 Das Krankheitsbild des Anaklitischen Fokus

Diesem Abschnitt liegt ein Vortrag zugrunde, der im Tagungsband der 1. und 2. Jahrestagung des VMT veröffentlicht wurde (Damm, 1994). Er kann hier mit freundlicher Genehmigung des Centaurus-Verlages wiedergegeben werden.

In der Mehrphasentherapie werden im allgemeinen unterschiedliche Therapiemethoden und -techniken parallel angewandt. Wenn die Patienten sich unter dem Einfluß so wechselnder Therapieangebote frei äußern und verhalten können, zeigen sich dabei allmählich immer deutlicher Eigenarten des Erlebens und Verhaltens, die zu speziellen psychischen Krankheitsbildern gehören.

Eines von ihnen bezeichnen wir als »Introjektsyndrom des Anaklitischen Fokus«. Dieses Krankheitsbild soll im folgenden anhand von Fallvignetten und Behandlungserfahrungen näher beschrieben werden. Es zeigt die Eigenarten der unbewußten Steuerung, die häufig nach schwerem Trennungserleben im Alter von acht Monaten bis zu drei Jahren auftreten und meist für dauernd bestehen bleiben. (Vgl. hierzu auch Bowlby 1975, 1976 und 1991).
Zwei typische Erscheinungsbilder zeigen die beiden folgenden Fallvignetten:

Eine dreißigjährige Frau versinkt mit ihrem Kleinkind in das immer erneute Glückserleben: »Mutter und Kind – Mutter und Kind!« Sie ignoriert dabei alle Alltagspflichten, räumt nicht auf, kocht nicht, kauft nicht ein. Dies tut ihr Mann, wenn er aus der Arbeit in den chaotischen Haushalt heimkommt. Seine Frau empfindet diesen Zustand nicht als problematisch, sondern fühlt sich wohl und empfindet ihr Verhalten normal und berechtigt. Das Baby und sie scheinen es gut zu haben, aber doch nur, solange organisatorische Pannen sich nicht als Störung vital notwendiger Versorgungsleistungen niederschlagen. Beide, Mutter und Kind, leben in einer Art Verschmelzungsparadies.

Eine andere Frau will für ihren Mann einen Geschäftsbrief schreiben. Sie setzt sich mit bleiernem Gefühl an die Maschine, macht Fehler auf Fehler. Angstschweiß bricht aus. Sie raucht eine Zigarette nach der anderen und greift dann zur Flasche. Ihr Fehlertick kommt ihr einerseits wie ein Fluch vor, andererseits fühlt sie sich durch ihn berechtigt, in frühe passive Oralität zu regredieren. Wird sie von ihrem Mann oder anderen, in deren Gegenwart das Symptom auftritt, mit dem Fehlertick oder ihren regressiven Bedürfnissen konfrontiert, geht sie automatisch zum Gegenangriff über. Sie wirft den Kritikern dann alle realen oder phantasierten Fehler und Schwächen aus Gegenwart und Vergangenheit an den Kopf nach dem Motto: »Nicht ich, sondern Du bist an allem schuld!«

5.3.1.1 Zur Terminologie und Entstehung der Störung

Das Wort »anaklitisch« stammt aus dem Griechischen von »anaklinein«, »anlehnen, zurücklehnen«, während das Wort »focus«, »Herd«, aus dem Lateinischen kommt. Wenn das Kind sich immer freier bewegen, erst krabbeln und dann laufen kann, entsteht eine

Phase vergrößerter Eigenständigkeit und Experimentierlust. Das Kind fühlt sich dabei durch die mächtige Person der Mutter gehalten und geschützt. Es »fremdelt« leicht bei anderen Personen. Spitz (1973, 1985) bezeichnet den Zeitraum von 8 Monaten bis zu 2 1/2 Jahren nach der Geburt als die »anaklitische Phase« und hält die »Achtmonatsangst« bei Trennung von Mutter und Kind für ein wichtiges Indiz der gesunden seelischen Entwicklung.

Mahler (1978) beschreibt die gleiche Zeitspanne der Entwicklung unter einem anderen Aspekt, dem des Wechsels von Autonomie und Verbundenheit: Sie weist hin auf die zunehmende körperliche und seelische Kompetenz, einhergehend mit Begeisterung, aber auch auf die depressiven Rückzüge wegen schmerzhafter Begegnungen mit der Realität. Sie nimmt an, daß im Alter von zweieinhalb Jahren stabile innere »Repräsentanzen« vom Kind selbst und seinen nahen Beziehungspersonen existieren und von nun an kleine Trennungsphasen ohne übergroße Ängste durchgestanden werden können.

Eine genauere Beschreibung der Entwicklung liefern die modernen Baby-Forscher (Köhler, 1991, 1992; Lichtenberg, 1991a; Stern, 1991). Gefühle und Phantasien von Beziehungspersonen wirken in der anaklitischen Phase stark psychisch strukturierend. Sie konkretisieren sich in Interaktionsmustern, unbewußten Phantasien und – etwa vom achtzehnten Monat an – in Wortsymbolen. Aktivität, Experimentieren, Initiative und Selbstvertrauen werden ausdifferenziert. Dies geschieht normalerweise unter dem Schutz einer unerschütterlichen elterlichen Präsenz und Beziehungskonstanz. Tritt ein schwerwiegender Verlust- oder Trauerschock in der anaklitischen Phase auf, so wirkt dies stark traumatisierend. Die natürliche Funktionslust wird nicht nur vorübergehend, sondern für dauernd irritiert. Neuerwerbungen im Repertoire aus dieser Entwicklungsphase der Welteroberung können ja vom Kind aus gesehen durchaus eine »Ursache« für die als »Strafe« empfundene Verstoßung sein. Sie werden später aus diesem Grund oft tabuiert oder nur eingeschränkt weiterverwandt. Bei einigen unserer Patienten wurde so Sprechen, bei anderen Bewegungsdrang, Aggression, Trauer, Abgrenzungs- oder Nähebedürfnis tabuiert. Lichtenberg (1989b, S. 73–106) beschreibt einen Fall, der ähnliches zeigt. Nach dem Unfall einer Patientin durch Trinken von Salzsäure in der anaklitischen Phase wurden bei ihr Verhaltensweisen tabuiert, die Initiative und Explorationsbereitschaft betrafen. Die Patientin schlief, wenn Aktivität mobilisiert war, paradoxerweise ein, sogar vor einer Ampel am Steuer ihres Autos. Eine jede Form von Experimentieren und Explorieren konnte bei unseren Patienten als selbstverschuldete Ursache erlebt und deshalb vermieden werden. In diesem Zusammenhang bekommen die oben geschilderten Vignetten plötzlich Sinn. Die Angst, wegen Fehlerhaftigkeit verstoßen zu werden, und die Sehnsucht nach Wiederherstellung einer symbiotischen Zweierbeziehung werden verständlich. Regressive Abwehr als Flucht in Suchtverhaltensweisen zeigen sich in diesem Zusammenhang als symbolische Suche nach dem verlorenen Liebesobjekt.

An der strukturbildenden Funktion massiver anaklitischer Trennungserlebnisse und dauerhafter seelischer Schädigung durch sie bis zu Hospitalisierungserscheinungen kann heute kein Zweifel mehr bestehen. Bowlbys Veröffentlichungen über Bindungsverhalten, Trauerprozesse und Verlustreaktionen stimmen hier mit unseren Erfahrungen, frühen Elternverlust betreffend, überein (Damm 1991a).

Patienten mit Anaklitischem Fokus haben also in dieser Phase einen schweren Verlustschock erlitten, nachdem sie in ihrer Babyzeit durch eine »hinreichend gute Mutter« (Winnicott, 1990) gehalten waren und familiäre Geborgenheit erlebt hatten. In der Grundschicht konnten sich so Urvertrauen bilden, Selbstkohärenz und Selbstvertrauen, Beziehungssicherheit und reiche Emotionalität. Dann aber, in der anaklitischen Phase, geschah etwas für das Kind Unbegreifliches: Mutter oder Eltern gaben es einfach weg, oder sie beachteten es plötzlich kaum mehr. Allmächtig, wie sie damals vom Kind erlebt wurden, schienen sie es wohl aus einem schwerwiegenden Grund nicht mehr haben zu wollen. So etwas ist für ein Kleinkind kaum ohne Dauerschaden zu verkraften. Bei lang dauerndem Totalverlust hat das Kind Vergleichbares zu dem zu verarbeiten, was wir bei schweren Trauerfällen durchzustehen haben. Leere, Trauer, Schmerz, Einsamkeitsgefühle, das Stocken emotionaler und somatischer Reaktionen, Verzweiflung treten auf. In dieser frühen Phase sind solche Erlebnisse wegen ihrer Unbegreifbarkeit und Unformulierbarkeit sowie des großen Ausmaßes kindlicher Abhängigkeit noch schwerer zu verarbeiten als für uns. Trauerarbeit im herkömmlichen Sinn kann noch nicht geleistet werden.

Wie kommt es nun wohl dazu, daß Erwachsene ihr Kind anders definieren oder interpretieren als zuvor? Dies kann durch einschneidende äußere Umstände begünstigt werden wie Todesfälle, Kriegseinwirkungen oder gravierende berufliche Veränderungen. Eltern geraten aber auch häufig durch die Geburt eines weiteren Kindes in eine ganz neue Situation. Zuvor konnten sie ihre Sorgfalt oder Aufmerksamkeit dem einzigen oder jüngsten Kind zukommen lassen. Nach Geburt eines weiteren Geschwisters gelangt dann aber oft eine ganz neue Botschaft zum älteren Kind: »Du bist jetzt nicht mehr mein ›Goldkind‹, sondern Du bist jetzt schon groß und brauchst mich nicht mehr besonders.« Auch wenn Eltern statt in Mehrpersonenbeziehungen nur in Zweipersonenbeziehungen leben können, kann zum Kind die Botschaft gelangen: »Du bist jetzt nicht mehr mein ›ein und alles‹. Jetzt ist Papa wieder da und wir brauchen Dich nicht mehr!« Vernachlässigungserlebnisse in mehr oder minder krasser Form sind bei triangulierungsschwachen Eltern häufig. Wenn nun in der anaklitischen Phase plötzlich ganz andersartige Phantasien von Eltern projiziert werden als zuvor, entsteht beim Kind oft eine dauernde Verwirrung. Krankheitsbilder mit dieser Ätiologie sind später für Patient und Therapeut schwer faßbar, denn die Repräsentanzen von Eltern und Selbstbild »flimmern« dann zwischen schwer vereinbaren unterschiedlichen Anteilen. Bei der Geburt eines weiteren Geschwisters kann auch eigene Problematik der Eltern mobilisiert werden, die mit Neid, Größengefühl, Aggression, Macht oder Minderwertigkeit gekoppelt ist. Auch bei Verlust von Familienangehörigen werden Kinder manchmal durch ihre Eltern mit ganz anderen Gefühlen und Bedürfnissen besetzt als zuvor (Dioszeghy-Krauss, 1994). Kinder aus geschiedenen Ehen werden häufig von ihren Eltern mit Kritik und Aggressionen bedacht, die in Wahrheit dem Partner gelten: »Du bist genau wie Dein Papa, Du räumst auch nicht auf!« oder: »Du bist wie Deine Mutter, Du krittelst auch an allem herum.« »Du bist genauso verrückt wie Dein Vater!« oder: »Werd bloß nicht wie Deine Mama!«

Das Kind versteht nicht, wieso Aufmerksamkeit und Zugewandtheit reduziert werden oder gar verschwinden. Gewaltige Eifersuchtsdynamik oder tiefgehende Störungen des Selbstvertrauens, der Aktivität und Initiative können deshalb einsetzen und fortgesetzt weiterwirken. Vom Kind wird ein Verlust oder eine Abwendung leicht als »Verstoßung« durch die als sehr mächtig empfundenen Eltern erlebt. Aus der Sicht des Kleinkindes kann die Ursache dafür durchaus bei ihm selbst zu suchen sein.

Im späteren Leben müssen diese Patienten auf Menschen mit einer solchen Vorgeschichte zugehen, wie sie es damals von ihren Müttern weiterhin gebraucht hätten. Die in der anaklitischen Phase wie »stehengelassenen« Patienten leiden an verstärkter Schamproblematik. Sie möchten deutlich umworben werden, um noch an die Tragfähigkeit einer Beziehung glauben zu können. Die tägliche Kontaktnahme erfordert dann mehr Mühe. Der ständige Zweifel an Beziehungen ist besonders quälend, weil ja parallel noch die »andere Seite« des Beziehungserlebens da ist, nämlich die untrügliche Gewißheit eines wirklich erlebten basalen Kontaktes. Übermächtig sind die Sehnsucht und die Bereitschaft, diesen wieder leben zu wollen. Es ist also strukturell eine nicht-ambivalente, gute Beziehungserfahrung vorhanden und daneben totale Verstörtheit bezüglich der Verläßlichkeit von Beziehungen.

Menschen mit Anaklitischem Fokus werden von Partnern, Therapeuten und auch von sich selbst als verwirrend erlebt, weil die unbewußte Steuerung so widersprüchlich ist. Der gesunde Anteil tritt immer wieder zutage, aber auch der kranke kommt dazwischen, unvermittelt wie früher. Die Patienten sind basal treu und verbunden, lassen aber andererseits nahe Beziehungspersonen oft plötzlich und unvermittelt in der Luft hängen. Sie schreiben beispielsweise lange Zeit nicht oder rufen nicht an. So agieren sie das ursprüngliche Trauma immer neu wieder aus. Reagiert der Beziehungspartner dann kritisch und unterbricht damit die Konfliktfreiheit, die zu dem frühen guten Muster gehörte, so werden die Gegensätze katastrophal erlebt. Sie werden unbewußt mit dem Trauma in Zusammenhang gebracht: »Jetzt habe ich wieder etwas falsch gemacht und werde verstoßen!« Kritik wird also immer erneut als dramatische Schuldzuweisung erlebt und dabei die ursprüngliche Tragik remobilisiert. Neben den heftigen Verunsicherungen der nahen Beziehungen tritt der gesunde Anteil jedoch immer wieder so deutlich hervor, daß die Beziehungspersonen, aber auch die Patienten selbst, das Gefühl haben: »Du könntest doch, wenn Du nur wolltest!« Das ist das Dilemma.

Der Prozentsatz von Menschen mit Anaklitischem Fokus scheint hoch zu sein. Allerdings ist das Ausmaß der bleibenden Schädigung für die unbewußte Steuerung verschieden. Es scheint sowohl von der Schwere des ursprünglichen Traumas abzuhängen als auch von dessen späteren Verstärkungen oder Abschwächungen. Manchmal sind Schäden, die durch einen konkreten Mutterverlust entstanden sind, therapeutisch immer noch leichter angehbar als solche, die infolge von Uminterpretationen der Kinder seitens ihrer Eltern auftraten. Uminterpretationen sind oft so kompliziert und finden so verdeckt statt, daß sie schwieriger therapeutisch zu fassen sind als ein direkter Elternverlust.

5.3.1.2 Zur Symptomatik

Unsere Patienten mit Anaklitischem Fokus sind meist nicht psychosomatisch krank. Sie neigen jedoch auffallend zu Hypotonie, die zur Abwehr spontan aktiver Impulse zu passen scheint. Wir sahen auch Verlangsamung der Pulsfrequenz, was wir als Abwehr im Sinne einer Winterschlaf-Physiologie verstanden. Auffallend sind psychische Spaltungserscheinungen und Kipp-Phänomene. Vor allem fallen Schwankungen zwischen Extremen auf, wie zwischen Erzielen von Glanzleistungen und Leistungsunfähigkeit mit depressivem Absturz. Überanstrengungsbereitschaft und Perfektionismus wechseln mit Fehlertick und Versagensangst. Ein Zustandekommen allzu katastrophenartig erlebter Fehler wird durch totstellreflexartiges Verhalten und allgemeine physiologische Verlangsamung immer wieder dumpf und mühevoll gebremst. Zusammenbrüche des Selbstwertgefühls führen oft in die Nähe offener oder verdeckter Suizidalität. Die Patienten leiden besonders, weil sie in der so geglückten Frühphase keine Abwehr gegen die Fülle ihrer Empfindungsfähigkeit aufzubauen brauchten.

Sie leben angestrengt, solange sie nicht ins regressive »Nichts-Müssen« zurückfallen. Regression in die rückblickend als doppelt glückselig erlebte Frühphase tritt oft unvermittelt und wie trance-artig auf, wenn Belastungen nicht mehr kompensierbar erscheinen. Die Bereitschaft dazu kann zu vielfältigem Suchtverhalten führen. Auch das unbewußte Selbstbild ist widersprüchlich. Anteile von guter, daneben aber von vernichtend schlechter Qualität zeigen sich. Kindliche Abhängigkeit wird teils in Beziehungen gelebt, teils durch angebliche Bedürfnislosigkeit gegenbesetzt.

Wenn neben dem Anaklitischen Fokus noch weitere Schädigungen der psychischen Steuerung vorhanden sind, wird das Krankheitsbild schwerer. Folgeschäden nehmen ab, wenn die Frühentwicklung gut verlaufen ist, die ödipale Phase eine Triangulierung ermöglichte und die Familie haltgebend war. Ist das Trennungstrauma massiv oder reagieren Angehörige auf die Reststörungen nicht sehr einfühlsam, bleiben Auffälligkeiten verschiedener Schweregrade für dauernd bestehen. Folgenschwer sind Defekte, wenn ihretwegen im Alltag notwendige basale oder grundlegende Ichfunktionen nicht mehr angewandt oder weiter differenziert werden können, wenn zum Beispiel Sprache wegen einer angstbesetzten Vermeidungshaltung nicht mehr ausreichend geübt werden kann.

5.3.1.3 Zur Therapie der Störung

Patienten mit Folgeerscheinungen eines behandlungsbedürftigen Anaklitischen Fokus sind nicht leicht zu therapieren. Die Traumatisierung erfolgte ja in der Regel unter dem Einfluß der frühkindlich säuglingshaften Wahrnehmungsweise v o r der Phase verbaler Zuordnungen (Lichtenberg, 1989a; Stern, 1991). Die Abwehr gegen eine Wiederbelebung des Traumas ist extrem, da ja Selbstwertverlust, Kontaktverlust, »Aus-der-Welt-Fallen« drohen. So fehlen meist für das spätere, »diakritische«, also logisch unterscheidende Bewußtsein verknüpfbare Erinnerungen. Es gibt jedoch viele »Abkömmlinge« des Traumas, die dieses bildhaft reinszenieren. Die Wahrnehmung solcher Reinszenierungen muß von Patienten um jeden Preis vermieden werden, andernfalls reagieren sie mit Panik, Bindungslosigkeit, Selbstwertverlust. Zu Selbstschutzzwecken neigen sie deshalb in hohem Maße zum Agieren, während sie kaum Bereitschaft zur Introspektion zeigen.

Die Mehrphasentherapie bietet, ähnlich der Spieltherapie bei Kindern, Gelegenheit zum Inszenieren und Agieren. Bei Anwendung dieser Methode ist der Anaklitische Fokus prägnant zu fassen und im Verhältnis zu Schädigungen in den ersten neun Lebensmonaten oft kurzfristiger behandelbar. Allerdings sind dramatische Therapieverläufe die Regel und gefährliche Einbrüche an der Tagesordnung. Spiegelungen und Konfrontationen durch die Gruppenmitglieder fördern schrittweise die Mobilisierung des Traumas, aber auch der Wechsel zwischen Intimität der Einzel- und Mehrpersonenbeziehung in Gruppensitzung.

Vier Therapiephasen, die meist zu beobachten sind

Phase 1: Der Therapeut wird Selbstobjekt
In der Anfangsphase der Therapie wird der Behandler zum Selbstobjekt des Patienten beim Wiedereinklinken der ehemals so guten frühkindlichen Mutter-Kind-Beziehung. Zu Beginn ist also die Beziehung zwischen Patient und Behandler meist harmonisch. Die Bereitschaft und die Zuverlässigkeit des Therapeuten werden wie eine Art Lebenselixier aufgegriffen. Wir sahen in dieser Phase spontane Weiterentwicklungen von Ichfunktionen, deren Differenzierung seit dem Trennungstrauma nicht fortgeführt worden war. Einige Beispiele sollen die Zusammenhänge zwischen dem lebensgeschichtlichen »Knick« und der jeweils andersartigen Regression in die gute Frühbeziehung verdeutlichen.

> Gorgias war ein griechischer Patient. Neben einem Randgruppensyndrom war bei ihm ein Anaklitischer Fokus behandlungsbedürftig. Er dachte, sprach und träumte während seiner Phase 1 von »Mama Damm«. Er griff in dieser Eröffnungsphase der Behandlung, die bei ihm als analytische Psychotherapie durchgeführt wurde, Anregungen mit einer Fähigkeit und Begierde auf, die zu erstaunlich schnellen Stabilisierungen und Nachentwicklungen führte. Er phantasierte einen »Papa Damm« hinzu, und die Welt seiner inneren Repräsentanzen, die für immer aus dem Lot gekommen war, als er achtzehn Monate alt war, klinkte wieder ein. Zum Zeitpunkt dieser Traumatisierung war folgendes geschehen: Der Vater wurde aus der jungen Ehe herausgerissen und zum Militärdienst eingezogen, und nur zwei Monate später

wurde eine Schwester geboren. Beide Ereignisse, der Verlust des Ehemannes und die so baldige Geburt eines zweiten Kindes, überforderten die Mutter. Sie überließ von nun an den Sohn der Großmutter und wandte sich nur noch der Tochter zu. Mädchen lagen ihr ohnehin mehr. Gorgias haßte diese Rivalin lebenslang. Als er sieben Jahre alt war, wurde seine jüngste Schwester geboren, bei der er eine väterliche Rolle spielte. Nach der Rückkehr des Vaters gingen die Eltern nach Deutschland. Die Kinder blieben bei der Großmutter in Griechenland.

Auch bei Veronika war Phase 1 besonders wichtig. Sie hatte eine schwere Schädigung im gleichen Alter wie Gorgias erlitten, konnte aber nicht mit analytischer Psychotherapie behandelt werden, da sie mutistisch war. Sie war im Alter von ein bis sechs Jahren an schweren epileptischen Anfällen erkrankt, nachdem der Vater die Mutter wegen einer anderen Frau verlassen hatte. Der Vater war wegen Veronikas schwerer Krankheit nach Hause zurückgekehrt. Nach Jahren gelang es, die Anfälle, die die Intelligenz bedrohten, unter Anwendung von Medikamenten und Diät zu stoppen. Veronika durchlief später die Waldorfschule ohne eigene Aktivität. Die Eltern machten die Schulaufgaben für sie. Ein Psychotherapieversuch im Schulalter wurde abgebrochen. In unserer Therapie, bei deren Beginn Veronika zweiundzwanzig Jahre alt war, erschien mir die Grundbeziehung unerschütterbar harmonisch. Ich wußte jedoch lange Zeit nicht, ob ich es mit einer »schönen Schwachsinnigen« zu tun hatte, ja, ob sie überhaupt zusammenhängend sprechen konnte. Was sie manchmal sagte, war: »Ja«. Öfter aber nickte sie. Ich versuchte, in den Einzelstunden in Worte zu fassen, was sie etwa denken, fühlen oder erleben könnte. Häufig nahm ich Bezug auf M-Gruppen-Erlebnisse. Veronika segelte dort wie ein »blinder Passagier« mit, während sie freundlich und manchmal staunend aussah. Regressionstechnik wagten wir ihr wegen der Epilepsie nicht zuzumuten. Lange haftete ihr eine schneewittchenhaft gläserne Starrheit an. Trotzdem war es möglich, ein Arbeitsbündnis aufzubauen und sie in die M-Gruppe so weit zu integrieren, daß eine Fortsetzung der Therapie möglich war.

Phase 1 dient der psychischen Regeneration und Rekonstruktion. Die Behandelnden haben hier die Funktion von Selbstobjekten. Wir als Therapeuten zeigen in diesem Behandlungsabschnitt deutlich, wie genießenswert und lebensfördernd auch wir die harmonische Art der Beziehung empfinden (Kohut, 1979). Wir lassen durchblicken, daß es früher auch einmal so schön gewesen sein muß, sonst wäre dieser Zustand nicht abrufbar. Wir bestätigen, wie wünschenswert es ist, daß viel von der harmonischen Stimmungslage dieser Behandlungsphase ins tägliche Leben der Patienten einfließen kann, weil dann auch das Antriebserleben angeregt wird. Damit sind zugleich der ehemalige Reichtum und der spätere Verlust angesprochen. Letzteres überhören die Patienten in der Regel für lange Zeit. Für die Prozeßplanung ist es wichtig festzuhalten, daß eine Befriedigung des dyadischen Kontaktwunsches den Gesundungsprozeß nur vorübergehend fördert. Der Zeitpunkt, zu dem ein Verharren zur Ersatzbefriedigung wird, die ein Stocken des Prozesses bewirkt, muß vom Therapeuten richtig eingeschätzt werden.

Der Abschluß dieser mehr dyadischen Phase der Therapie ist ein Entwicklungsschritt, der den Patienten oft nicht leichtfällt. Die starke Abwehr verhindert ja meist effektvoll die unumgängliche Berührung mit dem alten Trauma in der Therapie.

Phase 2: Agieren gegen die Mobilisierung des Traumas

In aller Regel agieren die Patienten heftig gegen die als existenzbedrohend empfundene Mobilisierung des Traumas. So reagierte Gorgias auf eine kritische Überlastungssituation, als er Teile seiner Meisterprüfung nicht bestand und dabei mit seinem Fehlertick konfrontiert wurde, inadäquat dramatisch. Er nahm jetzt auch an Gruppensitzungen mit der Standardmethode teil. Im Zusammenhang mit seinem besonders intensiven Wunsch nach einer ungestörten dyadischen Beziehung wurde er vorübergehend aggressiv, als auch die Kotherapeutin in wöchentlichem Wechsel mit ihm primalte. Damals war ich für ihn »seine liebe Oma«, während sie für ihn »seine kalte, verlassende Mutter« darstellte. Nach einem über Wochen anhaltenden »Sturm« trat wieder die ursprüngliche, »glückliche Ruhe« ein. Als Gorgias dann eine Partnerin fand, die ihn nach anfänglichem Glücklichsein betrog, war wieder der Teufel los. Er war voll Wut und Beunruhigung, manchmal psychosenah. Er neigte zu Tätlichkeiten, stritt mit der Freundin auf Leben und Tod. Auch wurde er im Alltag immer wieder kleinkindlich. Er phantasierte, onanierte stundenlang. Er lutschte am Daumen oder Schnuller wie ein Baby, statt für seine Meisterprüfung zu arbeiten. Unsere Konfrontationen mit seinen für die berufliche Entwicklung malignen wirkenden regressiven Verhaltensweisen erreichten ihn oft schwer. Er bedurfte eines ähnlichen Drucks seitens der Therapeuten wie Klaus (S. 180–183) und auch ähnlicher Über-Ich strukturierender Maßnahmen. Der bevorstehende Berufsabschluß jedoch stellte für ihn unerbittlich das Realitätsprinzip und gleichzeitig eine Veranschaulichung der Therapieziele dar. Schrittweise mußte Gorgias erkennen, daß er diesen Anforderungen auf die Dauer weder durch Regression noch durch Agieren entrinnen konnte. Jetzt traten der Fehlertick und die explosive Emotionalität überdeutlich hervor. Auf die Frage, was er tue, falls er durchfiele, fuhr er sich mit dem Zeigefinger über den Hals und sagte: »Kopp ab!« Gorgias war damals verkrampft und teilweise suizidal. Obwohl er die Prüfung schließlich bestand, kam seine Angst, aus dem Leben und der Arbeitswelt verstoßen zu werden, nicht mehr zur Ruhe. Die Gesamtsituation wurde noch verschärft, weil in der Gruppe eine neue Zusammensetzung entstand und ich für einige Zeit nicht anwesend sein konnte. Diese Konstellation wirkte als Auslöser für das Trauma. Gorgias versuchte jedoch zunächst, dessen Wahrnehmung mit allen Mitteln abzuwehren. Er stürzte sich verstärkt auf die Bearbeitung inzestuöser und homosexueller Mißbrauchserfahrungen, um die Berührung mit dem Verstoßungs-Trauma zu vermeiden. Als letzte Gegenwehr erwog er, die Therapie abzubrechen. Die Gruppe hatte er durch seine Verstoßenheits- und Verstoßungsphantasien damals schon so in Wut gebracht, daß viele Mitglieder sein Ausscheiden eher gewünscht hätten. Als er sich seinen Emotionen beim Liebesentzug der Mutter nach der Geburt seiner Schwester zu stellen begann, flaute der Spuk des Agierens deutlich ab. Die oft auftretenden Ängste vor Beziehungsverlust konnten jetzt in bezug zum Fokus verstanden werden. Überwältigende Neidgefühle gegenüber der Schwester traten in den Vordergrund. Sehnsucht nach Zugehörigkeit zeigte sich, auch Trennungstrauer und Wertlosigkeitsgefühl. Schrittweise wurden die Beziehungen von Gorgias entlastet. Die Bearbeitung des Fokus machte Fortschritte. Diese zeigten sich bei den beruflichen Plänen: Er wollte jetzt seine Halbtagsstelle durch eine Vollbeschäftigung ersetzen.

Diese Vignette wurde so ausführlich dargestellt, weil sie typische Formen der Abwehr im Vorfeld des anaklitischen Traumas zeigt. Sie enthält die regressive Flucht in die gute Zeit v o r dem Trauma und die Abwehr der therapeutischen Regression z u m Trauma. Auch die Bereitschaft, wichtige Beziehungen eher abreißen zu lassen, als die Berührung mit dem Trauma auszuhalten, ist für solche Patienten kennzeichnend. Viele von ihnen vermeiden durch Suchtverhalten Trauma-Bezüge wie Gefühle von Leere oder der eigenen vermeintlichen Inkompetenz und Wertlosigkeit. Unter

Suchtverhalten kann auch übermäßiges Schlafen, Lesen oder Fernsehen verstanden werden. Das folgende Fallbeispiel zeigt, daß Aktivität und Initiative flimmern oder depressiv verlöschen können, wenn Ängste, unfähig, unwert oder verstoßungswürdig zu sein, remobilisiert werden.

Jutta war eine Patientin mittleren Alters. Sie war schön, klug, gepflegt und originell. Beruflich hatte sie eine Spitzenposition inne. Trotzdem verharrte sie in quälender menschlicher Einsamkeit, ohne Partner und nahe Freunde. In Modellsituationen mit unvertrauten Anforderungen erlebte sie Einbrüche: Einmal wollten die Patienten in der M-Gruppe ein Bild malen. Die anderen Mitglieder nahmen Blätter und Malzeug. Jutta hingegen wurde starr und stützte den Kopf in die Hand. Sie sagte: »Es deprimiert mich, daß ich jetzt auch noch malen soll. Ich kann überhaupt nicht malen! Malen kann mein Bruder! Ich möchte jetzt nach Hause gehen!« Sie malte schließlich doch noch ein Bild von dem holprigen Straßenpflaster ihrer Geburtsstadt, bald darauf ein Selbstporträt von geradezu künstlerischer Qualität, was sie aber mit Erfolg verleugnen konnte.

Als Partner sich in einer anderen Modellsituation zu Paaren finden sollten, kam es bei Jutta zu einem ähnlichen Einbruch: »Ich kann zu niemand gehen! Wie soll ich wissen, ob mich jemand haben will?« Sie geriet in heftigste Spannung und lief sogar hinaus. Trotz ihrer übergroßen Angst, »womöglich aus der Therapie zu fliegen«, knallte sie die Tür hinter sich zu.

Als einjähriges Kind war Jutta mit Mutter, Bruder und Großeltern aus Rumänien geflüchtet. Chaotische Situationen entstanden. Sie erlebte Luftangriffe. Bei einem solchen ging zeitweise die Mutter verloren. Auch andere Familienangehörige verschwanden manchmal für längere Zeit. Es kam zu lebensbedrohlichen Krankheiten aller Angehörigen. Auch Jutta selbst bekam mit zwei Jahren im Güterzug die Ruhr. Sie mußte mitansehen, wie Menschen neben ihr daran starben. So lebte die Familie ein Jahr lang ohne festen Wohnsitz, manchmal in Lagern, oft in Güterzügen. Später, nach dem Flüchtlingselend, kümmerte sich die zusätzlich schwer beziehungsgestörte Mutter fast nur noch um den Bruder. Jutta wurde der Großmutter überlassen. Mädchen galten bei dieser Mutter grundsätzlich weniger als Jungen.

Die Funktionen des Ausprobierens und Einübens basal welterobernder Kompetenzen waren bei Jutta im ersten Lebensjahr gut vorbereitet. Dann mußte die Familie flüchten. Die Flucht hatte Jutta mit manchen ihrer Fähigkeiten »durcheinandergebracht«. Als sie nach Hause zurückkam, hatte sie sogar das Laufen wieder verlernt. Wenn sie in Zukunft wagte, Neues zu probieren, erschrak sie plötzlich mittendrin. Sie hörte dann irritiert mit der jeweiligen Tätigkeit auf. Auch versuchte sie, mit noch nicht perfekten Leistungen möglichst für niemanden wahrnehmbar zu sein. In Juttas Falle war das Agieren gegen die Berührung mit dem Trauma so stark, daß wir uns immer wieder fragten, ob die Therapie fortgesetzt werden könne oder nicht. Die Dynamik erinnerte in dieser Phase deutlich an die von Gorgias.

Eine vulkanartig heftige Dynamik ist ein unübersehbares Kennzeichen dafür, daß die Phase 2 vollständig erreicht ist. Jetzt kann die Gefahr, daß das Trauma schließlich doch in Sichtweite kommt, nicht mehr gänzlich von den Patienten verleugnet werden. Nun bieten sie noch einmal alle Mittel auf, um die Konfrontation mit dem Trauma letztlich zu verhindern.

Phase 3: Die Durcharbeitung des Trennungstraumas

Diese Phase durchzustehen, ist für die Patienten besonders schwierig, weil das Trauma meist in der präverbalen Entwicklungsphase entstanden ist und bildhafte Erinnerungen daran deshalb kaum vorliegen. Manche haben von ihren Angehörigen erfahren, daß sich mit ihnen etwas Auffälliges abgespielt habe. Es fühlt sich aber relativ »verrückt« an, sich regressiv und verarbeitend auf etwas einzulassen, was für die eigene Erinnerung quasi nicht vorhanden ist. Manchmal räumt immerhin der gesunde Menschenverstand ein, daß die damalige Erfahrung wohl für ein Kleinkind unverarbeitbar gewesen sein dürfte.

Wie aber kommt nun ein Patient konkret zur regressiven Begegnung mit der ursprünglich traumatischen Situation? Die Antwort ist verblüffend einfach: Regression als Verarbeitungsmittel gehört zur psychischen Grundausstattung des Menschen überhaupt. Den meisten von uns ist diese Vorstellung unvertraut. Regression im Traum, als Gruppenphänomen oder als Ritualverhalten ist allgemeiner bekannt. In der Mehrphasentherapie gibt es technische Möglichkeiten, gesteuert mit Art und Ausmaß der Regression umzugehen, das heißt, Tiefenregression auszulösen, zu verstärken, aufrechtzuerhalten, zu bremsen oder zu beenden. Solche Maßnahmen müssen jedoch erlernt werden. Sie können hier nicht über das bereits Gesagte hinaus erschöpfend beschrieben werden. Vor allem müssen Behandlungsmaßnahmen dem jeweils einmaligen kreativen psychischen Prozeß eingepaßt werden. Unsere Behandlungstechniken stellen also im Grunde nur zusätzliche Hilfsmittel für die angeborene menschliche Fähigkeit der Regression dar. Zwei Fallbeispiele sollen verdeutlichen, wie die Arbeit in Phase 3 bei Tiefenregression praktisch vor sich geht:

Unsere Patientin Maxie wimmerte in der Regressionsphase: »Ich hab so Angst! – Ich hab so Angst! – Ich hab so furchtbar Angst!! – Das Dämmrige hier fühlt sich so gefährlich an.« – Nach einer langen Pause schrie sie plötzlich laut auf: »Gleich kommt einer und tut mir weh! – Es tut so weh! – Mein ganzer Körper tut weh! – Mein ganzer Körper! – Es ist wie Brennesseln, wie Fesseln, wie böse Hände – und die Augen!« –
Ich als Behandlerin empfand bei dieser Szene Sorge, weil der Patientin ihre Selbstkontrolle zu entgleiten schien.
In der Durcharbeitungsphase versuchte sie zu benennen, was sie in der Regression erlebt hatte: Sie schilderte Gefühle von Angst, Gefesselt-Sein, einen-schmerzenden-Körper-Haben, aggressiv-destruktiven Mißhandlungen. Schließlich berichtete sie stockend und unzusammenhängend aus ihrer Frühgeschichte: Als sie etwas mehr als ein Jahr alt war, war die Mutter mit ihr aus der damaligen Ostzone geflüchtet. Der Vater war in Gefangenschaft. Um sich und ihr Kind zu ernähren, habe die Mutter eine Tätigkeit übernommen. Gegen Bezahlung habe sie ihr Kind nacheinander zu mehreren Pflegemüttern gegeben. Maxie erinnerte sich plötzlich, daß die Mutter gesagt hatte, bei der letzten sei etwas Schlimmes passiert. Eine Nachbarin hätte geschrieben: »Wenn Sie Ihr Kind noch lebend vorfinden wollen, müssen Sie schnell kommen.« Zur Pflegestelle geeilt, habe sich der Mutter folgendes Bild geboten: Maxie sei im Bett gewesen, zum Erschrecken abgemagert, das ganze Körperchen bedeckt mit Flecken und Striemen infolge Mißhandlung. Sie habe total verängstigt ausgesehen. Die Mutter habe sie zu sich genommen. Glücklicherweise sei auch bald der Vater aus der Gefangenschaft gekommen.
Maxie arbeitete nun einige Monate lang das grausige Mißhandlungs-Trauma regressiv, emotional, aber auch verbal und intellektuell durch. Eine Kette von Folgeerscheinungen schälte sich allmählich heraus: Sie sei als Kind häßlich gewesen, verschüchtert, dumm und ungeschickt. Von den Nachbarskindern wurde sie deshalb »Mondgesicht« genannt. Die Oberschule mußte sie wegen Schulversagens verlassen, was vom Vater, einem Akademiker, als beschämend empfunden wurde. Sie heiratete später einen Juristen mit Gloriositätsanteilen. Solche Partner

scheinen für Patienten mit Projektionsbedürfnissen nach frühen Kleinkind-Eltern besonders geeignet zu sein. Zu Therapiebeginn hatte Maxie eine kleine Tochter. Die Ehe ging wegen einer Liebschaft des Mannes auseinander.

Bei der Durcharbeitung des Traumas wurde Maxie urplötzlich klar: »Ich bin ja überhaupt nicht häßlich, falsch und dumm! – Ich habe es nur geglaubt!« Dies wirkte wie eine Art Lebenselixier. Die depressive Gehemmtheit, eine Folge ihres anaklitischen Verlusts, wurde durchbrochen. Sie konnte auf einmal ihrem ursprünglichen Wunsch gemäß Mannequin werden. Auch machte sie ein Begabten-Abitur und studierte schließlich Medizin. Daneben zog sie mit Verantwortungsgefühl ihre Tochter groß. Sie fand einen neuen Partner und eröffnete eine eigene Praxis. Diese Krankengeschichte zeigt den typischen Verlust nach guter Frühphase, stellt aber zugleich wegen der Mißhandlung eine schwertraumatische Extremvariante anaklitischer Trennungserlebnisse dar. Deshalb soll noch eine andere Vignette folgen, in der es um eine Patientin mit eher alltäglichem Kleinkind-Schicksal geht.

Conny war zu Behandlungsbeginn Endzwanzigerin mit zwei schulpflichtigen Kindern. Ihr Mann war selbständiger Geschäftsmann. Wegen eines Schreibfehlerticks fühlte sie sich besonders wertlos. War die Sekretärin ihres Mannes abwesend, war sie außerstande, auch nur den kleinsten Brief auf der Maschine zustande zu bringen. Sie war Kettenraucherin und alkoholabhängig. Sie konnte nicht allein sein, ohne in quälende Angst, Leere und Selbstunwert-Gefühle zu geraten. Zu Beginn der Behandlung fand Paar- und Familientherapie statt.

Conny nahm mit ihrem Mann an einer Kombination von Modellimprovisation und analytischer Einzeltherapie teil, die damals noch nicht mit der Regressionstechnik kombiniert wurde. Es gab in der Gruppe heftige Auseinandersetzungen zwischen beiden Partnern. Dabei wurden Anteile von Conny, aber auch von ihrem Mann an der schwierigen Paarbeziehung objektiver faßbar. Vor Therapiebeginn war Conny der Meinung gewesen, es gehe ihr nur schlecht, weil ihr Mann fremdging.

Besonders schnell glitt Conny im Zusammenhang mit der Dynamik der Paarbeziehung aus Phase 1 in Phase 2. Wegen panischer Angst, daß ihr Mann sich angesichts ihres Arbeitsversagens von ihr trennen wolle, bat sie mich schließlich, sie zusätzlich noch in die R-Gruppe aufzunehmen. Sie nahm nun wöchentlich an einer M- und einer R-Gruppensitzung teil. Sie hoffte, ihr Arbeitsversagen bei dieser Regelung schneller zu überwinden. Der Erfolg gab ihr recht.

Auch Phase 3 erreichte sie unter dem Druck des Partnerschaftskonfliktes ungewöhnlich schnell. In der Regressionsphase rief sie nach einigen Monaten: »Ich hab so Angst hier in der Dunkelheit. Furchtbar Angst.« – Sie weinte. »Alles kommt mir so fremd und leer vor! – Oben seh ich auf einmal düstere Deckenbalken! – Es ist so schrecklich, als wenn die auf mich runterdrückten! – Draußen höre ich fremde Stimmen! – Die sagen falsche Worte! – Ich kann es nicht verstehen! – Alles ist ganz falsch!«

Bei der Durcharbeitung kam folgende Frühsituation zur Sprache: Die Patientin war erstes Kind. Sie war geboren worden, als der Vater aus der Kriegsgefangenschaft heimgekehrt und die Eltern miteinander glücklich waren. Im Alter von fünfzehn Monaten war sie dann mit der Großmutter mütterlicherseits auf den einsamen Bauernhof des Opas väterlicherseits gebracht worden. Die Patientin mußte dort fast ein Jahr bleiben, weil ihre Eltern ein zweites Kind bekommen und ein Hotel übernommen hatten. Es wurde nie wieder so schön wie im ersten Lebensjahr. Die Eltern verstanden sich auch nie wieder so gut. Der Dialekt der Verwandten des Vaters war ihr und ihrer Oma fremd und unverständlich. Eine prozedurale Erinnerung hatte sich also in ihren eben dargestellten Phantasien durchgesetzt.

Sie konnte spüren, wie sie sich mit der Frage gequält hatte, warum Mama und Papa sie nicht mehr liebhätten. Sie arbeitete Monate an diesem Trennungstrauma. Immer wieder rief sie: »Ich will nicht bei meiner Oma sein! Ich will zu meiner richtigen Mama! Alles ist falsch! Holt mich doch nach Hause!« Allmählich konnte sie ihre Trennungsangst als lebensgeschichtlich begründetes Trennungsleid verstehen und relativieren lernen. Sie begriff, daß sie nicht häßlich, dumm oder falsch war, auch nicht verflucht, alles falsch zu machen, sondern daß sie sich im Spiegel der verstoßenden Eltern verzerrt und falsch zu sehen gelernt hatte. Fehlertick und Sucht bildeten sich zurück.

Kennzeichnend für Phase 3 ist neben der in beiden Fallgeschichten verdeutlichten Regression zum Trauma vor allem dessen Verarbeitung. Diese erfolgt zum Teil mit den in den Gruppen bereitgestellten Mitteln emotional und bildhaft. Dies allein genügt jedoch nicht. Auch die verbalen, kritisch prüfenden, kausale Zusammenhänge herstellenden Ichfunktionen werden hier dringend benötigt, um Distanz und Relativierung gegenüber früheren Erlebnissen herzustellen. Besonders soll noch auf einen stark konfrontierenden Aspekt der Verarbeitung hingewiesen werden, der wesentliche Veränderungen im realen Leben bewirken kann. Er zeigte sich deutlich bei Sarah, einer fünfzigjährigen Patientin. Je mehr ihr innerer Schrei nach einer guten Mutter ihr deutlich wurde, desto mehr fiel es ihr wie Schuppen von den Augen: Sahra nötigte nämlich ihre eigenen Kinder, zu einer für sie unverzichtbaren »guten Mutter« zu werden. Nun rief sie verzweifelt: »Und ich habe immer gedacht, das Verhältnis zwischen meinen Kindern und mir ist wie zwischen Freunden! Aber nun sehe ich plötzlich, daß meine Tochter krank wird, ehe wir uns sehen. Ich merke auch, daß sie versucht, einer Begegnung auszuweichen, in der sie schon wieder zuviel geben muß!« Sie entdeckte, daß sie ihre Kinder agierend ausgenutzt hatte. Solche Formen getarnter Regression erleben wir auch in »normalen« Familien häufig. Es wurde ihr auch bewußt, daß sie ihnen wiederholungszwangähnlich plötzliche Verlusterlebnisse zuzumuten pflegte. Zum Beispiel hatte sie keine Nachricht hinterlassen, als sie bei einer Freundin übernachtete. Die Kinder meinten, es sei ihr etwas zugestoßen. Auch bei uns schien die Patientin immer wieder unvermittelt verlorenzugehen.

Zusammenfassend sei festgehalten, daß bei regressivem Wiedererleben des Traumas ein innerer Dialog einsetzt. Das wiederholte Versenken in die Tiefenregression begünstigt ein allmähliches emotionales »Verschmerzen« und macht schließlich frei für neues Synthese-Lernen. Die Funktion der gesunden Ich-Spaltung wird mobilisiert, wenn Niederschläge des Traumas in der eigenen Struktur und im Alltagsverhalten reflektiert werden können. Durch die ausgedehnten Phasen verbaler Durcharbeitung in beiden Gruppenverfahren und in der Einzeltherapie werden ausgedehnte Differenzierungsvorgänge unterstützt. Das Selbstbild und das Beziehungserleben, die Körperwahrnehmung, die Emotionen, die Phantasie und der narrative Prozeß kommen dabei schrittweise miteinander in Kontakt.

Phase 4: Übung für infolge des Traumas defizitär gebliebene Ichfunktionen

Wenn die alten wie magisch wirkenden unbewußten Sinnverquickungen und Blockaden durchbrochen sind, bleibt nicht selten ein Rest des Fehlverhaltens bei Patienten bestehen. Defekte an basalen oder grundlegenden Ichfunktionen bedürfen dann oft noch der Ausdifferenzierung. Patienten können zum Beispiel erfahrungsarm darin sein, jemanden anzufassen, Zeit, Geld oder Kraft einzuteilen, zu sprechen, sich zu wehren. Sie können auch Lücken an wichtigen inneren Repräsentanzen der Objekt- und Selbstbilder aufweisen. In diesen Fällen ist oft eine Art pädagogischen Vorgehens indiziert. Einige Beispiele sollen zeigen, wie Ausdifferenzierungen an grundlegenden Ichfunktionen vor sich gehen können:

Conny machte gegen Ende ihrer Therapie Rechtschreibübungen. Sie schrieb mir jeden Tag zehn Zeilen, aus der Zeitung oder von ihren Kindern diktiert. Ich korrigierte das Geschriebene. Nach wenigen Monaten war die Rechtschreibung, auch auf der Schreibmaschine, in Ordnung. Für Conny bedeutete es einen ungeheuren Zuwachs an Eigenmacht zu erleben, daß sie etwas üben kann, um es dann auch wirklich zu können. Sie hat Kompetenz erworben und konnte schließlich die Büroleitung in der Firma ihres Mannes übernehmen.

Veronika, »die schöne Stumme«, wollte dringend sprechen lernen, als die einst duldsamen Gruppenmitglieder sie schließlich wissen ließen, daß sie sich beunruhigt von jemand fühlten, »der nur schaue und nie etwas sage«. Vielleicht denke Veronika ja verächtlich über den einen oder anderen und sage es bloß nicht. – Nun klappte also Schweigen zur Vermeidung von Ablehnung für Veronika nicht mehr. Sie brachte, allmählich und mühsam, kleine Halbsätze hervor. Erst als sie zu sprechen versuchte, wurde das Ausmaß ihrer Schwierigkeiten dabei offenbar. Gemeinsam entschlossen wir uns deshalb, zu Beginn der Sitzungen für einige Minuten ein »small-talk-Spiel« zu spielen: Ein Gruppenmitglied sagte einen Satz, zum Beispiel: »Heute abend regnet es.« Wem zuerst ein Satz einfiel, der mit dem letzten Wort dieses Satzes begann, fing den nächsten an. Zum Beispiel: »Es ist schade, daß Fritz nicht da ist.« So banal dies Spiel auch erscheinen mag, es hat Veronika doch viel geholfen. Außerdem war es für sie entlastend, daß auch die anderen Gruppenmitglieder nicht immer sofort einen Satz mit dem richtigen Anfangswort fanden. Sie bemerkte, daß jeder manchmal Sprechschwierigkeiten hat. Sie lernte schließlich, Affekte zu verbalisieren, andere zu konfrontieren und Konflikte auszutragen. Schließlich wagte sie dies sogar bei ihrem temperamentvollen Vater.

Gorgias zeigte im Verständnis westlicher Kulturen eine Schwäche an strukturierenden Ichfunktionen, die er zum Teil von der türkischen Großmutter und seinem sonstigen mediterranen Umfeld übernommen hatte. Er mußte erst allmählich lernen, Tages-, Arbeits- und Geldeinteilungspläne aufzustellen und einzuhalten. Er schrieb zunächst auf, wie er einen Tag verbracht, wie er seine Arbeit eingeteilt hatte. Er sprach mit uns darüber. Nach und nach wurde es ihm schon beim Aufschreiben klar, schließlich sogar schon beim Vorphantasieren, wie er eine sinnvolle Struktur in Tätigkeiten und Abläufe bringen konnte. Besonders erstaunt war er anfangs, daß zum Tätigsein auch Ausruhen gehört. Als er schließlich in der Lage war, Beziehung zu Menschen zu suchen, die differenzierter waren als die Mitglieder seiner Herkunftsfamilie, hatte er zum ersten Mal den Wunsch, einen Tennispartner mit Frau und Kind einzuladen. Bei diesem Gedanken kamen ihm aber unrealistisch überschwengliche Bewirtungsvorstellungen in den Sinn, woran die Einladung fast gescheitert wäre. Es entlastete ihn sehr zu hören, daß ein Stück Obstkuchen mit Sahne in einem solchen Fall durchaus reichen kann. Gorgias begann jetzt auch, Interesse für allgemeine Themen zu entwickeln. So kam er auch mit anderen Menschen ins Gespräch. Diese Entwicklung wäre im Umfeld der Beziehungspersonen, mit denen er sein Leben begonnen hatte, nicht möglich gewesen. Menschen aus seinem Herkunftsmilieu waren überwiegend einfache, impulsive, aber auch zerfließende Persönlichkeiten. Ohne konkret unterstützende Maßnahmen in der Therapie hätte der Brückenschlag zu einem differenzierteren persönlichen Umfeld mit konstanten Freundschaften, Bekanntschaften und beruflichen Beziehungen nicht erfolgen können.

Selbstverständlich können und müssen nicht alle mangelhaft entwickelten Ichfunktionen in der Therapie ausdifferenziert werden, wenn einmal der Therapieprozeß so weit fortgeschritten ist, daß Angstblockaden nicht mehr wirken und magische Vermeidungen überflüssig geworden sind. Viele Patienten erleben schließlich, wie durch Probieren und Nachahmen Üben und endlich Können entsteht. Sie brauchen Therapeuten und Gruppenmitglieder, aber auch andere Menschen als Ersatz für einen guten familiären Umraum, um experimentierend oder identifikatorisch zu lernen. Schrittweise probieren sie dann auch allein oder zusammen mit Freunden Neues aus, wenn sie ihre Mängel nicht mehr so als existentiell erleben.

5.3.1.4 Abschließende Bemerkungen

Patienten mit Anaklitischem Fokus leiden nicht an einer Neurose, sondern an einer präverbalen Störung, die den Borderline-Störungen eher als den narzißtischen nahesteht. Sie können bei Anwendung kombinierter Methoden Zugang zu ihrer frühen, schwer traumatischen Trennungs- und Trauerproblematik finden. Das angebotene Setting läßt den Patienten Freiheit, sich angesichts verschiedenster Situationen und basaler und grundlegender Ichfunktionen wechselnd zu verhalten. Dabei kristallisiert sich das Bild der Störung an vielen Facetten des Erlebens, Fühlens und Verhaltens immer deutlicher heraus. Die Vorgänge in der Regressionstechnik wurden in den Fallbeispielen für Phase 3 gezeigt. Auch in der Modellimprovisation locken Freiheit und Vielfalt des Settings schrittweise Eigentümlichkeiten des Erlebens und Verhaltens von Patienten hervor. Reaktionen erfolgen so unvorbereitet und spielerisch, daß oft ich-dystones Material hervorbricht. Wenn ein Patient dies selbst nicht bemerkt, so doch seine Mitpatienten oder Therapeuten.

Die schwere Schamproblematik, die zu diesem Krankheitsbild gehört, fördert Tendenzen zu Dissimulation, Verharmlosung und Verbergen. Die Patienten wirken auf den ersten Blick oft relativ unauffällig. Man kann als Therapeut in der Anfangsphase solche Behandlungen irrtümlich als bloße »Individuationsanalysen« betrachten und die Störung deshalb zu leicht nehmen. Später erschrickt man dann über die sich zeigende existentielle Dynamik um so mehr.

Bei Patienten, die schon während Phase 1 in der Gruppe sind, zeigen zwar von Anfang an Trauma-Bezüge, doch liegt auch bei ihnen der Akzent auf Wiederbelebung der ehemals guten emotionalen Grunderfahrung, die ja die ermöglichende Basis für die Therapie überhaupt bildet. Daneben schreiben sich jedoch von Anfang an unwillkürlich auch Abkömmlinge des Traumas gleichsam in den hierfür bereitgestellten »Sand des Settings«. Da diese noch ganz ich-dyston sind, können sie bei Behandlungsbeginn noch nicht bearbeitet werden. Sie sind aber als Hinweise und Informationen nützlich, weil sie den Therapeuten auf ein späteres Wiederauftreten vorbereiten oder dieses schrittweise einleiten. Bei Patienten mit Anaklitischem Fokus ergeben sich Modellszenen nach Lichtenberg oft spontan.

Wichtige Gesichtspunkte bei den einzelnen Phasen sollen noch einmal zusammengefaßt werden:

In Phase 1 ist die Fortsetzung und Ausdifferenzierung der früh verlorenen guten Grundbeziehung Thema. Wir Therapeuten sind Selbst-Objekte der Patienten.

In Phase 2 wird die heftige Abwehr aktiviert und durchgearbeitet. Jetzt wird die Kombination zwischen Einzel- und Gruppentherapie unerläßlich. Sie beugt folgenden Gefahren vor:

a) Eine Verlängerung der Ausgangsphase der Zweieinheit wird vermieden.

b) Dem Anstieg des Risikos bei Mobilisierung des Trennungstraumas wird entgegengewirkt. Entlastung wird durch das vielfältige Übertragungsangebot erreicht. Dabei ist Übertragungsaufspaltung möglich, weil die in den Prozeß einbezogenen Kotherapeuten und Mitpatienten mit unterschiedlichen Übertragungsanteilen besetzt werden können. Unter Zuhilfenahme der multiplen Übertragung lassen sich widersprüchliche Übertragungsanteile voneinander getrennt wirksam bearbeiten (Kutter, 1982, S. 143–150).

c) Wortsymbolisierungen werden gehaltvoller, wenn nonverbale Symbolbildungen und Spiel im Sinne Winnicotts der Verbalisierung vorausgehen (Winnicott, 1973). Verbale Durcharbeitung muß dann allerdings in der Therapie auch hinterher erfolgen, damit Anschauung, Körpergefühl und emotionale Erlebnisse mit Logik und Kausalität verknüpft werden können. Es entspricht also unserer Erfahrung, daß der narrative Prozeß reicher, plastischer und farbiger wird, wenn die prozedural getönte frühe Erlebnisebene durch passende therapeutische Angebote direkt einbezogen werden kann.

d) Gruppenmitglieder stellen für ihre Mitpatienten oft Objektivierungsmöglichkeiten dar. Sie fungieren als »Zeugen«. Sie wirken als Verstärker dafür, historisch entstandene Erlebensbereitschaften verstehen und verarbeiten zu können.

In Phase 3 wird die Regression zum Trennungstrauma hergestellt und durchgearbeitet. Dabei werden unerträglich belastende Erinnerungen mobilisiert. Es wird jedoch nicht die vollständige ursprüngliche Situation wiedererlebt, sondern es werden vielmehr verdichtungsartig Anteile davon remobilisiert und wahrgenommen wie zum Beispiel Emotionen, Erlebens-Prozeduren, Körpergefühle, die zum Trauma gehörten. Dabei stellt sich der Patient mit seinem Erwachsenen-Ich nochmals seinem einst so bedrohlichen und die Verarbeitungsfähigkeit überschwemmenden Erleben. Fehlschlüsse von damals werden jetzt der Therapie zugänglich. Ehemals überwältigend heftige Eindrücke können nun wahrgenommen, aber auch relativiert werden. Wenn die Verdrängung schließlich aufgegeben werden kann, wirken die zutage tretenden Vorgänge auch auf uns Therapeuten immer wieder überraschend. Es scheint fast, als ob eine Art psychischen »Gehäuses« sich öffnen würde und eine Störung im Inneren endlich entdeckt und bearbeitet werden könne. Regressives Eintauchen in die Gefühlserlebnisse der Entstehungsbedingungen ermöglicht also oft tiefgreifende, emotionale und verbalisierende Verarbeitung und dauerhafte Persönlichkeitsveränderung.

In Phase 4 kann dann psychisch aufgebaut werden. Vor allem an ich-strukturellen Mängeln, also an unzureichend ausgebildeten Ichfunktionen, wird nun differenzierend gearbeitet.

Einige charakteristische Merkmale von Menschen mit Anaklitischem Fokus sollen noch herausgestellt werden: Sie sind in der mitmenschlichen Beziehung, vor allem für Partner und Kinder, anstrengend. Entweder bemuttern sie diese symbiotisch, oder sie machen sie zu eigenen Müttern. Sie verspüren dann auch extreme Hilflosigkeit, die der frühen Entwicklungsphase entspricht, in der das Trauma geschah. Damit bringen sie Mutter-Ersatz-Personen oft in eine überverantwortliche Rolle. Kriselt es in den Beziehungen, wechselt stumme Verzweiflung mit heftigster Dramatik. Aktive und passive Verstoßungs- und Entwertungsproblematik zeigen sich. Hoffnungslosigkeit und Suizidalität sind oft nahe. Es wird aber auch immer wieder glückhaft der unkomplizierte frühe Gleichklang gefunden, so daß die Beziehungen eine große Schwankungsbreite und Dynamik enthalten. Diese strukturelle Schwankungsbereitschaft kam ja zustande, weil Menschen mit guter Beziehungsgrundlage von anaklitischen Trennungserlebnissen und Trauerfällen überwältigt wurden, ehe sie noch Trauerarbeit im herkömmlichen Sinn leisten konnten. Wegen des frühen Zeitpunkts der Traumatisierung kam es so zu einer Blockierung der Trauer und Trennung verarbeitenden Ichfunktionen. Dies führte unter anderem dazu, daß in Beziehungen keine Verarbeitung von trennenden und spaltenden Anteilen mehr vorgenommen werden kann. Wo Konflikte bearbeitet werden müßten, treten statt dessen überwältigende frühkindliche Affekte auf. Erlebnisgegensätze, die bei solchen Persönlichkeiten aufscheinen, erinnern an Bilder wie »Paradies« und »Hölle«. Neben extrem affektiv aufgeladenen emotionalen Zuständen findet man Erscheinungsformen von Betäubung oder depressiver Antriebs- und Initiativelosigkeit. Letztere scheinen eher Abwehrcharakter zu haben.

Anaklitisch geschädigte Menschen sind zurückhaltend in bezug auf ihre Kontaktwünsche und -bedürfnisse. Sie erscheinen oft übermäßig entgegenkommend. Im Untergrund schlummern jedoch notwehrartige aggressive Reaktionen auf die frühe »Verstoßung«. In Phase 2 und 3 der Therapie zeigen sich deshalb außerordentlich heftige entmischte Aggressionen. Erstaunlicherweise scheinen solche ausagierten Aggressionen, wie in Kindertherapien oder bei manchen Ritualen und Symbolhandlungen in ursprünglich lebenden Gesellschaften, auch einen therapeutischen Effekt zu haben. Aggression dient dann offensichtlich nicht nur als Ventil zu kathartischen Zwecken, sondern wendet sich auch direkt gegen das einstige Übermächtigungsgefühl durch die riesige, entwertende oder verstoßende Mutter und andere traumatisierende Personen. Symbolisch kann anscheinend die innere Repräsentanz einer überstarken verstoßenden Mutter aufgehoben werden durch eine überstarke Wahrnehmung der eigenen Kraft und Aggression, ja sogar durch Vernichtungsphantasien gegenüber der destruktiven Mutter-Repräsentanz. Bei solchen Vorgängen wird das negative Introjekt nach unserer Erfahrung schrittweise überwogen, manchmal sogar fast überwunden. Ähnliche Symbolhandlungen von dauerhaft wirkender Effektivität haben mich schon in Kindertherapien verblüfft.

Das schwere »Verstoßungstrauma« in der anaklitischen Phase hat für Patienten eine fast religiöse Dimension: Totaler Unwert der eigenen Person, globale eigene Schuld und Versagen stehen auf dem Spiel. Ständig muß die Drohung eines letztlich tragischen Ausgangs abgewehrt werden. Hierzu dient unter anderem die Aufrechterhaltung einer guten Beziehung zum Therapeuten im Sinne einer Selbst-Objekt Beziehung. Auch Verlagern von Aktivitäten auf sachliche Tätigkeiten kann vor schmerzhafter Berührung mit dem Trauma schützen. Patienten mit Anaklitischem Fokus versuchen meist, sich durch perfekte Über-Ich-Forderungen und ein hohes Ich-Ideal »so gut zu machen«, daß es keinen Anlaß mehr gibt, sie zu kritisieren, geschweige denn zu verstoßen.

In der therapeutischen Beziehung zeigen sich trotzdem notwendig Konflikte, auch wenn die Patienten alles zu deren Vermeidung tun. Zuverlässigkeit paßt schlecht zu agierten Wünschen nach einem frühkindlichen Paradies, die zu diesem Krankheitsbild gehören. Auch passen die erwachsenen Ich-Leistungen der Termin- und Zahlungsverläßlichkeit nicht zu den regressiven Wünschen anaklitischer Patienten. Außerdem haben sie für ihr Gefühl nichts wirklich Wertvolles zu geben. Die entstehenden Konflikte mobilisieren in diesen Patienten Ängste bis zur Panik, auch Schuldprobleme, Schuldverleugnung oder Schuldzuweisung an andere. Plötzlich ist dann die Hölle los! Die Dynamik der Übertragung wird bei mobilisiertem Trauma oft so stark, daß wir Behandler froh sind, sie mit Hilfe der Übertragungsaufspaltung und anderer dargestellter Therapiemittel kanalisieren zu können. Therapeuten ohne ausreichende Selbsterfahrung neigen dazu, in solch komplizierten Situationen zu trösten, zu tadeln, mitzuagieren oder den Überblick zu verlieren.

Unsere Gegenübertragungsgefühle als Therapeuten enthalten notwendigerweise viel Angst. Auch fürchten wir zeitweise, Patienten zu überfordern oder kritische Situationen heraufzubeschwören. Dies ist sogar partiell unvermeidlich, da das ursprüngliche Trauma ja gerade in einer grandiosen Überforderung bestand. Es läßt sich nicht remobilisieren, ohne daß Anzeichen großer Gefahr oder gar Unverarbeitbarkeit bei Patienten wieder sichtbar werden. Der Therapeut muß also fähig sein, die Angst der Patienten vor der Regression zum Trauma auszuhalten. Außerdem muß er eigene Gegenübertragungsangst von Realangst kritisch unterscheiden können. Zur Realangst gehört hier vor allem die Beurteilung der spontanen Bereitschaft eines Patienten, ehemalige Bedrohung im heutigen realen Leben zu reinszenieren. Bei Mobilisierung des Traumas neigt jeder Patient zu solchen Reinszenierungen durch Fehlverhalten, Unfälle oder Beziehungsabbrüche nicht nur in der Therapie, sondern überall. Die technische Organisation der ge-

samten Therapie enthält Schutzvorkehrungen gegen solches Über-
borden unbewußter Inhalte und Affekte. Zusätzlich läßt sich,
wenn Gefahr entsteht, durch Einzel-Intensivtherapie eine Überführung und Kanalisierung der traumatischen Erlebnisse in die
Reinszenierungen der Therapie erreichen. Damit können nicht selten der Schutz der Patienten und der schließliche Behandlungserfolg sichergestellt werden. Die verglichen mit Grundstörungen
meist kürzere Therapiedauer hat also bei Patienten mit Anaklitischem Fokus nichts mit geringerer Dramatik der Verläufe zu tun.
Solche Therapien stellen ein Spezialgebiet für Mehrphasentherapeuten dar. Wenn den aufgezeigten Gefahren Rechnung getragen
wird, haben diese Behandlungen meist eine gute Prognose.

5.3.2 Innere und äußere Probleme im Gefolge von Unehelichkeit

Ein anderes Krankheitsbild hat seine Wurzeln zu einem großen
Teil in sozialen Gegebenheiten und Wertungen, die unehelich Geborenen und deren Eltern in unserer Gesellschaft das Leben erschweren. Zwar gibt es gegenwärtig in vielen sozialen Schichten
neue Bewertungen von Ehe und Familie und damit auch von Unehelichkeit. Freie Lebensgemeinschaften treten vielfach an die
Stelle als überholt angesehener Familienverbände und Institutionen. Da Wertungen und Abwertungen jedoch aus inneren Wert-
vorstellungen resultieren, gelten auch für Kinder aus solchen Lebensgemeinschaften andere Maßstäbe als nachfolgend beschrieben.
Es gibt in unserer Gesellschaft immer noch Bereiche, in denen alte
Negativmuster die Entwicklung unehelicher Kinder belasten, und
es gibt erwachsene Menschen, die unter dem Einfluß solcher Muster geschädigt wurden. Von dieser Patientengruppe soll im weiteren die Rede sein. In unseren Behandlungen mit Mehrphasentherapie zeigte sich zu unserer Überraschung, daß fast regelhaft nicht
die unehelich Geborenen selbst Hilfe für ihre seelischen Probleme
suchten, sondern erst deren Kinder oder gar Enkel. Beschwerden
unserer Patienten stellten also gewissermaßen eine Folge der
Störung bei den Eltern dar, die aus übergroßer Scham jedoch

keine Behandlung aufgesucht hatten. Eine Ausnahme bildete der unehelich geborene elfjährige Peter, der von seiner Mutter wegen Schulschwierigkeiten, Verhaltensstörungen und Enkopresis (Einkoten) zur Behandlung gebracht wurde. An diesem Jungen und den Eigentümlichkeiten der Beziehung zwischen ihm und seiner Mutter war die Entstehung der Beziehungs- und Selbstbild-Störung als prototypisch zu beobachten, so daß dabei Hinweise für die Ätiologie des Krankheitsbildes gefunden werden konnten. Es soll anhand dieser Hinweise zuerst etwas über die Probleme unehelich geborener Kinder, also über Eltern, zuweilen auch Großeltern unserer Patienten gesagt werden.

Im Familienalltag unehelich geborener Kinder fehlt in der Regel der Vater. Nur manchmal findet sich später ein Stiefvater als wirklich passender Ersatz. Im Unterschied zu Scheidungskindern besteht die mit Lücken behaftete Situation in der Herkunftsfamilie bereits von Schwangerschaft und Geburt an. Scheidungskinder müssen auch nicht mit Problemen von Illegitimität kämpfen. Die finanzielle Lebenssituation unehelicher Kinder ist außerdem oft besonders schwer belastet. Im Zusammenhang mit diesen realen Schwierigkeiten entstehen auffallend häufig schwerwiegende Störungen in den Beziehungsgefügen zwischen Mutter und Kind, Kind und Umwelt.

5.3.2.1 Eigenheiten der Eltern-Kind-Beziehung bei Unehelichkeit

Bei der Frage nach den verursachenden Faktoren möchte ich vom Beziehungs- und Selbstwerterleben des unehelich geborenen Patientenkindes Peter ausgehen, von dem soeben die Rede war. Wenn man die Beziehung zwischen ihm und seiner Mutter betrachtete, fielen folgende Charakteristika auf: Die Mutter litt an Katastrophengefühlen angesichts von Peters Symptomen, aber auch an Schuldgefühlen und massiven unterschwelligen Aggressionen ihm gegenüber. Der uneheliche Sohn hatte seine Mutter am Aufbau eines eigenen Lebens gehindert. Sie konnte zum Beispiel nicht jede Arbeit annehmen, da sie Rücksicht auf ihn nehmen mußte. Ihre Zeit für den Aufbau von Beziehungen zu Männern war begrenzter, als wenn sie frei und ohne Kind gewesen wäre. Auch hier störte der Sohn. Ihre Panikgefühle, aber auch der innere Aufruhr der Mutter gegen die »Invasion«, mit der ihr Sohn in ihr Leben eingebrochen war, schienen sie dazu zu bewegen, ihm zu signalisieren: »Du bist mein Lebenszerstörer!«

Korrespondierend mit der Erlebensweise der Mutter erlebte der Sohn die Beziehung zwischen sich und ihr als ebenso massiv s e i n e Entwicklung störend, wenn nicht gar zerstörend. Er schien ihr zu signalisieren: »Nein! D u machst mir alles kaputt! Sieh nur, wie kaputt Du mich machst! Ich habe schon wieder die Hose voll! Ich habe schon wieder eine Fünf in der Schule! Ich bin schon wieder braun und blau geschlagen, weil ich mich geprügelt habe! Du hast mir einen Vater vorenthalten! Der Lehrer sagt nun, meine Blumen hätten das falsche Rosa.«

Peter hatte auch eine Lehrerin, die deutlich auf die Störung der Beziehung zwischen unehelich Geborenen und ihrem sozialen Umfeld hinwies. Sie sagte, als alle anderen die Berufe ihrer Väter zu nennen wußten außer ihm: »Was Dein Vater war?! Der war eben ein Schlamper!!« Damit zeigte sie dem Jungen und seinen Klassenkameraden unmißverständlich, daß alle anderen Väter durch ehrliche Berufstätigkeit Verantwortung für ihre Familien übernommen hätten, sein Vater aber in dieser und jeder anderen Hinsicht sozusagen »gekniffen« habe.

Wenn wir die Beziehung zwischen dieser Mutter und ihrem Sohn mit der zwischen anderen unehelichen Müttern und Kindern vergleichen, läßt sich verallgemeinern: Ähnliche Konflikte der Beziehung zwischen unehelichen Müttern und ihren Kindern scheinen häufig zu sein. Man kann das Grundproblem der Kleingruppe aus Mutter und Kind folgendermaßen benennen: Zwischen beiden, also am Ursprung menschlicher Beziehung überhaupt, gibt es ein wahrhaft tragisches Grundprinzip. Es beinhaltet von der Mutter zum Kind wie vom Kind zur Mutter: »Du bist mein Lebenszerstörer« oder: »Du machst mir alles kaputt, sogar auch noch mich selbst!«

Zusammenfassend läßt sich feststellen, daß zwei Komponenten in diesem Umfeld schwere Störungen verursachen: Die erste ist die massive Ambivalenz zwischen Mutter und Kind, bestehend aus Haß, aber auch aus Verbundenheit, denn immerhin ist das Kind ja nicht abgetrieben worden. Die zweite betrifft den sozialen Status und die Bewertung. Vielfach sind Mütter mit unehelichen Kindern der sozialen Geringschätzung preisgegeben. Vor fünfundzwanzig Jahren war dies noch massiver, häufiger und offener der Fall.

Eine der unehelichen Mütter mochte zum Beispiel jahrelang nicht einkaufen gehen, weil sie sich im Dorf dann so sehr schämen mußte. Getuschel, abfällige Bemerkungen, zweideutige Witze, plötzlich abreißende Gespräche, wenn die Betreffenden unerwartet dazukamen, gehörten zum Umfeld der Unehelichkeit. All das führte zur Isolation der unehelichen Mütter. Ein Gemisch aus Minderwertigkeitsgefühlen und trotziger Auflehnung stellte sich bei fast allen Betroffenen ein. Sozial vollständig integriert wurden meist weder die unehelich Geborenen selbst noch deren Kinder. Gefühle von Verfolgen und Verfolgt-Sein, beides uneingestandenermaßen und heimlich, geisterten zwischen den Betroffenen und dem sozialen Umfeld hin und her. In extremer Form schildert Max Frisch in seinem Drama »Andorra« das unterschwellige Wogen und Auf- und Abflauen nebelhafter Verdächtigungen, Ausgrenzungen und Schuldzuweisungen in einem solchen sozialen Feld.

Die beschriebenen Folgeerscheinungen gehören zu einer letztlich sozial begründeten Problematik. Sie betreffen Beziehungsgefüge von Menschen, bei denen selbst oder bei deren Eltern eine uneheliche Abkunft vorzufinden war. Bei solchen fanden wir häufig eine Störung fast aller persönlicher Beziehungen einschließlich der Mutter-Kind-Beziehung. Meist besteht in solchen Fällen eine tiefgehende und geradezu vergiftende Ambivalenz zwischen der unehelichen Mutter und ihrem Kind. Das Beziehungsmuster: »Du bist mein Lebenszerstörer« gilt in vielen Fällen von Unehelichkeit. Ist dieses Grundmuster einmal installiert, so konstelliert es sich im Wiederholungszwang immer neu. Zementiert wird dieser Vorgang noch dadurch, daß die Familie und die soziale Umwelt als zusätzliche Verstärker wirken. Das negative Muster der Beziehung zwischen Mutter und Kind dient später auch als Vorlage für weitere Beziehungsgefüge. Gemäß Lichtenbergs doppelter Kodierung als »the doing« und »the done« kann es schließlich auch vom Kind aktiv in seinen Beziehungen angewendet werden. So kommt es zu immer neuen Wiederauflagen. Schuld, Minderwertigkeits- und Triebhaftigkeits-zuweisungen ergeben sich dann fortwährend weiter. Auch in den eigenen familiären Beziehungen, vor allem mit eigenen Kindern, werden die negativen Muster reaktiviert und Rollen weitergegeben.

5.3.2.2 Rollendelegation als kennzeichnendes Mittel von Bearbeitung und Abwehr

Ein wesentliches Leitmerkmal bei Patienten mit Unehelichkeits-Syndrom stellt die Bereitschaft dar, Rollen an nahestehende Personen zu delegieren. Eine unvermerkte Übernahme solcher Delegationen führt in vielen Fällen zu starker Persönlichkeitsverfälschung und Depersonalisation, wie aus den Fallvignetten ersichtlich ist. Menschen unehelicher Herkunft erhalten einerseits zwar oft mit aller Kraft im äußeren Leben den Anschein bürgerlicher Ordnung und klarer familiärer Strukturen aufrecht, andererseits werden maligne Inszenierungen und Rollenverteilungen immer wieder in ihren Gegenwartsfamilien oder anderen Beziehungen in Szene gesetzt. Die schwere Mißtrauens- und Entwertungsproblematik, die gleichzeitig auch noch entwirklicht werden muß, läßt sich oft von ihren Trägern nur aushalten, wenn sie den Abwehrmechanismus der projektiven Identifizierung anwenden können. Dieser bewirkt, daß negative Selbstbild- und Beziehungsanteile auf andere projiziert werden, so daß man selbst scheinbar gar nichts mit den Problemen zu tun hat. So kann man mit quälenden inneren Bildern und Beziehungsmustern umgehen, indem man Ersatzfiguren für Anteile der eigenen Person auftreten läßt. Rollendelegation ist also eine besonders typische Form der Verarbeitung und Abwehr bei Menschen mit unehelicher Abkunft. Vergebene und übernommene Rollen zeigen vor allem Züge von Gloriosität und Entwertung. Unter entsprechendem Vorzeichen wird oft auch die gesamte Realität gesehen. Eine krasse Extremvariante dieses Introjektsyndroms könnte sich auch in Hitler und dem Nationalsozialismus dargestellt haben, sowohl in der Identifizierung mit arischer Größe als auch in der Entwertungs-Delegation an Nicht-Arier.

Kindern unehelich Geborener wird häufig suggestiv eine Übernahme sehr quälender Rollen aufgenötigt, die als Teile zum ursprünglichen Lebensdrama ihrer Eltern gehören. Sie werden dann zum »Träger des Makels« erklärt oder unbewußt dazu bestimmt, den »Lebenszerstörer« von Mutter oder Vater darzustellen. Sie sind dann dazu verdammt, unfähig, häßlich, triebhaft oder verstoßenswert zu erscheinen. Es ist nicht verwunderlich, daß solche Kinder schließlich unsere Patienten werden, weil sie sich mit den an sie delegierten, oft geradezu monströsen Selbst- und Objektbildern nicht mehr zurechtfinden. (Vgl. hierzu auch die vorstehenden Fallvignetten und »Fall Gerold B. oder der mißbrauchte Mann, ein Fall von dreifachem Mißbrauch« (S. 236–259).

5.3.2.3 Zu Symptomatik und Erscheinungsbild

Patienten mit Unehelichkeits-Syndrom fielen bei Therapiebeginn paradoxerweise durch ihre Unauffälligkeit auf. Sie schilderten oft ihre unehelich geborenen Elternteile als dem Anschein nach perfekte, überaus glänzende Persönlichkeiten, die entweder selbst Chef waren oder doch ihren Chefs unentbehrlich. Alle diese Elternpersönlichkeiten sahen angeblich gut aus. Sie konnten anscheinend »alles« – alles tun, aber auch alles ertragen. Einer unserer Patienten schilderte seine Mutter, die geschätzte Sekretärin eines Chefarztes, als eine Art »weiblichen Indianers«, der auch bei Folter, Gefahr, Hunger und Durst völlig gleichmütig reagierte. Ein Patientenvater war Chef im Publikationswesen. Er war glorios, überaktiv, konnte anscheinend alles. Eine Patientenmutter hatte die adeligste Herkunft der gesamten Aristokratie. Eine andere züchtete die edelsten und teuersten Hunde. So scheinen oft Glanz und Perfektion im Vordergrund der persönlichen Bühne unehelich Geborener vorzuherrschen. Im Hintergrund jedoch nisten vielfach Gefühle von Minderwertigkeit, Makel und Entwertung. Die Abwehr des Wertlosigkeitsproblems in Form einer Verkehrung ins Gegenteil springt bei der ersten Generation ins Auge. Sie hat den Charakter eines Leitmerkmals.

Solche Muster basal gestörter Beziehung werden vielfach von Generation zu Generation weitergegeben. Selbst noch bei unseren Patienten der zweiten und dritten Generation, die also von der Unehelichkeit um so vieles weiter entfernt waren, fanden wir auffallend häufig Verkettungen zwischen dem Selbstwert der Person und Ängsten, womöglich so etwas wie »lebensunwertes Leben« darzustellen. Wir fanden auch tiefsitzende Gefühle von Unwert, als Person geliebt zu werden oder sich selbst zu lieben. Uns Therapeuten schienen solche Verknüpfungen zunächst unverständlich, wenn nicht gar unlogisch. Wir waren gewohnt, Menschen mit sehr komplizierten oder gar tragischen Lebensverläufen zu begegnen. Diesen gegenüber fanden wir einen unehelich geborenen Vater, oder erst recht eine solche Großmutter, vergleichsweise wenig tragisch. Trotzdem aber sahen wir immer wieder – fast als regelhaft – die angedeuteten schweren Selbstgefühls- und Selbstbewertungsstörungen und auch Beziehungsstörungen von entsprechender Verzerrtheit. Nicht selten hörten wir von den Patienten den Vergleich mit dem biblischen »Bis ins dritte und vierte Glied«. Wie konnten solch langdauernde Belastungen zustande kommen, und wie waren sie jeweils zu behandeln? Diese Fragen begleiteten uns bei unserer Arbeit mit Patienten dieser Gruppe.

Unsere Patienten boten meist ein anderes Erscheinungsbild als ihre unehelich geborenen Eltern. Sie waren weniger glorios oder funkelnd. Sie kämpften daneben eher mit Kleinheitsgefühlen oder Unauffälligkeitsbedürfnissen. Sie waren oft wenig aggressive, »besonders liebe Menschen«, anpassungsfähig, geschickt, intelligent, aber mit einem immer wieder auftauchenden Anflug von verlegenem Lächeln im Gesicht. Es haftete ihnen etwas an, das auszudrücken schien: »Es tut mir schon leid, daß ich da bin, aber ich kann wirklich nichts dafür.« In der Regel kamen solche Patienten wegen depressiver Gefühle, verbunden mit solchen der Scham und Inkompetenz. Manche suchten uns wegen der Unfähigkeit auf, Ausbildungsgänge abzuschließen oder Partnerschaften einzugehen. Einige von ihnen waren suizidal.

Auffallenderweise war keinem dieser Patienten klar, daß die uneheliche Geburt eines Eltern- oder Großelternteils ein Problem für die Familie oder ihn selbst dargestellt hatte. Das Ausmaß der Tarnung all dessen, was mit diesem Sektor zu tun hatte, grenzte oft schon an eine Art echter Zauberkunst. Die habituelle Geschicklichkeit im Vorenthalten des problematischen Anteils der Herkunft führte dazu, daß im Einzelfall Gruppenmitglieder und Therapeuten zum Beispiel jahrelang nicht fragten: »Also: Wo hat denn nun Deine Großmutter wirklich gelebt?« oder: »War Dein Großvater wirklich Dein leiblicher Großvater, oder war er nur später angeheiratet?« Fragen dieser Art pflegen außerordentlich viel Scham und Unsicherheit auszulösen.

In symptomatischem Ausmaß belastet waren vor allem folgende Lebensbereiche: Der Umgang mit Leistung und Erfolg brachte ungewöhnlich mühevolle Anspannungen und Ängste mit sich, auch die Fähigkeit, partnerschaftliche Beziehungen einzugehen, war beeinträchtigt. Die Sexualität wies ebenfalls charakteristische Störungen auf: Impotenz, Vaginismus, Frigidität wechselten mit Phasen sexueller Überaktivität in der Realität wie in überflutenden Sexualphantasien. Jedoch überwogen meist die Phasen sexueller Gehemmtheit. Trotz aller Minderwertigkeitsgefühle und Blockaden des Sexuallebens haben solche Patienten einen leisen, aber intensiven »Sex-Appeal«. Vorwiegend über den Ausdruck ihrer Augen teilt sich mit, daß sie interessant, ja faszinierend sind. Oft scheinen sie etwas wie Bestrickung oder Verschmelzung anzubieten. Um so enttäuschender ist dann häufig für die Partner die tatsächlich so geringe erotisch-sexuelle Aktivität.

Häufig äußern sich psychische Spannungen, die im Alltag wegen der starken Tarnung nicht abgebaut werden können, in psychosomatischen Beschwerden. Wir sahen Blasenentzündungen, verstärktes und persistierendes Zahnpressen, Infektneigung, Migräne, Fett- und Magersucht, Neurodermitis. Sogar eine psychogen bedingte Blut- und Knochenmarkserkrankung zeigte sich. Sie war in ihrem Verlauf deutlich den unbewußt psychischen Prozessen zugeordnet. Verblüffenderweise reagierte in diesem Falle das Knochenmark nicht auf Medikation, sondern auf Psychotherapie.

Auch existentielle Scham war ein durchgängiges Grundgefühl, welches wir bei Patienten dieser Gruppe fanden, selbst noch bei Kindern und Enkeln von unehelich Geborenen. Weiter fiel die Neigung zu vielfältigen Überkompensationen auf. Buchstäblich alle unsere Patienten, die Kinder von unehelich geborenen Eltern waren, wurden Oberschüler, schließlich Abiturienten und Studenten. Meist waren sie jedoch wegen ihrer Leistungsstörungen, ihrer Prüfungs- und Versagensängste übergroßen Anstrengungen und Selbstüberforderungen ausgesetzt. Fast nie jedoch verursachte die mit Unehelichkeitsproblemen verbundene innere Spannung eine auffallende Leistungsminderung. Von all den innen tobenden panikartigen Ängsten und Konflikten trat selten etwas an die Oberfläche der Erscheinung und des Verhaltens. Fast stets siegte das

geschickte, ruhige, gesteuerte, allgemeine Tarnungs- und Klitterungsverhalten.
In den folgenden Fallvignetten sollen typische Ausformungen des Un- oder Außerehelichkeits-Syndroms anhand der Schicksale der Kinder und Enkel dargestellt werden. Dabei werden auch die zugehörigen Introjekte der Beziehungs- und Selbstbilder deutlich.

5.3.2.4 Vignetten und Fallskizzen

Delegation von Phantasien im Umfeld von Prostitution an eine Tochter

Die unehelich geborene Mutter unserer Patientin Ute war in einem Heim aufgewachsen, seit sie ein Jahr alt war. Ihre Mutter hatte sie dorthin gegeben, nachdem sie sich während des ersten Lebensjahres intensiv um ihr Kind hatte kümmern können, weil damals die Großmutter noch Tochter und Enkelin versorgte. Nach dem Tod dieser Großmutter kam das Baby in ein Heim. Die Mutter wurde dann Angestellte im Hotel einer entfernten Großstadt, um sich und das Kind zu ernähren. Dort kam sie bei einem Bombenangriff um, bei dem das gesamte Hotel zerstört wurde.

Ihr unehelich geborenes Mädchen, Utes Mutter, lebte im Heim, bis es fünf Jahre alt war. Danach wurde es auf Wunsch eines angeheirateten Großonkels adoptiert, der mit der Schwester von Utes Großmutter verheiratet war. Er sollte von deren Tochter, unserer späteren Patientin Ute, »Großvater« genannt werden. So sollte die Unehelichkeit und das Adoptionsproblem besser getarnt sein. An dieser Stelle wurde der Tatbestand der Unehelichkeit also optisch weitgehend zum Verschwinden gebracht. Allerdings »flimmerten« von diesem Zeitpunkt ab die verwandtschaftlichen Einordnungsmöglichkeiten und -verhältnisse. Es kostete sehr große Mühe, die Verwandtschaftsgrade in der Therapie allmählich wieder klar zu bezeichnen.

Die Tante von Utes Mutter und deren Kinder empfanden das »Findelkind« als Eindringling. Sie rächten sich dadurch, daß sie es zum »Aschenputtel« machten. Die Tante habe Vorbehalte dagegen geäußert, das Mädchen ihrer umgekommenen Schwester in ihre Familie aufzunehmen. Das Waisenkind mußte sich angeblich immer bemühen, etwas zu gelten, und konnte gegen Vettern und Cousinen nicht aufkommen. Sie machte sich hübsch, war flink, klug und bescheiden. Ihre verstorbene Mutter sah sie als eine herumziehende Schlampe und Hure. Sie glaubte, diese hätte nie gearbeitet, sondern sei fortgezogen, um sich von Männern aushalten zu lassen. Ihr Kind, Utes Mutter, hätte sie angeblich »wie ein Findelkind im Heim zurückgelassen«. In den Augen ihrer Tochter war die Mutter also eine Schlampe und außerdem ungezügelt sexuell.

Die unbewußte Phantasie, die sich Utes Mutter von ihrer unehelichen Geburt unter dem Einfluß ihrer streng katholischen Heimerziehung erworben hatte, enthielt ausgedehnte Anteile von ausufernder, unkontrollierbarer und wuchernder Sexualität. Eine solche Art der Sexualität mußte nach Vorstellung der unehelichen Tochter schließlich zu einer wahren Explosion in den sozialen Verhältnissen führen. Utes Mutter sah als unausweichliche Folge, daß »ein uneheliches Kind dann irgendwo dasitzt«, genauso wie sie selbst als Kind sitzengelassen worden war. Alle diese Phantasien wurden jedoch von dem »Findelkind« nur andeutungsweise geäußert. Sie manifestierten sich aber um so deutlicher in der Beziehung zwischen ihr und Ute und in anderen mitmenschlichen Bezügen.

Nun zur nächsten Generation: In Utes Kindheit wurde viel Kontakt zur Cousine der Mutter, mit der diese in der Kindheit zusammengelebt hatte, gepflegt. Diese lebte kinderlos mit ihrem Mann. Als Ute zweieinhalb Jahre alt war, sei sie von ihrer Mutter nach der Geburt eines weiteren Kindes massiv vernachlässigt worden. Sie habe sie halbe Tage lang schreien und im Laufstall allein gelassen. So mag sie wohl die schwere Verlassenheit der eigenen frühen Kindheit reinszeniert haben. Ute sei nach Geburt ihres Bruders viel in der Wohnung von »Onkel und Tante« gewesen. Ihre Familie sei dem Onkel und der Tante auch dankbar gewesen, weil die finanzielle Position des Vaters sich mit ihrer Hilfe gebessert hätte. Utes Beziehung zu Onkel und Tante zeigte verschiedenartige Aspekte: Sie war bei ihnen wie zu Hause, schlief auf der Besucherritze und schmuste mit beiden.

Mehr und mehr bekam die Beziehung des Onkels zu ihr aber auch Untertöne von Erotik und deren Bezahlung. Schließlich kristallisierten sich auffallende Züge heraus, die sich steigerten, als Ute in die Pubertät kam. Wenn sie sich beispielsweise einen Kosmetikkoffer wünschte, sagte er: »Ja, weißt Du, so etwas muß man sich verdienen! – – Ich krieg von Dir einen Kuß, und Du bekommst dafür von mir fünf Mark! – Wenn ich Dir dabei noch an den Busen langen darf, dann kriegst Du von mir sogar zehn Mark!« – Diese Kombination von Erotik und Bezahlung blieb für Jahre erhalten. Auffallend war, daß Utes Mutter bei diesen Verhandlungen meist anwesend war, sich aber sonderbarerweise nicht einmischte.

Ute verdiente sich so durch viele Küsse, für fünf und für zehn Mark, mit und ohne »An-die-Brust-Fassen« des Onkels, ihren Kosmetikkoffer und noch vieles andere mehr. Im Laufe der Zeit schlich der Onkel ihr auch in entlegene Räume nach und näherte sich ihr dort in unzweideutiger Weise. Dieses unmißverständliche inzestuöse Mißbrauchsverhalten kam jahrelang nicht zur Sprache, obwohl es sich ja, von der Mutter unterschwellig mitinszeniert, vor deren Augen abspielte. Schließlich erlebte Ute dann im Alter von zwölf Jahren, wie der Onkel von ihrem Vater aus dem Haus gejagt wurde. Er machte dem Onkel jetzt heftige Vorwürfe und klagte ihn an, er belästige seine Tochter sexuell.

Diese Szenerie ist besonders auffallend. Deutlich vollzog man hier jahrelangen inzestuösen Mißbrauch an einem kleinen Mädchen bis zum Alter der Pubertät. Die Eltern waren nicht diejenigen, die den Mißbrauch körperlich vollzogen. Es war jedoch die Mutter, die ihn unbewußt in ihrem eigenen Interesse mitinszeniert hatte. Dabei kam ihr des Onkels Lüsternheit zu Hilfe. In ihrer Therapie äußerte Ute hierzu immer wieder, daß sie wohl für ihre Mutter eine Art Wiederbelebung der Großmutter, der vorgestellten »Schlampe und Nutte«, dargestellt hätte. Auch mir erschien dies plausibel: Es bot der Mutter ja die Möglichkeit, noch einmal mit eigenen Augen zu sehen, wie es ist, wenn man »seine Erotik und Sexualität für Geld verkauft und sie in einer wuchernden, unerlaubt schillernden Weise anbietet«. Wie groß muß der Wunsch dieser Tochter gewesen sein, mit der auf unklare Weise früh verlorenen und entwerteten Mutter noch einmal in Kontakt zu treten. Dabei entsprach ja das innere Bild, welches sich das »Findelkind« von seiner Mutter gemacht hatte, den realen Tatsachen in keiner Weise.

Phantasien von Übergriffen seitens der männlichen und weiblichen Seite, auch von Gier auf beiden Seiten, wurden so in Utes Lebensgeschichte reinszeniert. Es verwundert nicht, daß sie als Kind dieser Mutter schließlich frigide wurde und unter sexuellen Störungen litt. Auch Blasenentzündungen, die immer wieder auftraten, standen im Zusammenhang mit mobilisierter sexueller Thematik. Neben den Gehemmtheiten kam es gelegentlich bei Ute aber auch zu erotisch-sexuellem Verlockungs- und Durchbruchsverhalten, was ja angesichts der Vorgeschichte nicht verwunderlich war.

Delegation der Rolle einer außerehelich geborenen Halbschwester an ein Baby

Lisa war eine von drei PatientInnen mit ähnlicher Lebensgeschichte, die wegen schwerster Störungen der Selbstwahrnehmung, der Beziehungen und der Sexualität zur Therapie kamen. Die Gemeinsamkeit bestand darin, daß während ihrer ödipalen Entwicklungsphase in den Kernfamilien der Mütter ein außereheliches Baby zur Welt gekommen war. Lisa kam wegen Ängsten und vielfältigen Erlebens- und Verhaltensstörungen und schweren psychosomatischen Erkrankungen zur Therapie. Sie litt an Neurodermitis.

Während der Behandlung zeigte sich, daß ihre Mutter im ödipalen Alter oft direkt mit dem außerehelichen Verhältnis ihrer Mutter konfrontiert worden war. Lisas Großmutter hatte ein Liebesverhältnis mit einem Schwager ihres Mannes, welches sich halb offen vor sämtlichen Familienmitgliedern abspielte und jahrelang dauerte. Lisas Mutter war etwa drei Jahre alt, als es begann, vier, als das außereheliche Mädchen geboren wurde, welches in der Folgezeit mit ihr im gleichen Zimmer schlief. Verständlicherweise heftete sie ödipale Phantasien an das Liebesverhältnis, ihre Mutter und den Onkel. Sie fand ihn faszinierend, weil etwas Lockendes, aber auch überhoben »Böses« mit Liebesgefühlen ihm gegenüber zusammenzuhängen schien.

Das außereheliche Verhältnis hatte für die Familienmitglieder zeitweise größere Wichtigkeit als die Ehe von Lisas Großeltern. Die außereheliche Halbschwester wurde für Lisas Mutter zur Adressatin hochgradig ambivalenter Gefühle: Sie beneidete sie »als Kind des tollsten und verführerischsten Vaters und Geliebten, dem man in keiner Weise widerstehen kann«. Sie haßte sie »als Eindringling in die eigene Familie, als illegitim, als Störenfried«. Sie betrachtete sie als eine Art Mißgeburt und »frecher Erscheinungsform von Widerrechtlichkeit«. Diese Halbschwester war nicht kleinzukriegen. Trotz aller Beseitigungswünsche verschwand sie einfach nicht. Sie hatte angeblich auch schon durch ihr andersartiges Aussehen gezeigt, daß sie nicht eigentlich zur Familie gehörte. Eine sehr dynamische unerledigte Sexualproblematik verquickte sich mit dem Bild dieser Halbschwester.

Als Lisa geboren wurde, war sie also die Tochter der Frau, die in der Kindheit das außereheliche Verhältnis miterlebt hatte. Sie war jüngstes Kind und wurde selbst auch in eine schwierige Situation hineingeboren: Der sehr narzißtische Vater wünschte kein weiteres Kind mehr, die Mutter hingegen wohl. In dieser Situation nahm der Vater seiner Frau das Versprechen ab, daß er dann aber einen »Flirt« unterhalten dürfe, solange sie das Kind erwarte. Es erscheint durchaus logisch, daß diese Frau einen narzißtischen, glänzenden, patriarchalischen Partner mit donjuanesken Eigenschaften gewählt hatte, der dem damaligen Onkel in vielem ähnelte. Der Einfluß des Vaters soll in diesem Text nicht weiter berücksichtigt werden.

Nach Lisas Geburt wurde ihre Mutter massiv und unerwartet schockiert: Anders als in ihrer Kindheit, in der die Geborgenheit der Kernfamilie letztlich doch nicht auf dem Spiel stand, wurde der Ehemann mehr und mehr von Leidenschaft für seinen »Flirt« ergriffen. Die Geliebte blieb in ständigem Umgang mit der Familie. Als sie auch noch die Mutter im Wochenbett besucht habe, hätte diese am liebsten ihre Geschenke an die Wand geworfen. Sie wahrte aber den guten Ton weiterhin. Auch als deutlich wurde, daß der Flirt ein Verhältnis wurde und schließlich ein Scheidungsansuchen heraufbeschwor, hielt sie durch.

Einige Wochen nach Lisas Geburt wurde die Mutter schwer depressiv und bekam massive Schwierigkeiten im Umgang mit ihrem Baby. Bei diesem zeigte sich jetzt plötzlich eine Brustbeißersymptomatik. Lisa wurde daraufhin abgestillt und zur Pflege an eine recht pervertierte Kinderfrau übergeben. Lisas Mutter protestierte nicht gegen Mann und Nebenbuhlerin, konnte aber ihr Baby auch nicht mehr »halten«. Es begann sich schrittweise deutlicher zu zeigen, daß sie wohl ihre Halbschwester auf den Säugling projizierte. Dieses Baby, unsere spätere Patientin Lisa, entwickelte nun Anteile psychischer Spaltung. Sie wurde frech, herausfordernd, auch ein Stück weit sadistisch und bösartig, daneben war sie aber auch ein begabtes, braves, folgsames Kind. Angesichts der Vorgeschichte scheint es verständlich, daß sie an sexuellen Zwangsideen und Zwangshandlungen, aber auch an geradezu panischen Ängsten und Vermeidungshaltungen im Zusammenhang mit sexueller Thematik litt. Insgesamt war Lisa ein stark depersonalisierter Mensch, farbenprächtig in der Rolle der Halbschwester ihrer Mutter, aber unfähig, ihre ureigensten Bedürfnisse und Impulse wahrzunehmen und auszuleben.

Die vertauschte Mutter

Auffallend war auch die Lebensgeschichte eines unehelich geborenen Vaters. Sie war typisch für das häufige Verschleierungsbedürfnis der Herkunft unehelicher Kinder. Er war Sohn der jüngsten Tochter eines Hoteliers. Diese ging nach der Geburt von zu Hause fort und in Stellung. Sie gab den Sohn in eine Pflegefamilie. Als dort Adoptionswünsche den nun Dreijährigen betreffend deutlich wurden, gab sie ihn zu ihren Eltern. Danach wurde dieser Sohn als jüngstes Kind seiner leiblichen Großeltern ausgegeben. Er hat sich angeblich auch selbst als deren Kind erlebt. Er fühlte sich als Sohn des Hauses, allerdings wohl natürlich nicht, ohne die hintergründige Doppelbödigkeit noch irgendwie wahrzunehmen. Er betrachtete seine Mutter seine ganze Kindheit hindurch als seine ältere Schwester. Erst als er volljährig wurde, »erfuhr er dann die Wahrheit«. Wie mag dieser Sohn die Geschichte seiner Kindheit verarbeitet und aufgefaßt haben? Einige Folgeerscheinungen und Kompensationen zeigten sich im Umgang mit der eigenen Familie und seiner Tochter, unserer Patientin.

Im weiteren Leben wurde er einer dieser perfekten, strahlenden, allseitig erfolgreichen Chefs, die nie nachgeben, nie Schwäche zeigen können. Er wurde auch donjuanesk. Später hatte seine Tochter, unsere Patientin dann, als sehr junges Mädchen einen fünfzehn Jahre älteren Freund. Dieser sei aber »nur ein väterlicher oder älterer befreundeter Mann« gewesen. Zu ihrer Entgeisterung habe ihr Vater ganz plötzlich in ihrem Beisein zu ihm gesagt: »Ja, ja! Mr muaß die Mädle nemma, solang se jung sin, no sin se am beschte!!« Hier zeigte sich also überdeutlich die in vielen Fällen von Unehelichkeit hochgeheizte Feindschaft der Geschlechter einschließlich einer aggressiven Komponente der Sexualität. Es scheint, als hätte dieser Vater in früher Kindheit seine Mutter zu hassen und zu verachten gelernt, während er gleichzeitig fühlte, daß er Mütterlichkeit auch brauchte. Dies könnte vielleicht die oben wiedergegebene extrem ambivalente, unväterliche Reaktion gegenüber der Tochter erklären.

Die Herkunft des unehelichen Vaters aus »einer höheren Welt«

Häufig wird auch an eine uneheliche Herkunft Phantastisches, Wunderbares oder Edles gekoppelt. Schon in der antiken Literatur gibt es bei unklarer Herkunft Beispiele dafür wie »Romulus und Remus« oder »Moses«. Abstammung undurchschaubarer Art kann unschwer mit wunderbaren irdischen Reichtümern, Paradiesvorstellungen oder hohen Ehren angereichert werden. Eine unserer Patientinnen hatte eine unehelich geborene Mutter. Diese war von ihrer Mutter in eine kleinbürgerliche Pflegefamilie gegeben worden. Als sie dann fünf Jahre alt gewesen sei, habe ihre Mutter geheiratet und die voreheliche Tochter zu sich geholt. Der Stiefvater habe sie adoptiert. Seit jeher ging von diesem Kind die Sage, daß es von höchstem Adel abstamme. Der Vater sei wohl Sproß eines besonders hervorgehobenen Fürstenhauses, ja vermutlich der »engsten kaiserlichen Familie« gewesen. Ähnliche

Vorstellungen passen besonders gut zu den Größenphantasien, die sich überkompensierend an den »Makel« heften, keinen Vater und keine richtige Familie zu haben. Solche Tatsachen sind schwer zu ertragen und werden deshalb häufig ins Gegenteil verkehrt: »Ich habe eigentlich den allertollsten Vater! Es darf nur keiner wissen! Und ich bin auch aus der allertollsten Familie!«

Eine Schande dient zur Abwehr der anderen

In mehreren unserer Behandlungen waren beide Elternteile unehelich oder außerehelich geboren, oder einer von beiden litt darunter, daß außerehelich geborenen, Geschwister zur Kinderstube gehörten. Oft fiel auf, daß ein Elternteil offener mit der »Schande« der Unehelichkeit umging, während sie beim anderen verdeckt gehalten wurde. Verdächtigung und falsches Mitleid, aber auch Getuschel und Gerede hatte in diesen Fällen der erklärtermaßen Uneheliche in besonders großem Ausmaß auszuhalten, so als hätte nur er ein »Problem bei seiner Herkunft«. Auf ihn wurde dann vom Partner der eigene verdeckte Anteil vollständig mit abgeladen. Auch angebliche Trunksucht, Fettsucht oder die Anklage, einst »nationalsozialistisch identifiziert« gewesen zu sein, dienten in solchen Fällen den jeweiligen Partnern dazu, von der eigenen Unehelichkeitsproblematik ab- und auf die Probleme des Ehepartners hinzulenken. Bei manchen unserer Patienten trafen sich miteinander verwandte Familien nicht mehr, um ein »Gerede« über die uneheliche Geburt eines Mitglieds zu unterdrücken.
Bei Patienten mit Unehelichkeits-Syndrom fiel auf, daß das Unterdrückte und Verheimlichte sich dennoch immer wieder in verhüllter Form meldete. Eine auffallende Haarfarbe konnte als »pars pro toto« ein Zeichen dafür darstellen, daß die abgewehrte »Schande« bei einem Familienmitglied wieder hintergründig »spukte«. Auch »Dick-Sein« oder »Dicke-Beine-Haben« konnte als verdeckter Hinweis benutzt werden, um anzudeuten: »Du kannst machen, was du willst, du bist und bleibst doch auch so eine …!« (oder »so einer …!«).
Wie bei Real-Inzest fanden wir auch Tradierung der Unehelichkeit in die folgende Generation.

Auch Harald gehörte zur zweiten Generation nach der Unehelichkeit wie fast alle unsere Patienten. Er kann als Beispiel für diejenigen gelten, die Un- oder Außerehelichkeit auch in die folgende Generation weitergaben. Seine Mutter war unehelich geboren. Sie war zwanghaft ordentlich und übermäßig reinlich. Bei Familienausflügen mußten karierte Handtücher an Quellen oder Bächen ausgebreitet werden, auf denen nur reinlichst verpackte Nahrungsmittel ausgepackt werden durften, nachdem vorher die Hände säuberlichst geseift und abgetrocknet worden waren. Viel schöner als bei der Mutter hatte es Harald in seiner Kindheit bei der Oma gefunden. Aufräumen war bei ihr nicht so wichtig. Seine Eltern bezeichneten sie jedoch als »schmuddelig«. Diese Abwertung betraf wohl weniger Probleme von Aufräumen und Händewaschen. Eher dürfte ein verdeckter »Makel« damit angedeutet gewesen sein, der damit zusammenhing, daß sie die Mutter unseres Patienten unehelich zur Welt gebracht hatte. Die Oma sei aber sehr lieb gewesen. Sie habe Spinnen, Schmetterlinge und junge Meisen mit ihm beobachtet. Harald war eine blendende männliche Erscheinung, gepflegt, sportlich, strahlend und in jeder Weise geeignet, auf einem ansprechenden Plakat für männliche Schönheitspflege zu werben. Er zeugte selbst wieder ein uneheliches Kind. Dies geschah zu einem Zeitpunkt, als ihm schon unwiderruflich klar war, daß er sich von der Mutter dieses Kindes zurückziehen wollte, weil er mit ihr im Alltag nicht zurechtkam. Er ist inzwischen verheiratet und hat nun auch eheliche Kinder. Der Kontakt zur Unehelichkeitsproblematik, damit vielleicht aber auch zu der so viel geliebteren Oma-Welt, wird wohl während des gesamten Lebens über das uneheliche Kind ständig neu aktualisiert.

5.3.2.5 Zur Therapie der Störung

Aus den Fallskizzen geht hervor, daß das Zentrum dieser Störung zusammenfällt mit dem Zentrum der Entstehung menschlicher Beziehungen überhaupt. Wenn wir annehmen, daß dies tatsächlich der Fall ist, müssen wir mit weittragenden Folgen für alle Beziehungsformen rechnen. Dies entspricht auch unseren Erfahrungen bei der Arbeit mit Patienten. Alle drei tragenden Formen von Beziehung überhaupt sind meist von der Störung betroffen: Die Mutter-Kind-Beziehung als grundlegender psychischer Organisator; das familiäre Beziehungsmuster, dem der Patient unterliegt; die Art der Korrespondenz mit den Menschen im sozialen Lebensumfeld. Damit sind die meisten Möglichkeiten, Beziehungsmuster überhaupt zu bilden und Kontakte zu finden, von der grundlegenden Störung betroffen. Alle drei Ebenen bündeln und verstärken sich gegenseitig. Eine brennglasartige Konzentration dieser hochexplosiven grundlegenden Beziehungsmuster in der Übertragungs-/Gegenübertragungs-Beziehung muß jedoch dazu führen, daß diese Beziehung gleichzeitig von allen drei basalen Bereichen her schwerstens überfrachtet wird. Es ist kaum zu erwarten, daß das Arbeitsbündnis und die reale Therapeut-Patient-Beziehung dieser überwältigenden und überschwemmenden Tiefendynamik standhalten, so daß die negativen Übertragungsanteile konstruktiv durchgearbeitet werden können. Patienten mit Unehelichkeitsproblematik sind also besonders schwierig zu therapieren. Nach unseren Erfahrungen ist dabei jede Maßnahme zu begrüßen, die das überfrachtete Übertragungs-/Gegenübertragungsgefüge entlasten kann. Immer wieder waren wir in solchen Therapien erleichtert über Möglichkeiten zur Aufspaltung der Übertragung und die weiteren in Kapitel 3 und Kapitel 4 beschriebenen entlastenden und objektivierenden Bestandteile der Mehrphasentherapie.

Wir empfanden es zum Beispiel hilfreich und nützlich, daß die Patienten in der Regressionstechnik die Struktur der eigenen Steuerung erforschen und sich von dieser distanzieren konnten. Ebenso erlebten wir es als Übertragung und Gegenübertragung entlastend, daß sie sich in der Modellimprovisation mit eigenen Erlebens-, Wahrnehmens-, Denk- und Verhaltenseigentümlichkeiten konfrontieren konnten. Auch die Tatsache, daß unsere Patienten sich in selbstgeschaffenen Bildern oder Szenen darstellen, objektivieren und spiegeln konnten, entlastete oft spürbar die überhitzte Übertragungsbeziehung. Jede einzelne solcher Therapien stellte über lange Zeiträume immer wieder ein Abenteuer dar, bei dem sich brennend die Frage erhob, ob es bestanden werden könne oder nicht. Wir fanden, wie bei Patienten mit Anaklitischem Fokus, vier unterschiedliche Therapiephasen, die in der Regel in ähnlicher Reihenfolge verliefen:

Phase 1: Der Therapeut wird Selbstobjekt des Patienten

In der Anfangsphase besteht meist eine positive Übertragungssituation. Der Patient ist froh, daß er ernst genommen und gemocht wird. Außerdem ist er gewohnt, sich von seinen guten Seiten zu zeigen. Zu Beginn hat der Therapeut also Selbstobjektfunktion. Unter dieser Voraussetzung läuft die Therapie gut.

Phase 2: Passageres Auftreten von Scham- und Schuldgefühlen; der Therapeut wird dabei auch Hilfs-Ich für den Patienten

In Phase 2 beginnt der Patient zunehmend, von immensen und ausgebreiteten Schamgefühlen zu sprechen. Er hat auch große Ängste zu versagen, zum Beispiel angesichts einer Mahlzeit, die er in der Öffentlichkeit einnehmen muß und bei der er sich »falsch« benehmen könnte. Auch Prüfungs- und Vorstellungssituationen, drohende oder erfolgende Kritik mobilisieren unklare und überwältigende Schamgefühle.

In dieser Phase benutzt der Patient den Therapeuten als Hilfs-Ich, gelegentlich auch weiterhin als Selbstobjekt. Er appelliert besonders an seine Trostbereitschaft und an die Tatsache, daß er offenbar ein unwandelbar gutes inneres Bild von ihm in sich errichtet hat und behält. Hier kann in der Regel der erste Bezug zur Unehelichkeitsthematik hergestellt werden. Dies wirkt auf den Behandelten oft teilweise entlastend, weil objektivierend. Jedoch erscheinen ihm gelegentliche Hinweise auf das Unehelichkeitsproblem als Wurzel seiner Schwierigkeiten häufig auch merkwürdig hergeholt. Die Umstände der Herkunft sind ja durch die Umgebung in der beschriebenen Weise entwirklicht worden.

Auch Phase 2 der Therapie ist von der Gegenübertragung des Therapeuten her leicht zu meistern. Sofern er Schuldgefühle kontrollieren kann, die er angesichts einer längerdauernden Übernahme von Hilfs-Ichfunktionen verspüren könnte, gibt es keine gefährlichen Übertragungs-/Gegenübertragungsklippen. Hinweisen möchte ich aber noch auf langsam anwachsende Gegenübertragungsgefühle von Unbehaglichkeit, Unsicherheit, schlimmstenfalls von unerhörtem Verhalten. Sie entstehen, wenn schrittweise das unbewußte Tabu des Patienten, welches die Illegitimität betrifft, durchbrochen wird. Bei Deutungen, die die Schamgefühle des Patienten mit der existentiellen Schamsituation ihrer unehelich geborenen Eltern verknüpfen, zeigen sich immer neu wechselnde Reaktionen zwischen Irritation und Erleichterung. Irritation tritt auf wegen des Tabubruchs gegenüber der Verleugnungstendenz der Familie, Erleichterung, weil endlich »Luft in die muffigen Untergeschoßräume der unbewußten Persönlichkeit und ihrer Herkunft« kommt.

Phase 3 als eigentlich riskante Phase: Bearbeitung
der Unehelichkeitsproblematik in Übertragung und
Gegenübertragung

Die Beziehung zwischen Patient und Therapeut wird in dieser Phase explosiv aufgeladen und manchmal stark paranoid gefärbt. Der Patient kann es nun nicht mehr verhindern, daß seine unbewußten Phantasien, also seine Erlebensmodelle, auf uns Therapeuten projiziert werden und sich zwischen ihm und uns reinszenieren. Er verhält sich in dieser Phase häufig narzißtisch und abgekapselt und behandelt uns immer öfter, als wären unsere Worte oder unsere pure Existenz Gift für ihn. Wir erscheinen ihm böse, wertlos oder auch egoistisch. Er findet Gründe, weshalb w i r illegitim sind. Er fürchtet, von uns ausgenützt zu werden, zum Beispiel wegen unserer Rechnungen. Immer häufiger fühlt er sich von uns abgewertet oder wertet uns im Gegenzug ab.
Die Meisterung dieser Phase stellt d i e Klippe für Patienten und Therapeuten dar. An der Gegenübertragung entdecke ich immer wieder, wie es mich drängt, die paranoiden Bereiche der psychischen Interaktion möglichst schnell hinter mich zu bringen, die jetzt das Beziehungsthema bilden. Ich erlebe es auch entlastend, wenn solche Patienten innerhalb der Gruppensitzungen auf Mitpatienten und Kotherapeuten ebenso destruktiv projizieren wie auf mich. Bei all diesen Vorgängen innerhalb der Gruppen- und Einzelarbeit werden allmählich die destruktiven Übertragungsbereitschaften auf die eigene Person und andere offengelegt, auf ihre Ursprünge zurückgeführt und objektiviert. Die Schwere der Übertragungsproblematik wird dadurch relativiert, daß die Gene-

ralisierung und die negative Tendenz aller Beziehungen in der Therapie immer deutlicher werden. Als verursachend zeigen sich: Die psychisch so »infektiöse Mutter-Kind-Beziehung«, die ebenso gestörte familiäre Beziehung und die verfolgende, mit Mißtrauen verquickte soziale Beziehung. Verdeckte, sich immer mehr aufstauende Verletztheit und Verletzungsbereitschaft werden deutlich. Das Gefühl, selbst wertlos zu sein, wechselt mit Entwertungsbereitschaften gegenüber dem Therapeuten. Überheblichkeit und Minderwertigkeit beherrschen also die Übertragungsangebote und Interaktionen zwischen Therapeut und Patient.

Es erscheint mir wesentlich, daß in dieser Phase eine Reihe von Gefahren vermieden wird. Eine besteht darin, daß wegen Unerträglichkeit der oft geradezu höllischen Interaktionsdynamik die belastenden Beziehungssituationen zwischen Therapeut und Patient nicht lange und ausgiebig genug durchgehalten werden. Ein Abblocken der paranoiden Beziehungs- und Übertragungssituation kann manchmal zum Schutz des Patienten notwendig sein. Wenn jedoch die Verdächtigungs- und Entwertungsbereitschaft wegen ihrer Unerträglichkeit nicht lange genug greifbar bleibt, sondern statt dessen nur als ungelöstes atmosphärisches Problem in der Beziehung spürbar ist, kann sie auch nicht mehr weiterbearbeitet werden. Sehr schnell zeigt sich dann wieder die zu diesen Patienten gehörende ursprüngliche Entwirklichungsbereitschaft gegenüber dem Grundproblem, die in den Fallskizzen so auffiel. Die fundamentale Beziehungsstörung einschließlich ihrer Folgeproblematik wird also tendenziell in der Interaktion immer erneut umgangen. So wurde ja auch schon mit der ursprünglichen Unehelichkeit verfahren. Die Muster sitzen tief und sind nur allzu automatisch verfügbar. Die Art des Beziehungsproblems macht Therapeuten und Patienten geneigt, es immer wieder so zu behandeln, als wäre es nicht existent. Jedesmal, wenn der Therapeut es erneut zur Sprache bringt, fragt sich der Patient: »Sollte es da wirklich ein so schweres Problem bei mir geben? Wieso denn?! Ich spüre es doch gar nicht!« Er schlußfolgert: »Der ja ohnehin ziemlich unfähige Therapeut wird sich auch diese Deutung wohl wiederum aus den Fingern gesaugt haben!« Einfacher erscheint es dann, von etwas anderem zu reden, von Prüfungs- oder Berufsproblemen. Dann wirkt alles rasch wieder wie in Ordnung.

Ein mit solchen Verhaltensschritten erreichter entspannterer Zustand ist natürlich auch für den Therapeuten angenehmer als der permanente Heckenschützenkrieg der Übertragung/Gegenübertragung mit den zugehörigen Unterstellungen und Entwertungen. Allerdings hat der dann entstehende trügerische Friede in der Übertragungsbeziehung seinen Preis: Wenn der Beziehungsdramatik in der Übertragung ausgewichen werden kann, gibt es zwar bald kein Beziehungsproblem mehr zwischen Patient und Therapeut. Ein solches kann sich für eine Bearbeitung in der Therapie ja auch manchmal als fast zu schwierig anfühlen. Im gleichen Moment, in dem die Unehelichkeitsproblematik aus dem Brennglas der Übertragung verschwindet, statt von beiden Beteiligten weiter ausgehalten zu werden, »schnappen« aber auch die alten Muster »wieder ein«. Es gibt dann scheinbar keine Notwendigkeit mehr, zwei gleich wertvolle Partner vor paranoiden Hintergrundbildern zu retten. Die eigene Persönlichkeit des Patienten, die sich durch Vorgänge gesunder Ich-Spaltung von den alten Erlebensbereitschaften distanzieren möchte, scheint plötzlich wie verschwunden. Im eben angedeuteten Selbstgespräch des Patienten war der Preis für seine Stabilisierung die Entwertung des Therapeuten. Ebenso kann der Preis aber auch die Selbstentwertung des Patienten sein. Die Unerträglichkeit der Beziehungsdynamik konkurriert also in solchen Behandlungen mit einer als real erlebten Entwertung der Personen und Beziehungen. Aus diesem Grund gibt es letztlich keine andere konstruktive Lösung für das basale Problem als eine durchgestandene Übertragungsarbeit. Auch die Bereitschaft zur »Derealisation der tatsächlichen unbewußten Problematik« bei solchen Patienten wird durch eine künstlich besänftigte Beziehung eher erneut verstärkt. Wenn solche Entwirklichungsversuche besonders gut gelingen, kann selbst ein geschulter Therapeut schließlich Zweifel entwickeln, ob er nicht »weiße Mäuse« gesehen hat. Er muß sich dann immer erneut fragen, ob die Unehelichkeitsproblematik wirklich die unbewußte Steuerung der Beziehung so stark stört, wie er es zuvor wahrgenommen hatte. Der unbewußte Suggestionsdruck, der vom Patienten ausgeht, kann also selbst auf den Therapeuten sehr suggestiv wirken.

Eine weitere Gefahr besteht in einer Verwechslung der Übertragungsbeziehung mit der realen Beziehung zwischen Patient und

Therapeut. Wenn dies passiert, scheint es dem Patienten und leicht auch seinem Behandler, als bestünde zwischen beiden w i r k - l i c h ein unauflösbar schwieriges und problembeladenes Beziehungsproblem. An dieser Stelle droht eine negative therapeutische Reaktion, also ein Therapieabbruch mit aggressiven Untertönen, geprägt von Hoffnungslosigkeit. Vom Therapeuten her droht, daß auch er »Lust zu verspüren beginnt, selbst die Therapie hinzuwerfen«. Der Übertragungsdruck wird also immer wieder so massiv, daß eine Verwechslung der Übertragungsbeziehung mit der realen Beziehung naheliegt. Oft scheint es tatsächlich, als wäre keine reale Beziehung mehr da, die sich von der Übertragungsbeziehung unterscheiden ließe. Über längere Zeit hin wird so die Übertragungs-/Gegenübertragungs-Beziehung von beiden Seiten als »ausgesprochen kitzlig« oder gar als völlig unlösbar empfunden. Dieses Problem zu meistern ist nicht leicht. Vor allem, wenn der Therapeut situativ in der Außenwelt hoch belastet ist, muß er darauf achten, daß die Tendenz zur Entgleisung der überhitzten Übertragungs-/Gegenübertragungs-Prozesse sich nicht durchsetzt. Sonst kann ein Therapieabbruch drohen, der Patient psychosomatisch krank werden oder die Gefahr eintreten, daß er zerstörerisch für den Therapieprozeß oder sich selbst agiert. Manchmal aktiviert es auch die Bereitschaft zur negativen therapeutischen Reaktion, daß es etwas gibt, was dem Patienten noch bedrohlicher erscheint, als die Therapie zu verlieren. Die Existenz der Therapie konkurriert dann also mit einem anderen existenzbedrohenden Problem. In diesem Fall wäre der Abbruch ein Abwehrmanöver.

Das »noch Bedrohlichere« kann zum Beispiel die phantasierte vollständige Zerstörung des eigenen positiven Selbstbildes bedeuten. Da ein wesentlicher Inhalt der Unehelichkeitsproblematik darin besteht, daß das Kind letztlich Zerstörer der Mutter ist, werden immer wieder destruktive Selbstbilder mit Bildern des tatsächlichen eigenen Selbst verwechselt. Eine mögliche Katastrophe für die Therapie eines solchen Patienten besteht dann also in einem vollständigen Zusammenbruch der guten Selbstbilder und dem Fürwahrhalten geradezu monströser unbewußter Phantasien über das Wesen der eigenen Person. Diese können die Körperlichkeit betreffen, zum Beispiel eine auffallende Haar-, Haut- oder Augenfarbe. Sie können aber auch mit übermächtiger, überschwemmungsartig auftretender Sexualität, mit Aggressivität, Dummheit oder tölpelhafter Ungeschicklichkeit gleichgesetzt werden. Bloß vorgestellte Ungeschicklichkeiten oder Unfähigkeiten können dabei mit tatsächlichen vermischt werden.

Therapeut und Patient müssen also während dieser Phase eine Balance finden zwischen dem Aushalten der verzerrten, gleichsam »verhexten« Beziehungs- und Selbstbilder einerseits und einer ausreichenden Entlastung vom Übertragungsdruck durch Vermeidungsstrategien oder deutende Distanzierung. Therapieschützend wirken in dieser flimmernden Dynamik aus Übertragung und Abwehr Übertragungsaufspaltungen, bei denen der Kotherapeut oder Gruppenmitglieder Selbstobjekt- oder Hilfs-Ich-Funktionen übernehmen. Je heftiger sich die Problematik aktuell konstellieren kann, desto wirksamer werden dann schließlich Deutungen. Die Patienten geben sie sich manchmal sogar selbst. Wenn ich als ihre Therapeutin solchen Patienten gerade als Repräsentanz der »giftigen« Umwelt erschien, gaben sie sich öfter in für mich hörbaren Selbstgesprächen zutreffende Deutungen, die das Unehelichkeitsproblem betrafen. Natürlich muß dem Behandler der Anteil der Beziehungsvermeidung eines solchen Verhaltens bewußt bleiben, damit er darauf Bezug nehmen kann. Die Patienten sind aber mitunter recht dankbar, wenn die Therapeuten ihre eigene angebliche »Giftigkeit« so weitgehend aushalten, daß sie abwarten können, ehe sie sie mit Worten thematisieren oder als Problem in der gegenwärtigen Beziehung benennen. Wenn dies einem Therapeuten möglich ist, kann er um so folgerichtiger und treffsicherer auch Zusammenhänge des Beziehungsproblems mit der Lebensgeschichte herstellen.

Während dieser Phase zeigen sich also hochgradige Überempfindlichkeiten, mörderische Aggressionen und massive Entwertungstendenzen in den therapeutischen und persönlichen Beziehungen der Patienten. Je mehr die zugrundeliegende Unehelichkeitsproblematik als Fokus für das Unruhe verbreitende Geschehen verstanden werden kann, desto mehr wird aber die Bühne der Übertragungs/Gegenübertragungsbeziehung und der realen Beziehungen des Patienten entlastet. Nun beginnt die vierte und letzte Be-

arbeitungsphase der Problematik im Zusammenhang mit Unehelichkeit.

Phase 4: Realitätszugewandtes Selbst- und Beziehungserleben

In dieser Phase kann der Patient seine Wertungen der Realität und
seine Beziehungen überprüfen und korrigieren. Er beginnt sich
nun als mit Stärken ausgestattet und mit Schwächen behaftet
wahrzunehmen. Er wird also jetzt fähig, sich selbst als »milde
idealisierungswürdig« und damit liebenswert zu sehen. Es wird
ihm letztlich evident, daß man ihn rechtens und ohne Selbsttäu-
schung um seiner selbst willen lieben kann, obwohl seine Schwächen vorhanden sind.

Ähnliche Umwertungen können nun auch mit der Person des
Therapeuten vorgenommen werden. Wenn es für andere Behandlungen gilt, daß im Verlauf der Therapie Idealisierungen des Behandlers abgebaut werden müssen, gilt hingegen für diese Patienten, daß milde und angemessene Idealisierungen von Autoritäten
jetzt erst aufgebaut werden können. Der Therapeut wird also jetzt
nicht mehr verdeckt habituell abgewertet. Der Patient kann seine
Vorzüge wahrhaben. Seine guten Anteile haben sich ja auch deutlich herausgestellt. Er hat sich als fähig erwiesen, die verzerrte Beziehung mit durchzustehen, sie zu begreifen und das Begriffene
dem Patienten zugänglich zu machen. Außerdem hat er das gute
Bild vom Patienten festgehalten und es auch verstanden, sich persönlich durch Entwertungstendenzen und -phantasien nicht irre
machen zu lassen. Er war kompetent genug nicht zuzulassen, daß
sein Patient ihn dauerhaft mit Personen und Konstellationen seiner Herkunftsfamilie verwechselte. Nur unter dieser Voraussetzung hat er ihm eine korrigierende Erfahrung von Beziehung
überhaupt ermöglichen können.

In dieser Phase sind unsere Patienten sichtlich erleichtert, wenn
ihre zuvor monströs verzerrten Bilder vom eigenen Selbst, dem
Therapeuten und anderen Bezugspersonen nun auch Glanz und
Schönheit bekommen. Kernberg (1981) sieht die Fähigkeit zur
»milden Idealisierung« mit Recht als Grundlage dafür, überhaupt
lieben oder jemand liebevoll wahrnehmen zu können. Ohne Wert-

schätzung der eigenen Person und der anderer sind Beziehungen letztlich wenig verlockend oder ganz unbefriedigend. Ohne diese Fähigkeit ist somit das Leben schwer erträglich und kaum zu genießen. Erst wenn diese Phase erreicht ist, kann die »Enthexung« der gesamten Beziehungswelt und der eigenen Person als tatsächlich gelungen bezeichnet werden.

5.3.2.6 Abschließende Bemerkungen

Die Eigenheiten der Eltern-Kind-Beziehung bei Unehelichkeit

Angesichts unseres Themas war von Folgeerscheinungen einer letztlich sozial begründeten Problematik die Rede. Sie betreffen Beziehungsgefüge von Menschen, bei denen selbst oder bei deren Eltern eine uneheliche Abkunft vorzufinden war. Bei solchen fanden wir häufig eine Störung fast aller persönlichen Beziehungen einschließlich der von Mutter und Kind. Oft besteht in solchen Fällen eine tiefgehende und geradezu vergiftende Ambivalenz zwischen beiden. Das Muster »Du bist mein Lebenszerstörer« sahen wir in vielen Fällen von Unehelichkeit. Ist dieses Grundmuster einmal installiert, konstelliert es sich im Wiederholungszwang immer neu. Zementiert wird dieser Vorgang noch dadurch, daß die Familie und die soziale Umwelt als zusätzliche Verstärker wirken. Das negative Muster der Beziehung zwischen Mutter und Kind dient später auch als Vorlage für weitere Beziehungsgefüge. Gemäß Lichtenbergs doppelter Kodierung als »the doing« und »the done« kann es schließlich auch vom Kind aktiv in seinen Beziehungen angewendet werden. So kommt es zu immer neuen Wiederauflagen. Schuld, Minderwertigkeits- und Triebhaftigkeitszuweisungen ergeben sich dann fortwährend weiter. Auch in den eigenen familiären Beziehungen, vor allem mit eigenen Kindern, werden die negativen Muster reaktiviert und negative Rollen weitergegeben.

Folgeerscheinungen für die soziale Rolle

Das konkrete Beziehungsumfeld unehelich geborener Menschen zeigt Besonderheiten. Im schlimmsten Falle hat ein solches Kind gar keinen Elternteil um sich gehabt, dann nämlich, wenn es als Heimkind aufgewachsen ist. Zumindest fehlt ein leiblicher Elternteil. Zwar gibt es auch viele andere kompliziert zusammengesetzte Formen von Familie. Meist kann jedoch mit diesen offener umgegangen werden als in dem hier angesprochenen Umfeld. Unehelichkeit geht, zumindest in unserer Sozietät, noch tief an die Wurzeln des Selbstgefühls und der Beziehungsgefüge. Erinnert sei an eine Szene aus den vorstehenden Fallskizzen, in der die Lehrerin sagte: »Was war dein Vater beruflich wohl? Na, das wissen wir nicht. Aber eines wissen wir: Er war ein Schlamper!«

Oft liegt der Schluß nahe, daß die soziale Ächtung im Zusammenhang mit unehelicher Geburt in unserer Gesellschaft alte religiöse, das heißt christliche Wurzeln haben kann. Wertungen halten sich – auch in säkularisierter Form – meist Generationen lang. In unserer patriarchalen Gesellschaft steht überdies der Vater in der Regel für soziale Legitimität, rechtliche Eingliederung, Wertigkeit und Ordnung. Der Mutter, die ohne Ehemann zum Kind gekommen ist, fehlt bei Unehelichkeit – wie dem Kind selbst – oft das Erleben von Legitimität, Eingegliedertheit, Wertigkeit und Ordnung. Das Kind erfährt sich in seinem sozialen Umfeld leicht als ein »Bastard«, ein »Bankert«, ein »Kegel«, je nach historischer Situation und Wortfindung im betreffenden Sprachgebrauch. Die Phantasien der Kinder unehelich Geborener, die zu uns zur Therapie kamen, waren vielfach von solchen unterschwellig abschätzigen Wertungen beeinflußt.

Wie ich erfuhr, sind tragische Erlebnisse im Zusammenhang mit Unehelichkeit in der ganzen Welt verbreitet. Aus Erithrea zum Beispiel hörte ich von häufigen Selbstmorden in diesem Umfeld. Es gibt jedoch auch ein positives Beispiel dafür, wie wirksam gute soziale Einflüsse hier sein können. Im Rahmen von Wandlungen der Rolle unehelicher Kinder entstand in Österreich eine sozialrechtliche Regelung, die in Ausbildung befindliche Mütter mit unehelichen Kindern finanziell absichert. Dies führte dazu, daß die Frauen während ihrer Ausbildung mit festen Partnern und Heiratsabsichten zusammenleben konnten, während sie ihre Kinder vorehelich aufzogen. Sie heirateten nach dem Staatsexamen. Auch wenn ein solches Verhalten von Müttern im Rahmen eines Gemeinwesens nicht nur positiv zu bewerten ist, muß betont werden, daß diese Kinder fast ohne die genannten sozialen Probleme und psychischen Schädigungen aufwachsen. Unter solchen Lebensumständen gelten ja auch andere Motive für Beziehungen und Wertungen als bei den vorn aufgezeigten problemgeladenen Spielarten von Unehelichkeit. Das Beispiel zeigt, daß es sich bei den von uns beschriebenen Tatbeständen nicht um tabuartige, allgemein menschliche Grundwertungen handelt, sondern um Folgeerscheinungen mitmenschlicher Konflikte und Projektionen im Zusammenspiel zwischen dem Individuum und der sozialen Umwelt. Es kann unehelich Geborenen also auch gutgehen.

Zusammenfassend soll festgestellt werden, daß Problematik im Zusammenhang mit Unehelichkeit eng mit sozialen Gegebenheiten verknüpft ist, vielleicht sogar zunächst und vor allem sozialer Natur ist. Vor dem Hintergrund der sozialen Komplikationen sind dann erst die Beziehungsstörungen und die Veränderungen der Selbst- und Objektrepräsentanzen zu verstehen, die später die Probleme der Betroffenen bilden.

Mehrphasentherapie und Patienten mit inneren und äußeren Problemen im Gefolge von Unehelichkeit

Da bei uns allein bereits 14 Patienten mit Unehelichkeitsproblematik behandelt wurden, ist anzunehmen, daß der Prozentsatz allgemein verhältnismäßig hoch sein dürfte.

Die Therapieverläufe zeigten, daß sich Behandlungen von Patienten mit schwerer Unehelichkeitsproblematik in einem Grenzbereich der Behandelbarkeit bewegen. Kritische Grenzsituationen müssen nicht erreicht werden, solange die Schwelle von Phase 2 zu Phase 3 nicht überschritten wird. Wenn jedoch Phase 3 nicht erreicht und durchgestanden ist, gibt es auch keinen Neubeginn für die Beziehung zur eigenen Person und zu anderen. Eine Behandlung, die mit der Durcharbeitung der Phase 2 abschließt, kann also Teilerfolge bringen, die auch als begrenzte Ziele eine Psychotherapie durchaus rechtfertigen können. Vollständige Beziehungsfähigkeit schließt jedoch die Fähigkeit ein, sich selbst und andere milde zu idealisieren. Die Entwicklung dieser Fähigkeit ist den Kindern unehelich geborener Eltern oft von der Wiege an unmöglich gemacht worden. Angesichts aller gespenstischen Phantasien, Delegationen und sozialen Interaktionen muß sie deshalb in einer mittelfristigen oder Langzeit-Therapie meist neu erkämpft werden. Den Kampfplatz hierfür stellt die Übertragungs-/Gegenübertragungsbeziehung in der Psychotherapie dar.

Ich kann mir für solche Patienten eine ausschließliche Behandlung mit analytischer oder sonstiger Zweipersonen-Psychotherapie nicht vorstellen. Ich bezweifle die Möglichkeit deshalb, weil bei solchen Formen von Psychotherapie der Prozeß der Übertragung und Gegenübertragung d a s Mittel der Behandlung schlechthin darstellt. Als Medium für die Bearbeitung der gesamten Problematik mit der Mutter, der Herkunftsfamilie und der Sozietät dient dann die Beziehung zwischen Therapeut und Patient. Es mag nun einzelne Therapeuten geben, die dieser Situation in der Übertragungsarbeit gewachsen sind. Sicherlich ist dies aber sehr selten der Fall

In vielen unserer Therapien konnte die Phase 3 nur erfolgreich durchgestanden werden, weil wir das geschlossene System der Einzeltherapie immer wieder zur M- oder R-Gruppe hin öffnen konnten. Mit den Mitteln der multiplen Übertragung und der gezielten Arbeit an der Steuerungsstruktur kann die Übertragungs-/Gegenübertragungsbeziehung entlastet werden.

In der R-Gruppe geht es vorrangig um die Erfahrung der eigenen Struktur und ihrer Genese. Mitpatienten stellen dabei Objektivierungsmöglichkeiten dar. Sie beschäftigen sich ja mit eigenen, also andersartigen personalen Modellen. Dabei zeigen sie Anteile, die mit denen unehelich Geborener korrespondieren neben solchen, die unterschiedlich dazu sind. Häufig sieht man an anderen strukturelle Eigenheiten deutlicher als an sich selbst. Sowohl die regressionstechnische Arbeit als auch der Strukturvergleich schärften den Blick für eigene strukturelle Elemente. Auf diese Weise wird neben dem Beziehungsaspekt ein zusätzlicher objektivierender Faktor in den Therapieprozeß eingebracht: Es geht von da an nicht mehr allein um die »kranke« oder die »korrigierende Beziehung«, sondern auch um Gegebenheiten der eigenen Struktur. Die objektivierenden Elemente der Regressionstechnik entlasten die hochgeheizte Übertragungs-/Gegenübertragungs-Situation.

In der Modellimprovisation wird die Gruppendynamik intensiviert, so daß Übertragungs-Bereitschaften auch gegenüber Kotherapeuten und Gruppenmitgliedern sichtbar in Erscheinung treten. Immer wieder spitzen sich dabei Beziehungen zwischen Patienten, Mitpatienten und Therapeuten bedrohlich zu. Angst, Wut, auch Vertrauensverlust bis zu Therapieabbruch-Impulsen stellen sich dar. Kotherapeuten und Gruppenmitglieder können Ich-Verstärkung geben oder zu Selbstobjekten werden. Sie können aber auch hart und unbeirrbar konfrontieren. Wichtig ist, daß Patienten mit Unehelichkeits-Syndrom weder in Isolation geraten noch die Gruppe beherrschen.

Auch gegenwärtige und vergangene Lebensrealität wird in Modellsituationen deutlich. Dabei werden vielfach Modellszenen reinszeniert. Ihre steuernde Macht wird evident, kann dann aber auch schrittweise relativiert werden. Beziehungseigentümlichkeiten der Patienten zeigen sich besonders in Paar- oder Gruppensituationen. Persönliche Stärken und Schwächen, aber auch ichstrukturelle Defekte werden sichtbar. Patienten können einander beim identifikatorischen Lernen nachahmen, aber auch spielerisch Neues probieren.

Mit den Mitteln der Mehrphasentherapie sind Patienten mit schweren Beziehungsstörungen im Gefolge von Unehelichkeitsproblematik oft gut behandelbar.

5.3.3 Kurze Darstellung weiterer Introjektsyndrome

Eine Anzahl weiterer Introjektsyndrome soll nur kurz skizziert werden. Sie entstehen teils bei traumatischen Ereignissen, teils durch Besonderheiten der Objektbeziehungen. Häufig wirkten beide Arten von Ursachen zusammen wie beim Unehelichkeits-Syndrom. Es soll hier nochmals betont werden, daß mit dem Introjektsyndrom Anteile der psychischen Steuerung bezeichnet werden, von denen auch mehrere zusammenwirken können. Einige dieser Anteile sind von eingeschränkter Wirksamkeit, andere betreffen ausgedehntere Teile der Persönlichkeit. Anhand von Fallbeispielen aus unterschiedlichen Patientengruppen sollen die jeweils konstituierenden Faktoren genannt und die Leitproblematik aufgezeigt werden.

5.3.3.1 Traumatische Persönlichkeitsstörungen im engen Sinn

Traumatische Faktoren werden im allgemeinen von Psychoanalytikern für die Ausbildung psychischer Fehlsteuerungen unterschätzt. Deshalb möchte ich an dieser Stelle zwei Fallbeispiele anführen.

Fall 1: Schuldgefühle und Selbstbestrafung eines kindlichen
Totschlägers
Als erstes möchte ich auf den Patienten hinweisen, der unter: »Ein kindlicher Totschläger verpaßte den Einstieg ins Leben« (S. 109–114) beschrieben wurde. Er war als Zehnjähriger Zeuge von Vergewaltigung und Mißhandlungen seiner Mutter mit Todesfolge durch ausländische Soldaten geworden. Bald darauf hatte er in einem Durchbruch von Rachedurst einen Soldaten in der gleichen Uniform erschossen. Die Lebensgeschichte des Patienten entgleiste von diesem Lebensknick an, dessen Umstände völlig unverarbeitet blieben. Nach verhältnismäßig kurzer Durcharbeitung der Trauer, der Schuldgefühle und Selbstbestrafungen in der Therapie war es diesem Patienten möglich, seinen gesamten Lebensplan umzustellen.

Fall 2: Traumatische Störung im engeren Sinn mit starker
Angstproblematik (4 Fälle)
Eine andersartige »traumatische Störung im engen Sinn« zeigte eine Patientin mit Angstneurose. Diese war aufgetreten, nachdem sie als vierjähriges Mädchen mit ihrer zweijährigen Schwester infolge Kriegseinwirkung verschüttet worden war. Erst nach vielen Stunden konnten beide Kinder ohnmächtig und verletzt geborgen werden. Die Patientin wurde mit aufgeschlagenen Fingerknöcheln gefunden, weil sie mit aller Kraft versucht hatte, Klopfzeichen zu geben. Sie kam wegen panikartiger Ängste bei Geräuschen, die sie an den Knall erinnerten, zur Therapie. Ihre Ängste wurden besonders heftig im Zusammenhang mit einem Erdbeben. Auch das

Aufflammen eines Gasbadeofens löste die Erinnerung an das Trauma und damit Panik aus.

Leitproblematik
Die spezielle Leitproblematik richtet sich nach dem ursprünglichen Trauma.

5.3.3.2 Introjektsyndrome im Zusammenhang mit Beziehungsstörungen

Die meisten Introjektsyndrome entstanden im Zusammenhang mit Störungen wichtiger Objektbeziehungen. Wesentliche Gruppen dieser Introjektsyndrome sollen in den folgenden Beispielen beschrieben werden.

Störungen im Zusammenhang mit sexuellem Mißbrauch in der Kindheit (9 Fälle)

Bei realem inzestuösem Mißbrauch benützt der Täter sein Opfer im Zusammenhang mit Störungen innerhalb der familiären Beziehung. Bereits im Strafgesetzbuch werden solche Täter als »Beziehungstäter« bezeichnet (StGB § 173). Einige Vignetten sollen die Tatbestände verdeutlichen

Fallbeispiele zu Real-Inzest

> Zunächst sei auf den Abschnitt »Apokalyptische Ängste im Zusammenhang mit Real-Inzest« verwiesen. Wie die meisten ihrer Leidensgenossinnen war die Patientin Claudia infolge der schweren psychischen Schädigung durch den Mißbrauch unfähig, sexuelle Berührungen zuzulassen. Sie litt außerdem unter schwersten unbewußten Schuldgefühlen wegen der erfolgten Tabu-Verletzung.

Sexueller Mißbrauch von kleinen Kindern scheint nicht selten im Alter von vier bis sechs Jahren ein Ende zu finden, weil viele Eltern anscheinend erst Kinder in der Nähe des Schulalters als Personen zu erleben beginnen. So griff Gerhild in diesem Alter ihrem Vater vor dem Spiegel an den Penis. Vor diesem Ereignis waren sexuelle Berührungen zwischen Vater und Tochter – meist unter der Bettdecke – an der Tagesordnung gewesen. Der Blick in den

Spiegel schien jetzt für den Vater eine Art Entlarvung darzustellen, wie Gerhild wahrnahm. Er führte zu seinem Erschrecken und einer ständigen Tabuierung früher alltäglicher realinzestuöser Verhaltensweisen. Von ähnlichen Zurücknahmen bis dahin üblicher realinzestuöser Handlungen erfuhren wir oft. Meist bleiben in solchen Fällen jedoch erotische Tätscheleien der Väter und eine inzestuös getönte Atmosphäre erhalten. Viele der Väter schauen und fassen ihre Töchter noch als Erwachsene unmißverständlich umgarnend und erotisierend an, wobei Griffe an Schulter und Busen alltäglich vorkommen und gleichzeitig »nicht aufzufallen haben«.

Eine Patientin wurde als Achtjährige von ihrem Vater zum »heavy-petting« in ihrem Bett aufgesucht. Eine andere war erwachsen, als es nach langer Trennung zum Koitus mit dem betrunkenen Vater kam. In weiteren Behandlungsfällen schilderten PatientInnen indirektere, aber ebenfalls massiv schockierende sexuelle Annäherungen. Es gibt jedoch auch viele Fälle von sexuellem Mißbrauch außerhalb des Kreises der engen Kernfamilie.

Fallbeispiel zu sexuellem Mißbrauch durch einen Nachbarn

Unsere Patientin Isolde hatte seit dem Alter von etwa vierzehn Jahren Inzestphantasien ihren Vater betreffend. Die Ehe ihrer Eltern sei unbefriedigend gewesen. Die Familie zeigte die von Hirsch geschilderte Inzest-Struktur (1987). Seit Lebensbeginn hatte Isolde unter einem Mangel an Zuwendung durch die Mutter gelitten. Erst im vierten Jahr der Therapie stellte sich jedoch heraus, daß hinter den inzestuösen Phantasien, die stets auffallend wenig abgewehrt erschienen, ein anderes Erlebnis verborgen war. Unerwartet kam ein realer massiver Mißbrauch ans Licht: Ein Nachbar hatte Isolde als kleines Mädchen immer wieder in seine Wohnung gelockt. Er hatte ihr dort Geschichten vorgelesen, Geld geschenkt, mit ihr und anderen Mädchen Körperspiele gemacht. Er hatte die Mädchen auch einzeln zu sich eingeladen. Einmal sei Isolde ganz allein bei ihm gewesen. Er habe sie auf den Schoß genommen, »sie zwischen den Beinen gekitzelt« und sie gefragt: »Findest Du das nicht schön? – Kitzelt es Dich auch?« Sie sei wie gebannt gewesen, habe nichts sagen und auch nicht fortlaufen können. Es sei allerdings »nur ein einziges Mal vorgekommen und deshalb wohl nicht so schlimm«. Isolde sei von da an immer wieder in Situationen geraten, in denen sie Nähe, Wahrgenommenwerden und Zuneigung erwartet hätte und statt dessen plötzlich von unerwarteten sexuellen Übergriffen überfallen worden sei. Sie hätte wohl eine Bereitschaft behalten, Männer zu sexuellen Handlungen aufzufordern, ohne dies überhaupt zu wollen. Sie sei auch in der Lage, geeignete Männer unbewußt aufzufinden.

Zu diesem Introjektsyndrom

Bei sexuellem Mißbrauch waren unsere PatientInnen einem vollständigen Koitus oder verschiedenen Schweregraden von Petting ausgesetzt. Mißbrauch durch Koitus oder homosexuellen Analverkehr zeigte sich nur bei wenigen. Fälle, die uns bekannt wurden, traten im Vorfeld der Pubertät oder bald danach auf. Psychische Störungen nach heavy-petting mit Angehörigen wurden vielfach behandelt. Manche unserer Patientinnen erlebten sich als schon im Babyalter mißbraucht. Häufiger jedoch fanden wir detaillierte Erinnerungen an realinzestuöse Erlebnisse in der ödipalen Phase. Wie bereit erwähnt, begannen überraschend viele Eltern gegen deren Ende vor offen inzestuösen Handlungen mit ihren Kindern zurückzuschrecken.

Wir sahen auch schwere Krankheitsbilder bei Patientinnen, an denen Nachbarn oder andere Personen des alltäglichen Umfeldes sexuellen Mißbrauch begingen. Auch bei solchen Patientinnen fanden wir Inzestphantasien, bei denen allerdings die geringere Abwehr auffiel.

Wir fanden ferner vielfach schwere Störungen im Zusammenhang mit Beziehungsmißbrauch, ohne zusätzlichen handgreiflich sexuellen Mißbrauch, vorwiegend als Gattensubstitut. Psychosexuelle Abhängigkeiten, strukturelle Verformungen und Störungen des Gefühls- und Phantasielebens waren die Folge.

Beziehungsmißbrauch und Realinzest sind eng miteinander verquickt. Die Behandlungen betroffener PatientInnen verlaufen meist dramatisch und langwierig, aber in der überwiegenden Zahl der Fälle doch erfolgreich.

Leitproblematik

Nach sexuellem Mißbrauch oder Realinzest fanden wir massive Sexualabwehr mit Angst, Ekel, Impotenz und Frigidität neben Lüsternheit mit Verführungssucht und Selbstüberhebungsgefühl. Die psychische Stabilität war bedroht durch Schuldgefühle und paranoide Ängste. Wir beobachteten auch Waschzwänge und Berührungsangst. Kriminalität und Prostitution rückten zeitweise bedrohlich nahe. Tranceähnliche Zustände begünstigten dann Annäherung an gefährliche Milieus und Beziehungen. Oft sind PatientInnen infolge der realen Mißbrauchs-Schädigungen nicht partnerschaftsfähig. Häufig findet man Beziehungen im Sinne einer Haßliebe. Manchmal waren Schäden so schwerwiegend, daß die Opfer nicht mehr arbeitsfähig waren und Sozialhilfeempfänger wurden.

5.3.3.3 Störungen im Gefolge von Rollendelegation (11 Fälle)

Im folgenden soll gezeigt werden, daß ganze Lebenskonstellationen, Wunsch- oder andere Phantasie-Personen an einige unserer Patienten delegiert wurden. Um ein Bild von der Wirksamkeit und den Ursachen solch wahrhaft wesensverfälschender Rollenzuweisungen zu vermitteln, soll auf Fallbeispiele aus zwei Patientengruppen zurückgegriffen werden. Die ersten mußten als Ersatzpersonen für Verstorbene fungieren, die zweiten entstammten dem Umfeld von Unehelichkeit.

Fallskizze zu: Ersatzpersonen für Verstorbene

Patient Frieder war ein elf Jahre alter Oberschüler, der verschlafen wirkte und unkontrolliert Zwangshandlungen ausführte. Er sprach kaum und wirkte alexithym, vielfach fast mutistisch. Ihm waren von seiner Familie Name und Rolle eines im Krieg gefallenen Bruders des Vaters übergeben worden, den seine Mutter eigentlich hatte heiraten wollen. Frieder war durch die Rollendelegation schwerwiegend depersonalisiert. Seine Leistungsfähigkeit und Spontanität schienen verschwunden; er empfand sich »wie tot«.

Ähnliche Delegationen werden in Familien mit verstorbenen Angehörigen offenbar häufiger vorgenommen. Solche Fälle können fast als allgemein bekannt vorausgesetzt werden. Als Beispiel sei auf Salvador Dalí verwiesen (Cramer, 1991, S. 85). Vergleiche zu diesem Thema auch Dioszeghy-Krauss (1994). »Unsichtbar, doch mächtig, der Einfluß verstorbener Geschwister«.

Rollendelegation kann auch im Zusammenhang mit dem Unehelich-keits-Syndrom auftreten. Unsere Patientin Rosalie diente ihrer Mutter als Verkörperung einer mächtigen Wunschphantasie: Diese Mutter war als uneheliches Kind früh in Pflege gegeben worden, also mutter-los aufgewachsen. Rosalie mußte als Ersatz für die schwerwiegende Entbehrung vorwiegend dazu auf der Welt sein, um ihrer Mutter die einst so bitter vermißte eigene Mutter zu ersetzen. Rosalie konnte unter diesen Umständen nur zu bedingter eigener Authentizität fin-den. Je älter sie wurde, desto mehr überließ ihr die Mutter die Rolle einer guten, realen Mutterfigur, während sie selbst in die eines Kindes schlüpfte. Dies erfolgte in so extremem Ausmaß, daß Rosalies Mutter sogar einwilligte, als ihr Ehemann sich schließlich nach jahrelangem sexuellen Mißbrauch von ihr scheiden lassen und ihre Tochter heira-ten wollte. Anstatt des Stiefvaters und der Mutter bekam zu guter Letzt die Tochter panikartige Ängste vor der drohenden Übertretung des Inzest-Tabus. Nicht nur hier, sondern auch bei anderen Patientin-nen zeigte sich, daß auch Inzest mit einem langjährig in der Familie le-benden Stiefvater Ängste vor einer Tabuverletzung auslösen kann. Die Tochter flüchtete und zog zu einem jungen Mann. Auch in diesem Falle zeigten sich schwerste Störungen des Sexuallebens als bleibendes Symptom.

An die Patientin Lisa (S. 306–308) delegierte ihre Mutter die Rolle einer außerehelich geborenen Halbschwester. Lisa litt deshalb an schwersten Verfremdungen ihrer gesamten Persönlichkeitsstruktur.

Beim Patienten Gerold B. (S. 236–259) wurden weniger scharf defi-nierbare Delegationen geschildert. Auch in dieser Familie bestand ein Unehelichkeitsproblem. Delegationen enthielten Phantasien von Wertlosigkeit, Scham und zügelloser Sexualität. Daneben fielen Gefü-gigkeitszuweisungen auf. Bei Gerold B. wurde fast die gesamte eigene Person überwuchert von Selbstverzerrungen im Sinne unbewußter Phantasien und Bedürfnisse seiner Mutter.

Bei der Patientin Ute (S. 304–306) begünstigte ihre Mutter die Entste-hung prostituierender Verhaltensweisen, weil sie begierig war, eine Ersatzbeziehung zu ihrer frühzeitig verlorenen Mutter in wahnhaft realer Form herzustellen. Auch auf Ute wirkte die Delegation deper-sonalisierend.

Zu diesem Introjektsyndrom

Ein Delegations-Syndrom ist zu Beginn einer Therapie meist nicht angehbar. Vorher müssen in der Regel ich-stärkende Maßnahmen in Langzeittherapien schrittweise angewandt werden. Erst in späten Phasen der Behandlung kann auf diese schwere Persönlichkeitsstörung gezielt fokussiert werden. Unsere Patienten waren in der Regel zunächst irritiert, wenn sie entdeckten, daß sie einer Rollendelegation als quasi nicht zur eigenen Person gehörigem »seelischen Programm« unterlagen. Es verunsicherte sie, Anteile ihres Erlebens, Denkens, Verhaltens, Wahrnehmens und Fühlens als fremdbestimmt und sich selbst damit als depersonalisiert wahrzunehmen. Danach stellte sich jedoch meist eine Erleichterung ein. Der delegierte Anteil konnte oft erstaunlich gut von der eigenen Person distanziert werden. Darauf folgte meist ein Erleben von »Leere« (Kernberg, 1984), die aber in diesen Fällen auch Raum für die Entwicklung eigenständiger Persönlichkeitsanteile bot. Wenn Distanzierung von der verfälschenden Rollendelegation gelingt, können schrittweise eigene Weisen des Verhaltens und Erlebens neu erprobt werden. Ein solch günstiger Verlauf ist aber auch bei der Anwendung von Mehrphasentherapie nicht selbstverständlich.

Leitproblematik
Rollendelegation nötigt einer Person ein »falsches Selbst« auf, welches ihr »wahres Selbst« weitgehend überdeckt. Massive Depersonalisations-Erscheinungen sind die Folge. Die Schwere der Folgestörung ist abhängig von der Art der jeweiligen Rollendelegation. Meist treten psychosomatische Erkrankungen auf. Auch psychotische Entgleisungen kommen vor.

5.3.3.4 Frühstörungen im Umfeld der »Grundstörung« Balints (8 Fälle)

Schon Balint (1970) beschreibt, daß er die verbale Therapie von Patienten mit Grundstörung durch körpertherapeutische Elemente ausweitete. Viele Patienten mit Grundstörung wurden mit Mehrphasentherapie behandelt. Bei einigen standen Beziehungsausfälle im Vordergrund, bei anderen frühe traumatische Ereignisse. Für einige Fälle trifft beides zu.

Fallskizze

Als Beispiel soll auf den Patienten Andreas verwiesen werden, der unter »Ein Baby funkte SOS« dargestellt wurde (S. 168–173). Der Lebensmittelbetrieb der Eltern ging in Andreas' erstem Lebensjahr in

Konkurs. Wegen der angespannten Situation arbeitete die Mutter voll im Geschäft mit. Die Großmutter übernahm zunächst die Säuglingspflege, erkrankte jedoch nach wenigen Monaten und verstarb bald darauf. Der nun schwer vernachlässigte Andreas wurde im ersten Lebensjahr zweimal mit Lungenentzündung infolge Unterkühlung und Unterernährung in ein Krankenhaus gebracht. Er litt bei Behandlungsbeginn an Magersucht, Sprech- und Schreistörungen und war suchtartig donjuanesk zu Frauen getrieben.

Zu diesem Introjektsyndrom
Die von Balint (1970) beschriebenen frühen Beziehungslücken sahen wir bei vielen unserer PatientInnen. Manchmal hatten Geburt und Säuglingszeit auf der Flucht stattgefunden, belastet von Fliegerangriffen und bedrohlichem Gedränge in Viehwagen. Solche Bedingungen überforderten viele Mütter so sehr, daß nicht mehr genügend primäre Mütterlichkeit verfügbar war. Auch im Gefolge von Todesfällen anderer eigener Kinder klinkte bei manchen Müttern die primäre Mütterlichkeit für längere Zeit aus. Bei Behandlung mit Mehrphasentherapie bildeten sich oft auch körperliche Veränderungen unserer Patienten überraschend gut zurück.

Leitproblematik
Diese Patienten leiden an Urmißtrauen, Identitäts- und Selbstwertproblematik, oft partiell durch Gloriosität abgewehrt. Schwere Störungen der Beziehungsfähigkeit gehören zum Krankheitsbild. Die weitere Leitproblematik richtet sich nach den speziellen Traumata.

5.3.3.5 »Brustbeißer« (6 Fälle)

Fallskizze

Die Störung entspricht einer grundlegenden Beziehungsstörung zwischen der Mutter und ihrem Baby. Bei unserem Patienten Hannes schien sie entstanden zu sein, als er im Babyalter die Brust der Mutter stark blutig gebissen hatte. Er war daraufhin abrupt abgestillt und von der Mutter für immer emotional abgeschoben worden. Hannes, der an der Brust »bloß hatte trinken wollen«, wurde so zum »gefährlichen Täter« gestempelt, dessen »Opfer« die eigene Mutter war. Die geschilderte Konstellation führte zur Bildung einer speziellen Denk-, Verhaltens- und Erlebensstruktur. Sie enthielt deutlich Projektionen unbewußter »Täter-Opfer«-Phantasien seitens Hannes' Mutter.

Zu diesem Introjektsyndrom
Die Patienten leiden an Berührungsängsten, Vermeidung und Störungen des intimen Kontakts, vor allem des Körperkontakts. Wie ihre Partnerschaften zeigten, weisen Erotik und Sexualität oft sado-masochistische Züge auf. Täter- und Opferrollen werden in Beziehungen hin- und hergeschoben. Abwechselnd wird die Rolle des »bösen Kindes« ausagiert oder versucht, besonders »gut« zu sein. Unterwürfigkeit intermittiert mit aggressiven Durchbrüchen. Die Patienten, die sich meist auch als »Mutterbezwinger« empfinden, zeigen Überheblichkeit, ja Gloriositätsgefühl. Ambivalente Selbstbilder mit Anteilen von Größengefühl, aber auch Angst vor der eigenen Destruktivität sahen wir stets bei »Brustbeißern«.

Leitproblematik
Häufig treten psychosomatische Störungen in Mund- und Halsbereich auf, auch Nacken-Schulter-Syndrom. Oft fanden wir Bluthochdruck. Ängste vor intimem Körperkontakt fallen auf. Die Patienten erleben sich als böse, aber stark. Sie sind unfähig, sich vertrauensvoll zu überlassen. Sie leiden an Sehnsucht nach Nähe, die aber auch immer wieder verfehlt werden muß. Dabei treten Depressionen oder Resignation auf.

5.3.3.6 Patienten mit schizophrenen Müttern (10 Fälle)

Fallskizze

Die schizophrene Mutter unserer Patientin Liselotte litt an der Wahnvorstellung, andere Menschen, vor allem ihre Kinder, mit gräßlichen Krankheiten anzustecken. Sie hielt die Gefahr für besonders groß, wenn die Kinder sich zu ihr aufs Bett setzten. Extrem gestört war auch ihre Beziehung zur Sexualität. Liselottes Mutter beobachtete zwanghaft, ob ihre Kinder wohl onanierten. Sie wirkte so absonderlich, und die Einbettung der Familie ins soziale Umfeld war so lückenhaft, daß Liselotte von Gefühlen beherrscht war, etwas Undefinierbares verdecken oder verbergen zu müssen. Die Ehe der Eltern war schwierig, hatte aber Bestand, weil der realitätsnähere und auch emotionalere Vater der Familie Halt gab. Eines Tages erhängte sich die Mutter.

Zu diesem Introjektsyndrom
Unsere Patienten mit schizophrenen Müttern litten an starker sozialer Scham. Außerdem war ihnen beunruhigend erschienen, daß ihre Mütter oft nicht zwischen echter Realität und projizierten Vorstellungen unterscheiden konnten. Identifikatorische Prozesse führten dazu, daß Kinder schizophrener Mütter in unserer Therapie immer wieder Ängste zeigten, selbst vielleicht auch verrückt zu sein. Lange Zeit wurden in solchen Therapien sogar Gruppe und Therapeuten überprüft, »ob sie denn auch verrückt« oder »wie verrückt sie seien«, wann es also um wirkliche Fakten, wann um bloße Fiktionen ging. Jedesmal, wenn innere und äußere konkrete Realitäten dingfest gemacht werden konnten, atmeten die Patienten auf. Ihr Anliegen war jedoch nicht nur, ein realitätsgetreues Bild von der Welt zu erwerben, sondern auch von der eigenen Person. Vergleiche hier auch »Fall Annelie: Über die Wiederkehr prä-, post- und perinataler Traumatisierung in Lebensgeschichte und Therapie einer 44jährigen Patientin mit psychosomatischer Erkrankung« (S. 222–236).

Leitproblematik
Die Patientinnen fürchten, angsterregenden oder sinnleeren irrealen Fiktionen statt der Realität ausgesetzt zu sein. Das Bild von der eigenen Person und die Bilder von Beziehungspersonen verfremden sich oft zu Phantasmen oder Zerrbildern. Sie litten an Schlafstörungen und Ängsten vor sexueller Hingabe. Affektives Durchbruchsverhalten wechselte mit Übersteuerung und übermäßiger Kontrolliertheit.

5.3.3.7 Das Zerrissenheitsmilieu-Syndrom (18 Fälle)

Bei den Patientinnen dieser Gruppe stammen pathogene Einflüsse nicht allein aus der Mutterbeziehung, sondern aus dem Wechselspiel zusätzlicher familiärer Beziehungen. Sie kommen aus einem Herkunftsmilieu, in dem die zwei wesentlichsten erziehenden Personen oder Gruppen einander vernichtend bekämpfen.

Fallskizze

Unsere Patientin Usch war Tochter einer eher für ein Leben in der Stadt erzogenen Mutter. Ihr Vater herrschte zwar auf seinem Bauernhof, wurde aber dort seinerseits von der Mutter und zweien seiner Schwestern beherrscht. Diese Frauen werteten Uschs Mutter sadistisch ab. Als Reaktion darauf verbrachte sie mit ihren Kindern die Wochenenden bei den eigenen Eltern. Diese waren wiederum gänzlich gegen Uschs Vater und dessen Familie eingestellt. Mutters und Vaters Clan benutzten das Kind jeweils zur Selbstaufwertung, zur Diffamierung der »anderen Seite«, zu Bloßstellungen und Intrigen. Offene Auseinandersetzungen zwischen den Parteien fanden kaum statt. Der Haß und Abwertung gingen über das Kind. Äußerungen wie: »Das Biest« oder: »Vögel, die am Morgen singen, holt abends die Katz!« waren in Wahrheit nicht für das Kind, sondern für die mithörende Gegenpartei bestimmt.

Zu diesem Introjektsyndrom

Infolge der Ausgangssituation mit zwei sich quasi vernichtenden, zu Gegenparteien gewordenen Erziehungsmilieus ergaben sich bei unseren Patientinnen folgende charakteristische Merkmale: Die Bildung von Ich- und Fremdidealen war behindert, da die wesentlichen Beziehungspersonen einander völlig abgewertet hatten. Parallele Entwertungsprozesse spielten sich auch innerseelisch ab: Die im Zusammenhang mit den sich befehdenden Personengruppen gebildeten Introjekte schienen auch im Inneren unserer PatientInnen quasi wertlos geworden zu sein. Selbst- und Fremdwert sanken als Folge erschreckend ab. Statt dessen verfügten die PatientInnen über gesteigerte Fähigkeiten zu kritisieren, vernichtend zu kämpfen und zu intrigieren.

Für die Beschreibung passen hier alte Denkmodelle der frühen Psychoanalyse. Sie vertrat in ihren wissenschaftlichen Modellvorstellungen ein Wechselspiel von gegensätzlichen Triebpotentialen, Libido und Aggression, die psychische Vorgänge speisen und regeln. Das inzwischen überholte Modell paßt heute immer noch für die Beschreibung von Ausschnitten der Realität. Auch zur Beschreibung der Patienten aus Zerrissenheitsmilieus bietet es Ansätze: Sie zeigen übermäßige »entmischte Aggressionen«, während die Fähigkeit herabgesetzt ist, jemanden milde zu idealisieren oder gar zu lieben. Auch die Ichfunktionen der Empathie und Identifikation sind reduziert (Hartmann, 1970). Die strukturelle Destruktivität zeigt sich nach außen, wird aber auch als psychosomatisches Leiden gegen den eigenen Körper gewandt.

Angesichts der Unvereinbarkeit der wichtigsten äußeren Orientierungspersonen entstehen bei diesen Patienten auch innerpsychisch Gespaltenheit und Spaltungstendenzen: Die eigene Identität und das Erleben der Welt scheinen wie aus unvereinbaren Teilen zu bestehen. Meist werden die introjizierten Teilpersonen jeweils nacheinander in der Außenwelt gelebt. Hierbei wird die Diskontinuität, die sich aus den übergangslos einander folgenden widersprüchlichen Identifizierungen ergibt, konsequent geleugnet. Viele unserer Patienten mit Borderline-Syndrom gehören hierher.

Patienten mit Zerrissenheitsmilieu-Syndrom können nur mittel- oder langfristig behandelt werden. Hierfür erscheinen Therapiemethoden am erfolgversprechendsten, in denen sich die Entwertungs- und Vernichtungsproblematik sowie der allmähliche Fortschritt individuell, vielfältig und deutlich abbilden können.

Leitproblematik

Es werden zu wenig Selbstevidenz, Selbstkohärenz, Empathie und Sympathie entwickelt, zu wenig Libido und zuviel Aggression. Beziehungen sind überwiegend kämpferischer Art. Langfristige äußere und innere Verbundenheit gibt es kaum. Die Patienten trennen sich leicht, erscheinen autonom und empfinden sich auch so. Sie sind aber hochgradig bindungsgestört. In ihrer Lebensgeschichte wurden Spaltungstendenzen extrem genährt, die dann auch das wesentlichste Material für die psychische Abwehr bilden. Die Patienten haben vielfach Borderline-Struktur.

5.3.3.8 Störungen im Zusammenhang mit Geschwisterproblematik

Die Geschwisterproblematik wurde lange Zeit hindurch von Psychoanalytikern wenig ernst genommen. Unter unseren PatientInnen sahen wir jedoch viele eindrucksvolle Beispiele für Störungen, die im Zusammenhang mit Geschwisterproblemen entstanden waren. Eine ausführliche Aufzählung von Introjektsyndromen aus

Geschwisterbeziehungen sprengt den Rahmen dieser Arbeit. Ich möchte nur kurz auf zwei besonders häufige Formen hinweisen. Zu weiteren Introjektsyndromen im Zusammenhang mit Geschwisterproblematik vergleiche auch den Tagungsband des VMT: »Geschwister und Einzelkinder« (in Vorbereitung, 1994).

Glückskinder neben Unglücksraben (7 Fälle)

Die Patienten sind neben mißgebildeten, geistig-behinderten, psychotischen, ich-strukturell-behinderten, körperlich-behinderten oder psychosomatisch chronisch kranken Geschwistern aufgewachsen. Sie hatten in ihrer Entwicklung nicht nur unter massiven Neid- und Mißgunstgefühlen zu leiden, sondern mußten zuweilen auch Wut und Aggressionen bis zu gefährlichen körperlichen Attacken aushalten. Außerdem war für das kindliche Gerechtigkeitsgefühl unserer Patienten die schwere konstitutionelle Benachteiligung des anderen Geschwisterkindes unverarbeitbar. Sie löste heftige Schuldgefühle aus. Deshalb versuchten viele von ihnen, die Ungerechtigkeit des Schicksals durch übermäßige sozial- oder selbstbenachteiligende Verhaltensweisen auszugleichen.

Leitproblematik
Die Patienten neigten zu Selbstreduktionen wegen der »Ungerechtigkeit des Schicksals« sowie zu zwanghaften Hilfs- und Rettungstendenzen. Außerdem fanden sich Identifizierungsanteile mit den benachteiligten Geschwistern und damit Störungen des Urvertrauens der Welt und sich selbst gegenüber. Letzteres berichten auch Bank & Kahn (1991, S. 220 ff.) sowie Kasten (1993, S. 117).

Entthronte Prinzessinnen und Prinzen (11 Fälle)

Die Störung entsteht – oft nach Geburt eines jüngeren Kindes – infolge Unfähigkeit der Eltern, das ältere weiterhin in die liebevollen Beziehungen innerhalb der Familie einzugliedern. Vor allem Kinder von Müttern, die nur intensive Zweierbeziehungen unterhalten können, geraten oft in eine psychisch isolierte Situation nach Geburt eines Geschwisters. Es gibt auch Eltern, die eine echte Eltern-Kind-Beziehung nur zu sehr kleinen Kindern herstellen können. Auch deren Kinder geraten in Isolation, wenn sie heranwachsen. Vielfach rationalisieren Eltern den Liebesentzug dem Kind gegenüber durch Zuweisung von Schuld oder Sündenbockrollen. Manche Eltern können sich dem Sog nicht entziehen, Entthronungsthematik und Spannungen unter Geschwistern im Zusammenhang mit Problemen aus der eigenen, unverarbeiteten Lebensgeschichte zu reinszenieren (vgl. hierzu Bank und Kahn, 1991, S. 186). Ein Zusammenhang zwischen dieser Störung und dem Introjektsyndrom des Anaklitischen Fokus besteht, wenn die »Entthrohnung« im entsprechenden Alter stattgefunden hat.

Leitproblematik
Patienten mit Entthronungsproblem kämpfen dagegen an, groß zu werden. Sie schwanken zwischen Resignation und dem Ringen um eine Wiedereinsetzung in ihre ursprünglich befriedigende Rolle. Der massive Neid auf als bevorzugt erlebte Geschwister fällt besonders auf, ebenso fest verankerte Identifizierungen mit einer Sündenbockrolle.

5.3.3.9 Randgruppen-Syndrom im Zusammenhang mit gesellschaftlicher Ächtung

Abschließend soll ein extremes, historisch bedingtes Randgruppen-Syndrom an zwei antipodischen Gruppen von Patienten, »Nicht-Ariern« und Kindern von Nationalsozialisten, verdeutlicht werden. Angehörige beider Gruppen wurden häufig mit Mehrphasentherapie behandelt.

Fallskizze »Nicht-Arier« (3 Fälle)

Die Mutter unseres Patienten Jan war Nicht-Arierin, also eine »Ausgestoßene« im Dritten Reich. Sie war Landkind, körperlich vital und seelisch stabil. Jans Vater war Intellektueller. Er litt an einem organischen Herzleiden. Die Ehe der Eltern sei glücklich gewesen. Jan verlor seine Mutter im Alter von fünf Jahren infolge eines Blinddarmdurchbruchs. Der Gesundheitszustand seines Vaters verschlechterte sich anschließend. Er starb, als Jan sechs Jahre alt war. Verwandte des Vaters nahmen dann den Vollwaisen auf. Sie versuchten, »ihn zu zähmen und das falsche Blut aus ihm auszutreiben«. Dies sollte durch gute, schwäbisch-moralische Erziehung erreicht werden. Auch Jans Aussehen und Temperament entsprachen den Vorstellungen, die man sich in seinem Umfeld von Nicht-Ariern machte. Als er sich dagegen auflehnte, daß er »gezähmt« werden sollte, kam er in ein Heim. Dort wurde er zum Bettnässer. Nach seiner schließlichen Rückkehr zu den Verwandten »war er lieb«. Das Gymnasium konnte Jan erfolgreich absolvieren. Danach wurde er jedoch ein »ewiger Student«.

Bei Therapiebeginn hatte Jan keine Freunde. Er erlebte Frauen als wichtiger als sich selbst. Als Muster standen ihm ungewöhnliche solidarische Verbundenheit in nahen Beziehungen zur Verfügung neben Abgetrenntheitszuständen innerhalb kollektiver Bezüge. Er fühlte sich dem sozialen Umfeld gegenüber nicht verantwortlich, während er einzelnen wichtigen Personen gegenüber geradezu überverantwortlich reagierte. Nach langer Durcharbeitung der Tatsache, daß das mitmenschliche Kollektiv Jan wie »verteufelt« erschien, weil er es mit seinem einstigen sozialen Umfeld identifizierte, konnte er schließlich Kontakte aufnehmen, sein Staatsexamen ablegen und eine berufliche Tätigkeit beginnen.

Biografische Reminiszenzen der Kinder von Nationalsozialisten nach Ende des Dritten Reiches (6 Fälle)

Es erscheint so verblüffend wie verständlich, daß Lebensgeschichten und Strukturen von Kindern ehemaliger Nationalsozialisten zum Teil Parallelen aufweisen mit denen der Kinder aus im Dritten Reich verfolgten Familien. Beide Gruppen waren ja sozial extrem diskriminiert und kämpften mit Selbstgefühls- und Entwertungsstörungen. Ich habe allerdings keine Erfahrung mit Patienten aus Familien, die extrem mit der Ideologie des Nationalsozialismus verbunden waren. In einem Fall sah ich aus der Ferne eine völlig mangelnde Bereitschaft, psychotherapeutische Behandlung aufzusuchen bei schwer verzerrter Persönlichkeitsstruktur. Bei den Patienten, von denen hier berichtet wird, handelte es sich vorwiegend um Kinder aus deutsch-national ausgerichteten Familien, in denen körperliche Strafen nicht üblich waren und freundliche Beziehungsgeflechte vorherrschten.

Hier kann keine Fallvignette erscheinen, weil alle PatientInnen dieser Gruppe ein besonderes Bedürfnis nach Diskretion haben. Sie waren meist geliebte Kleinkinder, oft ältere Söhne und Töchter aus geachteten Familien, die zuvor in harmonischen familiären Beziehungen gelebt hatten. Väter und Mütter entstammten Familien, die schon seit Generationen im Staatsdienst tätig waren. Die Väter waren vielfach Verwaltungsbeamte im Dritten Reich. Nach Krieg und Gefangenschaft waren sie meist in Entnazifizierungsverfahren verwickelt und arbeitslos. Die Familien lebten damals in ungesicherten äußeren und inneren Verhältnissen. Schließlich fanden die Väter Positionen als Aushilfsarbeiter und die Familien wenigstens beengte Wohnmöglichkeiten. Sie hatten ihr soziales Ansehen verloren, waren aber oft auch an ihren ideellen Werten und Bezügen irritiert. In der Regel litten alle im Familienverband unter der fortdauernden sozialen Ächtung im Gefolge der einstigen Zugehörigkeit zur NSDAP.

Manche Eltern dieser Patientengruppe waren nach 1945 immer mehr demoralisiert, weil sie in der Achtung ihrer Kinder und Angehörigen gesunken waren und auch ihr Sozialprestige verloren hatten. Vielfach waren die Wohnverhältnisse so beengt, daß große Personenansammlungen in ein oder zwei Zimmern hausen mußten. Hinzu kam der Druck der Arbeitslosigkeit. In dieser Atmosphäre begannen viele Erwachsene, innere Spannungen durchbruchsartig an ihren Kindern abzureagieren. Konfliktsituationen wurden jetzt »mit drakonischen Prügelstrafen erledigt«. Zwei unserer Patienten hatten Narben infolge solcher Mißhandlungen. Besonders viele Aggressionen holten sich ehemalige Lieblingskinder. Sie waren ratlos gegenüber der Ambivalenz ihrer Eltern, die sich selbst so hoffnungslos haßten und liebten wie diese Kinder. Infolge ihrer Wut auf die erlebte Treulosigkeit wurden sie zu immer geeigneteren Prügelobjekten. Es war ihnen unbegreiflich, wie die Veränderung der Beziehung ihrer Eltern zu ihnen zustande gekommen war. Auch die nach 1945 angebrachte Vorsicht als »Nazikind« gegenüber der veränderten sozialen Umwelt ängstigte und verwirrte unsere PatientInnen. Meist flohen sie in Überangepaßtheit. Sie wurden gute Schüler und Studenten, die jedoch Enttäuschung, Irritation, Selbstwert- und Elternhaß-Probleme streng gegen jedermann hüteten.

Zu diesem Introjektsyndrom

Die Patienten aus beiden massiv diskriminierten Randgruppen litten an auffallend ähnlichen Störungen der Spontaneität und massiven Irritationen an sich und der Welt. Sie arbeiteten teils hektisch, teils verlangsamt und pedantisch. Sie versuchten, unauffällig zu erscheinen, verschwiegen Probleme oder nahmen sie nicht wahr. Anpassungs-, Beziehungs- und Arbeitsschwierigkeiten waren massiv. Eine Unfähigkeit, erwachsen zu werden, fiel auf. Die Glaubwürdigkeit der gesellschaftlichen Normen war so tief erschüttert, daß für eine progressive Entwicklung keine erstrebenswerten Ziele und Ideale mehr zur Verfügung standen, also Lücken im Ich-Ideal Bereich vorhanden waren. Schädigungen des gesunden Narzißmus und Irritationen des Beziehungserlebens reduzierten das Kraftpotential. Depressionen und Leeregefühle herrschten vor. Wut und Haß gegenüber Autoritäten wechselten mit Unterwürfigkeitstendenzen. Schwankungen zwischen Minderwertigkeitsgefühl und Selbstüberschätzung fielen auf.

Leitproblematik

Patienten aus massiv diskriminierten Randgruppen leiden an Depressionen, Bedrohungs- und Isolationsgefühlen sowie an Wahrnehmungsstörungen für Selbst- und Fremdwert. Ich-Ideal-Lücken sind vorhanden. Sinnlosigkeitserleben fördert Passivität und Depressionen. Berufsfindung und Partnerschaft sind massiv erschwert. Autoritätsproblematik fällt auf. Orientierungsschwierigkeiten im sozialen Umfeld führen zu Vereinzelung und Mangel an vertrauten, abgestuften Kontakten im Sinn einer Einbindung in das soziale Netz.

Abschließende Erörterungen

Im Zusammenhang mit ihren speziellen Introjektsyndromen zeigten unsere Patienten deutlich wahrnehmbare Besonderheiten ihrer jeweiligen Steuerungsstruktur. Diese haben sich im Verlauf ihrer Lebensgeschichte im Zusammenhang mit deren individuellen Erfahrungen ausgebildet. Wenn Änderungen an speziellen Introjektsyndromen erreicht werden sollen, muß eine detaillierte Verarbeitung der Lebensgeschichte in die Behandlungen einbezogen werden.

5.4 Schlußbetrachtungen

Innerhalb des wachsend multifaktoriellen Denkens unserer Berufsgruppe möchte ich den in Kapitel 5 vertretenen Ansatz als eine Perspektive der Objektbeziehungspsychologie verstanden wissen. Es zeigte sich, daß bei unterschiedlichen Personen konstant ähnliche Erlebnisse oder Erlebnis-Ketten mit konstant ähnlich gebildeten Introjektsyndromen und deren nachweislicher Repräsentanz korrespondieren.

Unsere Zuordnungen ergaben sich empirisch. Steuernde Introjektsyndrome scheinen im Verlauf des ganzen Lebens zu entstehen. Teils resultieren sie aus schwer traumatischen Einzelerlebnissen, teils werden sie in Beziehungsgefügen erworben, manchmal auch gezielt delegiert. Vielfach werden sie aber auch im Rahmen komplizierter innerpsychischer Vorgänge aus Umweltbedingungen und der spezifischen Art des individuellen Erlebens und Abwehrens von ihrem Träger allmählich konstelliert. Für ihn fungieren sie als Abbildungen der Lebenswirklichkeit und damit personale Modelle. Sie wirken als Vorbild und Richtlinie für das der jeweiligen Thematik zuzuordnende Erleben und Verhalten und gewinnen so steuernde Kraft. Unsere Beobachtungen zur Entstehung von Introjektsyndromen sind den Beobachtungen bei der Entstehung von RIGs (Stern, 1992) und GERs (Nelson und Greundel, 1981) ähnlich, und der Schema-Begriff von Horrowitz scheint unserem Ansatz nahezustehen.

Der Ansatz der Introjektsyndrome scheint mir diagnostisch wie klinisch relevant. Der Wert für die Diagnostik dürfte bei den Fallgruppenschilderungen deutlich geworden sein. Es sind aber auch klinische Vorteile zu nennen: Falls maligne wirkende personale Modelle grundlegende Ichfunktionen in schädlicher Weise steuern, erhebt sich die Frage, welche therapeutischen Maßnahmen im einzelnen Erfolg versprechen. Die Kenntnis unterschiedlicher Introjektsyndrome hilft dem Psychotherapeuten, sein klinisches Verständnis und sein therapeutisches Verhalten zu differenzieren. Methodenwahl und klinische Einzelschritte werden also überschaubarer. Als Beispiel soll der therapeutische Umgang mit Aggression dienen. Bei Zerrissenheitsmilieu-Patienten gehe ich mit Aggression anders akzentuiert um als bei solchen mit Anaklitischem Fokus. Im ersten Fall arbeite ich eher die Verbundenheit unterstützend, während ich im zweiten eher Aggressionen und negative Affekte ermögliche. Bei gemeinsamer Anwendung der allgemeinen Modelle der Psychoanalyse und des speziellen Ansatzes des Introjektsyndroms können psychotherapeutische Maßnahmen gezielter fokussiert und zeitsparender eingesetzt werden.

Es braucht vielleicht nicht betont zu werden, daß Introjektsyndrome nicht rein vorkommen. Man könnte vorsichtig formulieren, daß es sich um »Bauteile« innerhalb des psychischen Steuerungssystems zu handeln scheint. Bei Patienten sind also im allgemeinen mehrere Syndrome zu finden. Sie ordnen sich in die Gesamtstrukturierung seiner Person ein, einschließlich aller gesunden und kranken Anteile und auch einschließlich der Anteile, die besser mit anderen Begriffs- und Ordnungssystemen beschreibbar sind.

KAPITEL 6

Über kurative Faktoren bei der Mehrphasentherapie

6.1 Allgemeine Erörterungen

Die in der Überschrift angeschnittene Frage ist die »Gretchenfrage«, der sich jede Form der Psychotherapie letztlich stellen muß. Sie kann hier für die Mehrphasentherapie nur als Zusammenfassung und Rückschau auf die vorliegende Arbeit beantwortet werden. Eine langfristige Untersuchung zur Qualitätssicherung der Methode wird derzeit durchgeführt.

Es gibt einen eisernen Bestand an kurativen Elementen seit den Anfängen der Psychoanalyse und Psychotherapie. Zur Zeit der frühen Hypnose wurden die Katharsis und die durch sie erwarteten Heilungsvorgänge überschätzt. Sie brachten weniger kurative Effekte hervor als zunächst angenommen. In den Anfängen der Psychoanalyse war man der Ansicht, daß »Aufdecken« verdrängter traumatischer Erlebnisse bereits identisch mit Heilung sei, wobei, wie inzwischen entdeckt wurde, Aufdecken nicht nur historische Lebensereignisse und -umstände betreffen kann, sondern ebenso innerseelische Konflikte. Aufdeckung fördert die Einsicht von PatientInnen in die Ursachen ihrer Beschwerden. Schon Freud erkannte aber, daß Aufdecken und Erinnern a l l e i n meist nicht ausreichend kurativ wirkten, und fügte zwei weitere Begriffe hinzu, die Forderung nach »Wiederholen« und nach »Durcharbeiten« seelischer Probleme. Die Trias: Erinnern, Wiederholen, Durcharbeiten enthält bis heute fundamentale Handlungsanweisungen für den Psychotherapeuten.

Bereits sehr früh galt »Erinnern« als Schlüssel dazu, Veränderungen psychisch begründeter Symptome anzustreben. Dem ist aus heutiger Sicht hinzuzufügen, daß an die Stelle des Erinnerns bei

344

Patienten mit präverbalen Schädigungen ein Reinszenieren von Interaktionen treten kann. Zum Vorgang des Erinnerns gehören das wieder-inne-Werden und der Vorgang der psychischen Regression.

Die Durcharbeitung traumatischer Erlebnisse oder innerer Konflikte kommt an eine Grenze, wo für die Lebensbewältigung im Alltag unentbehrliche Ichfunktionen nicht ausdifferenziert oder wo Selbstevidenz und Selbstkohärenz eines Patienten nicht ausreichend entwickelt sind. Zeigen PatientInnen Defekte dieser Art, kann auf erzieherische Maßnahmen und übende Vorgänge in Therapien nicht verzichtet werden. Diesen Standpunkt vertrat schon Freud 1918 in seinem Vortrag »Wege der psychoanalytischen Therapie«. Er wurde gehalten auf dem V. Internationalen psychoanalytischen Kongreß in Budapest, dessen Thema lautete: »Zur Psychoanalyse der Kriegsneurosen«. Die damalige Bewertung der Psychoanalyse als »Gold« und der Suggestion und Pädagogik als »Kupfer« ist zwar fragwürdig, weist aber auf eine schon von Freud gesehene Notwendigkeit hin, Therapiemaßnahmen patientenorientiert zu planen. Bei »haltlosen« oder »existenzunfähigen« Patienten müsse man »die analytische Beeinflussung mit der erzieherischen vereinigen«. Natürlich sollten moderne Psychotherapeuten nicht der einseitigen Wertung Freuds verfallen, diakritische Vorgänge als »Gold« überzubewerten, also als vorrangige Weltwährung. Gleichfalls ist es riskant, therapeutische Handlungen, die der präsymbolischen Erlebniswelt zuzuordnen sind oder der Ausdifferenzierung von Ichfunktionen dienen, als »Kupfer«, also kleine Münze, unterzubewerten. Oft liegt ja ein besonders dringender Behandlungsbedarf gerade bei Patienten mit Defekten an basalen oder an grundlegenden Ichfunktionen vor (vgl. hierzu Dührssen et al., 1993). In der Mehrphasentherapie werden beide Behandlungsansätze gleichwertig miteinander verbunden. Der Einbeziehung präsymbolischer Persönlichkeitsanteile und der Ausbildung defizienter Ichfunktionen wird gezielt Rechnung getragen.

6.2 Zur verbalen, psychoanalytisch orientierten Einzelpsychotherapie mit ihren kurativen Elementen

Inhalte von Einzelsitzungen sind: 1. Lebensgeschichtliche Zusammenhänge. 2. Übertragungs- und Abwehrverhalten im Rahmen der Zweierbeziehung. 3. Paar- und Familien-Problematik. 4. Erlebnisse in der Gruppe. 5. Vorgänge bei der multiplen Übertragung. 6. Zielsetzungs- und Planungsprobleme. 7. Fragen des Lebensalltags. 8. Verbalisieren und logisch-kausales Verknüpfen.

Psychoanalytisch orientierte Einzelsitzungen zeigen sowohl Ähnlichkeiten als auch Unterschiede zu denen der analytischen Psychotherapie. Zu ersterem gehört, daß vor allem die Übertragungsbeziehung, das Arbeitsbündnis und die tragende therapeutische Beziehung bearbeitet und Möglichkeiten für korrigierende Erfahrungen geboten werden. Außerdem bieten die Einzelsitzungen Gelegenheit, frühere Lebenserfahrungen zu reaktivieren und verarbeiten, aber auch neuartige zu machen. Sie stellen gewissermaßen die Achse dar, um die die gesamte Therapie sich dreht.

In Einzelsitzungen können Übertragungs-/Gegenübertragungs- und Abwehrvorgänge besonders gründlich durchgearbeitet werden. Als Konzentrate von Beziehungserfahrungen bringen ja PatientInnen als personale Modelle Muster mit, Kontakte zu gestalten, sich und andere in Beziehungsgeflechten wahrzunehmen. Aus solchen Bereitschaften heraus formen sie die Übertragungsbeziehung zum Therapeuten. Diese wird damit zum Anzeiger und Ausdruck für Beziehungserleben und -verhalten der Patienten schlechthin.

Ein Mehrphasentherapeut wird in seiner Ausbildung für Übertragungsbereitschaften von Patienten sensibilisiert sowie für seine Gegenübertragung, also die vom Patienten induzierte Gefühls- und Verhaltensantwort. Daneben lernt er auch, ihm selbst eigene Übertragungsbereitschaften zu kontrollieren, damit er nicht in Gefahr gerät, diese mit seiner Gegenübertragung zu verwechseln. Er muß also mit den Übertragungs-/Gegenübertragungsrollen arbeiten können. Er muß aber auch echte Beziehung in durchsichtigen Verhaltensweisen sichtbar werden lassen. Nur so können beide Beziehungsformen vom Patienten miteinander verglichen werden. Dieser kann dabei immer deutlicher sehen, was der Therapeut anders macht oder wertet, als er erwartet hatte. Auch wird ihm anschaulich, was ihm von diesen neuen Sicht- und Verhaltensweisen guttut. So entstehen allmählich neue Beziehungsformen zwischen beiden, die der Patient als neue Modelle für seinen Alltag nutzen kann. Grundsätzlich entspricht eine solche Remobilisierung alter Interaktionsmuster und der Vergleich mit korrigierenden Erfahrungen dem kurativen Grundanliegen der Psychoanalyse (vgl. Thomä und Kächele, 1989).

Aus den psychoanalytisch orientierten Einzelsitzungen der Standardmethode sind jedoch Erlebnisse in der Gruppe nicht ausgeklammert. Deshalb wird auch die Form der therapeutischen Beziehung bearbeitet, die Kotherapeuten und Gruppenmitglieder einschließt und unter dem Namen »multiple Übertragung« bekannt ist (Kadis et al., 1982, S. 143 ff.). Die Art der Übertragungsarbeit ist damit oft anders akzentuiert als in Einzelsitzungen der analytischen Psychotherapie. Mehrere Übertragungskonfigurationen müssen dabei gleichzeitig beobachtet und gehandhabt werden. Dabei besteht die Möglichkeit, mit Übertragungen aus zwei- oder mehrpersonalen Beziehungsgefügen umzugehen, die entstanden sind, weil die Patienten in ihrer persönlichen Geschichte solche Beziehungen erlebt haben. Unter Einbeziehung der multiplen Übertragung wird ein Psychotherapeut also eher befähigt, der tatsächlichen Lebensvielfalt von PatientInnen Rechnung zu tragen. Das ursprüngliche Konstrukt einer ausschließlichen Zweierbeziehung zwischen Mutter und Kind wird um eine neue Sichtweise erweitert, bei der verschiedene Personen dynamische Beziehungsgefüge unterhalten.

In Einzelsitzungen können auch konflikthafte Anteile eines Patienten bearbeitet werden, die unter dem Einfluß multipler Übertragungsvorgänge auf verschiedene Settingangehörige projiziert worden sind. Dies ist besonders wichtig bei Patienten mit massiven Spaltungs-Anteilen, aber auch bei solchen, deren Introspektionsfähigkeit so gering ist, daß sie eigene Konflikte eher reflektiert an der Außenwelt wahrnehmen können.

Bei Patienten mit schwersten strukturellen Beziehungsstörungen bilden Einzelsitzungen das am höchsten belastete Element der Therapie. Beschrieben wurde diese Art der Beziehungsdynamik in Kapitel 5 unter: »Innere und äußere Probleme im Gefolge von Unehelichkeit« (S. 296–324). Die Gruppe wird von solchen Patienten eher entlastend empfunden wegen der dort erlebten mitmenschlichen Stütze, der Möglichkeit zur Übertragungsaufspaltung und Objektivierung der als bedrohlich erlebten Beziehung zum Therapeuten. Bei Patienten mit so schwerwiegenden Beziehungsstörungen scheint es mir ohne Einbeziehen der Gruppe unmöglich, die affektiv überladene Übertragungssituation so zu handhaben, daß Therapie-Abbrüche oder negative therapeutische Reaktionen vermieden werden können. Hier scheint also eine Kombination von Gruppen- und Einzeltherapie unumgänglich zu sein.

Mit den verschiedenen Vorgehensweisen der Mehrphasentherapie verfügen wir auch über ein geeignetes Instrumentarium, Einzelheiten aus dem Lebensalltag von PatientInnen innerhalb der Therapie zu aktivieren. Der Lebensalltag kann deshalb sehr konkret Thema von Einzelsitzungen werden. Auch aktuelle Paar- oder Familienkonflikte und Probleme des aktuellen Beziehungserlebens können durch die gemeinsame Erfahrung mit Gruppen-Erlebnissen ausgiebiger in die Einzelarbeit einbezogen werden. Häufig werden auch Paar- oder Familientherapiesitzungen in Mehrphasentherapie integriert, was neue Ansätze ermöglicht.

Auch lohnende Zielvorstellungen und realistische Planungen, Ziele zu erreichen, bilden Inhalte der psychoanalytisch orientierten Einzelsitzungen. Patienten mit ich-strukturellen Lücken finden in ihrem Therapeuten einen informierten Begleiter, der fähig ist, sie bei ihren konkreten Versuchen zu unterstützen, ihr Alltagsverhalten zu verändern.

In den psychoanalytisch orientierten Einzelsitzungen der Mehrphasentherapie wird das während der Behandlung mobilisierte bewußte und unbewußte Geschehen in Worte transformiert und in den »narrativen Prozeß« einbezogen (Stern, 1993). Was bedeutet das nun? Die Säuglingsforscher, vor allem Lichtenberg und Stern, gehen davon aus, daß der Prozeß einer gelingenden Psychotherapie dadurch gekennzeichnet ist, daß immer mehr unbewußtes Erleben vom Patienten in Wortsymbole gefaßt werden kann. Dabei wird seine »narrative Hülle«, englisch »the narrative envelope«, zunehmend dichter und der verbale Austausch intensiver und vollständiger (Lichtenberg et al., 1992b). Wir haben die Erfahrung gemacht, daß es bei vielen Patienten nützlich war, diese Vorgänge durch Einbeziehen von erlebnisorientierten Techniken zu unterstützen, weil Spaltungen zwischen erlebenden und formulierenden Persönlichkeitsanteilen vorhanden waren. Das vielleicht schlagendste Beispiel für eine notwendige Kombination verbaler und praktischer Therapiemethoden wurde in der Behandlung der mutistischen Patientin gezeigt. Ähnliche Blockaden können oft durch Kombination verbaler Psychotherapie mit Regressionstechnik oder Modellimprovisation schrittweise überwunden werden. Im Verlauf des Behandlungsprozesse können frühgestörte Anteile von Patienten durch verbale Ausdrucksmöglichkeiten ergänzt, mit Bildern angereichert und zuletzt mit der korrektiven Beziehung zum Therapeuten »legiert« werden.

6.3 Kurzdarstellung der Methode der Modellimprovisation

1. Modellimprovisation findet als Gruppenpsychotherapie statt. 2. In »Modellsituationen« werden Aufgaben gestellt, zu deren angemessener Bewältigung unterschiedliche basale oder grundlegende Ichfunktionen eingesetzt werden müssen. 3. Auf Modellaufgaben antworten Patienten frei improvisierend. 4. Sie werden durch Modellsituationen überrascht und reagieren dann vielfältig. 5. Dabei werden Erlebnisse aktiviert, die auf Parallelen zur Säuglingszeit, Kindheit, Jugend oder Gegenwart hinweisen. 6. Modellimprovisation bietet auch wesentliche Ansätze zum Modell-Lernen und identifikatorischen Lernen bei ich-strukturellen Defiziten. 7. Das in der Modellsituation Erlebte wird anschließend verbalisiert und vielfältig durchgearbeitet. 8. Bei der Standardmetho-

de der Mehrphasentherapie alterniert die Anwendung der Gruppenverfahren Modellimprovisation und Regressionstechnik in sechswöchigem Turnus.

6.3.1 Kurative Faktoren in der Modellimprovisation

In der Modellimprovisation werden Modellaufgaben gestellt, die von Patienten spontan improvisierend beantwortet werden. Dabei werden basale und grundlegende Ichfunktionen angesprochen. Auch hier soll auf die Kapitel 2 und 3 sowie auf die Fallberichte hingewiesen werden. Als kurative Faktoren sind in der M-Gruppe wirksam: Aufdeckende (Kunzke, 1993), verarbeitende und solche, bei denen defekte Ichfunktionen weiter ausdifferenziert werden, also Nacherziehungsarbeit geleistet wird. In allen M-Gruppensitzungen wird konsequent an der Verbindung mit sprachlichem Ausdruck und den diakritischen Ichfunktionen gearbeitet. Im folgenden soll noch einmal kurz auf einzelne kurative Bereiche eingegangen werden.

6.3.1.1 Überraschungsmomente lösen ich-dystones Material aus

In der Modellimprovisation liegt der Akzent vorwiegend darauf, im Alltag gebrauchte Ichfunktionen möglichst alltagsnah anzusprechen. Unter dem Eindruck von Modellaufgaben, zu deren Beantwortung basale oder grundlegende Ichfunktionen in Tätigkeit treten müssen, verhalten sich die PatientInnen spontan improvisierend wie in Kindertherapien. Sie werden durch eine Modellsituation überrascht und reagieren dann in spielerisch lockerer Form. Dies begünstigt, daß ich-dystones Material, gleichsam an der Abwehr vorbei, an die seelische Oberfläche kommt und sich darstellt (Becker, 1981). Dabei können sich auch in der Lebensgeschichte begründete Inhalte, Rollenübernahmen und Interaktions-Muster zeigen. Gruppenmitglieder spiegeln einander häufig in eindrucksvoller Weise spezielle Erlebens- und Verhaltensbereitschaften. Heftig erschrecken unsere Patienten vor allem, wenn Lücken ihrer basalen oder grundlegenden Ichfunktionen ans Licht kommen. Oft erscheint ihnen ein erstes Sichtbarwerden von Ich-Defekten geradezu entlarvend grell.

Angesichts des Aufdeckungsmoments der Modellsituationen für ich-dystones Material ist es nicht verwunderlich, daß Patienten oft Angst und Abwehr gegenüber der M-Gruppe empfinden. Dies zeigt sich in vielfältigen Reaktionen und Verhaltensweisen. Wenn Funktionen der Abwehr schließlich brüchig werden, wird oft dahinter eine erschreckende Verarmung an kreativem, spielerischem oder emotional handelndem Ausdrucksverhalten offenbar. Dann ist eine Ausdifferenzierung kreativer Ichfunktionen sinnvoll, weil Beziehungen und Erlebnisfähigkeit ohne Anreicherung durch bildhafte und emotionale Anteile leicht hölzern werden.

Modellsituationen wirken wegen ihres Überraschungsmoments also stark aufdeckend für ich-dystones lebensgeschichtliches Material und für Differenziertheits-Mängel von Ichfunktionen.

6.3.1.2 Das Wechselspiel der Gruppenreaktionen in der Modellimprovisation

Das Zusammenspiel in der M-Gruppe wurde besonders in den Sitzungsprotokollen des 3. Kapitels dargestellt (S. 91 und 91 ff.). Es erfolgt vielfältig und farbig, weil ja alle Patienten sich spontan improvisierend verhalten. Oft bleibt dabei ein Patient längere Zeit bei sich selbst und dem, was ihm gerade wesentlich ist. Es hängt von vielen inneren oder äußeren Umständen ab, ob, wann und wie er beginnt, auf das zu reagieren, was andere Gruppenmitglieder tun. Während ein Patient zum Beispiel in das Malen seines Bildes versunken ist, kann ein anderer beginnen zu weinen, weil er meint, selbst nicht malen zu können. Manchmal nimmt der malende Patient den anderen gar nicht wahr. Es kann aber auch vorkommen, daß er so starkes Mitleid empfindet, daß ihm auf einmal seine eigenen Probleme nichtig erscheinen. Er kann aber auch ganz andere Impulse verspüren wie etwa den, den Weinenden auszulachen. Wenn dieser letztgenannte Impuls zum Ausdruck kommt, kann er bei anderen Gruppenmitgliedern wiederum heftige emotionale Reaktionen und Gegenreaktionen auslösen.

Gruppenleiter und Kotherapeut nehmen im Verlauf der Sitzung die oben angedeuteten Reaktionen der Gruppenmitglieder wahr. Sie stellen fest, wo Neid und Eifersucht sich zeigen, wo Mitleid übergroß wird oder narzißtische Überheblichkeit und Selbstversunkenheit zum Ausdruck kommen. Mit diesen Informationen ihrer Patienten können sie dann gezielt arbeiten. Sie können Vorgänge der multiplen Übertragung deutend aufgreifen und bewußtmachen. Sie können aber auch Funktionen übernehmen, die denen von Autoritäten in einer intakten Familie ähneln, einen Patienten ermutigen, ihm Raum schaffen oder ihm Grenzen setzen.

6.3.1.3 Körpertherapeutische Elemente

Mit Anteilen des Körpergedächtnisses wird in der Modellimprovisation und der Regressionstechnik aufdeckend gearbeitet. Hier soll an »Fall Annelie« (S. 222–236) erinnert werden, wo bei der paarweisen Rückenarbeit heftiger innerer Widerstreit zwischen dem primären Wunsch, berührt zu werden, und dem, andere Menschen wegzustoßen, mobilisiert wurde. Auch Haltungseigentümlichkeiten wie Außenbelastung der Füße, Hohlkreuz oder Brustkorb-Verspannungen können Zugänge zu verschütteten Erinnerungen darstellen. Ebenso können Eigentümlichkeiten des Erlebens bei Bewegung oder Entspannung Muster aktivieren, die in hohem Maße charakteristisch sind. Es läßt sich aber nicht, wie man früher meinte, eine Art »allgemeiner grammatikalischer Zuordnung« zwischen Körperpartien und einzelnen Erfahrungen herstellen. Kopplungen körperlicher Empfindungen und Zuständlichkeiten an lebenshistorische Ereignisse scheinen oft sehr vielfältig determiniert zu sein (vgl. Müller-Braunschweig, 1986).

Vor allem kann auf eine körpertherapeutische Arbeit nicht verzichtet werden, wenn Erlebens- und Verhaltensbereitschaften in Therapien einbezogen werden müssen, die der Zeitspanne vor der diakritischen Entwicklungsphase angehören. Interaktionserlebnisse und Traumata aus der Zeit vor dem achtzehnten Lebensmonat sind ja im prozeduralen Gedächtnis kodiert und weder als Bilderinnerungen noch als Wortsymbole zu fassen. Patienten und Therapeuten können sich also auch nicht primär verbal über sie verständigen. Wenn sie miteinander über Probleme dieser Phase in Austausch treten wollen, können sie sie nur praktisch reaktivieren und mit Hilfe der damaligen Mittel, also körpersprachlicher Interaktionen, mit ihnen umgehen.

Auch körpersprachliche Lern- und Wahrnehmungsvorgänge können nur wirksam unterstützt werden, wenn wirklich mit dem Körper probiert wird und Erfahrungen gemacht werden können. Für eine Differenzierung körpernaher und basaler Ichfunktionen kann also auf körpertherapeutische Arbeit ebenfalls nicht verzichtet werden.

6.3.1.4 Kreative Ichfunktionen

Kreative Ichfunktionen werden in Modellsituationen vielfältig angesprochen. Die Patienten malen, tanzen, spielen Szenen. Die Selbstdarstellungen, die bei der Betätigung kreativer Ichfunktionen entstehen, stellen oft wichtige Therapiemittel dar. Sie sind meist von beeindruckender Dichte und Wucht. Bei solch schöpferischen Akten werden häufig fundamentale persönliche Inhalte aus Lebensgeschichte und Gegenwart aufgedeckt. (Ähnliche, aber ausgefeiltere Techniken werden zum Beispiel in der Gestaltungstherapie, dem Psychodrama, der Tanztherapie u. a. verwandt.) Wie in der Gruppen- oder Einzeltherapie der Mehrphasentherapie mit solchen Selbstdarstellungen gearbeitet wird, ist in den Behandlungsberichten beschrieben.

Auch Ausfälle oder Verformungen an kreativen Ichfunktionen sind aber bei vielen unserer PatientInnen feststellbar. In solchen Fällen stellt bereits die Mobilisierung der Funktionen eines der Ziele der Therapie dar. Es muß dann aber zusätzlich differenzierend weiter mit ihnen gearbeitet werden.

Wenn kreative Ichfunktionen aktiv sind, können sie nicht nur aufdeckende Funktionen haben, sondern auch der Verarbeitung dienen. Die Wirkungsweise dieser Verarbeitungsvorgänge ist sehr komplex und noch weitgehend ungeklärt. Verarbeiten durch Verbalisieren, Verknüpfen, Begreifen, Üben ist hingegen seit langem bekannt. Schon Träume enthalten aber Verarbeitungsweisen in emotionsgeladenen Bildern. Durch Maßnahmen von Psychotherapeuten werden solche archaischen Bewältigungsprozesse höchstenfalls intensiviert.

Bei ursprünglich lebenden Völkern und Stämmen, aber auch bei uns heutigen Menschen in der Zivilisation verändert kreatives Gestalten die Welt unserer inneren Repräsentanzen. Dies geschieht beim Malen, Szenenspiel oder Tanz. Ein Beispiel soll die merkwürdigen Vorgänge anschaulicher machen: Ein neunjähriger Bub schoß in der Spieltherapie seinem Mathematik-Lehrer mit dem Luftgewehr immer wieder ins gestrenge Auge. Danach konnte er tatsächlich Dreien, Zweien und Einsen schreiben, während es vorher Fünfen und Sechsen gewesen waren. Schon damals, vor zirka dreißig Jahren, fragte ich mich: Was ist nun bei diesem Jungen passiert? Er weiß doch, daß er nur das Papier getroffen hat! Aber dennoch scheint etwas in ihm daran zu glauben, daß er die Angst machenden, gestrengen Augen des Lehrers durch seine symbolische Gegenwehr außer Kraft gesetzt hat. Seitdem habe ich immer wieder auf die Möglichkeiten psychischer Wandlung durch Symbolhandeln geachtet.

6.3.1.5 Strukturierende Ichfunktionen

Viele Patienten leiden auch an Lücken oder Deformationen an ihren strukturierenden Ichfunktionen. Diese zeigen sich zum Beispiel in Modellsituationen, in denen Zeit strukturiert werden soll, Pünktlichkeit oder Spontaneität innerhalb fester Zeitspannen Thema ist. Einige PatientInnen hassen Pünktlichkeit, andere hingegen sind unfähig, kreativ mit frei verfügbaren Zeitspannen umzugehen. Bei den strukturierenden Funktionen geht es aber nicht nur um den Umgang mit Zeit. Auch der mit Geld muß sinnvoll regelungsfähig sein. Insgesamt stellt die Fähigkeit zur Organisation ohne größere Ausfälle an Spontaneität eine Voraussetzung dar, die erfüllt sein muß, wenn Lebensvorgänge strukturiert werden sollen. Strukturierende Ichfunktionen regeln und durchziehen das gesamte Leben. Der Umgang mit ihnen stellt ein wesentliches kuratives Element der Modellimprovisation dar. Wenn in diesem Bereich Fortschritte erzielt werden sollen, ist oft zuvor die Aufdeckung und Verarbeitung lebensgeschichtlichen Materials geboten. Erst danach, etwa wenn alte Zu- oder Abneigungen relativiert worden sind, kann oft der Wunsch hervorbrechen, neue Verhaltensweisen zu erwerben. Aber die Einsicht in alte Gefühls- und Erfahrungsgewohnheiten allein bewirkt meist keine praktisch ausreichende Veränderung. Strukturieren will auch erlernt sein, das heißt strukturierende Ichfunktionen müssen geübt und schrittweise differenziert werden. Im Umgang mit ihnen wird also zugleich aufdeckend und pädagogisch gearbeitet.

6.3.1.6 Ichfunktionen, die der Entscheidung dienen

Defekte an Ichfunktionen können auch die Fähigkeit der Entscheidung betreffen, zum Beispiel die Fähigkeit, »Ja« oder »Nein« zu sagen. Eine solch mangelhafte Ichfunktion kann schon zu frühesten Gehemmtheiten bei der Äußerung von Wünschen oder Bedürfnissen gehören. Zurückgewiesene Bedürfnisse in der Säuglingsphase oder frühe Persönlichkeitsentwertungen zeigen sich oft hinter solchen Ausfällen. Jedoch kann auch die Identifizierung mit entscheidungsschwachen Vorbildern zu Verschwommenheit im Wirkbereich dieser Ichfunktionen führen.

Modellsituationen mit praktisch augenfälligen Entscheidungsmöglichkeiten wie authentische Zu- oder Abwendung bieten Zugänge zu Ausfallerscheinungen und ihrer Bearbeitung.

6.3.1.7 Team-, Paar- und Einzelarbeit

Viele unserer Patienen sind unfähig, allein, in einer Paarbeziehung oder als Team zu arbeiten. Sollen Ichfunktionen, die dies ermöglichen, aktiviert werden, müssen in Therapien sowohl aufdeckende als auch verarbeitende Methoden verwandt werden. Oft ist aber danach auch die Anwendung eher pädagogischer Maßnahmen geboten, damit eine Nachdifferenzierung erfolgen kann. Viele PatientInnen können ihr Leben im beruflichen oder privaten Alltag erst befriedigender gestalten, nachdem sie im Umfeld dieser Probleme praktisch probieren und üben konnten.

Verschiedene Formen der Partnerarbeit können hier besonders wirksam sein: Einfühlsame, zugewandte und liebevolle Paararbeit wurden in Fallberichten wiederholt dargestellt. Es gibt aber auch

Modellsituationen, in denen aggressiv-aversive oder abgrenzende Ichfunktionen mobilisiert werden. Außerdem wird die Fähigkeit, eine Gruppe zu führen, oft angesprochen. Besonders schwierig erscheint es mitunter, Funktionen zu differenzieren, die es den Patienten ermöglichen, als Mitglieder eines Teams sensibel und doch autonom miteinander in Beziehung zu stehen.

6.3.1.8 Lernvorgänge bei Ich-Defekten in der M-Gruppe

Ein wichtiger Aspekt der Modellimprovisation soll noch genannt werden: Wenn Patienten ich-strukturelle Erlebens- und Verhaltenslücken haben, können sie im Alltag nicht genügend differenziert und gezielt reagieren. Ausfälle und Defekte sind in vielen Fällen so schwer, daß man mit Recht von »partiellen seelischen Behinderungen« sprechen kann. Zu einem schrittweisen Aufbau ausdifferenzierterer Ichfunktionen brauchen solche PatientInnen »Futter«, anschauliche und greifbare Anregungen, die sie aufnehmen und weiterentwickeln können. In der Modellimprovisation gibt es hier zwei wesentliche Ansätze: Nach Lichtenberg stellte es ein angeborenes motivationales System dar, selbst Neues zu probieren und zu explorieren. Modellsituationen bieten Gelegenheit, Umgangsformen mit sich und der Welt gleichsam kreativ neu zu erfinden. Außerdem können Gruppenmitglieder aber auch voneinander imitatorisch Neues lernen und dabei ihr eigenes Repertoir vervielfachen.

6.4 Kurzdarstellung der Methode der Regressionstechnik

1. Es geht in der Regressionstechnik um eine Herstellung von Zuständen der Tiefenregression und deren Verarbeitung. 2. Regressionstechnik wird überwiegend in der Gruppe angewandt. 3. Dabei geht es um eine Psychotherapie des einzelnen in der Gruppe.

4. Vorgänge der Gruppendynamik haben also einen geringen Stellenwert. 5. Die Sitzung besteht aus zwei Phasen, der Regressionsphase und der Phase der verbalen Durcharbeitung. 6. Bei Anwendung der Standardmethode alterniert die Regressionstechnik mit der Modellimprovisation in sechswöchigem Turnus.

6.4.1 Kurative Faktoren bei der Regressionstechnik

Mit den technischen Mitteln der Tiefenregression werden in der Regressionstechnik Anteile der Lebensgeschichte aufdeckend und wiederholend bearbeitet und dann einer gründlichen verbalen Durcharbeitung unterzogen. Zur präverbalen Entwicklungsphase gehörige Anteile können unter Anwendung körpertherapeutischer Methoden adäquat in die Durcharbeitung einbezogen werden. Eines der Hauptziele für eine Anwendung der Methode ist das Erkennen von Strukturanteilen der unbewußten Steuerung, die im Zusammenhang mit vital wichtigen Anteilen der Lebensgeschichte entstanden sind. Oft bietet der Strukturvergleich mit Mitpatienten Gelegenheit, eigene psychische Steuerungsstrukturen deutlicher zu erkennen. Pathogene Anteile können dabei relativiert und häufig auch verändert werden.

Entscheidend bei der Regressionstechnik sind komplexe Formen der präverbalen und verbalen Verarbeitung (vgl. hierzu auch Kunzke, 1993). Wenn in der Tiefenregression ich-dystones Material auftaucht, tritt zunächst oft ein affektüberfluteter Zustand auf, in dem der Patient eher aktionsgehemmt erscheint. Wird jedoch das Material wiederholt mit den technischen Mitteln der Tiefenregression bearbeitet, so stehen allmählich immer andere Anteile von Erleben und Verarbeitung im Vordergrund. Mit steigendem Verarbeitungsgrad erfolgt eine innere Druckentlastung. Die Faszination durch das jeweilige Material und schließlich das Interesse daran lassen nach. (Vgl. auch die Kapitel 2 und 3.)

Im folgenden sollen Themenschwerpunkte zur Sprache kommen, die in der Regressiontechnik besonders wichtig sind.

6.4.2 Erkennen von Strukturen der unbewußten Steuerung durch Tiefenregression

Ein wichtiges kuratives Element der Regressionstechnik besteht also darin, daß Patienten lernen, Steuerungsstrukturen der eigenen Psyche zu erkennen, zu relativieren und zu verändern. Dies kann erfolgen, indem es in der Tiefenregression zu einem Nacherleben einzelner ehemals strukturbildender Tatsachen der persönlichen Lebensgeschichte kommt. Diese werden, einschließlich der damals zugehörigen oft übermächtigen Affekte und Körpergefühle, handelnd, emotional und verbal durchgearbeitet. Wenn entscheidende Ereignisse der präverbalen Entwicklungsphase in der Tiefenregression noch einmal in der Vorstellung, mit dem Körper und den Gefühlen durchlebt werden, werden sie zunächst in ihrer überwältigenden Wucht und Wirksamkeit deutlich. Ein Beispiel hierfür ist das erste Primal von Wallys »Verstoßung« durch ihre Eltern (S. 190 ff.) Sie können dann später aber auch vom nun erwachsenen verarbeitenden Verstand in ihrer Einmaligkeit und Begrenztheit wahrgenommen werden. Bei sochen Relativierungsvorgängen lernen es die Patienten auch, zu eigenen Erlebensweisen Distanz zu finden und Stellung zu nehmen.

6.4.3 Die Funktion der gesunden Ich-Spaltung

Bei wiederholtem Umgang mit außergewöhnlichen Erfahrungen in der Tiefenregression zeigt sich also oft erstmals, daß frühe traumatische Erlebnisse nicht ein allgemeines Drehbuch für das spätere Leben darstellen müssen, sondern daß sie den Charakter einer Ausnahme von der Regel gewinnen können. Pathogene Früherlebnisse können damit in ihrem Modellcharakter für das gesamte Leben erstmals in Frage gestellt werden. Den Patienten wird dabei allmählich klar, daß manchen ihrer Früherfahrungen gerade n i c h t die von ihnen einst spontan angenommene Allgemeingültigkeit zukommt, weil sie eine pathogene Extrem-Variante darstellen. Der allgemeine Modellcharakter, den frühe und grundsätzliche Erlebnisse zunächst stets erhalten, kann also nun in einem zweiten, realitätsprüfenden Schritt von ihnen in Zweifel gezogen werden. Dies ermöglicht ihnen, schrittweise neue lebensgerechtere Modelle neben ihre ursprünglichen personalen Modelle zu stellen, um mit den dabei gewonnenen neuen Maßstäben in ihrer realen Alltagswelt zufriedener und angemessener leben zu können.

Im Umgang mit der Regressionstechnik wird also eine allmähliche Distanzierung von bisher zwingend wirkenden Eigenschaften der psychischen Steuerung angestrebt und schrittweise auch erreicht. Beim spontanen szenischen Agieren in der phantasierten ursprünglichen Situation bieten sich auch Zugänge zu Person-Anteilen, die früh abgespalten wurden. Manchmal werden in der Regressionsphase ich-dystone Anteile der psychischen Steuerung reaktiviert, die zu bisher überlastenden, unerträglichen Auslöseerlebnissen gehörten. Bei solchen Vorgängen in der Regressionstechnik kann ein betrunkener Vater, eine sadistische oder angstgeschüttelte Mutter noch einmal als greifbar nah erlebt werden. Oft stellen einzelne Worte, die sich im Zustand der Tiefenregression aufdrängen, erste Kopplungen zum Bewußtsein her. Auch einst gezogene verallgemeinernde Rückschlüsse können jetzt oft erst verstanden werden: »Weil Mutter meinen Vater damals als Alkoholiker gebrandmarkt hat, habe ich mich entschlossen, nie einen Tropfen Alkohol zu trinken!« – »Weil Vati die Mutti als geil bezeichnet hat, wollte ich sexuelle Beziehungen zu Frauen für immer, immer meiden!«

6.4.4 Körpertherapie in der R-Gruppe

Die Arbeit mit Körpergefühl, Körperverhalten und Körpergedächtnis stellt ein wichtiges Mittel dar, in Schichten zu gelangen, in denen einst unbewußte Steuerung entstanden ist. Auch hier werden oft heftige Affekte frei: Trauer, Angst, Wut, Schmerz, Verzweiflung, Panik. Szenen oder Verhaltensprozeduren, zu denen die Gefühle früher gehörten, zeigen sich wieder. RIGs, also frühe Beziehungserfahrungen, reinszenieren sich in der Regressionstechnik oft verblüffend deutlich. Therapeuten finden sich dann plötzlich in der Rolle des damals zugehörigen »evozierten Gefährten« (Stern, 1992, S. 271 ff.), das heißt, sie fühlen sich suggestiv aufgefordert, sich so liebevoll, so verschlingend oder so verurteilend zu verhalten wie ein ganz spezieller früher Beziehungspartner. Frühe Interaktionsstrukturen reproduzieren sich bei der Körperarbeit direkt, was auch naheliegend erscheint, da ja präverbale, global erlebte Frühbeziehungen nicht über die Sprache, sondern über affektiven Körperausdruck, Körpereindrücke und körperliche Interaktionen stattgefunden haben. Mit körpernahen Beziehungsmitteln können sie sich deshalb folgerichtigerweise auch unschwer wieder reinszenieren.

6.4.5 Der Umgang mit der Macht eigener Affekte

Den Patienten wird bei der Arbeit mit Regressionstechnik schrittweise evident, wie es zur Entstehung für sie typischer, affektiver Bereitschaften kam und was für eine Rolle diese später in ihrer Gesamtstruktur übernommen haben. Bei Wally beispielsweise zeigte sich, daß heftige Verlassenheitsgefühle mit Ängsten, Depressionen und Aggressionen bei ihrer Früh-Verlassenheit in der Klinik mobilisiert worden waren. Später wurden die überschwemmenden Verlassenheits- und Wertlosigkeitsgefühle teils abgewehrt und unterdrückt, teils erhielten sie andere Funktionen im Rahmen des sekundären Krankheitsgewinns zugewiesen: Wally lernte, durch Vorwurfshaltungen Schuldgefühle auszulösen. Das Sich-selbst-halten-Müssen eines verlassenen Kindes konnte sie ins teilweise Positive verkehren, indem sie habituell erworbene Anteile von unbändiger, nicht zu brechender Stärke einzusetzen lernte. Ursprüngliche Affektmuster erhalten also in späteren Phasen oft eine Umdeutung. Es ist erstaunlich, wie solche Umdeutungen und deren lebenslange Weiterverarbeitung spontan einsichtig werden, wenn sich Patienten der Flut innerer Erlebnisse und Phantasien im veränderten Bewußtseinszustand der Regression überlassen.
Warum es für Patienten so anschaulich wirkt, wenn sie sich gestatten, das Kind wieder zu sein, das sie damals meinen gewesen zu sein, ist bisher nur teilweise zu begreifen. Im Verlauf einer R-Gruppensitzung setzen sich jedenfalls häufig affektiv hoch besetzte

szenische Abläufe durch, mit denen weder Therapeut noch Patient zuvor gerechnet haben und die das bisher entstandene Bild verändern. Sie zeigen sich oft als Bestandteile von RIGs oder GERs, also Mustern aus früher oder allerfrühester Lebenszeit. In der Regressionsphase wollen PatientInnen auf Affekte und Emotionen, die zur speziellen Form ihres Erlebens und Verhaltens gehören, aufmerksam werden und sie Aspekten ihrer Geschichte zuordnen.

6.4.6 Die narrative Hülle

In der Durcharbeitungsphase geht es um schrittweises Auffinden verbaler Entsprechungen zum szenischen oder körperhaften Agieren in der Regressionsphase. Oft erweist es sich als schwierig, präverbale oder bisher abgespaltene Inhalte mit Worten zu verbinden. Die Integration bisher unbewußter Affekt- und Erlebensstrukturen schreitet parallel zu den ge- oder mißlingenden Verbalisierungsversuchen allmählich fort. Die »narrative Hülle« der Patienten wird also schrittweise dichter, Austauschmöglichkeiten im verbalen Kontakt werden vollständiger und befriedigender.

Eine Verschränkung der präverbalen und der diakritischen Persönlichkeitsebene findet bei gesunder Entwicklung immer statt. Selbst psychische Elemente, die zur Entwicklung in der Säuglingszeit gehören, können dabei der diakritischen Form der Wahrnehmung angenähert werden. Bei schwer traumatischem Früherleben oder pathologischen Elternbeziehungen, die eine konsequente Verleugnung der Realität erfordern, entstehen jedoch Brüche zwischen frühkindlichen und diakritischen Persönlichkeitsanteilen. Wir finden dann später Persönlichkeiten vor, die sich zu einem Teil selbst nicht verstehen können. Gerold B. zum Beispiel verstand seine Vermengungen von Kontakt und Erotik nicht. Patienten mit Anaklitischem Fokus verstehen ihr Kippen im Wahrnehmen einer Beziehung nicht. Es ist quälend, sich selbst nicht zu verstehen und sich anderen nicht verständlich machen zu können. Hier wirkt es entlastend, wenn Zugänge zu der eigenen Vergangenheit hergestellt werden können, die sich in verstehbaren Spaltungsbereitschaften niedergeschlagen und dann zu Spaltungen der Wahrnehmung von Realitäten und der eigenen Person geführt hat.

Dies wird erreicht durch die schon genannten regressionsfördernden Maßnahmen sowie Gruppen-Induktion, Emotions-Ausdruck, Übertragungs-Reinszenierungen und anschließende verbale Durcharbeitung. Ein vollsktändigerer Kontakt zwischen dem eigenen Selbst des Patienten mit seinen vielfältigen Motiven und den Mitmenschen kann dabei schrittweise zustande kommen.

6.4.7 Strukturvergleich

Ein anderes wichtiges Element für das Gewinnen von Einsicht in eigene psychische Steuerungstrukturen und die anderer stellt der Strukturvergleich mit anderen Patienten dar. Es scheint häufig zu sein, daß Strukturanteile anderer leichter erkannt werden können als eigene. Die Wahrnehmung von Gemeinsamkeiten und Unterschieden ermöglicht allmählich immer klarere Vorstellungen. Selbst und Nicht-Selbst treten schrittweise deutlicher in Erscheinung. Dabei ist es auffallend, daß mit steigender Einsicht auch die gegenseitige Achtung wächst. Auch Bank und Kahn (1991, S. 56 ff.) halten Therapievorgänge für wichtig, bei denen Beziehungen auf Ähnlichkeiten und Unterschiede hin überprüft werden. Hierfür kommt der Therapiegruppe als Familienersatz eine wichtige Funktion zu. Sie kann jedoch auch als »peer-group« (Eriikson, 1987) fungieren, also für eine Gruppe von Gleichaltrigen stehen. Unter dem Eindruck von Vorgängen in der R-Gruppe wird deutlich, daß alle Gruppenmitglieder verstehbare Gründe für ihre Eigenheiten haben. Ein respektvollerer und kontrollierterer Umgang mit Affekten in Beziehungen entsteht also als Ergebnis von Erfahrungen in der Gruppe.

6.4.8 Erstaunliche Vorgänge im »Spiel-Raum der Tiefenregression«

Es soll noch ein Vorzug des Primalns für den psychischen Kräftehaushalt erwähnt werden, mit dem normalerweise nicht gerechnet wird: Außer dem inneren Vorstellen oder Denken und dem äußeren Agieren oder Handeln steht Menschen, die mit Regressions-technik arbeiten können, ein zusätzlicher »Spiel-Raum der Tiefen-regression« für den Umgang mit affektiv hoch aufgeladenem Material zur Verfügung.

Es ist schon seit langem bekannt, daß szenisches, körpertherapeutisches oder agierendes Verhalten kathartisch von innerem Druck entlasten kann, weil heftige Affekte abreagiert werden. Weit faszinierender ist jedoch zu sehen, wie Patienten eine hohe affektive Spannung dadurch überwinden können, daß sie Verarbeitungsvorgänge in einem Raum inszenieren können, der gerade nicht die äußere Realität ist, sondern in dem symbolhaft-stellvertretend gehandelt werden kann. Diesen Raum möchte ich den »Spielraum der Tiefenregression« nennen. Er ist keineswegs nur in der Phantasie vorhanden, sondern es können wirklich Handlungen in ihm vorgenommen werden. Diese werden aber nicht direkt an realen Menschen oder Lebensumständen ausagiert, sondern symbolisch in Gebärden und Verhaltensweisen an Ersatzobjekten. Es finden also quasi rituelle Symbolhandlungen statt, und dabei passiert verblüffenderweise dennoch etwas für die Lebensrealität Bedeutsames.

Ähnliche Verhaltensweisen sind uns zwar von Eingeborenen und ihren Ritualen her wohlbekannt, es fehlt uns aber die Möglichkeit, uns heutigen Menschen ähnliche Vorgänge und Verhaltensweisen zuzuordnen. Jedoch besitzen wir die gleichen symbolhaft wirkenden Ichfunktionen wie die ursprünglich lebenden Menschen und können uns ihrer auch bedienen. Dieser Anteil der Tiefenregression kann hier nur benannt, jedoch nicht näher erklärt werden. Er ist für viele von uns nicht einfühlbar, solange keine eigenen Erfahrungen damit vorliegen.

Konkrete Realängste sollten normalerweise unsere Patienten davor schützen, gefährliche Übersprunghandlungen bei Personen oder Umständen ihres realen Lebens vorzunehmen, die eigentlich zu der Vorurteilshaftigkeit personaler Modelle, nicht aber zu den realen Umständen gehören. Es passiert aber nicht selten, daß Patienten in ihren Alltagssituationen Gefahren provozieren, wenn ihnen Verwechslungen zwischen inneren Impulsen und äußeren Gegebenheiten unterlaufen. Solche Ersatzhandlungen sind sehr häufig. Sie können meist überflüssig werden, wenn der Patient den »Spiel-Raum der Tiefenregression« für sich zu nutzen versteht. Automatische Kopplungen zwischen lebensgeschichtlichen Ursachen und Folgehandlungen in der Realität können dann vielfach rechtzeitig unterbrochen werden, weil irrationalen lebenshistorisch begründeten Motiven beim Primaln statt in der Lebensrealität Rechnung getragen wird. Manchmal verschwinden sogar körperliche, also psychosomatische, Symptome bei solchen symbolischen Ersatzhandlungen.

Was sich in den bewußtseinsveränderten hypnagogen Zuständen verschiedener Tiefengrade wirklich abspielt, ist noch geheimnisumwittert. Unwillkürlich drängt sich die Frage auf: Wie steht es denn hier mit dem »Gold der Psychoanalyse« oder dem »Kupfer der Suggestion«? Eines zumindest ist klar: Es geht bei der Tiefenregression nur selten um Vorgänge in der Nähe von Suggestion. In der Hauptsache geht es um das Gewinnen von Anschluß an frühe, globale Gefühls- und Bewußtseinszustände.

6.4.9 Grenzen der Regressionstechnik

Auch die Regressionstechnik hat, wie alle anderen Techniken und Methoden, Grenzen und Einseitigkeiten. Auch sie kann zu Abwehrzwecken verwandt werden. Sie kann im Sinne Hemmingers zu einer »Flucht in die Innenwelt« (1980) degenerieren, wenn notwendige Veränderungen im Alltagsleben als zu unbequem oder auch als unmöglich empfunden werden. Unlösbar erscheinende Probleme am Arbeitsplatz oder Ausfälle im alltäglichen Kontaktverhalten – um nur zwei schwerwiegende Gründe zur Flucht zu nennen – können dazu führen, daß der »Spiel-Raum der Tiefenregression« übermäßig benutzt wird, um Konfrontationen und Konflikte im Lebensalltag zu vermeiden. In solchen Fällen würde die Regressionstechnik zu einer Endlos-Therapie ausarten oder mindestens zu einer Verlängerung der Behandlung führen statt zu einer Verkürzung oder Intensivierung des Prozesses. Diese Gefahr stellte einen wesentlichen Grund dar, bei der Standardmethode Modellimprovisation und Regressionstechnik in turnusmäßigem Wechsel miteinander und mit den Einzelsitzungen zu verbinden.

Dies erwies sich als lohnend: Das Einbeziehen der Modellimprovisation förderte auch ein konsequenteres Einbeziehen des Alltags der Patienten in die Therapie. Inzwischen werden sehr viele Behandlungen mit einer Kombination aus den beiden Gruppenmethoden durchgeführt, die sich gegenseitig ergänzen und ausbalancieren. Vielfältigen Therapiebedürfnissen kann so Rechnung getragen werden.

6.5 Zur Verbindung präverbaler mit diakritischen Persönlichkeitsanteilen

Viele unserer Patienten leiden an strukturellen Persönlichkeitsstörungen oder psychosomatischen Krankheiten. Während bei gesunder Entwicklung präverbale und diakritische Persönlichkeitsanteile in ständigem Austausch begriffen sind, bestehen bei solchen Patienten Spaltungen zwischen zwei grundsätzlich voneinander verschiedenen Persönlichkeitsebenen. Gemäß unserer Erfahrung sind für ihre Behandlung Therapiekombinationen effektiver als die Anwendung nur einer singulären Methode.
Störungen dieser Art sind oft bereits im präverbalen Beziehungsgeschehen begründet. Wie in Kapitel 2 ausführlicher erwähnt, sprechen die Säuglingsforscher für diese Frühzeit der Entwicklung von »prozeduralen« Formen des Erlebens und Wahrnehmens. Sie meinen damit, daß vereinfachte Muster gewohnter Abläufe gespeichert und reinszeniert werden (Lichtenberg, 1991a). Frühe Beziehungsgewohnheiten dienen dann im späteren Leben auch weiterhin als unbewußte Modelle (Cramer, 1991). Stern spricht hier von RIGs und bezeichnet damit »eine Struktur des wahrscheinlichen Ereignisverlaufs« (Stern, 1992, S. 142). Dabei sind prozedurale Muster zunächst nicht an Wortsymbole oder Bildvorstellungen gebunden. Sie treten beim Baby und im späteren Leben situationsbezogen im Zusammenhang mit passenden Auslösern auf, welche das Muster spontan reaktivieren. Erst im Alter von achtzehn Lebensmonaten treten Bild- oder Wortsymbole zu solch prozedura-

len Abläufen hinzu, falls dies nicht durch stark verunsichernde Erlebnisse gestört wird. Normalerweise entstehen also keine Spaltungen zwischen präverbalen und verbal-diakritischen Erlebensformen. Kindliche Abwehr von überwältigenden Erfahrungen oder Selbstschutzanliegen von Eltern können aber bewirken, daß präverbale und diakritische Erlebensformen strikt voneinander getrennt gehalten werden. Dann entstehen Persönlichkeiten mit Spaltungsanteilen, und in ihren Therapien muß auf eine Verbindung unverbundener Persönlichkeitsanteile geachtet werden.

Angesichts früher Kopplungen zwischen situativen und körperlich beziehungsbezogenen Elementen außerhalb der Wortwelt scheint es mir logisch, technische Angebote in die Therapie einzubeziehen, deren Konzept direkt auf die nonverbale Reaktivierung prozeduraler Muster hinzielt (vgl. auch Kunzke, 1993). Patienten mit Störungen in frühesten Beziehungsvorgängen können diese mit Hilfe von Modellsituationen als passenden Auslösern reaktivieren. Auch die Tiefenregression bietet hier elementar wichtige Möglichkeiten, persönlichen Ausdruck oder Beziehungsformen zu reinszenieren. Oft erweist es sich bei frühgestörten Patienten als angebracht, Situationen zu schaffen, in denen sie sich spontan verhalten können. In Modellsituationen haben sie dazu Gelegenheit: Patienten können anfassen und angefaßt werden; etwas festhalten, loslassen oder wegwerfen; die Augen öffnen oder schließen. Angesichts solch elementarer Modellsituationen manifestieren sich vielfach früheste Erlebens- und Verhaltensmuster. Diese lassen sich dann im Therapieverlauf allmählich mit Bildern, Szenen und Worten verbinden. So kann die Verknüpfung von der frühkindlichen mit der diakritisch-verbalen Wahrnehmungsebene auch bei Patienten mit schweren Spaltungserscheinungen Schritt für Schritt gefördert werden.

Schon früheste prä- oder extraverbale Erlebens- und Verhaltensmuster können durch angemessene Therapieangebote reaktiviert werden. Allmählich wird es dabei möglich, korrigierende Erfahrungen den alten pathologischen Erlebensformen gegenüberzustellen. Das letzte und entscheidende Glied der Kette stellt dann die Überführung des neu erworbenen Beziehungserlebens und -verhaltens in die alltäglichen Kontakte und verbalen Benennungen dar. Die bei schwergestörten Patienten besonders oft notwendige Verbindung präverbaler und diakritischer Persönlichkeitsanteile bot besonders wesentliche Anlässe zur Einbeziehung der Gruppenverfahren in die Standardmethode der Mehrphasentherapie.

6.6 Kurative Elemente der Kombination von Einzel- und Gruppentherapie, vor allem unter dem Aspekt der multiplen Übertragung

Die multiple Übertragung stellt ein wichtiges kuratives Element dar, allerdings muß ihre Handhabung gründlich erlernt werden. Multiple Übertragung ermöglicht dem Patienten, verschiedene Übertragungsanteile bei verschiedenen Personen des Settings zu deponieren. Es wurde bereits darauf hingewiesen, daß es Vorteile bringen kann, wenn voneinander abgespaltene Übertragungsanteile nicht bei einer einzigen Person deponiert werden müssen. Auf diese Weise kann die Beziehung zumindest zu einem der Therapeuten konfliktfrei gehalten werden, während der andere oder die Gruppenmitglieder mit der gesamten Wucht einer Übertragungsbeziehung zu malignen Introjekten beladen werden. Die multiple Übertragung ist durch die Anwesenheit des Therapeuten und des Kotherapeuten eingebettet in ein grundsätzliches Klima der Triangularität. Das heißt, daß eine Beziehung nicht übermächtig oder allein wesentlich werden kann, weil neben ihr noch andere wichtige Beziehungen stehen. Die Übertragungsaufspaltung sollte deshalb als kuratives, hochwirksames, den Therapieprozeß entlastendes Mittel keinesfalls unterschätzt werden. Nicht selten repräsentiert einer der Therapeuten das Gegenüber für ängstigende Übertragungsproblematik, während der andere gute Beziehungen verkörpern, Selbst-Objektfunktion haben oder als Hilfs-Ich fungieren kann. Auch Gruppenmitglieder können Träger solch unterschiedlicher Übertragungs-Anteile sein.
Bei festgefahrenen Interaktions- und Beziehungsmustern kann zuweilen in reiner Zweipersonen-Therapie eine Situation entstehen,

die gemäß naturwissenschaftlicher Sichtweise mit einem »abgeschlossenen System« vergleichbar wäre. »Beziehungsfallen« können sich hier einstellen, aus denen ein Entrinnen auch mittels noch so gut gezielter Interpretationen schwer vorstellbar scheint. Besonders Patienten, die keine Triangulierung erlebt haben, also keine ausgewogenen Erfahrungen mit Mehrpersonenbeziehung sammeln konnten, verwickeln uns in solche Beziehungsmuster. Wenn sie mit uns die ihnen vertraute überhitzte Zweipersonen-Beziehung reinszenieren, liegt eine negative therapeutische Reaktion, also ein Therapieabbruch, oft bedrohlich nahe. In dieser Situation haben Psychotherapeuten, die mit herkömmlichen verbalen Psychotherapie-Methoden arbeiten, nur indirekte Mittel zur Verfügung, korrigierende triangulierte Erfahrung anzubieten. Wenn jedoch innerhalb des Settings bereits das geschlossene Zweipersonen-System durch Hinzunahme der Gruppe und des Kotherapeuten geöffnet werden kann, stellen sich häufig ganz neue Möglichkeiten spielerischen, vielfältigen Umgangs mit Beziehungen ein.

Dabei werden nicht nur Anlässe zu Neid und Eifersucht deutlich, sondern auch Entlastungen von übermäßigen Bindungszwängen oder Kritikanfälligkeiten. Außerdem besteht bei der Standardmethode und ihrer Kombination aus Gruppen- und Einzelarbeit eine auffallende Ähnlichkeit zu systemisch-familialen Gefügen. Patienten und Therapeuten bekommen unter dem Einfluß der multiplen Übertragung immer andersartige Facetten zu Gesicht. Sie erkennen dabei zunehmend deutlicher die Relativität eingefahrener Gefühls- und Interaktionsmuster. An den sich wiederholenden Erlebens- und Reaktionsweisen bei der Kombination aus Gruppen- und Einzelarbeit zeigen sich individuelle Abläufe, die auf personale Modelle hinweisen. Sie können in der Therapie Schritt für Schritt verstanden, objektiviert und schließlich relativiert werden. Gruppenmitglieder übertragen aber nicht nur aufeinander. Sie sind vielmehr auch Träger realer gegenseitiger Beziehungen. Dabei spiegeln sie oft, mitfühlend oder boshaft, Eigenheiten des Verhaltens von Mitpatienten. Sie wirken dann als »Vervollständiger« oder »Verstärker« für Interpretationen des Therapeuten. Durch kindlich direkte Reaktionen oder vielfältige Assoziationen setzen sie oft Eigenheiten ihrer Mitpatienten frappierend ins Bild.

Es gibt nun leider aber auch Situationen, in denen wir Therapeuten nicht die Verstehenden, sondern vielmehr die Mißverstehenden, Vorurteilsbehafteten sind. Wir alle sind nicht gegen eigenes Falschverstehen gefeit. Je schwerer es uns Patienten machen, die fordern, daß wir alles wissen sollen, oder je schwerer es uns unser eigener therapeutischer Perfektionismus macht, weiße Flecken auf der Landkarte unserer Verstehensmöglichkeiten zu ertragen, desto eher sind wir geneigt, vorschnelle, einseitige oder vorurteilshafte Deutungen für wahr zu halten. Unbedingt wünschenswert ist deshalb eine ausreichende innere und äußere »Deutungsabstinenz«, also die Fähigkeit, lange genug Tatbestände offen zu lassen. Dabei zeigt sich oft erst nach langer Zeit, welches Verstehensmodell im speziellen Fall wirklich paßt. Solche Deutungsabstinenz hängt nicht etwa direkt mit aktivem oder passivem Verhalten in Therapien zusammen. Sie ist mehr daran gebunden, daß der Behandler sich ein breites Spektrum von Modellen vor »sein inneres Auge« halten kann, welches der Komplexität menschlichen Erlebens und Verhaltens angemessen ist.

Bei der Mehrphasentherapie hat der Therapeut vielfältige Kontrollmöglichkeiten, die seine Irrtümer zwar nicht ausschließen, aber doch begrenzen: Er selbst, der Kotherapeut und die Gruppenmitglieder erleben einen Patienten in überraschenden Situationen, auf unterschiedlichen Erlebnisebenen und in verschiedenartigen Verhaltensweisen. Alle sehen ihn also aus immer neuen Perspektiven. Einseitigkeiten der Sicht lassen sich bei solch komplexer Vorgehensweise leichter erkennen und richtigstellen.

6.7 Spezielle kurative Elemente bei beiden Gruppenmethoden der Mehrphasentherapie

Vor allem soll hier auf die stark aufdeckende Potenz vieler Anteile beider Gruppenmethoden hingewiesen werden. Sie bietet uns Einblicke in personale Modelle von Patienten, wie dies besonders in den Fallberichten und in Kapitel 5 gezeigt wurde. Unter ihrem

Wirken zeigen sich aber auch Ich-Defekte und ungewöhnliche
Ausprägungen von basalen und grundlegenden Ichfunktionen bis
hin zu deren Pervertierung. (Vgl. hierzu auch Veronikas Mutis-
mus, S. 280, und Connys Rechtschreibausfälle, S. 286–287) Ebenso
enthüllt sie uns komplexe Phantasien mit Steuerungs-Eigenschaf-
ten für Beziehungserleben, die im folgenden diskutiert werden.

6.8 Mehrphasentherapie und Nachreifungs-
vorgänge bei Ich-Defekten

Zu Anfang der regressionstechnischen Arbeit gab es Hoffnung,
daß die neue Art der Trauma-Aufdeckung spontane Funktionslust
und Nachdifferenzierungen auslösen würde. Wenn jedoch basale
oder grundlegende Ichfunktionen nicht differenziert worden sind,
wird meist – selbst durch intensivste Bearbeitung des Traumas –
kein ausreichender Neuerwerb struktureller Anteile ausgelöst.
Nur wenn v o r traumatischen Ereignissen bereits differenzierte
Ichfunkionen erworben waren, ist dies der Fall. Ein solcher Patient wurde auf Seite 109–114 beschrieben. Dann scheint etwas von
dem Menschenbild der frühen Hypnose oder Janovs (1973) Gestalt anzunehmen. Leider ist dies jedoch eine Ausnahme und nicht
die Regel. Meist sind bei Ich-Defekten geduldiges Erinnern, Wiederholen, Durcharbeiten und Neulernen unerläßlich. Fast alle
Menschen leiden an Einseitigkeiten bei der Ausdifferenzierung lebenswichtiger Ichfunktionen: Ich-strukturelle Lücken können für
manche Patienten die Alltagsbewältigung drastisch einschränken.
Da diese Probleme bisher kaum diskutiert wurden und die Mehrphasentherapie hier effektive Ansätze bietet, möchte ich im folgenden noch einmal ins Detail gehen und Überschneidungen mit
Kapitel 3 in Kauf nehmen.
Die Verarbeitung traumatischer Erlebnisse ist für unsere Patienten
oft nicht das am höchsten belastende Element der Therapie. Vielmehr wird ihre Lebens- und Therapiesituation besonders schwer
erträglich, wenn sie sich eingestehen müssen, daß lebensnotwendi-

ge, basale oder grundlegende Ichfunktionen aufgrund ihrer Entwicklungsgeschichte defizient geblieben sind. Oft tritt eine Art Schock nach Durcharbeiten eines Traumas auf, welches eine Mangelentwicklung lebenswichtiger Ichfunktionen zur Folge hatte. Dieser Schock besteht in der Erkenntnis, daß durch die Schädigung eine Art psychischer Mangelkrankheit eingetreten ist. Sie wird in ihrer Tragweite für den Träger erst beim Erwerb einer realistischen Sichtweise in voller Konsequenz wahrnehmbar. Ein ichstrukturelles Defizit kann bedeuten, daß ein Patient seine Zeit nicht einteilen kann oder daß er nicht fähig ist, den eigenen Körper zu fühlen, liebevoll zu anderen zu sein, sich zuzuwenden, jemanden anzuschauen, sich abzugrenzen, sich durchzusetzen, Zielvorstellungen zu entwickeln, zu werben, zu erobern, zu rivalisieren.

Wenn die Erkenntnis, an einem Ich-Defekt zu leiden, schließlich toleriert werden kann, wirkt sie zunächst sehr ängstigend. Patienten erwägen dann vielfach, ihre Therapie abzubrechen, bevor das gesamte Ausmaß mangelnder seelischer Differenziertheit offenbar geworden ist. Die meisten unserer Patienten jedoch, die an strukturellen Ich-Defekten leiden, haben bei deren Wahrnehmung bereits genügend Selbstvertrauen gewonnen, um ihre Therapie auch weiterhin durchzustehen. Das Vertrauen in die Therapeuten, die Methode und die menschlichen Beziehungen ist zu diesem Zeitpunkt in der Regel ausreichend stabilisiert. Wir Therapeuten und Kotherapeuten staunen oft darüber, welch eindrucksvolle Nachreifungen oder doch bedeutsame Defektheilungen entstehen können, nachdem der ursprüngliche Mangel nicht mehr verleugnet wird. Erst damit, daß das Problem vorhanden sein darf, kann ja auch konsequent an einer Behebung der Mängel gearbeitet werden (vgl. hierzu auch Foulkes, 1982).

Oft bieten Gruppenmitglieder sich gegenseitig Hilfestellung bei der Differenzierung von Ichfunktionen. Diese sind ja bei allen unterschiedlich differenziert, so daß sich fast stets Mitglieder finden, die Stärken haben, wo andere Schwächen zeigen. Die Zugewinne erfolgen über Identifizierungsvorgänge, Abgucken, Nachahmen und spielerischem Verändern des Nachgeahmten. Wo all das nicht ausreicht, muß nachgedacht werden, welche Therapieformen geeignet scheinen, vorhandene Lücken zu schließen. Hier sind wir

Therapeuten zum Mitdenken gefordert, was nur möglich ist, wenn wir ertragen können, an eigene Grenzen zu stoßen.

Besonders schwerwiegend ist der Defekt, wenn Bereiche der Psyche betroffen sind, die über unbewußte Phantasien komplexe innere und äußere Lebensvorgänge regeln. Dies trifft zu für Phantasien vom eigenen Selbst, aber auch von Eltern-Kind-Beziehungen. Bei letzteren geht es um urtümliche Vorstellungsbilder von »Mutter und Kind«, »Vater und Kind«, »Eltern und Kind«, »Eltern untereinander«. Auch innere Bilder von »Mann und Frau« oder von Geschwisterbeziehung haben große Bedeutsamkeit für unbewußte Steuerungsvorgänge von Alltagsbeziehungen. Wo solche steuernden Phantasien fehlen, gehen Struktur, Ruhe, Sicherheit, Vertrauen und Kontaktfähigkeit verloren.

Was aber kann therapeutisch geschehen, wenn solche inneren Bilder wirklich fast vollständig fehlen, blaß oder verzerrt sind? In der psychoanalytischen Fachliteratur wird hierfür auf die korrigierende Erfahrung in der Beziehung zwischen Patient und Therapeut verwiesen. Diese stellt in der Tat eine Basis für Zugewinne an gesunden, unbewußten Steuerungsphantasien dar. Durch die primäre Geborgenheit in der therapeutischen Beziehung kann manchmal der innere Hunger nach guten Beziehungsbildern gestillt werden. Unbewußte Phantasien, die das Leben fördern und regeln, können so integriert werden.

Es läßt sich aber nicht leugnen, daß diese Möglichkeiten begrenzt sind. Wo das Leben pauschal Erfahrung mit Mehrpersonenbeziehung versperrt hat, also den Blick für Beziehungen zu einem Vater, einer Mutter, zu Geschwistern, guten Großeltern und Freunden, stellt e i n Therapeut allein oft ein zu ärmliches Korrektur-Angebot dar. Unsere Erfahrung zeigt, daß dieses Angebot in der Kombination aus Gruppen- und Einzelarbeit der Standardmethode der Mehrphasentherapie reichlicher sein kann als in der Zweipersonen-Psychotherapie. Schon die größere Fülle der vorhandenen Personen bereichert das Angebot und macht es tatsächlichen Familienbeziehungen ähnlicher. Auch bringt der Kontakt mit Gruppenmitgliedern zusätzliche Gelegenheiten, Neues zu phantasieren oder im Vergleich mit den anderen auszuprobieren. Aufbau oder Nachdifferenzierung defekter Ichfunktionen stellen

insgesamt eine der größten Herausforderungen für Psychotherapeuten und Patienten dar. Bei Anwendung der verschiedenen Arbeitsweisen der Mehrphasentherapie können hier jedoch oft erstaunliche Erfolge erzielt werden. Wiederum stellt sich die Frage:
Wie steht es hier mit dem »Gold der Psychoanalyse«, wie mit dem
»Kupfer der Pädagogik«? Hier scheint sich für eine Wertung nach
modernsten Gesichtspunkten die damalige Wertung Freuds in
Budapest 1918 geradezu umzukehren. Auf die Frage nach gleich-
nisfähigen Stoffen würden mir hier eher Vitamine einfallen, wenn
ich mir die Komplexität der notwendigen pädagogischen Wirkungen vergegenwärtige. Gerade weil Vitamine ja kein Element, sondern komplizierte chemische Verbindungen darstellen, geben sie
Anstöße für das Ineinandergreifen von hochkomplexen, Leben ermöglichenden Vorgängen. Angesichts von Freuds These kommen
jedenfalls auch Beese und Cremerius zu moderneren Wert-Akzen-
tuierungen (Dührssen et al., 1993). Auch sie verstehen das »Gold
der Psychoanalyse« sehr viel eingeschränkter als Freud in seinem
Vortrag. Das Einbeziehen pädagogischer Verhaltensweisen in Psychotherapien von Patienten mit schwerwiegenden ich-strukturellen Ausfällen ist heute sicherlich unverzichtbar, kompliziert und
verdienstvoll. Jedoch behält Freud mit seinen Wertungen auch ein
Stückweit recht, wenn man gelten läßt, daß ein vollständiger nar-
rativer Austausch zwischen Therapeut und Patient eine besonders
gehobene Kommunikationsebene darstellt.

6.9 Zum Therapieziel, Veränderungen im realen Lebensalltag zu bewirken

Ein Hauptanliegen der Psychotherapie stellen faßbare Veränderungen im konkreten Alltag des Patienten dar, die durch die Behandlung bewirkt werden. Bei fast jedem Therapieabschluß sind
hier Zugewinne zu verzeichnen, aber auch Grenzen zu beklagen.
Gerade bei Patienten, die das Anliegen haben, Introspektion zu
betreiben, ist es wichtig, Bezüge zum praktischen Lebensalltag

ausreichend bewußt herzustellen. Patienten, die ihren Alltag ernst nehmen, machen uns hier die Arbeit leichter. Sie müssen ihn uns allerdings auch angemessen zeigen können. Dies wird manchmal dadurch begünstigt, daß Partner oder Familie sich am Therapieprozeß beteiligen.

Auch die Modellimprovisation schafft zusätzliche Brückenschläge zum Alltag. Sie ist zuweilen für Patienten belastend, schärft aber den Blick für Alltagsverläufe. Dabei werden mitunter auch Defekte an basalen oder grundlegenden Ichfunktionen schmerzhaft deutlich. Therapeut und Patient stellen sich dann die Frage: »Was kann denn noch um- oder hinzugelernt werden?« oder: »Wo müssen Lücken und Einseitigkeiten vorläufig, vielleicht sogar für immer, hingenommen werden?«

Wie eben aufgezeigt, können basale oder grundlegende Ichfunktionen neu erworben oder besser ausdifferenziert werden. Sie werden den Patienten im Umgang mit Modellimprovisation oft plastischer zugänglich, so daß ihnen Einseitigkeiten oder Lücken allmählich deutlich werden und sie mit der Aufbauarbeit von Ichfunktionen beginnen können. Wo ist nun aber eine weitere Ausdifferenzierung nicht angezeigt oder nicht möglich? Wo müssen Einseitigkeiten oder Lücken hingenommen werden? – Mitunter verlangt der Perfektionismus von Patienten oder Therapeuten eine absolute »Vollständigkeit der seelischen Gesundung« bei Abschluß der Therapie. Bei einem so überzogenen Therapieziel finden aber manche Behandlungen wohl kaum je ein Ende.

Für Patienten mit schweren strukturellen Störungen kann ein solches Therapieziel leicht zur Selbstüberforderung führen. Auch gibt es Lücken, die in speziellen Lebensphasen wenig oder gar nicht stören, und andere, mit denen ein Patient kaum leben kann. Es stellt sich also oft die Frage, ob im speziellen Fall Frustrationstoleranz bezüglich der Unvollständigkeit eines Therapieerfolges angebracht ist. Änderungen, die tatsächlich erfolgen können, lassen sich dann angesichts solch grundsätzlicher Verzichtbereitschaften oft um so konsequenter anstreben.

In jeder Therapie gibt es Grenzen für weitere Gesundung im Lebensalltag, an denen realistische Selbstbescheidung bei Patient oder Behandler angebracht ist. Es ist nicht leicht, diese illusionslos aufzufinden und zu akzeptieren. Wünsche und Bedürfnisse des speziellen Patienten müssen hier berücksichtigt werden. Es sollte aber auch bekannt sein, welches Gewicht Resignation für speziell diesen Patienten oder Therapeuten jeweils hat. Verfrühte Resignation ist oft schwer von gesunder Frustrationstoleranz zu unterscheiden. Hier stellen sich also Fragen nach Möglichkeiten und Grenzen einer Psychotherapie, nach Sinngebung, vielleicht auch nach dem Sinn von Teilverzichten. In unserer Zeit mit ihren vielfältigen Möglichkeiten fällt uns vielleicht eine Art »gesunder Demut« manchmal ebenso schwer wie der Mut, eine zeitweise als unlösbar empfundene Behandlungsaufgabe dennoch weiter- oder gar zu Ende zu führen. Wesentliche Fragen dürfen jedenfalls am Ende dieser Arbeit neben den gefundenen Antworten offenbleiben.

Literaturverzeichnis:

Argelander, H. (1989). Das Erstinterview in der Psychoanalyse. Darmstadt: Wissenschaftliche Buchgesellschaft.

Asseyer, H. (1991). Objektverlust und psychotische Regression. Psyche 45 (4), Stuttgart, Klett-Cotta.

Balint, M. (1970). Therapeutische Aspekte der Regression. Die Theorie der Grundstörung. Stuttgart: Ernst Klett Verlag. (Original erschienen 1968: The Basic Fault. Therapeutic Aspects of Regression).

Bandura, A. (1977). Social Learning Therapy. Anglewood Cliff. N. J. Prentice Hall.

Basch, M. F. (1991). Verdrängung und Verleugnung, eine neue Bestandsaufnahme. Vorträge auf dem Kongreß: The Sense of Self-Development, Pathology, Treatment. München.

Bastiaans, J. (1978). Die wirklichen Leiden beginnen nach der Befreiung. In: Psychologie heute, 5 (1), 66–72. Weinheim: Beltz Verlag.

Bauer, H. H. (1990). Entwicklungstörungen der Stimme. In: Uexküll et al. (Hrsg.), Psychosomatische Medizin. München: Urban und Schwarzenberg. (S. 1071–1079).

Becker, H. (1981). Konzentrative Bewegungstherapie. Stuttgart. New York: Georg Thieme Verlag.

Becker-Toussaint, H., DeBoor, C., Goldschmitt, O., Lüderssen, K. & Muck, M. (1981). Aspekte der psychoanalytischen Begutachtung im Strafverfahren. Baden-Baden: Nomos.

Bettelheim, B. (1980) Dialog und Praxis. München: DTV.

Bowlby, J. (1975). Bindung. München: Kindler. (Original erschienen 1969: Attachment and Loss. Vol. 1. Attachment.).

Bowbly, J. (1976). Trennung. München: Kindler. (Original erschienen 1973: Attachment and Loss. Vol. 2. Separation).

Bowlby, J. (1991). Verlust. Frankfurt /M.: S. Fischer. (Original erschienen 1980: Attachment and Loss. Vol. 3. Loss.).

Cramer, B. (1991). Frühe Erwartungen. München: Kösel (Original erschienen 1989: Profession Bebe).

Damm, S. (1978). Primärtherapie aus psychoanalytischer Sicht. In: Hahn P., Herdieckerhoff, E. (Hrsg.) Materialien zur Psychoanalyse und analytisch orientierten Psychotherapie. Bd. IV, Heft 2, Göttingen und Zürich: Vandenhoeck & Ruprecht. 127–148.

Damm, S. (1985). Eine an Janovs Primärtherapie orientierte neuartige Methode der Gruppentherapie auf psychoanalytischer Grundlage. In: Kutter, P. (Hrsg.), Methoden und Theorien der Gruppenpsychotherapie. Stuttgart-Bad Cannstatt: Frommann-Holzboog. S. 217–236

Damm, S. (1991a). Wiederkehr perinataler Traumatisierung in Lebensgeschichte und Therapie einer Patientin mit psychosomatischer Erkrankung. In: Janus, L. (Hrsg.), Erscheinungsweisen pränatalen und perinatalen Erlebens in den psychotherapeutischen Settings. S. 183–198. Heidelberg: Textstudio Gross.

Damm, S. (1991b). Mehrphasen-Intensivtherapie mit einem Paar als Kriseninterventation bei lebensbedrohlich-akutem Zustand von Asthmabronchiale. In: Stuttgarter Gruppe (Hrsg.), Kongreßbericht des Psychoanalytischen Lehr- und Forschungsinstituts. Stuttgart.

Damm, S. (1992). Gerold B., oder der mißbrauchte Mann. Ein Fall von dreifachem Mißbrauch. In Hoffmann-Axthelm, D. (Hrsg.), Verführung in Kindheit und Psychotherapie. Oldenburg: Transform. S. 109–136.

Damm, S. (1994). Der Anaklitische Fokus. und: Geschwisterrollen sind Lebensrollen. In: Damm, S. (Hrsg.) Geschwister- und Einzelkinderfahrungen. Aufarbeitung im Kontext multimodaler Psychotherapie, Tagungsband der 1. und 2. Jahrestagung des VMT. Pfaffenweiler: Centaurus-Verlagsgesellschaft.

Damm et al. (1994). Geschwister- und Einzelkinderfahrungen. Aufarbeitung im Kontext multimodaler Psychotherapie. In: Damm, S. (Hrsg). Geschwister und Einzelkinder im Kontext von multimodaler Psychotherapie. Tagungsband der 1. und 2. Jahrestagung des VMT . Pfaffenweiler: Centaurus-Verlag. In Vorbereitung)

Deutsche Gesellschaft für Verhaltenstherapie (DGVT), (1986) Verhaltenstherapie. Theorien und Methoden (Hrsg. Deutsche Gesellschaft für Verhaltenstherapie). Tübingen: DGVT

Dioszeghy-Krauss, V. (1994). Unsichtbar doch mächtig. Der Einfluß verstorbener Geschwister. In: Damm, S. (Hrsg), Geschwister und Einzelkinder im Kontext von multimodaler Psychotherapie. Tagungsband der 1. und 2. Jahrestagung des VMT. Pfaffenweiler: Centaurus-Verlag. In Vorbereitung).

Dornes, M. (1993). Der kompetente Säugling. Frankfurt/M.: Fischer Taschenbuch.

Dührssen, A., Bach, H., Beese, F., Cremerius, J., Ermann, M., Fürstenau, P., Henseler, H., Rüger, U., und Thomae, H. (1993). Beiträge zu: S. Freud (1981). Wege der psychoanalytischen Therapie – eine Diskussion 75 Jahre später. Zeitschrift für psychosomatische Medizin und Psychoanalyse. 3/1993. Göttingen und Zürich: Vandenhoeck & Ruprecht. 197–245.

Erikson, E. H. (1987). Kindheit und Gesellschaft (Sonderausgabe). Stuttgart: Klett-Cotta. (Original erschienen 1963: Childhood and Society.).

Ferenczi, S. (1929). Das unwillkommene Kind und sein Todestrieb. In: Bausteine der Psychoanalyse. Bd. 3. Bern: Huber 1964. 446–489.

Ferenczi, S. (1931) Kinderanalysen mit Erwachsenen. In: Bausteine der Psychoanalyse. Bd. 3. Bern: Huber 1964. 490–510.

Ferenczi, S. (1932) Sprachverwirrung zwischen den Erwachsenen und dem Kind. In: Bausteine der Psychoanalyse. Bd. 3. Bern: Huber 1964. 511–525.

Ferenczi, S. In: Bausteine der Psychoanalyse. Bd. 3. Bern: Huber 1964.

Forward, S. & Buck, C. (1978). Betrayal of Innocence. Incest and its Devastation. Los Angeles: Tacher.

Foulkes, S. H. (1982). Psychotherapie und Gruppenpsychotherapie. In: Kutter, P. (Hrsg.), Praktikum der Gruppenpsychotherapie. Stuttgart-Bad Cannstatt: Frommann und Holzboog.

Freud, S. (1918). Wege der psychoanalytischen Therapie. (GW XII). Frankfurt/M.: S. Fischer, 1960. S. 192–194.

Freud, S. (1937). Die endliche und die unendliche Analyse. In: Studienausgabe Bd. 10, S. 351–392. Frankfurt/M.: Fischer Taschenbuch, 1982.

Fuchs, M. (1989). Funktionelle Entspannung. Suttgart: Hippokrates.

Fürstenau, P. (1992). Entwicklungsförderung durch Psychotherapie. Grundlagen psychoanalytisch-systemischer Therapie. München: Pfeiffer.

Harmat, P. (1988). Freud, Ferenczi und die ungarische Psychoanalyse. Tübingen: edition diskord.

Hartmann, H. (1970). Ich-Psychologie und Anpassungsproblem. (2. Aufl.). Stuttgart: Klett-Cotta.

Hemminger, H. (1980). Die Flucht in die Innenwelt. Berlin: Ullstein.

Hertz, H. (1894). Die Prinzipien der Mechanik. In neuen Zusammenhängen dargestellt. Nachdruck 1984. Leipzig: Akademische Verlagsgesellschaft.

Hirsch, M. (1987). Realer Inzest. Berlin: Springer.

Horowitz, M. J. (Ed.. (1991). Person Schemas and Maladaptive Interpersonal Patterns. Chicago: University of Chicago Press.

Janov, A. (1973). Der Urschrei. Frankfurt/M.: S. Fischer Verlag. (Original erschienen 1970: The Primal Scream.).

Janov, A. (1974). Das befreite Kind. Frankfurt /M.: S. Fischer Verlag. (Original erschienen 1973: The Feeling Child.).

Janov, A. (1976). Revolution der Psyche. Frankfurt /M.: S. Fischer Verlag. (Original erschienen 1972: The Primal Revolution, Toward a Real World.).

Janov, A. (1991). The New Primal Scream. Wilmington, USA: Enterprise Publishing, Inc.

Janus, L. (1990). Die Psychoanalyse der vorgeburtlichen Lebenszeit und der Geburt. (2. überarb. und erw. Auflage). Pfaffenweiler: Centaurus.

Janus, Ludwig (Hrsg.) (1991). Erscheinungsweisen pränatalen und perinatalen Erlebens in den psychotherapeutischen Settings. Heidelberg: Textstudio Gross.

Jaques-Dalcroze, E. (1921). Rhythmus, Musik und Erziehung. (Nachdruck. 2. Aufl.). Seelze: Kallmeyer, 1988.

Johnen, R. & Müller-Braunschweig, H. Hrsg. Fuchs, 1989. Psychoanalytische Aspekte der funktionellen Entspannung (4. Aufl.). Stuttgart: Hippokrates.

Kernberg, O. F. (1978). Borderlinestörungen und pathologischer Narzißmus. Frankfurt /M: Suhrkamp.

Kernberg, O. F. (1981). Objekt-Beziehungen und die Praxis der Psychoanalyse. Stuttgart: Klett-Cotta. (Original erschienen 1976: Object Relations Theory and Clinical Psychoanalysis.).

Kernberg, O. F. (1989). Projektion und projektive Identifikation. Entwicklungspsychologische und klinische Aspekte. Forum der Psychoanalyse, 5 (4).

Kernberg, O. F. (1991). Schwere Persönlichkeitsstörungen. (3. Auflage.). Stuttgart: Klett-Cotta. (Original erschienen 1984: Severe Personality Disorders.).

Klein, M. (1962). Das Seelenleben des Kleinkindes und andere Beiträge zur Psychoanalyse. Reinbek bei Hamburg: Rowohlt Taschenbuch Verlag, 1972.

Klitzing, K. von (1991). Psychische Probleme von Gastarbeiterkindern. Battegay, R. & Rauchfleisch, U. (Hrsg.). Das Kind in seiner Welt. Göttingen: Vandenhoeck & Ruprecht. S. 96–108.

Köhler, L. (1990). Neuere Ergebnisse der Kleinkindforschung. Forum der Psychoanalyse, 6, 32–51.

Kohut, H. (1973). Narzißmus. Eine Theorie der psychoanalytischen Behandlung narzißtischer Persönlichkeitsstörungen (1. Aufl.). Frankfurt/M.: Suhrkamp Taschenbuch. (Original erschienen 1971: The Analysis of the Self. A Systematic Approach to the Psychoanalytic Treatment of Narcissistic Personality Disorders.).

Kohut, H. (1979). Die Heilung des Selbst (1. Aufl.). Frankfurt/M.: Suhrkamp Taschenbuch. (Original erschienen 1977: The Restoration of the Self.).

Kuhn, T. S. (1967). Die Struktur wissenschaftlicher Revolutionen. Frankfurt/M.: Suhrkamp. (Original erschienen 1962: The structure of scientific revolutions, Chicago)

Kunzke, D. (1993). Die Auswirkungen der modernen Säuglingsforschung auf die Psychoanalyse. Mit besonderer Würdigung von Lichtenbergs motivationssystemischem Neuentwurf. Unveröffentlichte Diplomarbeit am Psychologischen Institut der Universität Tübingen.

Kutter, P. (Hrsg.) (1982). Praktikum der Gruppenpsychotherapie. Stuttgart-Bad Cannstatt: Frommann-Holzboog, problemata 90.

Lebovici, S. (1990). Der Säugling, die Mutter und der Psychoanalytiker. Stuttgart: Klett-Cotta. (Original erschienen 1983: Le nourrisson, la mère et le psychoanalyste.).

Lichtenberg, J. D. (1989a). Psychoanalysis and Motivation. (1st ed.). Hillsdale, N. J.: The Analytic Press, Inc.

Lichtenberg, J. D. (1989b). Modellszenen, Affekte und das Unbewußte. In: Wolf, E. et al., Selbstpsychologie. München: Verlag Internationale Psychoanalyse.

Lichtenberg, J. D. (1991a). Motivational-funktionale Systeme als psychische Strukturen. Forum der Psychoanalyse, 7, 85–97. (Original erschienen 1988: A Theory of Motivational-Functional Systems as Psychic Structures.).

Lichtenberg, J. D. (1991b). Diskussionsbemerkung. Dreieich.

Lichtenberg, J. D. (1992a). Ein Motivations-systemischer Ansatz zum Problem des Hasses. In: Kutter, P. & Schöttler, Ch. (Hrsg.), Sexualität und Aggression im Lichte der Selbstpsychologie. Suhrkamp.

Lichtenberg, J. D., Lachmann, F. M. & Fosshage, J. L. (1992b). Self and the Motivational Systems: toward a Theory of PsychoanalyticTechnique. Hillsdale, N. J.: The Analytic Press, Inc.

Lowen, A. (1976). Der Körper als Retter der Seele. Bern: Scherz.

Mahler, M. S., Pine, F., Bergman, A. (1978). Die psychische Geburt des Menschen. Symbiose und Individuation. Frankfurt/M.: S. Fischer. (Original erschienen 1975: The Psychological Birth of the Human Infant.).

Malan, D. H. (1965). Psychoanalytische Kurztherapie. Eine kritische Untersuchung. Stuttgart: Klett. (Original erschienen 1963: A Study of Brief Psychotherapy.).

Meistermann-Seeger, E. (1989). Kurztherapie Fokaltraining (2. Aufl.). München: Verlag für angewandte Wissenschaften GmbH.

Mertens, W. (1983). Psychoanalyse. Ein Handbuch in Schlüsselbegriffen. München: Urban und Schwarzenberg.

Miller, A. (1979). Das Drama des begabten Kindes und die Suche nach dem wahren Selbst. Frankfurt/M.: Suhrkamp.

Miller, A. (1983). Du sollst nicht merken. Frankfurt/M.: Suhrkamp Taschenbuch, 1981

Moser, T. (1980). Gottesvergiftung. Frankfurt/M.: Suhrkamp Taschenbuch.

Moser, T. (1984). Kompaß der Seele. Ein Leitfaden für Psychotherapie-Patienten. Frankfurt/M.: Suhrkamp.

Moser, T. (1989). Körpertherapeutische Phantasien. Psychoanalytische Fallgeschichten neu betrachtet. Frankfurt/M.: Suhrkamp.

Moser, T. (1992). Stundenbuch. Protokolle aus der Körperpsychotherapie. Frankfurt/M.: Suhrkamp.

Müller-Braunschweig, H. (1986). Psychoanalyse und Körper. In: Brähler, E., Körpererleben. S. 19–33. Berlin, Heidelberg: Springer

Nelson, K. & Greundel, J. M. (1981). Generalized event representations: Basic building blocks of cognitive development. In: Lamb, M. E., Brown, A. L. (Eds.), Advances in developmental psychology, Vol. 1. Hillsdale, N.J.: Erlbaum.

Pesso, A. (1986). Dramaturgie des Unbewußten. Stuttgart: Klett-Cotta.

Reinecker, H. (1987). Grundlagen der Verhaltenstherapie. München: Psychologie Verlags Union.

Schlindwein, B. (1992). Die Methode der Mehrphasentherapie unter besonderer Berücksichtigung der Gruppenarbeit und der Ergebnisse moderner Säuglingsforschung. In: Damm, S. (Hrsg.), Geschwister und Einzelkinder im Kontext von multimodaler Psychotherapie. Tagungsband der 1. und 2. Jahrestagung des VMT. Pfaffenweiler: Centaurus-Verlag. In Vorbereitung)

Searles, H. F. (1974). Der psychoanalytische Beitrag zur Schizophrenieforschung (1. Aufl.). München: Kindler. (Original erschienen 1965: Collected papers on schizophrenia and related subjects.).

Shengold, L. (1963). The parent as sphinx. Journal of the American Psychoanalytic Association, 11, 725–751.

Shengold, L. (1979). Child abuse and deprivation: Soul murder. Journal of the American Psychoanalytic Association, 27, 533–559.

Spitz, R. (1958). Nein und Ja – Die Ursprünge der menschlichen Kommunikation. Stuttgart: Klett-Cotta.

Spitz, R. (1973). Die Entstehung der ersten Objektbeziehungen. Direkte Beobachtungen an Säuglingen während des ersten Lebensjahres. Stuttgart: Klett-Cotta.

Spitz, R. A. (1985). Die anaklitische Depression. (Überarbeitete Neuausgabe.). In: Bittner, G., Harms, E. (Hrsg.), Erziehung in der frühen Kindheit. München: Piper.

Spitz, R.A. (1987) Vom Säugling zum Kleinkind. Stuttgart: Klett-Cotta.

Stern, D. N. (1991). Interaction between the Interpersonal, Theoretical, Clinical and Developmental Implications.

Stern, D. N. (1992). Die Lebenserfahrung des Säuglings. (1. Aufl.). Stuttgart: Klett-Cotta. (Original erschienen 1985: The Interpersonal World of the Infant.).

Stettbacher, K. J. (1990). Wenn Leiden einen Sinn haben soll. Hamburg: Hoffmann und Campe.

Stolze, H. (Hrsg.) (1989). Die Konzentrative Bewegungstherapie. Grundlagen und Erfahrungen. (2., ergänzte Aufl.) Berlin, Heidelberg, New York, London, Paris, Tokyo: Springer-Verlag.

Strafgesetzbuch StGB § 173: Inzestuöse Handlungen mit Verwandten

Strafgesetzbuch StGB §176 : Sexueller Mißbrauch von Kindern unter 14 J.

Thomä, H. & Kächele, H. (1985). Lehrbuch der psychoanalytischen Therapie. 1 Grundlagen. Berlin, Heidelberg, New York: Springer.

Thomä, H. & Kächele, H. (1989). Lehrbuch der psychoanalytischen Therapie. 2 Praxis (1. überarbeitete Auflage). Berlin, Heidelberg, New York: Springer.

Uexküll, Th. von, Müller-Braunschweig, H. (1992). (2., neubearb. und erw. Aufl.) In: Körperorientierte Psychotherapie. Adler, R., Bertram, W., Herrmann, J. M., Köhle, K. & Uexküll, Th. von. Integrierte Psychosomatische Medizin in Praxis und Klinik. Stuttgart: Schattauer

Waals, N. (1959). Das Muskel-Test-Verfahren nach Wilhelm Reich, Vortrag auf dem Jubiläumskongreß der Eutonie anläßlich des 65. Geburtstages von G. Alexander, Kopenhagen.

Weber, M. (1988). Gesammelte Aufsätze zur Wissenschaftslehre. Tübingen: UTB.

Winnicott, D. W. (1973). Vom Spiel zur Kreativität. Stuttgart: Klett-Cotta.

Winnicott, D. W. (1978). Familie und individuelle Entwicklung. München: Kindler. (Original erschienen 1965: The Family and Individual Development.).

Winnicott, D. W. (1983). Von der Kinderheilkunde zur Psychoanalyse. Frankfurt/M.: Fischer Taschenbuch. (Original erschienen 1958: Through Paediatrics to Psychoanalysis.).

Winnicott, D. W. (1990). Der Anfang ist unsere Heimat. Stuttgart: Klett-Cotta. (1978). Syndrom. (9., neubearbeitete Aufl.). In: Meyers Enzyklopädisches Lexikon. Bd. 23. S. 104.

Wirsching, M. & Stierlin, H. (1982). Krankheit und Familie. Konzepte, Forschungsergebnisse, Therapie. Stuttgart: Klett-Cotta.

pfeiffer

Peter Fürstenau

Entwicklungsförderung durch Therapie

Grundlagen psychoanalytisch-systemischer Psychotherapie

2. Auflage 1994
232 Seiten, Broschur
ISBN 3-7904-0590-6

Die in diesem Band zusammengefaßten Arbeiten des Autors gehen von der Beobachtung aus, daß die Psychoanalyse in ihren Therapiekonzepten weit hinter ihrer theoretischen Entwicklung zurückgeblieben ist.

Der Verfasser zeigt, daß sich die psychoanalytische und die systemische Zugangsweise entgegen verbreiteter Meinung zu einem praktikablen Modell der Behandlung erlebnisbedingter Störungen integrieren lassen.

Das Buch bietet Praktikern und Psychotherapeuten in Ausbildung eine umfassende Grundorientierung für ihre Arbeit in den verschiedenen Tätigkeitsfeldern und der wissenschaftlichen Diskussion mannigfaltige Anregungen.

J. PFEIFFER VERLAG
Anzinger Straße 15 · 81671 München

Aus der Reihe Leben lernen